1840

1919

起凤书系

"十四五"国家重点图书出版规划项目

国家出版基金项目
NATIONAL PUBLICATION FOUNATION

金惠敏　主编

# 中国文化自信之路

## 近代卷

刘玲华　著

山西出版传媒集团　山西教育出版社

·太原·

图书在版编目（CIP）数据

中国文化自信之路. 近代卷 / 刘玲华著. -- 太原 ：
山西教育出版社，2025. 5. -- ISBN 978-7-5703-4526
-7

Ⅰ. G129

中国国家版本馆 CIP 数据核字第 2024P1V292 号

中国文化自信之路·近代卷

ZHONGGUO WENHUA ZIXIN ZHI LU · JINDAI JUAN

| | |
|---|---|
| 选题策划 | 郭志强 |
| 责任编辑 | 邓吉忠 |
| 复　审 | 冉红平 |
| 终　审 | 郭志强 |
| 装帧设计 | 王春声　薛　菲 |
| 印装监制 | 蔡　洁 |

出版发行　山西出版传媒集团·山西教育出版社

（太原市水西门街馒头巷 7 号　电话：0351-4729801　邮编：030002）

印　　装　山西新华印业有限公司

| | |
|---|---|
| 开　　本 | 720 mm×1020 mm　1/16 |
| 印　　张 | 32. 5 |
| 字　　数 | 410 千字 |
| 版　　次 | 2025 年 5 月第 1 版　2025 年 5 月山西第 1 次印刷 |
| 书　　号 | ISBN 978-7-5703-4526-7 |
| 定　　价 | 128. 00 元 |

如发现印装质量问题，影响阅读，请与出版社联系调换。电话：0351-4729718。

# 总　序

金惠敏

　　中国参与全球治理，以中国智慧、中国方案、中国实力解决世界乃至人类普遍性问题，不再是从前那种国际主义和浪漫主义的豪言壮语，而是切切实实地正在发生着的伟大历史事件。与经济、科技、军事和政治上的大国地位日益凸显的过程相呼应，从1980年代至1990年代在民间开始酝酿，到中央层面上2011年胡锦涛首先关注①，2016年习近平两次隆重阐述②，接着2017年在十九大开幕会上庄严昭告③，直到2022年二十大报告的重申和融贯，文化自信已经逐渐演变为现今政治宣传、学术研究和日常生活中最活跃的话题之一。四个自信即"道路自信、理论自信、制度自信、文化自信"，文化自信荣居一席，而且被视为"一个国家、一个民族发展中更基本、更深沉、更持久的

---

① 胡锦涛：《在庆祝中国共产党成立90周年大会上的讲话》(2011年7月1日)，《人民日报》2011年7月2日第2版。

② 习近平：《在哲学社会科学工作座谈会上的讲话》(2016年5月17日)，《人民日报》2016年5月19日第2版；习近平：《在庆祝中国共产党成立95周年大会上的讲话》(2016年7月1日)，《人民日报》2016年7月2日第2版。

③ 习近平：《决胜全面建成小康社会，夺取新时代中国特色社会主义伟大胜利——在中国共产党第十九次全国代表大会上的报告》，人民出版社2017年版。

力量"，其地位攀升至从未有过的历史高度①。

文化自信"信"什么？当然是信"自"了，是对自身的信心与骄傲。但"自""自身"又是什么呢？对此，习近平在十九大报告中有最权威的表述。他指出，文化自信就是对于"中国特色社会主义文化"的自信，这种文化首先由两大部分构成：一是"中华民族五千多年文明历史所孕育的中华优秀传统文化"，二是中国共产党"领导人民在革命、建设、改革中创造的革命文化和社会主义先进文化"。然则更加重要的是，这种文化绝不停留于一种观念或话语的形态，相反，它"植根于中国特色社会主义伟大实践"②。由于其实践性品格，由于其被宣示的"不忘本来、吸收外来""和而不同、兼收并蓄"，以及"尊重世界文明多样性""文明交流""文明互鉴""文明共存"而非"文明隔阂""文明冲突""文明优越"等基本原则，这样的文化当然也是"立足当代中国现实，结合当今时代条件"而"创造性转化、创新性发展"了包括外来文明成果在内的一切人类文明成果的文化，是本土文化的当代化，是外来文化的本土化，是作为话语的人类一切优秀文化的具身化和现实化③。对此，《党的十九大报告辅导读本》中讲得非常清晰："创造创新是文化的生命所在，是文化的本质特征。任何一个国家和民族文化的发展，都离不开继承传统和借鉴外来，更离不开创造性转化和创新性发展。凡是源远流长、历久弥新的文化，既渗透着历史基因又浸润着时代精神，既延续着本土文化的血脉又吸纳着外来文明的精

---

① 习近平：《决胜全面建成小康社会，夺取新时代中国特色社会主义伟大胜利——在中国共产党第十九次全国代表大会上的报告》，人民出版社2017年版，第5、17、19、23、41页。

② 习近平：《决胜全面建成小康社会，夺取新时代中国特色社会主义伟大胜利——在中国共产党第十九次全国代表大会上的报告》，人民出版社2017年版，第41页。

③ 习近平：《决胜全面建成小康社会，夺取新时代中国特色社会主义伟大胜利——在中国共产党第十九次全国代表大会上的报告》，人民出版社2017年版，第23、25、59页。

华。"①这即是说，如果就其来源而论，中国特色社会主义文化也一定是"我中有他""我中有异"的，当然此时的我中之他、我中之异已非先前之他、之异，它们因脱离其原先的语境而不再是其自身。它们获得了新的归属，即成为中国特色社会主义文化的一个有机部分。

文化自信事关国家命运、民族强盛，事关人类命运共同体的建构。换言之，文化自信既是中国的问题，也是世界的问题，是全人类的问题。文化自信是显示一个国家软实力的核心标志，或简言之，文化自信即文化软实力。众所周知，"提高文化软实力，不仅关系到一个国家在世界文化格局中的地位，而且关系到一个国家的国际影响力、感召力、塑造力"②。一个被扭曲了的文化自信如文化民族主义，不是文化软实力，而是文化破坏力，必将误国误民，并殃及世界。职是之故，如何正确把握、熔铸和传扬我们的文化自信便是一项亟待研究的政治课题和学术课题了。

作为一项关乎国家前途未来及其与世界关系的重大课题，文化自信已经有了堪称全方位的研究，其内涵，其性质，其范围，其现实针对性，以及其具体实现措施等，基本上都有相应学术成果的产出。但相对来说，学界对于中国文化自信的历史，其坚实的脚印，其顽强的求索精神，其经验教训，尚缺乏足够的梳理、研究和评价。本书考察一个长时段的文化自信之路，具有填补学术空白的作用。然而，本书选择从历史角度研究文化自信，主要还不是着意于学术上的查缺补漏、补足空白，而更是基于如下认识：

其一，凡自信之确立，通常都表现为一个文化的和心理的过程，

---

① 刘奇葆：《推动社会主义文化繁荣兴盛》，参见本书编写组：《党的十九大报告辅导读本》，人民出版社2017年版，第38页。

② 刘奇葆：《推动社会主义文化繁荣兴盛》，参见本书编写组：《党的十九大报告辅导读本》，人民出版社2017年版，第36页。

因而从历史角度观察和描述文化自信的发展轨迹，是由文化自信这一研究对象的特殊性所决定的。文化不同于理论或话语，它不是一种纯粹观念性的存在，而是落实和体现在日常生活实践甚至无意识之中的；它也不是精英性的，而必须在人民大众的土壤中生根、发芽、成长。这都需要一个濡化成俗的过程，不可能一蹴而就。然而文化一旦成型，就会变成一种根深蒂固的传统，代代相传，弦歌不绝。就此而言，所谓文化就表现和蕴含在传统之中、历史之中，在传统和历史中展开、显身。研究文化自信实乃研究作为一种传统、一种历史的文化自信。

其二，自1840年鸦片战争以来的"现代"中国史实质上就是中西之间的交流和碰撞史。丝绸之路尽管古已有之，但由于没有一个强势"他者"的出现，古丝绸之路史基本属于中华民族政治、经济和文化的单向"传播"史、"外溢"史，是以"华"变"夷"史。严格地说，此时根本不存在所谓的中西"关系"史，因为西方对于中国无"关"紧要，非"命运共同体"之所"系"。只有自鸦片战争以来的中国史才是真正的中西"关系"史，西方对于中国才成为有意味、有影响的"他者"，因为这一他者不能以中华既有的认知框架予以整合且对中华文化体系造成动摇乃至颠覆，这时"文化自信"便作为一个问题出场了。"自"信乃是在与他者相遇之时所发生的对自身的质疑、反思和再确认。如果说中西关系是180余年来中国史的主轴和实质，那么文化自信就是这一时段中西文化关系史的核心内容，甚至也可以说，是这一时期全部中国史的精神内蕴。不了解文化自信的历史，就等于没有抓住这一时代的历史精神，近现代史研究就是缺乏灵魂的表面文章；反过来，研究文化自信而不将其置于近现代的整体历史之中，则将失去其历史的丰满和现实的针对性，或者说，也可能沦为一种概念游戏。

其三，历史不是以理论的完满性前进的，或者说，它总是以片面的方式前进。这意味着对于其时代而言，一种理论一方面是必须如此，必然如此，是适用的和正确的，而在另一方面，它也不可能是对过去的复制、照搬，而是有所丢弃，有所选择。但从长远来看，那些被筛选掉的理论并非永久性失效。当新的历史条件成熟，它们有可能会"死灰复燃"，重新焕发其效能。我们永远不能轻视那些被历史所捐弃的东西，那可能是一次暂时的告别或雪藏。历史研究因而也被称为一种打捞历史的研究：不是要复原历史，而是要从历史中寻找走向未来的灵感；历史的怀旧一定是面向未来的。对文化自信的历史研究即有从历史中汲取经验、继往而开来的考虑。诚然，历史学就是"历史"学，但终归也是"未来学"。这是我们撰写《中国文化自信之路》的意义所在。

后现代史学将历史书写作为"故事"或"叙事"，其错误一目了然，但这也未始不是在提醒我们所有历史研究的建构性和主观性。我们时时牢记历史研究的真理性追求，不能对历史事实进行主观随意的阐释。但无意的主观性也不是可以随便避免的。作为一项历史研究，本书一定存在不少历史的局限，以及作者自身学识的局限。我们渴望来自读者的批评指正，以便更进一步地接近真理。

文化自信是一个需要长期地、持续不断地进行研究的重大课题。只要世界以国家为单元、以文化为单元存在，只要世界是一种"星丛共同体"或"差异共同体"，就必然存在文化差异、文化身份、文化间性以及"文化自信"的问题。相应地，文化自信研究也一定会作为一个课题长期持续下去。但愿我们的文化自信研究能够成为这一研究不可忽略的一个历史阶段。

是为序。

# 目录

# 中国文化自信的近代阐释

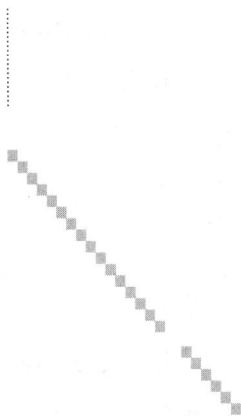

　　如果寻求中国历史上具有重大转折意义的时间节点，公元1840年无疑是其中之一。

　　这一年为清道光二十年，按天干地支纪年法为庚子年，按属相为鼠年。在这个看似平常的年份里，一场史无前例的国运危机正"山雨欲来"。是年6月，英国以林则徐广州禁烟损害了鸦片贸易为由，借口"保护通商口岸"，依仗坚船利炮发动了鸦片战争，以武力轰开了晚清帝国长期以来闭关锁国的大门。清政府在这场战争中以惨败收场，被迫签订了丧权辱国的《中英南京条约》。中国命运由此发生了"数千年来未有之变局"①的大转折，进入一个动荡不安、瞬息万变的转型时代。

　　古今中西文化在这个剧烈变动的社会中空前交汇，以史无前例的规模和速度开始了旧文化传统的瓦解和新文化的重建过程。短短八十年，中国文化被迫改变了传承数千年的既有节奏，浮光掠影般地走过了数百年西方文化史的全部阶段，由此开启了近代转型的历程，汇入时代的滚滚洪流之中。各种不同的文化形态、文化主张和文化思潮，在这场变革中竞相登场，从不同角度回答着同一个问题：面对西方文化的强势冲击，近代国人如何理解一个来自异域的陌生文明，又如何延续自己的文化传统？

---

　　① 李鸿章：《大学士直隶总督李鸿章奏议覆总理各国事务衙门详议海防折》，《筹办夷务始末》（同治朝）第10册，李书源整理，中华书局2008年版，第3986页。全句为："今则东南海疆万余里，各国通商传教，来往自如，麇集京师及各省腹地，阳托和好之名，阴怀吞噬之计。一国生事，诸国构煽，实为数千年来未有之变局。"

# 一

审视鸦片战争后中国社会发展的特征及其与过去的重要差异，"转型"这个词经常被思想史家所用，诸如"历史转型""经济转型""文化转型"等。与其他的转型相比，"文化转型"可以说是最具有普遍关注度的一种。它不光是思想上的认识问题，而且是与社会现实相关的普遍性文化认同与文化价值选择问题。换言之，在近代中国，文化转型的现象已经从最初的文化学领域中溢出，渗透到了国人的思维方式、感知方式和生活方式之中，其意义早已经超出了知识生产的旧模式。

与"盛世"相比，鸦片战争后的中国社会的确有天壤之别，从开始衰落直至黯淡无光。海舶东来的洋物洋制，给本就蓄积了大量社会矛盾的大清王朝增添了新的难题，内忧外患就像天边的乌云压城一样，预示了即将到来的多难与动荡。综观鸦片战争后近代学人关于中学与西学关系的讨论，以及关于如何改造传统以应对西学挑战的讨论，就可以清晰地看到他们这种挽救民族危机的强烈愿望。可以发现，在中学内部兴起了源源不断的表现为多种形态的反抗西学的运动，并开始警觉中国传统文化的危机。也就是说，在西学带来的挑战中，近代国人发现了西方——西学东渐后，近代西方文化诸如民主理念、科学技术、法制观念在中国得以传播；也随后发现了自身的文化缺陷——作为天人合一榜样的中国传统文化，第一次成为因西学挑战而失却优越性且需要学习和效法西方的负面形象。

既然具有悠久历史的传统文化并不是国门被打开后国人唯一的文

化选择方向，那么，向中国传统文明以外的其他文明寻求新的价值也成为顺时而为的事情。于是，19世纪末的知识分子与民间有识之士不约而同地将期望的目光转向西方文化，以寻求拯救传统文明病症的异域药方，以及引导国人走出"天朝上国"和"夷夏之识"误区的路径。这是近代中国的一场充满了艰难险阻的启蒙运动。对于这个无法回避的时代问题，近代学人群体以形形色色的文化主张给出了解释。他们以向传统精神寻求解决现实问题的处方作为思维模式，揭开了近代文化的面纱：通古今之变，也即在传统农业文明向现代工业文明的转型过程中，由知识分子完成文化古今转换的艰巨任务，概括地说，既要完成文化的时代性转换，又要面对文化的民族性传承。

在世界范围观之，传统社会的近代文化转型以勃兴于意大利的文艺复兴作为开始，以成长于18世纪西欧工业文化的启蒙运动作为大规模展开的文化标志。伴随着殖民扩张，全世界五洲四洋皆渐次汇入这一波澜壮阔的大潮之中。以转型模式观之，与"内发自生型"的西欧相比，近代中国传统文化的转型呈现出"外发次生型"的特征——受到外来西方文明的影响，但并非西方文明的简单位移。究其原因，在于历史悠久的传统文化本身具有能够与西方文明相抗衡的精神资源。不可否认，西方文化的楔入的确给中国传统文化带来了空前且深彻的激荡，导致后者无可避免地陷入一种"中西古今"的多重关系网。这也意味着，在半殖民地半封建社会的时代环境下，国人对传统文化的创造性转化较之西方单一的工业化时代更为复杂。从某种意义上讲，科学地处理"中西古今"的文化关系成为传统文化近代转型的核心主题，内容指向传统文化如何在转型中逐步走向现代，具体包括固有知识来源、知识系统和核心价值观等。自鸦片战争始，中国已经注定不能原封不动地沿着固有传统走下去，追赶近代化潮流势所必然，但同时根深蒂固的文化传统依然在时刻起作用，因此也不可能照搬欧美模式。事实上，中国传统文化中储蓄的思想和精神，有如细胞中的遗传基因，上面镌刻着传统文化体系的独特信息，一旦受到特定的社会条件和文化氛围的刺激，就会适时苏醒并活跃起来。经由一代代兼具中西文化素养的新知识分子的不断选择和创新努力，它们最终将依凭"已有的思想材料"，例如"匡时救世"的实学精神、自强不息的民族精神、海纳百川的开放精神等，得到创造性发挥，直至在烈火洗礼中涅槃新生，生成古今中西交融的新民族文化资源。

在践行与操作意义上，"文化转型"实际上又等于提出了一个与反观传统相悖的问题：为什么以理性逻辑为特征的西方文化范式并没有取代中国传统文化的感知方式与世界观，成为近代中国的思想主流呢？由此也引发出对一个相关文化现象的追问：在近代国人热情满满地向西方学习科学技术和民主精神的同时，战后西方却调转方向，反而求诸儒学观来呼唤精神拯救，其背后原因是什么？指向这两个问题的答案，可以归结为一个焦点，那就是经受住时间考验的传统文化自身所具备的强大浸润与感染力量。与此相应的是，它催生了一种在思维和生活方式上弘扬中国优秀传统文化的觉悟与愿望，且强度远胜于"照搬西学"的热情。论主旨，也可以概括为：重新审视西方文化挑战下逐渐被边缘化的传统文化，也即重新发现本土文化的特有价值。近代中国的文化使命是既要挽救民族危亡，又要奋起追赶世界文明潮流，这也使近代知识分子不遗余力地思索要如何带着"启蒙"与"救亡"的批判精神，来充分利用西学之"用"的运作方式与坚持中学为"体"的文化认同意识之间的张力空间。倘若将这一使命看成是一场挽救文明"没落"的精神运动，那么面对前所未有的文化转型现实，近代学人应该如何清醒地选择自己的话语策略，又如何在追求扩大"用"之范围的同时努力挖掘中国传统文化的深邃？

## 二

在近代转型进程中，国人对弘扬民族传统文化抱有一种牢不可摧的坚守态度，与其说是国人应对文化危机的一种挣扎策略，不如说是国人对民族灵魂与民族精神拥有的一种文化自信。界定这种坚守和自信，首先需要诠释"自信"与"坚守"这两个词的题中之义。

身处错综复杂社会转型期的国人，难免产生精神上的"困惑"。"困惑"这个词看似与"坚守"和"自信"并无多大联系，实则却与传统文化的"继承与创新"问题密不可分。"困惑"，其一与文化认同相关。长期以来形成的"天朝上国"认知，使得国人自信中国传统文化并不逊色于西学，故而困惑吸纳从形而下之西技、西艺到形而上之政治制度和价值观念的现实必要性，并因此有意识地挖掘传统文化中能够与西学对接的内容成分，以论证赓续五千年文化传统的合理合法性。其二与人文精神失落的危机相关。国人注重人文与天道的契合，故而困惑现代文明以工具理性作为文化逻辑是否能够真正解决社会现实困境，由此强调弘扬传统文化中激励人心的民族精神，为医治现代文明病灶提供启示。其三还与反思传统文化出路相关。从"中体西用"思维模式出发，国人因对中国传统文化怀有深厚感情，故而困惑面临强大的西学挑战，中学如何走出一条既把握文化遗产又融汇中西的文化复兴之路，并就此尝试探讨既不盲目排外亦不盲目崇外的健全文化心态的建构问题。整体观之，在近代文化转型期，与其说国人是在发现并彰显"困惑",不如说他们是在思考如何摆脱"困惑"来得更为准确。正因为国人认为文化传统原本具有摆脱困境的资源,所以他们更坚信能够通过创造性的时代诠释进行"解惑",接力"因袭吾国固有之思想"①的思路,进而将构筑本民族新的思想文化体系这一宏大命题继续"讲下去"。

中国传统文化的近代转型这个命题,本身就意味着一种清醒的历史划界意识,即把鸦片战争以前的传统文化看成是一个有待接纳新时代内容的对象。打开中国近代史之窗,可以看到学人群体在尽力通过古今转换完成对传统文化的更新计划。仔细审视就会明白,他们因"困惑"而走向"解惑",实则也是因"自信"而"坚守"的一种反向实践。

"困惑"的原因既然在于"天朝上国"心态引发的认识冲突,"解惑"的办法也因此呼之欲出了,那就是传统文化的传承与创新发展。自鸦片战争开其端绪,中经"开眼看世界"的经世改革、洋务运动、变法维新,直到辛亥革命,得到不断发育的文化觉醒与民族认同意识,是近代学人围绕传统文化发展问题发掘并彰显的文化使命。这一时代使命会合爱国主义精神,促使近代国人在中西文化交流中自觉坚守民族文化传统,使其既拥有一种创新意义上"生生不息"的能量补充,又保持一种传承意义上民族文化宗旨的岿然不动。以内容而论,包括三个主要层面:

一是信念,指在中西文化的交流博弈中坚守传统文化立场。"变器不变道",是整个近代中国应对西学东来的文化挑战但从未产生动摇的文化变革宗旨。中国历史上从来没有出现过像近代那样备受文化打击

---

① 孙中山:《中国革命史》,《三民主义》(民国立国档案),中国长安出版社2011年版,第233页。

的时代，表现为西学泛滥，且西学打着先进文明的旗号，以科技理性精神作为表征，对中学发起了知识结构和文化价值上的强烈攻击。理性作为启蒙思想的重要内容，自东入以来，为国人尤其是知识分子营造了新的文化环境，促使他们自觉不自觉地去推进传统文化的现代化。毫无疑问，知识结构的变迁必将影响个人、群体、民族和国家的命运，文化价值的更新同样也将深层次地影响传统文化的发展走向。特别是在现代教育改革带来的巨大影响下，进步的、科学的、民主的观念极大地、迅速地冲击了传统文化中诸如纲常名教、重农抑商、夷夏之辨等旧的价值观。近代学人对变革旧传统的历史要求并非没有觉察，但同时更让他们铭记于心的是，旧传统不仅不可抹杀与菲薄，反而更应该对其中合乎时代的内容精神加以放大和弘扬，由此在敏锐感知现实的基础上，他们审慎性地做出了回应，亦即在探索式的解读和借鉴西学之益时，不忘心怀忧患意识，始终保持避免西学驾驭中学的高度警惕性，以固守文化传统立场的姿态对西学进行选择性地吸纳，致力于延续和坚守传统文化价值观的主体地位。在此意义上，传统文化作为文化之本的重要性被凸显出来。近代学人做出的种种努力，皆意在论证传统在现实层面需要与时俱进的重要性。或者说，在近代转型期，对于国人文化立场的选择倾向而言，比向西方寻求救弊之道更重要的，是坚定守护民族文化之"根"。

二是情结，指在中西文化关系的处理中珍视传统文化遗产。无论是在传承的意义上视源自孔子的文化经典为传统文化之遗产，且基于保存和弘扬之目的，自觉延续自身传统的生存资源和生存方式，还是在文化整合的意义上进行西学搭台中学唱戏，彰显传统文化特有的人文精神的重要性，并将其视为构成这个独一无二的中学文明体系的有机血肉，都可以从促进中国传统文化新生的视角理解为：以传统文化为依据并对其进行新诠释，是近代学人在考察与创新中创造的一种过渡时期的新思维模式。如张之洞所指出："四书五经、中国史事、政书地图为旧学，西政、西艺、西史为新学。旧学为体，新学为用，不使偏废。"①一旦有关"中西关系"的讨论并非无的放矢，而是有着实实在在的思维框架，那么将讨论引向解决现实问题的轨道就显得十分必要：其一是要真实呈现纲常伦理与民主进步关系的实际状态及引发的现实问题，以强调中西交汇背景下通过"采西学"而达成学以致用动机的现实意义；其二是要对旧传统精神进行必要的梳理反顾，以避免在不同内容层面谈论中西文化关系的无效性。不难发现，中国传统文化在近代实则处于几个不同价值系统的交叉点上，既有长期以来的伦理规范，又有科学理性精神的启蒙思想；既有对人文传统的弊端批判，也有对某些西方文化价值观的认同。正因为存在着不同价值观交叉重合的复杂性，牵涉到民族文化的认同与稳定性，故而对传统文化中的民族精神进行梳理与厘清，就成为非常必要的一项工作。另一方面，对于那些盲从西学而丧失了民族立场的部分知识分子来说，确认民族文化传统的传承与导向作用具有更为非凡的警醒意义。

三是认同，指基于爱国主义热情而致力于重塑民族认同意识的文化自觉。传统文化赖以扎根的土壤是怎样的呢？首先它必定具有集体认同前提下文化观的稳定性。这个条件来自长期以来国人对传统文化经典加以淬炼后所形成的某种关于美恶善丑、义利取舍等道德价值观的信仰权威，并由此奠定了民族认同的理论基石。换而言之："这些经典之所以具有权威性，是因为它们在传统的人的心目中会被视为该传

<hr />

① 张之洞：《劝学篇·外篇·设学第三》，《劝学篇　輶轩语》（大字版），孙甲智点校，中国盲文出版社2014年版，第62页。

统的最终极的信念，它所具有的真实性不会被该传统中的人质疑。"①
其次它还拥有前仆后继以接受并传承儒学传统为使命的庞大士人群体。
如何诠释经典，如何因应时代的挑战，都将影响到传统文化的发展走
向。在此意义上，人才的储备也为传统文化的传承发展提供了牢固的
知识保障。随着新式学堂的建立和科举制度的废除，传承并超越传统
浸染的新型知识分子，也迅速成长为一股不可忽略的文化力量，在融
合中西文化之长的前提下，全力推动中国传统文化走向新生。概而言
之，近代国人立足于本土文化土壤，从中寻求应对文化转型危机的精
神力量，其实质还是文化（身份）认同问题，也即处在转型变迁时代
的国人，如何在西方化与本土化的冲突背景中确认自己的文化价值立
场的问题。换言之，我们可以将近代时期的文化自觉运动，理解为一
种基于爱国主义而就西方文化挑战展开的一种反思和反拨行为。更具
体地说，近代文化自觉在动机上表现为，国人在认知上形成了抵抗西
方理性霸权的诉求，因此在倡导按需引进西学的同时，又郑重要求重
新诠释并且重新建构以感性、诗性、人文性为特征的中华文化精神，
从而对当下人文价值的失落予以补充与校正。20世纪后，西方人自己
也意识到了理性霸权疯狂吞噬人文精神，以及科技文明高度毁灭精神
文明的消极影响，在欧战爆发的刺激下，主动掀起了重新审视西方近
代资本主义文化的风暴。当斯宾格勒宣告"西方的没落"而求诸东方
文化救弊之时，近代学人也借此契机重燃爱国主义热情，加快了探寻
中国文化复兴路径的脚步。

　　"病树前头万木春"，这是信仰和信念带来的希望与力量。近代国
人意识到自身文化的生存危机，进而突破僵化思维，采取措施以补救

---

　　①　王人博：《中国的近代性（1840—1919）》，广西师范大学出版社2015年版，第
128页。

和革新，依托的就是对民族传统文化资源能够并且应该古为今用的自信与坚守。在"救亡"动机的指引下，近代文化虽然历经了复杂曲折的转型过程，但却始终保持并坚守着以传统文化作为文化认同基石的自信。这种自信是一种精神，一种认同，也是一种目标，来源于文化传统的浸染力量、爱国主义热情的驱使以及民族身份认同的自觉。

三

诠释国人在近代转型进程中对民族传统文化的自信和坚守，其次还需要辨识一些认知概念。

当受到西方文化来势汹汹的威胁与挑战，如果说中国传统文化还能一如既往地保持着自身的优越性，显然是不合实际且一厢情愿的自欺式想法。近代八十年尽管短暂，但却囊括了国人文化心态演变的复杂脉络，也使得近代文化在坚守传统文化的信念基础上呈现出多重变奏的面貌。

带着评判意识审视近代时期的文化格局，不能不承认，西方文明带来的危机以前所未有的激烈程度在中国大地爆发出来了。鸦片战争前传统文化所留下的文化资源，是国人面对新时代的思考起点，也是应对危机的逻辑前提。西方文明的彰显方式以及影响力，从原本国人眼中的"小打小闹"，最终变成了国人避无可避的现实压力。马克思·韦伯认为资本主义是对传统社会宗教精神的一场"祛魅"，在功利主义至上的世俗需要面前，以往一切高大上的价值观都将变得微不足道。在席卷世界的世俗化进程中，中华传统文明也产生了由"祛魅"带来的根本性危机：一是，西方文化的生活方式、思维模式和价值立场在对中国传统文化"祛魅"之后，迎来了中国社会质疑传统文化能否经世致用，可否解决现实难题的阶段，并因此迅速在中国大地流播，形成了壮观的西学东渐现象；二是，在中西文化的交流博弈中，经历了中学被西学"祛魅"之后的国人，开始重新估量传统文化因恒久不变的逆时代表现而造成的不利影响，提出了变革传统甚至是彻底西化传统的要求。如此看来，坚守传统文化的立场作为应对西方文明挑战的直接回应，不再是无的放矢地在文化传统内部展开的盲目延续，而是基于理智反思现实而有所选择和取舍的结果。这种自我反思视野中的评判，说明了文化心态多重变奏的原因——对传统文化生存前景可能中断的忧虑与极需改变传统文化传承方式的觉悟。面对日益严重的文化危机，近代思想界于各自回应中生成了持有不同文化心态的文化流派。文化顽固派拒斥一切西学，认为中学无所不包，无需额外以西学内容进行补充，并因此忧虑西学的任何文化成分都于中学有害无利。文化保守主义的态度较为开明，但也规定了变与不变之原则，在"会通中西，权衡新旧"的理论设想基础上，提出"必务中学以固本"，也即认为纲常名教作为中学之本绝不可变，而仿效、引进的西法作为末技则可按需而采。以胡适为代表的文化自由主义则走向了顽固派的反面，基于反中国传统文化的态度，对中国传统文化展开了猛烈批判，其原因"一方面缘于他把文化的价值归结为实用主义的观点；另一方面他与杜威一样将文化主要视为'行为的习惯'，并将其置于进化论的视域中"①。

　　无论哪种文化流派以何种文化态度提出了何种文化主张，就现实来看，中学对西学接纳的限度无疑被认为是近代国人在文化转型时期

---

① 张杰克：《文化自信生成于中国近代哲学视域》，《中国社会科学报》2017年7月25日。

开启启蒙运动的出发点。鸦片战争前传统文化所树立的"文化中心"
这一认知，在残酷的现实冲击中宣告破产。"天朝上国""夷夏之辨"
的认知瓦解，成为鸦片战争尤其是甲午中日战争后思想界的正常反应。
围绕着儒学价值观而运转的文化制度，为了寻求与西方文化相抗衡的
对接内容，终于敞开了长期以来紧紧封闭的大门，引导国人掀起了
"采西学"的系列运动，也将国人引向一条重新审视中国传统文化遗
产，以及对中国传统文化价值进行再发掘的探索大道。

在经历了追求"西技""西制""西方价值"等都以失败告终的现
实之后，近代学人也发现：传统文化自身蕴含的优秀资源和价值观，
才是引导国人摆脱西学挑战危机的不二法门和维持自身可持续发展的
指路灯。为了避免中学受制于西学全面开花带来的强大影响，中学擎
起了"中学为体，西学为用"的大旗，与此相应，在思想界兴起了
"自强""求富""存学""保种""复兴"等浪潮。辨认与此认知相关的
一些概念即是这类浪潮中至关重要的一波。

其一，文化自信是一种文化认知、文化心理和文化态度，并不等
同于文化事实。文化认同是全球化工业文明趋势下一种反现代性的普
遍反应。在中国近代八十年间，文化认同发展成为波及范围最为广泛
的思想自觉运动，在理论上也催生了一系列重要的思想成果，其中以
还原文化现实的成果最为突出。发生于1840年的一个大事件——鸦片
战争，足以充当中国近代转型格局的标志性事件。由战败失利导致的
精神失落和现实辨认，使得流于表象的关于传统文化中心的心理认同
以"还原"方式重新与现实相联系，进行了认知更新。

近代学人对于传统文化的忠诚与信仰，伴随着文化经典的流传与
个人的文化记忆不断存续，在变革转型的近代时期变换成不同的认同
景象：优越的或者需要优化的。在八十年间，无论属于何种文化流派，

都无法摆脱"传统文化情结"的影响，在应对现实挑战时，始终有所选择地对其进行维护，主要表现为：近代学人对传统文化的精神、品性、原则进行整体辨析与理解，在逐步揭开长期笼罩在盲目自满迷雾中的文化真相之时，仍以坚守并弘扬传统文化中的优秀内容为使命。不容否认，天朝尊严是近代国人在国门初开时普遍心态的延续，因此即使遭遇战败也无阻于他们以虚骄来继续守护。这一行为实际上同保守防范的意识联系在一起，因此对外来者称"夷"呼"狄"，与其说是轻视，不如说是"非我族类其心必异"的成见。在此意义层面，又不得不佩服有识之士居安思危的洞察力：在估量西方文化的价值时，以是否有利于维护传统文化为出发点。这也代表着传统文化自信在认知层面的更新，即：一旦出现思危行为，也就意味着文化自信心甚至是文化自满心的跌落，或者说，意味着国人对之前毫不犹豫的文化中心认知论产生了言过其实的怀疑。甲午战后，这一怀疑被坐实，更严格地说，不是怀疑，而是彻底摧毁了国人的文化自大心理。无论是否心甘情愿，西方文化中的"长技"一定程度上证实了传统文化并非无所不能的事实。接下来需要面对的问题是，国人应如何在文化危机中守住传统文化的地位，也即在承认传统文化有所不足的基础上，如何努力使其适应新的时代现实，以免陷入彻底被西学所压制的困境。由此，近代学人提出了"自强""求富""救亡"等一系列口号，目的即在于突破传统文化在器物、制度等方面弱于西方文化的文化自卑心理，以激励国人凝聚一心，重拾文化自信心。这就使得传统文化虽在欧风美雨的侵袭中摇摇欲坠，但最终都未失其固有本色，未失却对于天道观念、大一统思想和纲常伦理的信念。概而言之，近代以来的文化心理，经历的是一条因现实刺激而催生的由自满至自信至自卑至自觉并最终以重拾自信为目标的文化反思之路。

　　其二，传统文化与文化传统的概念不能混淆等同。一般来说，传统文化是指以儒家文化价值观为主体，来自祖先创造，通过一代一代添砖加瓦，又经过时代的筛选过滤后，从过去延续到现在，并且在现实生活中仍具有生命力，且能彰显民族意识与民族特征，更有待继续传承下去的那些东西。在近代中国，传统被强调为一种延续、传承过程。没有传承就不存在传统，而文化被认为是使民族表现出差异性的东西，因此传统文化虽然是来自过去的文化，但重点在于这个过去是与现在相关联，也即既延续到现在又对现在起作用的过去。它体现在诸如爱国精神、忧患意识、家国情怀、道德价值等方面。文化传统的范围则更为广泛，不仅仅来自儒家传统，也包括了来自道家、法家等多文化流派的文化内涵、文化精神在内。处在文化变迁时期的近代国人，势必要在传统与现代、西与中的冲突背景下确认自己的文化价值取向。既作为一个无法回避的普遍性问题，又作为一个迫在眉睫的当下难题，文化价值在传统与现代的张力中不断被淘沥，直至那些被共同认可且能够引起文化共鸣的东西显现出来，成为引导国人更新传统文化、形成新道德文明的普适性文化传统。

　　显然，近代国人也认识到，在传统文化与文化传统中间有着相互重合的地方，例如民族责任感、讲仁爱、重民本、守诚信、崇正义等文化精神。但同时他们也逐渐明白，在这些重合之外，二者还有众多互不交界的内容存在，它们并不是可以相互替换的概念。有一个问题可以为此作出说明，那就是近代国人始终在确认：在近代中国自我人格和心态的塑造过程中，传统文化到底扮演了什么样的角色？我们知道，近代中国思想界以革新传统作为主要文化思潮，但同时我们也发现，革新与改良甚至是反传统思潮虽然存在，但并未影响它们对传统资源作深入而广泛的运用。传统文化的各组成部分在知识分子有目的的引导下，既游离又重组，其中大部分都偏离了自身的原本方向，例如，宋明理学中原来的伦理价值观被运用到一个个与理学无关的目标上去①。更令人吃惊的是，在大分裂的时代，极端反传统思潮甚至能够出人意料地与旧传统结合在一起。例如，关于"治国平天下"的学问，其中治国之术被西方的政治、社会思想所取代，但在修身层面，西方的学说却并不足以取代国人的价值选择。也由于此，在特定环境下，思想家对传统文化的批判总是有着明确的范围和针对性。章太炎曾提及整理国故也即整理传统文化实则也是反传统的表现，或者也可以说整理国故建立在批评整理的基础上。如钱穆所言："太炎对中国已往二千年学术思想文化传统，一以批评为务。所谓国故论衡，犹云批评这些老东西而已。故太炎此书，实即是一种新文化运动，惟与此下新文化运动之一意西化有不同而已。"②不仅如此，由分裂重组而重建的新道德观，也可以基于爱国目的、文化认同立场或者民族救亡动机而成为文化传统，其原因或可归纳为："新学的近代性虽然在很大程度上由西学所赋予，但它的某些基因还深藏在近古民族文化的母胎之中。"③

其三，比较非较量，而是一种反思视野。比较并非纯粹意义上的一较高下，而是一种通过比较行为及其结果以反观自身文化传统的文化自觉。从整个近代文化发展进程来看，国人实际上完成了通过对西方的发现达到反观自身弱点与局限的认知转变。比较思维以及比较视野的沿用，给近代学人提供了一种外部比较的考察方式，帮助国人认识到天外有天的道理，进而对自己头上的那片天有了相对客观和全面性的考察。由此，比较的意义超越了中西文化互通有无的交流层面，

---

① 参看王汎森：《中国近代思想中的传统因素——兼论思想的本质与思想的功能》，《中国近代思想与学术的系谱》，上海三联书店2018年版，第152-153页。

② 钱穆：《太炎论学述》，《中国学术思想史论丛》第8册，安徽教育出版社2004年版。

③ 冯天瑜：《中国文化近代转型管窥》，商务印书馆2010年版，第111页。

发挥了改变原有文化思维方式的催化剂作用。可以看到，近代学人正是通过这种迂回西方的方式有效地重新进入儒学传统，在主动对话和反思的过程中，打破了文化自满进而文化自卑的狭隘思维，进行了打通文化隔膜的自觉尝试。西学东渐以来，近代学人几乎都有这种比较经历。通过经验总结，他们逐渐意识到，若无比较带来的镜鉴作用，就无法从对照性的陌生化立场来帮助传统文化摆脱一种沉陷于"文化中心"的痴迷状态。同时，在比较过程中，他们也注重辨析自身传统的优劣，并由此激发出了充分的民族文化认同热情，认识到借鉴不过是一种途径，最终仍要以再造中学文明也即"新学"为旨归。

那么，究竟有没有"最好的"文明呢？至少在清末民初知识分子的比较视野里，东方、西方文明都绝非"最好"，因其各有弊端。以进步、革命、发展、增长等价值观念为旗帜的现代文明体系，因在物质文明发展的道路上走得过远，因此自发地呼唤儒学人文精神的回归，以此为过度沉迷于物欲的当今人类招魂[1]。汤因比在和池田大作的对谈中，甚至将来自中学的儒家思想作为引导未来五百年间人类精神统一的希望[2]。同样，对于传统文化来说，向过去寻求抵抗理性霸权的文化资源，不是开历史倒车意义上的重回，而是经历了精挑细选后展开的一种对优秀传统文化内容的弘扬，也即视传统文化资源为彰显民族特性的源泉，并有效地对其进行开发利用，对物质文明社会的弊端进行纠偏补缺。实际上，大凡提及"复兴""回归"等概念，其中都多少包含着一定程度的文化寻根意识在内，但值得强调的是，不论是康梁主张回归三代，还是五四后国粹派主张整理国故、重拾国粹等行为，都

---

[1]　参看〔瑞士〕卡尔·荣格：《寻找灵魂的现代人》，方红译，郭本禹主编，中国人民大学出版社2017年版。

[2]　参看〔英〕阿诺德·汤因比、〔日〕池田大作：《选择生命——汤因比与池田大作对谈录》，冯峰等译，商务印书馆2017年版。

已不再是简单意义上的回溯传统。

# 四

如果将1840年之后的近代文化史看作是一个中国传统文化由接受挑战而产生回应，或者说是在延续文化传统的基础上由旧趋新的历史过程，那么从中可以归纳出两条明晰的主线：一条是中国传统文化在这一时期的调适与蜕变，一条是西方文化在中国的传播和发展。在这个特殊的转型时代，这两条线索互相缠绕，共同生成了中国近代新文化的主要内容。从文化视野的转换和文化话语的变迁意义上去理解，这两条主线体现在维护本土文化特性与选择效仿西方文化路径策略的表达上。围绕着近代知识分子的体悟与实践，以及传播和发展西方文化的有效途径而展开的文化认同进程，给近代文化转型带来了前所未有的新思路、新特征。

知识分子是社会变革最敏锐的先觉者，也是文化批判、建设和创新的中坚力量。如果说既往历史是一面反观自身的镜子，那么通过与转型期的社会"裂变"相比，近代士人对自己生存于其中的这个社会的变迁状态有所觉察，并产生了体悟。在整个晚清社会，除去小农经济发展极度缓慢甚至是处于停滞状态不谈，仅从国人的精神状态来看，它也处于一种压抑的、乏味的境况，体现出一种"散漫之病"与"被动之病"①，在极需社会变革之际，却呈现出与之相反的以社会瘫痪、人心困顿为表现的颓势来。既然是与历史不同的非常态，那么就非常

---

① 参看梁漱溟：《中国文化的命运》，中信出版社2016年版，第193页。

容易启发敏感的知识分子去询问为什么会陷入这样的社会状态，并有意识地去探寻改良或变革之策。他们最严重的忧虑，来自由传统文化带来的萦绕于头顶且挥之不去的两团乌云：文化地位的失落与文化自满所导致的虚骄蒙昧。作为"四民"社会最重要的成员构成之一①，且身兼德性与知识双重权威的文化代表，士人们从反考据之风出发，承担起了调适传统文化发展途径，使之蜕变以适应时代需求的文化使命，并以积极入世的态度，从各种文化资源中析出彰显民族文化核心的民族精神，助力"启民智"和求富强。直至今天，我们也没有任何理由不去赞颂这种开拓新思潮的勇气。在这个意义上说，他们不愧是最具革新精神的新时代开拓者。

"士志于道"②，所有以寻求民族出路为使命的近代士人，因为首先考虑的是应对传统文化的危机，所以不可能不从维护传统文化的视角和立场出发去解决这一危机，因此十分注重有意识地强调对家国的文化认同和对自我的人格肯定，从精神层面召唤，也从实践层面动员，促成人心凝聚，推动文化觉醒。在国力强盛时，国人没有任何理由不拥有文化自信，"天朝上国"认知的形成即是例证。但当社会出现困境，则意味着民族的生存和发展出现了问题，文化自信和民族自信也就相应地陷入了低潮，在此时挺身而出的，多半是对社会现实心怀批判和拯救情怀的知识阶层。心藏家国是召唤文化认同的原动力，而最早接受召唤的，也必然是最先认清社会现实并作出心理调适的知识群体。在这个意义上，不夸张地说，知识分子的价值观和文化理想的变迁引导了中国社会近代化转型这一历史进程。首先，出于应对现实的考虑，一批传统士人积极入世，从博雅之学转为专业之学，理性地从

---

① "四民"指传统社会中的四大阶层：士、农、工、商。以士为首、为尊。

② 《论语·里仁》，《四书经纬》，郭穆庸主编，九州出版社2010年版，第157页。

虚骄蒙昧中走出，开眼看世界，倡导实学，接触西学，开始向新式知识分子转换。其次，出于家国情怀的召唤，这批士人又心忧天下，十分关注国家富强和民族命运，由此又将入世情怀转换为公共情怀，提出了重建传统文化地位的时代课题。在新式学堂相继设立以及留学风气盛行，加之清末对八股取士制度进行废除的合力推动下，原本依附于科举制的士大夫又进一步向独立性的现代知识分子转型，成为具有公共关怀与批判精神的"公共知识分子"。到严复时期，这一群体已经颇具规模。有学者统计过，"到清朝末年，我们已出现一个新的知识分子群体，人数亦有15万乃至20万左右"①。关于民众觉悟和国家觉醒的问题，成为他们在特殊时代背景下重点关注与思考的对象。其中，针对国民性的批判又成为文化批判的重要内容，目的即是为了促成国人的文化觉醒与文化认同。这一目标的确立，在很大程度上影响了近代中国历史的走向。五四时期，很多报刊和社会组织习惯于使用与"觉醒"相关的词汇命名，例如"醒世""晨钟""自觉""鸣鸡"等，为进行重建民族精神的思考打开了新的空间。

尽管知识分子的觉悟与实践皆以维护传统文化为根本出发点，但是这并不妨碍西方文化涌入国土后，他们也从中收获解决文化危机的灵感。深受传统文化熏陶的知识分子对中国传统文化的熟稔和偏爱，决定了他们对待西方文化的双重态度。这个具有上下五千年文化传统并泽被了他国的文明，确实容易养成一种文化中心主义。传统文化带来的强大惯性，成为知识分子爱国主义的情感动力，但也可能是抱残守缺的文化保守主义的温床，甚至是形成文化自大思维定势的罪魁祸首。习惯于居于文化中心而以"万邦来朝"的眼光来打量别人的传统文化，一旦真正受到挑战，丢失的不仅是"天朝上国"的荣耀，更重

---

① 姜义华：《我国近代型知识分子群体简论》，《近代史研究》1987年第1期。

要的是给整个民族烙印了文化屈辱的心理伤痕。这也导致了国人，包括最初的士人群体在内，无法以冷静客观的态度来对待西方文化，要么因无法转变文化心理而对其进行拒斥，要么基于改良传统文化弊端的要求，只接受西方文化在当下必需的、实用的那些"东西"。这也成为文化实用主义态度的根源。有用或补救的标准是功利主义，文化耻辱感要求的民族觉醒也建立在功利主义的基础之上，这就决定了传统文化的近代转型迈出的第一步，恰恰居于功利主义和实用主义的前提之下，再加之国人对西学整体性认知的不足，由此在中与西、传统与现代等问题的关系处理上，强烈的实用主义色彩成为国人对待西方文化和引入西学的首要态度。

从实用主义出发，引入完全异质于传统文化的他者文化，首先需要打破原来文化的某些价值壁垒，建立起一种符合现实需要的中西关系。这种新关系也当然必不可少地由传统提供支持。不容否认的是，西学东渐尤其是甲午战争后，西学在工具性层面产生的巨大威力，对中华民族的生存构成了威胁，使得传统的生活方式与文化自信失去了重要依托。为了自救自强，近代国人便以"师"与"夷"相互交织的复杂心态，开始了学习西方的历程。在整个近代，前后有过多种"采西""学西"主张，但却在实践层面被功利主义态度所支配的实用主义肢解了。开眼看世界的第一批有识之士截取了西方器物之长，但主要目的在于反制其长，师夷制夷；戊戌维新学习西方的政治，却将其限定在中国的纲常伦理框架之内，抛弃了其中关于个人主义、自由主义的内容；主张改革传统文化态度最为强硬的新文化派，虽将民主与科学视作建造新文明的思想良方，却也对其中某些内容进行了筛选，例如对基督教精神的舍弃。整体言之，在经历了从取法西方兵器、声光化电之技到师学西方宪制之术的重大转折后，中国社会在价值层面尽管也经历了认知逻辑的转型，但从实用出发，需要什么再决定补充什么的实际行为，无异于是头痛医头、脚痛医脚，始终未能形成一个关于西方文明的整体认知体系。

换而言之，各种功利主义的取舍态度，导致了近代国人对西方文化整体性认知的无序化和片段化，也导致了在中西文化交汇相融时传统文化自身的病态式成长。例如在主张学习西方宪政之长的层面，各文化思潮标准各异，有主张学习欧美的，有主张学习英国的，也有一部分人主张学习日本的。多方来源与观察本来并非坏事，但若目的是为了从自说自话中一争高下，同时又无法在整体上形成共识，那么就很容易造成彼此之间无法融合甚至产生相互抵牾和对立的局面。这些不同争辩和异议的产生，既是近代国人对西方文化缺乏整体性认知的表现，实际上也表明了近代中国并未找到西方文化的真义，造成了效仿上的隔膜。另外，对于普通大众而言，对西方的认识很大程度上又是通过这些新型知识分子的思想主张来学习和了解的，即使这些思想能够反映西方文化的某一个方面，但同样也难以形成关于西方形象的一个体系。在各种因素的影响下，中西文化真正融合的有效途径实难寻求。更令人意外的是，随着中西文化交汇程度的加深，新知识分子不仅未能真正区分出中西异质的根本，反而却在不断地推翻之前的一些见解。从现实来看，近代社会不仅没有因学西而有序化，反而变得尤为混乱。例如帝制被推翻后，传统文化失去了原有的生存环境，其合理性和整体性也随之受到了挑战，已经无法给非中非西的社会提供一个明晰的价值尺度，因而出现了无所适从的紊乱。接受了完整西方文化体系教育的知识分子，也对此一后果感到沮丧与失望，甚至流露出重返孔学的意图，也即期望回到三代圣人时代，从中寻找思想慰藉。例如，曾将西方"自由"思想视作国家富强武器的严复，最后也发出了"回观孔孟之道，真量同天地，泽被寰区"①的悲叹。

很显然，从功利角度出发决定传播和发展西学的行为，一方面反映的是近代学人"救亡"之心的迫切，一方面也无可避免地留下了后遗症，也就是无法将西方文化摆在一个正确的位置加以认识。坚船利炮也好，民主制度也好，科学精神也好，对于西方人来说，它们本身就是一种客观性知识，也是文化体系的组成部分，但在近代国人这里，它们却被当成一种救亡工具，一把解决传统文化危机的钥匙。抱着实用主义的态度去学习西方，就无法建立真正的沟通和对话，也就注定了近代文化的转型无法最终完成。

## 五

时代在变，经验也在变化，意图为经验赋予价值的文化也随之而变。就近代文化主张而言，无论是自大、自负、自卑、自省等文化态度的彰显，还是保守主义、改良派或者激进主义等文化立场的选择，都体现出与鸦片战争前不同的嬗变特征。在形式上，中国传统文化遭遇了外来文化的严重冲击和挑战，从坚持"中学为体，西学为用"的原则，走向批判中学接受西学的文化立场；在内涵上，从对儒家文化的推崇备至，走向"反孔非儒"以倡导全面学习西方；在情感上，剔除儒家文化中心的自大自负，走向更为谨慎的理性反思；在理念上，从思考如何摆脱中国文化的危机，走向回应"中国向何处去"的中心

---

① 严复：《与熊纯如书札·五十九》，《中国现代思想史资料简编》第1卷，朱维铮编，浙江人民出版社1982年版，第259页。

问题。形形色色的文化主张之提出证实了一个最大问题：文化传统与文化现实之间的断裂越发明显，以至于固有传统文化沦陷于无法容纳与适应新的文化现实的困境之中。那么此时，要如何调适从自信到重新找回自信的文化心理，如何理解近代文化思潮的因时变故，又如何重建契合时代转型需求的新文化观？这正是近代学人在近代文化转型的过程中意图回应的一系列问题。

让我们从释名开始。

首先，有一种看法应该被强调。中国传统文化源远流长，虽盛衰交替，但始终自成体系，未尝中断。千百年来，这个传统一直以自己独特的方式在蜕变，以渐进的形式在持续改良发展。晚清时期的中国文化，早已不是孔孟时代的传统照搬与复制，与理学家朱熹所宣扬的文化传统也大不相同。但是，当我们以"中国文化传统"这一定义进行阐发时，我们强调的依然是中国文化自身的历史延续性。

其次，还应该向前追问两个不得不面对的奠基性问题：中国文化传统的内涵和性质是什么？西方文化被认为是不同于中国文化的异质文明，这种异质到底是怎样的一种异质？事实上，在所有被阐述过的概念里，最广为人知且广被接受的文化传统当推"儒学"，也就是以纲常伦理为本位的文化体系。正是这一独特性才使得传统文化与西方文化相异质，因为后者遵行的是理性和科学精神。因此，我们不可避免地要区分出何为中国传统遗产，何为西方近代影响，以辨识中国文化与西方文化的不同性质。自鸦片战争至五四运动这短短80年，之所以被称为文化的转型期，是因为中、西文化双方都为此做出了不同程度的贡献，经历了扬弃与认同、互鉴与互融的交流吸收过程。作为遗产的中国传统文化与作为影响的西方文化，二者之间进行了什么样的互动，又引发了何种文化选择，是我们展开这段文化史叙述的关键内容。

　　本卷研究的时间段限定在近代，也即1840—1919年，跨越整整80
个春秋。这个时段是国人对外来陌生文明从认识到排斥继而选择性地
适应直至改良性地接受的一段浓缩史，前所未有，也后世未再。不可
否认，西方文化在中国的"登陆"与传播，的确给中国传统文化带来
了激烈挑战，将其卷入到被动接受冲击的漩涡之中。国人震撼于陌生
文化带来的强烈冲击力，并由此进行了或主动、或被动、或折中，或
拒斥、或接受等各种态度的"回应"。这些对待传统文化和西方文化孰
主孰次、孰优孰劣等的不同主张，也形成了有关文化选择的问题。在
"回应"和应对中，积极寻求解救传统文化危机的路径，始终维护传统
文化的主体地位，坚定确立文化认同和民族认同的信念，自觉构建基
于家国情怀的民族精神等，构成了近代中国文化自信思想的重要内容。

第一章

裂变：
传统文化的
近代转型

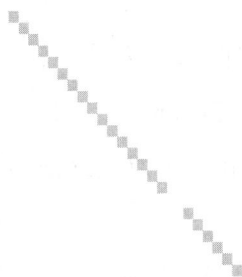

近代八十年是一个"三千余年一大变局"①的社会转型期，曾经驾驭人生的儒家文化世界陨落了，国人丧失了可以立身于世的价值判断标准；近代八十年也是一个社会快速变迁的时期，曾经闭关锁国的封闭生活消逝了，国人不得不打起精神面对截然不同的周遭环境，承受各种新鲜事物的"震惊"刺激，并逐渐体悟到自身应对经验的贫乏；近代八十年还是一个理性思维不断扩延的时期，万事万物都被理性统摄，成为科学和技术在生活中的表征，国人被"科技价值"裹挟着前行，愈觉传统思维模式的力不从心。在西方价值的衡量标准下，"感性"让位于"理性"，"人情"让位于"规范"，"血缘"让位给"利益"，国人开始"就事论事"、精于利益算计。如此，被迫适应时代变化的中国传统文化不可避免地面临着如下困境：意义丧失、经验贫乏和思维模式落伍。

在社会新、旧转换的时刻，变化几乎渗透到文化领域的每一个角落。当我们在谈论近代文化转型时，我们谈论的即是建立在"裂变"基础上的传统文化的新旧转换。

## 第一节 "天下"裂变：鸦片战争前的文化动向

严格来说，鸦片战争以前，国人只知有"天下"，而不知有"世界"。后者是国人在清王朝临近崩溃之际逐渐形成的具有文化符号意义

---

① 李鸿章：《筹议制造轮船未可裁撤折》，《李鸿章全集》第12册，时代文艺出版社1998年版，第874页。

的观念。具体地说，这两个词语代表了对两种不同文化体系的认知概括："天下"是以伦理纲常为本位的儒家文化提出的抽象化的哲学概念，"世界"则是一个打破了华夏中心观念且具有客观实在内容的地理、政治概念。

文化是一个民族的标志，是民族精神的集中体现，也是维系社会稳定的精神纽带。从社会文化史的角度来看，鸦片战争以前的中国文化几乎千年未变，"百年前的中国社会，如一般所公认是沿着秦汉以来，两千年未曾大变过的"①，始终铭刻着儒家文化精神的印记——以仁义为道体，以礼乐为路径。"忠信，礼之本也；义理，礼之文也。无本不立，无文不行。"②这是儒家文化的基本内容，也是衡量一切政治、外交、社会活动的道德尺度与评判标准。任何文化形式的聚焦，都是为了凸显至善至美的儒学价值体系，勾勒"观乎人文，以化成天下"③的儒学境界。在封建"仁""礼"织造的儒学罗网中，"大同"也即"大一统"思想，是一种极为重要的人生观和价值观，也是一种族群观和政治观，形成并不断强化了一种"儒学天下""内圣外王"的共识，成为历史悠久的前近代传统中国有别于西方国家的重要特色之一。因此，与其说"天下"是儒家文化追求"修身、齐家、治国、平天下"的审视对象，不如说"天下"确认了"儒学"以伦理纲常为本位的文化传统。

儒学定于一尊，这是一个体现"天朝上国"文化精髓的认知模式。长期以来，以儒家文化为认知框架，不可避免地形成了两个不容忽视的内容特征。一是确立了以儒家经典为核心的一元化知识体系。这个

---

① 梁漱溟：《中国文化要义》，上海人民出版社2011年版，第140页。

② 《礼记·礼器》，《周礼　仪礼　礼记》，郑玄注，陈戍国点校，岳麓书社2006年版，第319页。

③ 《周易·贲卦第二十二》，《周易译注》，韩立平译注，上海三联书店2018年版，第94页。

体系由经、史、子、集四大内容构成，其中经学几乎统摄一切，在世代承袭的过程中积淀而成传统。由此国人的求知方向也一直都是稳固的，"义理""考据""词章"是读书人治学的三个方向。"义理"在其中最为重要，对知识分子提出了根据儒家经典来探讨仁义道德的"学以致道"的要求。二是以纲常伦理为标准来维持社会关系的运转。传统中国是个小农社会，主要以家庭、宗族为小单位来织造社会网络。在纲常伦理的裹挟下，宗族社会以"父义、母慈、兄友、弟恭"之类的礼制维持运转，并据此确立了一种具有长幼尊卑严格等级的社会秩序。再将宗族放大到国家层面，这一运转方式又延伸到君臣、君民关系中。是以在"天朝上国"，皇帝以"天子"自称，意味着天命所归，具有无上权威。相应地，一切以服务"天命"为目标的纲常伦理，亦被称为"天理"，成为维系封建制度运转的精神力量。经宋明理学发展后，"天理"日渐严苛，既大于法又灭人欲，在封建社会产生了极深的影响。

描述文化精神的几无改变，经常使用的是"长期性"这一词汇。中国传统文化的长期性，即指儒家文化一统"天下"，代代相传却变化甚微。无论朝代如何更替，在封建帝制下，中国并不存在儒家文化的生存问题。的确，因为长期性所带来的绵远影响，我们可以将传统的延续视为渗透于思想中不可剥离的文化认同。但值得注意的一个问题是，正因为儒学经过了长期性的考验，并没有因为朝代的更替而出现变动，因此它对人的思想、性格乃至价值观在某种意义上又成为一种僵化和束缚，尤其在社会发生巨大变化时甚至成为一种桎梏。

事实上，儒学文化或者说是天朝尊严，虽然在表象上维持着千年不变的姿态，但也并不意味着它没有出现裂缝的可能。17、18世纪是中国封建王朝的鼎盛时期，一方面社会呈现出富足升平的盛世气象，另一方面却也孕育了种种社会矛盾，赋税、人口、吏治、武备、农民起义等难题渐积渐多，朝野逐渐皆为忧患所苦。历史的前行脚步验证了盛至必衰的千古真理。当中国社会进入19世纪中后期的时候，盛世色彩开始消退，露出了社会百孔千疮的灰色面。短暂的康乾盛世此时已成过去式，彼时的清王朝有如一轮落日，虽仍残留余晖，但已经日薄西山，无力挽回吏治腐败、经济发展迟缓、社会矛盾激化等积病成疾的衰败之局。从文化层面来看，"损伤"在一定程度上同样不可避免。很长时间以来，统治者都在反复强化儒学思想的正统性，因此总习惯用标准化的文化政策来应对当前的社会问题。朝廷的思想灌输的确能够保证臣民的忠顺，但在国势衰微的时代，一味坚持极端的文化统治政策，结果就很可能会架空文化传统，使之陷入无法解决实际现实问题的虚空。自嘉庆以降，清王朝社会矛盾日益尖锐，内有弊窦丛生，例如贪污成风、流民众多、钱粮亏空、烟毒泛滥以及漕运、盐政、河工三大要政弊端重重等，外亦有西方科技文明带来的冲击与挑战，处于内忧外患的双重夹击中。在这种现状下，讲求纲常名教至上的文化政策显然无力解决社会现实问题，面对自身的脱轨，也只能表现出力不从心的无可奈何。

变化的时局已经对旧的文化掌控政策提出了质疑和挑战。首先，民主思想开始萌芽。明末时，在商品经济繁荣的刺激下，阳明心学思潮已经提出了"灭天理，存人欲"的文化需求，将矛头指向"理"凌驾于"欲"之上的文化评判模式。在文学领域，诸多宣扬"尊情抑理"、张扬"性灵个性"的作品层出不穷；在更深层次的哲学领域，也不乏倡导自我意识和主体私心的思想流派。"天下之民，各遂其生，各获其所愿有"①，代表的是饮食男女要求更新文化价值的"心声"，表明了整齐划一的文化评判模式已经难以在原来的轨道上继续前行的事实。至清代，质疑君主专制及"以理杀人"的呼声进一步高涨，王夫之、顾炎武、黄宗羲、戴震等大儒纷纷抨击"独夫"专权，提出了解放私欲、张扬个性的主张。在批判意义上，这是对儒学"天下"仁礼准则的一个否定。在萌芽意义上，这也成为近代民主思想的一个本土资源。其次，进步知识分子开始走向觉醒。在社会矛盾加速恶化之时，对文化问题最为敏感的儒生，最先察觉到了文化专制政策在应对现实时的捉襟见肘。深受儒家文化熏陶的儒士，虽然对长期浸染的文化传统有其坚持，但是面对文化与现实的脱离，也会对这个文明的"理想形象"提出质疑。社会现实在变化，知识结构也就相应地要求随之更新，知识分子因此顺时而动，酝酿动能去寻求更加务实的、能够反映与应对当下社会现实难题的文化模式。综合而论，在民主思想的推动下，加之受到西学东渐思潮的强烈冲击，同时借助顺应时势变化有意优化知识体系的新型知识分子的改革力量，封建文化专制制度的"铜墙铁壁"最终因内外夹击而曝露出裂缝，为陈腐僵化、死水微澜的思想文化界迎来了改良契机。

概括而言，在鸦片战争之前，儒学传统自身已然出现了"裂变"的迹象，为社会变革和西学传播做好了铺路搭桥的思想准备。

## 一、经学体系裂变：倡导求真务实

儒学传统注重经世致用，自孔子始便有所展现。早在《论语·宪

---

① 李贽：《道古录·卷上·第十五章》，《李贽文集》第7卷，张建业整理，社会科学文献出版社2000年版，第365页。

问》中，孔子就已经提出"修己以安人""修己以安百姓"的主张①。
历经漫长的岁月更迭，这一内涵并非一成不变，而是随着儒学发展的
内在思路和外在环境变化有所侧重。在经世路径上，晚明是个分水岭。
在此之前，儒家传统注重心性修养，专注于"学做圣贤"。"夫书莫尚
于经。经，圣人之书也"②，故"为学，治经最好"③。明朝建立后，
朱元璋更是以八股取士的科举制度强化了这一趋势。"此亦一述朱，彼
亦一述朱"④，这一时期的儒学、儒士皆绝对盲从于治经之学。"致用"
因此也成为注经解经的实践之学——考证著书以树立声望，获取功名。
直至晚明时期，在心学崛起以及来自边疆沿海外邦威胁的双重挑战下，
它才迎来了变革，分化为史学经世和科技经世两股力量，同时分流出
三大经世群体。

具体而言，一部分儒士致力于纠偏经世即为"记诵词章之学"的
弊端，提出了"六经皆史"的观点，并通过对"六经"与"心学"的
关联，解构了儒家经典乃"圣人不刊之论"的权威地位。他们的治学
重心也随之发生了变化，从专诵"六经"转向经典辨伪与细节考证。
这也意味着儒家经典得到了再审视，并且建立在求真求实的基础上。
另有一部分儒士则诟病心学有"流于空谈"之弊，由此提倡从六经中
寻求"救世"法门，并致力于开拓新的方法，突出表现为经世文编的
高潮出现：一则搜集有关针砭时弊、日用民生、军国大事等奏疏以总
结历史教训，例如吴亮《万历疏钞》搜集名臣谏疏"于以转移人心，

① 《论语·宪问》，《四书经纬》，郭穆庸主编，九州出版社2010年版，第497页。
② 胡应麟：《经籍会通》，王岚、陈晓兰点校，北京燕山出版社2008年版，第24页。
③ 程颢、程颐：《端伯传师说》，《河南程氏遗书》，中央民族大学出版社2001年版，第48页。
④ 黄宗羲：《孟子师说·题辞》，《黄宗羲全集》第1册，吴光主编，浙江古籍出版社2012
年版，第46页。

祛诐淫邪；遁之，害纲维世道"①等；二则搜集各领域内的历史文献和专业文献，分门别类地俱存备考，以针对"时王所尚，世务所急，是非得失之际"②，例如陈子龙《皇明经世文编》、张文艳《国朝名公经济文钞》等。不论哪种经世类型，都共同体现出史学经世的现实指向。除此两大经世群体外，还有一部分儒士则另辟蹊径，更多地继承和发展了儒家关于经验和实测的致用传统，走向科技经世之途。世人所熟知的例子有很多，如李时珍历三十年阅书八百余家，撰成《本草纲目》；徐霞客经万里考察山川地貌，成书《徐霞客游记》；徐光启与传教士共研科学，合译而成《泰西水法》《测量异同》等。

概而言之，三类"经世"在总体方向上有着共同的明确目的：通过辩伪、考据等创新尝试，破解明末以来各类矛盾的重重危机，寻求及制定能够直面社会现实的文化方案。尽管这些努力并未实际触动儒家文化的正统地位，但以求真务实为思考模式和实践方式的探索倾向，推动了儒学的近代转型，对后来的文化改良思潮产生了深远的影响。

晚明经世的大旗继续引领了清代经世致用的新高潮。大清统治者依然奉程朱理学为儒家文化经典，对其推崇备至，已达"理学之书，为立身根本，不可不学，不可不行"③的高度。经学的合法地位无法撼动，然而经学也因空洞无物、饾饤驳杂、舍本求末而无力解决深重的社会危机。面对如此尴尬现状，清儒们"智而谲"，一方面借"尊儒"的合法地位堂而皇之地对儒家经典加以考据，另一方面又根据考据来证明彼时"理学"已非儒学正宗，故言反对"理学"有理，睿智有方

---

① 李维桢：《万历疏钞序》，《八股文总论八种》，张思齐编著，武汉大学出版社2009年版，第400页。

② 陈子龙：《皇明经世文编序》，《安雅堂稿》，孙启治校点，辽宁教育出版社2003年版，第77页。

③ 《康熙起居注》，中国第一历史档案馆整理，中华书局1984年版，第2222页。

地解决了"合法"和"有理"难于统一的困境。"稽古，所以证今也；穷经，将以致用也"①，通过稽古通经，对无根臆说的理学加以发难，又通过考证求实、正本清源，使得经世情怀得以"合法"抒发，是乾嘉以后儒士承袭"经世"治学传统的取向和路径。进行如此选择，其中固然有为抗争文化高压政策所采取的策略问题，但更为根本的原因，乃是今文经学家重新认识和体察国事民情的儒学素养，以及对儒学文化传统的真诚信仰。经世的责任感使得这批儒士敢于揭露和抨击时政，敢于要求变法更新，敢于追求"道存乎实用"②的经世理想。知识分子不拘泥于经学而向社会和自然界求新知的学风，由是成为一股热潮。伴随着这种风气的盛行和扩散，一方面"通经"的诉求更为强烈，经世更多地表现为"通经致用"，援经以议政是它常用的功能；另一方面注入时代新内容的目的更加突出，经世更多地要求关怀政治现实，关注民情民生，追求经典和经学面对现实的实用化、工具化。由此，经世致用思潮作为一种救世"实学"，具备了两个鲜明的特点：一是重新诠释经典，顺应时代变化，以实证取代虚妄，"所至于山川形势，民情利弊，无不悉心讲求，故能洞悉物情，遇事确有把握"③，"以实心励实行，以实学求实用"④，弥合了当时学问与现实之间的巨大断裂，因此能够引导思想界渐渐走出狭隘的经学思维，将僵化的传统资源转换为应付内外乱局的理论武器。二是要求经学最直接地服务于治术，"以经术为治术"⑤，谋求学术致用，以凸显治经的现实意义。"举凡宇宙

---

① 唐仲冕：《杨芸士述郑斋诗钞序》，《张舜徽集·清人文集别录》，张舜徽著，华中师范大学出版社2004年版，第260页。

② 魏源：《皇朝经世文编五例》，《魏源全集》第14册，岳麓书社2011年版，第243页。

③ 姚莹：《十幸斋记》，《姚莹年谱》，施立业著，黄山书社2004年版，第4页。

④ 纪昀：《狐习儒者》，《阅微草堂笔记》，沈清山注，崇文书局2017年版，第396页。

⑤ 魏源：《默觚·上·学篇九》，《魏源全集》第13册，岳麓书社2011年版，第22页。

之治乱，民生之利病，学术之兴衰，风尚之淳漓"①，都属于治经范围；凡涉及漕运、河工、盐法、天文、地理、财赋、典章、吏治、开发边境、强化边防等探讨社会和自然问题的内容，都涵盖于治术领域。将"通经"引向"致用"的人物，以龚自珍和魏源为代表，突出地表现为：在他们的影响下，思想界迎来了将经学研究与讨论时务相结合以救补当世的新风气。此举是具有近代意味的应试方略，为中国文化的近代转型奠定了坚实的理论基础。

从封闭的经学世界转向发掘经典中具有现实意义的社会制度与文化，是时代转换时期儒学传统向外突破的必然趋势，具有解决现实问题的实功实效。这与工业化的世界大趋势——面向现实、讲求功利、解决社会问题，基本上是合流的。在回应时代的挑战中，传统学术和传统文化进行了或潜滋、或明长的改革，由此在"经学"天下的坚固壁垒上凿出了一丝裂缝。西学东渐后，它还将应对外来文化的冲击，寻求新的突破。与现实接轨越多，经世之举离纯粹的经学也会越来越远，由此产生的经学"裂变"现象也将变得愈加明显。

## 二、忧患意识裂变：挽救民族危机

儒家经典中蕴含着众多民族精神，忧患意识是充溢于其中的一种。常怀生民家国之忧，是忧患精神的基本内核，如司马迁所言："此人皆意有所郁结，不得通其道，故述往事，思来者。"②自周公制礼作乐，到孔子"祖述尧舜，宪章文武"③，庄子"身在江海之上，心居乎魏阙

---

① 范麟：《读〈安吴四种〉书后》，《包世臣全集》，包世臣撰，李星点校，黄山书社1997年版，第556页。
② 司马迁：《报任安书》，《汉书》，中华书局1962年版，第2735页。
③ 《中庸》，《四书五经》(上)，陈戍国点校，岳麓书社2014年版。

之下"①，再到屈原"哀民生之多艰"②，杜甫"穷年忧黎元"③，范仲淹"先天下之忧而忧"④，直至顾炎武"保天下者，匹夫之贱，与有责焉耳矣"⑤，无一不是居安思危、自强不息、挫而复起、穷且弥坚等忧患精神的体现。国人之忧患精神其时悠长，其史悠久，在一脉相承中生生不息。

"忧患"一词最早见于《孟子·告子下》，其中"然后知生于忧患而死于安乐也"⑥一句，言明忧患与安乐相对，是一种居安思危的精神。《易传》阐发《易经》精义时也明确提及"忧患"要义："危者使平，易者使倾。其道甚大，百物不废。惧以终始，其要无咎，此之谓《易》之道也。"⑦又说："其出入以度，外内使知惧，又明于忧患与故。"⑧此外，又称"危者，安其位者也；亡者，保其存者也；乱者，有其治者也。是故君子安而不忘危，存而不忘亡，治而不忘乱，是以身安而国家可保也"⑨，从概念层面阐明了"忧患"即度外之惧，即危机和易变时的平衡之法，亦即安身保国保家的一种途径。具体来说，忧患意识至少包括以下三层含义：在价值取向上，具有时代使命感和社会责任感，无论人处江湖之远还是居庙堂之高，均以济世安民为己任；在主题表现上，关注人生磨难、王朝盛衰、社会治乱、生民休戚、

① 《庄子·让王·中山公子牟》，《庄子素解》，陈永注解，中山大学出版社2017年版，第481页。

② 屈原：《离骚》，《楚辞》，徐志啸注评，长江文艺出版社2015年版，第5页。

③ 杜甫：《自京赴奉先县咏怀五百字》，《古诗今选》，程千帆、沈祖棻选注，陕西师范大学出版总社2019年版，第330页。

④ 范仲淹：《岳阳楼记》，《古文观止》，吴楚材编，吉林文史出版社2016年版，第367页。

⑤ 顾炎武：《日知录·正始》，《日知录集释》，黄汝成集释，栾保群、吕宗力校点，花山文艺出版社1990年版，第589页。

⑥ 《孟子·告子下》，《孟子》，北方文艺出版社2018年版，第183页。

⑦ 《周易·系辞下》，《周易译注》，周振甫译注，中华书局2013年版，第290页。

⑧ 《周易·系辞下》，《周易译注》，周振甫译注，中华书局2013年版，第287页。

⑨ 《周易·系辞下》，《周易译注》，周振甫译注，中华书局2013年版，第280页。

国家兴亡等现实，"忧道""忧民""忧天下"；在实践方式上，能够直面现实，居安思危，以理智的、戒惧的、未雨绸缪的、富有远见的心态预警潜在危机，"见险而能止"①，"君子以思患而豫防之"②。

忧患意识由来已久。自商周开始，君王即常怀忧位之思。《尚书·周书》中《康诰》《大诰》《召诰》《无逸》等篇，既透露出周王自慎自勉的情怀与心态，也体现出其要以殷亡为鉴，以周文王等贤明君主为表率，谨慎治理天下的忧位之思，其中还蕴含着他对继承者安于享乐、荒于政事的担忧以及告诫他们要居安思危、防微杜渐的良苦用心。从"忧位"到"忧君"，反映了忧患意识已上升到更高眼界的哲人之思。春秋以降，忧患意识的内涵继续拓展，进一步表现为忧"道"之思。孔子言"君子忧道不忧贫"，又云"朝闻道，夕死可矣"③，皆以"道"来指学说和真理。"德之不修，学之不讲，闻义不能徙，不善不能改，是吾忧也"④，此"忧"是在哲理层面对真理能否弘扬的担忧。进入战国时期，战乱频繁，烽烟四起，忧患意识又向纵深拓展，从"忧位""忧君"转向"忧民""忧天下"，体现出从"君"到"民"的本位过渡。由于忧患意识本质上即是一种居安思危观，所以尽管它的内涵不一，凡国之衰败，民族之危亡，黎民之困苦，以及学道之中绝等各类忧患之思都位列其中，但从精神实质上来看，却又古今同一。后世之人对此加以继承、传播、发扬，以秉承"天下兴亡，匹夫有责"的态度，致力于"家事、国事、天下事，事事关心"的践行。此中体现出的自强不息精神和忧国忧民情怀，正是儒家"内圣外王"精神永不枯竭的动力来源。

---

① 《周易·蹇（卦三十九）》，《周易译注》，周振甫译注，中华书局2013年版，第144页。
② 《周易·既济（卦六十三）》，《周易译注》，周振甫译注，中华书局2013年版，第236页。
③ 《论语·里仁篇第四》，《论语释义》，方闻撰，首都师范大学出版社2019年版，第38页。
④ 《论语·述而篇第七》，《论语释义》，方闻撰，首都师范大学出版社2019年版，第69页。

在太平时代，忧患意识是一种预警，一种视界，一种悲天悯人的情怀。在乱世，忧患意识则上升为一种洞察，一种方法，一种尖锐深刻的思想武器。自忧患意识建立起来，拯危济世便成为其中至为重要的主题之一。一般而言，它往往凸显于社会面临变革的关键时刻，较之社会稳定期的内敛更具现实意义。封建王朝延续至清代，基本上已经走完了它的盛世历程。社会矛盾的尖锐，始终在提醒包括清统治者在内的知识分子必须常怀忧患之心，以防止儒家文化的正统地位随外在境况之变而动摇。短暂的"康乾盛世"之后，清王朝便遭遇了内政腐朽、人口暴增、社会严重不平等、商品经济对小农经济的冲击等政治经济危机，显现出不可避免的衰败之势，致使民生堪忧。进入嘉庆、道光、咸丰时期后，面对现实难题，清政府因统治不力而无所作为，使得社会在内忧外患中乱象丛生，有如一团乱麻，充斥着"未来往哪去"的迷茫、困惑与忧思。这种基于关注社会现实而产生的危机意识，以及不知所措又急于寻找解决方案的忧患心态，在深度、广度和影响力上，比之前任何一个朝代任何一段历史都更为突出，甚至上升到了民族能否继续存在的高度。植根于国人思想中的各种忧患意识，此时一并涌现，进取的、保守的、中庸的，相聚相组，希冀能够在一团迷雾中找到通向光明的指路标。它可以是救国，可以是启民智，甚至可以是反帝制。这些集聚的诸多主题游离并重组，以化合的方式重新组合于一个新的结构之中，最终在一个共同的期待下，将目标集中到至关重要的主题上，那就是"忧乐常存报国心"①的救亡意识。大体而言，鸦片战争前后，面对民族危机的严峻现实，救赎成为忧患意识中最为突出的主题。以此为前提所进行的思考与探索，内容包括：第一，

---

① 魏源：《题金潭沙洲故宅七首·书斋联》，《魏源全集》第14册，岳麓书社2011年版，第313页。全联为：功名待寄凌烟阁；忧乐常存报国心。

儒家倡导的道德思想与价值观如何应对自然欲望与功利主义的冲击并加以转变；第二，在理学道德的严格束缚下，如何将人格修养的价值部分转换为对救国救民的追求；第三，是否能够达成将忧患意识中的理念范畴改换成具有现实意义的政治理想。

以儒士为代表的知识分子是忧患意识最坚定的倡导者和最积极的阐发者。"人不忧患，则智慧不成"①，如魏源、王韬、徐继畬等精英知识群体，毫不掩饰自己身处末代王朝而心忧天下的责任感。在他们身上可以看到当时思想的两种特质：

一是两难心态，既痛恨清廷统治的不力，却又想为其力挽狂澜；既批判传统，又向往某种能够应对现实的纯粹传统。这一群体中的一部分人寄希望于发掘儒家经典的现实意义，引导人们从经典中体验并重视忧患意识的觉醒力量。"六经忧患书，世界忧患积"②，在他们看来，身处风雨飘摇时代中的人们，有必要在彻底的民族危机到来之前，先行对社会问题加以思考，提出趋利避害的解决办法。还有一部分人则身体力行，心怀忧患而著书行世，意在警醒麻木不仁的国人能够认识到民族危机引发的严重后果。例如，徐继畬著《瀛寰志略》，即因"内感于时变，外切于边防，隐愤抑郁，而有是书，故言之不觉其深切著明也"③。

二是乐观进取的精神。对于知识分子而言，为君王服务，为国家兴亡担责，是他们安身立命、做官行事的目标。在儒家教育熏陶下成长的知识分子，追求道德的完整性和社会的尽善尽美，并不令人感到意外。他们批评国人不思进取、急功近利、自我膨胀等性格缺陷，看

---

① 魏源：《默觚·下·治篇二》，《魏源集》，中华书局2009年版，第39页。

② 魏源：《喥古吟八首与陈太初修撰为连日谈史而作》，《魏源集》，中华书局2009年版，第584页。

③ 王韬：《〈瀛寰志略〉序》，《弢园文录外编》，上海书店出版社2002年版，第226页。

似对社会充满了指责与失望，实则却是为了能够建设一个理想王朝，只不过由于忧患意识太过强烈，反而呈现出急迫之感。因此事实上，这仍是一种由乐观精神主导的批判性思维。在晚清社会，评断一种思潮或者评价一个知识分子，最先提问的是，它是不是一种理想主义，或者他是不是一个理想主义者，而不去问这个理想主义的内容是什么。这也成为审视近代中国文化曲折发展历程的一条线索。一言以蔽之，儒学的熏陶与现实的压迫，这两个相互矛盾的经历在相互碰撞后生发出一种思维，它视文化为一个整体，任何一个方面都不能彻底抛弃。所以，知识分子们面对压力而求诸救赎，并且认为最好的救赎办法是能够借助文化传统来解决所有关于民族危机的难题。令人称道的是，不论救赎是否具有乌托邦色彩，这些人总是能够正面社会现实，并且认可忧患意识带来的积极影响。"愤与忧，天道所以倾否而之泰也，人心所以违寐而之觉也，人才所以革虚而之实也。"①换言之，在他们看来，忧愤的力量可以成为更改国运、觉醒精神、发掘人才的动力，也能够为解决军事衰弱、吏治腐败、边防告急、人才凋敝等问题蓄积能量。

除了知识分子在忧患意识的刺激下因应时代挑战，中下层人民也同样在回应时代，用他们自己的方式理解和言说他们的忧患意识。因为儒家经典具有一定的局限性，早已不发生实际引导日常生活的效力，当知识分子忧患儒学失去引导功能而不能针砭现实之时，普通群众忧患的是，如果失却了儒家价值的导向，他们应该如何进行精神上的宣泄，投向何种新的信仰。当以礼教为准则的政治秩序开始松动，来自社会底层的不满或反抗将在社会变动时刻游离儒家正统及官方意识形态，使得人们渐渐觉悟"思想革新"的重要性。尽管晚清社会的全面

---

① 魏源：《〈海国图志〉原叙》，《海国图志》（上），岳麓书社1998年版，第1页。

崩溃时刻还未来临，但普通民众也多察觉到庠序之教和孝悌之义正日渐消失，自己已经陷入不能按照旧传统生活，也不能按照旧传统被统治的尴尬处境中。知识分子们敏锐地洞察到封建统治制度内部已经有了自我批判的必要性，并开始在忧患意识的支配下，采取一系列警醒措施加以弥补。但对于在价值观和现实相互冲突之缝隙中生活的一般民众而言，虽同样忧患世风日下、纲常失序，但却无力对文化秩序加以改变或者进行实质性的反抗。最为可行也最符合他们身份的方式，便是让来自各行各业的思想观念交叉博弈，综合起来在社会心理层面形成一种学习潮流，以吸引力为衡量标准，与忧患意识倡导者的观点和理论形成共鸣，并在时代心理的推动下，构成舆论的浪潮，自下而上地与知识分子群体形成呼应。在具体形式上，他们会通过社会舆论、信息传播、民谣等较为温和的方式，也会采取集会、游行、起义等激烈行为来参与响应，最终获得一种道德上的满足感，达成功利上的趋利避害。由此可见，在社会大变动时代的国人心态与价值观的塑造过程中，忧患意识也扮演了锻造民族认同的角色。

## 三、士人形象裂变：造就"艺"学人才

王国维将清代学术划分为三个阶段，并将其阶段特征概括为"国初之学大，乾嘉之学精，道咸以降之学新"[①]，认为清代学术发生了从体系化到专门化再到拓展新研究对象的转变，已经涉及学术转型的问题。从学术主体的层面来看，这也意味着知识分子发生了自我形象的转变。身处一个儒学传统在规范与秩序上均已发生脱轨的时代，知识分子要在其中寻求自己的新定位，或者是在确定自己与国家、社会及

---

① 王国维：《沈乙庵先生七十寿序》，《王国维经典》，当代世界出版社2018年版，第269页。

群众的关系中找寻自己的位置，必定是一个充满了曲折与复杂性的过程。一个不容忽略的事实是，文化环境的改变将会导致知识分子在思想和心态上的变化。一直以来，"士"在封建社会的崇高地位几乎无人可及，"士以天下为己任"的潜在价值观也被视为是天经地义的准则。但是到了晚清时期，"士"的形象、地位以及身份定位都发生了突然性的转折变化。以原因而论，主要表现为两个方面：

首先，文化环境的改变导致了儒家价值体系的崩解。文化秩序的失调在晚明时期即已出现。商品经济发展对文化产生了一系列影响，反映在政治上，表现为提出了"士商异业而同道"的主张。事实上，由于商品经济对物欲与享乐主义的护航，晚明之"士"很多已经主动或被动地卸下"学而优则仕"的精神枷锁，转而迎合商业化大潮，成为世俗化群众中的一员，有的甚至直接"沦落"成为书商、优伶等"落魄"群体中的成员。晚清时期，思想界又继续提出了一种士、农、工、商"四民皆士"的新观念，认为受教育的群体应该完整包括这四个阶层，而不是"士"的独家专享。仅以"士"论，身份最完美之"士"，被认为是既受传统文化滋养又具备专业性知识的群体。由此知识的"有用性"也成为判断"士"之地位高下的标准。严复曾精辟地指出："求才为学二者，皆必以有用为宗。"①也就是说，从评价标准来看，随着知识类型的分化以及科举制影响力的下降，仕、学合一的传统被中断，"士"的身份地位也在下降，因而现实的困境必然促使知识分子在自我定位上进行调整。当成功的标准不再以传统价值观来衡量，知识分子有了新的出路后，就会开始为新的文化方向鼓吹造势，从而促进学术分工的细化与多元化。

---

① 严复：《救亡决论》，《论世变之亟——严复集》，胡伟希选注，辽宁人民出版社1994年版，第58页。

其次，知识分子的内省导致了自我定位的位移。"天下，势而已矣"①，故而不能"执古以绳今"，而应"因势立法""以实事程实功，以实功程实事"②。认识上的转变，使得知识分子不仅对自我身份而且对值得追求的知识内容产生了新的看法。客观地说，这是知识分子进行自我"贬抑"的思想转型，也是他们为顺应时势危机而做的战略调整。知识分子日渐发现，以救世而论，在"治国平天下"的实际操作层面，来自有用性的知识远比来自概念性的价值观念更为实用，更能承担推进社会发展的重任。尽管可能成为不被主流价值所颂扬的知识边缘人，但在晚清特殊的时代背景下，一部分崇尚以实用知识报国救民的知识群体还是毅然抛弃"士"之虚名，改"政"从"艺"，在政教、刑法、食货、制造、商贾、工技等领域迅速崛起，成长为可以被精准定义的专业性学术类型群体。他们在认识上的转变，包括了两个方面的内容：一是对经世途径的不同理解。道、咸时期的经世群体，十分重视对实学的推崇与认可，其中很大一批人后来都成为"开眼看世界"的先驱人物，以及直面西方工业文明挑战的积极回应派。二是肯定治学分科，术有专攻，主动进行知识结构的更新。专业知识的重要性被推尊，罩上了实用的光环，因而受到了部分知识分子的密切关注。他们不仅区分了"政"与"艺"、"道"与"器"之间的关系，也认可建立自然知识结构体系的必要性。在社会变革时期，较之学术型的经学诠释，应用型的知识技能被认为是更能拯世济民之"功臣"，由此"储材之道，宜于制科之外，别设专科，以通达政体者为先，晓畅机务者为次"③，在一定程度上促成了知识分子认为百工才能治国平天

---

① 周敦颐：《通书·势第二十七》，《全宋文》第49册，上海辞书出版社、安徽教育出版社2006年版，第289页。

② 魏源：《海国图志序》，《魏源集》，中华书局2009年版，第448页。

③ 王韬：《变法下》，《弢园文录外编》，上海书店出版社2002年版，第14页。

下的共识。

时代使然，提倡发展"艺"学由此成为科技经世群体中部分知识分子的主动选择之一。在他们的积极倡导下，无论研究者的数量，还是"艺"学门类的数量，均呈现出由少变多的趋势，学术分工逐渐细化、门类化。清代中期以降，一个显著的例子是，"格物"之学的地位迅速上升。"格物"之学由来已久。《礼记》分八目：格物、致知、诚意、正心、修身、齐家、治国、平天下。其中"格物"就是提升自我修养的学问类目之一，并被认为是获得知识的重要途径。《礼记·大学》云："致知在格物，物格而后知至。"①格物何意？东汉郑玄注曰："格，来也。物，犹事也。其知于善深，则来善物。其知于恶深，则来恶物。言事缘人所好来也。此'致'或为'至'。"唐孔颖达《五经正义》也解释说："'致知在格物'者，言若能学习，招致所知。"②明王阳明亦云："格物是'止至善'之功，既知'至善'，即知'格物'矣。"③朱熹则说："所谓'致知在格物'者，言欲致吾之知，在即物而穷其理也。"④……各家所论，综合而言，"格物"意即观察事物，穷究其理，通过动手做某事并深入进行研究来获得知识，通达事理。"格物"之学尽管早已有之，但从地位上来说，则远远比不上"万般皆下品，惟有读书高"之"经书"的地位。自明末始，随着读书人与日常生活的交集愈来愈多，"士"的身份地位也逐渐与市民阶层融合。"物"作为其学习对象，作为其道德良知的表征，一直在强烈冲击"书"的至尊地位。到了清代中期，社会现实的压迫进一步坚定了知识分子倡

---

① 《礼记·大学》，《诸子百家作品经典》，陈洪主编，大连出版社1994年版，第133页。

② 《礼记正义·〈大学〉第四十二》，《十三经注疏》，郑玄注，孔颖达疏，吕友仁整理，上海古籍出版社2008年版，第2241页。

③ 王阳明：《传习录·徐爱录》，《王阳明全集》，秦泉主编，蓝天出版社2015年版，第249页。

④ 《大学译注》，李春尧译注，岳麓书社2016年版，第35页。

导格物"实学"的决心，推动"实学"成为一时盛行的思潮，不仅登上了历史舞台，并且大放光芒。

学风思潮的转变带来了学术成果的显著变化，例如清代中期以后，算学、自然科学的研究长足进步。嘉庆以后的数学、物理学、天文历法学等研究硕果累累，如项名达《象数一原》、戴煦《对数简法》、邹伯奇《格数补》、汪曰桢《二十四史月日考》等。其中数学研究取得的成绩，已与西方微积分非常接近，因而备受鸦片战争后来华传教士的赞赏："微分、积分为中土算书所未有，然观当代天算家，如董方立氏（董祐诚）、项梅侣氏（项名达）、徐君青氏（徐有壬）、戴鄂士氏（戴煦）、顾尚之氏（顾观光）暨李君秋纫（李善兰）所著各书，其理有甚近微分者。"①不仅如此，与生活息息相关的格物学问也逐渐向普通民众普及，嘉惠百姓。比如，道光时期数学家陈杰所著《算法大成》一书，将各类算法进行分门别类，既列旧法，又以新法附之，加以图说，其后推广于商贾庶民，使他们从中受益。由此可见，"艺"在脱离了儒学"形而上之道"的束缚后，获得了进一步发展的广阔空间。通过知识分子的"格物"，"艺"学重焕生机。

由上可见，清末时期"师夷"思潮的兴起，"格物"之学的推广，与知识分子脱圣入俗自我定位的更新具有紧密的因果关系，后者是前者的强劲推动力。经过缓慢的蜕变，中国文化传统正逐步迈向近代转型的门口，但是这个过程有如婴儿之学步，慢且蹒跚。文化上出现的新动向，姑且称之为新气象，但从总体来看，它的影响力仍然是微弱的，未能从自身内部突破封建文化的壁垒。彼时，在世界的另一边，西方社会已经大步进入了工业文明的时代，并且野心勃勃地大肆向外

---

① 〔英〕伟烈亚力：《〈代微积拾级〉序》，《中华大典·数学典·微积分总部》，郭金海主编，山东教育出版社2018年版，第537页。

扩张。就在经世致用的思想家们正努力尝试从自身格局突破儒家"天下"的壁垒之时，鸦片战争爆发了！战争的结局有目共睹，自称为"天朝上国"的清王朝不仅损兵折将，而且被迫签订了丧权辱国的条约。一朝黄粱梦醒，世界已天翻地覆。属于末代王朝的几个关键词，如"颟顸愚昧""闭关自守""排外"等，在国门被打开的同时，就遭遇来自外来文化冲击的强势印证。

山雨欲来风满楼，中西文化的碰撞一触即发。


## 第二节　发现"世界"：鸦片战争后的文化视野


1840年6月，英国以虎门销烟损害利益为由，主张对清作战。由48艘军舰、4艘武装汽船、28艘运输船、540门大炮及4000名士兵组成的"东方远征军"从印度、南非等地陆续抵达中国广东海面，封锁珠江口，并陈兵渤海湾，宣告了鸦片战争的正式爆发。清军在三起三落的战事中连续失利，被迫签订了一系列割地赔款的条约来与英军讲和，但并未能满足英国提出的全部利益要求。1842年8月，英军再次大举入侵长江流域下游地区，闯入南京下关江面，清军应敌不力，败局已定。道光帝谕令钦差大臣耆英"便宜行事"，与英谈判求和。双方于8月29日签订《南京条约》，鸦片战争至此告一段落。这场中英之战共历时两年多时间，最终以清政府的失败求和宣告结束。从此，封建王朝被迫打开闭关锁国的大门，走向一个被迫响应时局、寻找新出路的转型期。

　　"何物岛夷横割地，更索黄金要岁币"①，鸦片战争的失败令大清王朝举国震惊。面对丧权辱国的条约，面对天朝尊荣的丧失，国人充满了恼怒、忧愤、惶惑等各种复杂心情。然而，上自皇帝皇亲、疆臣大吏，下至清流硕儒、学子幕宾，均既不能找到失败的根本原因，也不能制定奋发图强的对策。不过即便如此，从表面来看，残酷的现实也不容他们回避与抹杀，反而不时地对他们提出拷问，而且大多数问题都构成了对旧文化政治秩序的挑战。其中西学"异端"带来的冲击更是令这些群体忧心忡忡，究其原因，主要在于他们忧虑国人对国门以外的"世界"过于无知，尤其是不满读书人对海防体系、边疆战事等漠不关心的事实。留英回来的严复就曾忧心慨叹："地球，周孔未尝梦见；海外，周孔未尝经营。"②不仅留学知识群体，朝内儒生如姚莹也愤而指出："正由中国书生狃于不勤远略，海外事势夷情平日置之不讲，故一旦海舶猝来，惊如鬼神，畏若雷霆，夫是以偾败至此耳！"③知识分子的这种忧虑心态，已经不是个别行为，而是诸多晚清士大夫的共同特征。就心理感受来说，鸦片战争带给国人的屈辱感是极为沉痛的，也让国人的心态极为矛盾。惨痛的历史的确应该被永远铭记，但更应该做的是弥补现实的缺陷，疗治现实的弊病。如果儒学不能对现实变革进行有力的回应，那么它又有何"奇伟尊严"可言呢？鸦片战争后，这一类的困惑、质疑和尝试就从未间断过。事实上，面对西方文化带来的冲击与挑战，国人尤其是知识分子不仅花费了很大的精力来尝试回答，而且还进行摸索探究。最为明显的表现是，大多数有

---

　　① 黄遵宪：《冯将军歌》，《人境庐诗草》，文化学社1930年版，第107页。

　　② 廖平：《三变记》，《中国现代学术经典》（廖平、蒙文通卷），刘梦溪主编，河北教育出版社1996年版，第228页。原文："《中庸》所谓'洋溢中国，施及蛮貊'，'凡有血气，莫不尊亲'；《礼运》所言'大同'之说，实为缺点。严又陵上书，所谓'地球，周孔未尝梦见；海外，周孔未尝经营'，亦且实蹈其弊。"

　　③ 姚莹：《复光律原书》，《姚莹年谱》，施立业著，黄山书社2004年版，第343页。

识之士主动打开了闭锁的视野，开始主动地去探知外面那个有点陌生的异质文化世界。当然，国人当中也不乏因循守旧、泥古不化之群体，然而，即使他们并不想移步去西方文化身上寻找医己的良方，也并不能避免被卷入中西文化交汇旋涡的命运，被动地承受文化撞击带来的后果。

鸦片战争后的文化撞击阶段，是中国文化史上首次遭遇民族矛盾最尖锐、文化冲突最凶猛、思想变革最激烈的时期。国人遭受的耻辱和灾难，其深重程度是空前的，但从另一方面看，这些经历也给国人带来了寻找自强出路的希望。复杂变化的社会现实对士大夫阶层的思想观念冲击巨大，动摇甚至改变了他们对许多问题的看法，尤其是撼动了儒家"天下"的夷夏观念。在既是劲敌又是榜样的西方文化面前，重新发现祖宗成法之外的"世界"，打开"通变"的文化视野，成为一代知识群体的追求目标。具体地说，是面对外来文化的诱惑，以西方文化为参照，依托中国传统文化资源，将东渐而来的西方知识与中国传统文化思想进行观照，从而改换视角，对"天下"传统进行重新审视与批判。

## 一、"开眼看世界"：发现西方地理与西方文化

西方文化伴随着西方列强的鸦片与坚船利炮传入中国，不可避免地与中国文化形成了冲突，让国人感受到了前所未有的强烈文化危机。有学者指出：

> 鸦片战争不同于中国历史上的任何一次战争。虽然历史
> 上以汉民族为主体的儒教中国也曾受到某些少数民族的侵扰

或征服，但这些少数民族最终取得统治合法性的一个必要前提，是必须在不同程度上归依以儒家文化为主干的中国汉文化。无论这些战争如何残酷，中国并不存在文化上的生存问题。鸦片战争则不同，西方不但试图以武力征服中国，而且导致以儒学为主导的文化传统也面临前所未有的威胁。这场战争给中国人带来的不只是一般意义上的"失败"的创痛，而更是文化上的损伤①。

这个描述是颇为准确的。可以毫不犹豫地说，鸦片战争前存在于大清王朝内部的文化危机无论如何显目，在程度上也不可能与鸦片战争后"天朝上国"自云端跌落的文化存亡相提并论。这正是被打开国门后的中国人急切呼吁"民族自强"的原因。鸦片战争之败宛如当头棒喝，从精神上深深地震撼了国人。以千年文明自居的国人从未料想到，远在中华七万里之外居然有此英夷小国之存在。更令人不可思议和接受的是，以前不曾入眼的夷邦小国，竟然如此迅速、轻易地在军事上战胜了泱泱大中华，并逼迫"天朝上国"签下了不平等条约。城下求和的耻辱是空前的，对国人心灵的冲击也是空前的，"况此次创巨痛深，实与亡国无异"②。这样一个"千古大变局"，在带来巨创之余，也更新了国人对于西方地理概念以及西方文化的大量认知。

其一，中华"天下"之外亦有宽广天地，有丰富多彩的世界。

鸦片战争后，居于国人传统思维中的世界秩序、地理范围以及世界局势等观念主张几近全部颠覆。这种感受与改变突如其来，翻天覆地之余又夹带着新鲜好奇。生活在闭塞"天下"的国人渐渐了解到，

---

① 王人博：《中国的近代性（1840—1919）》，广西师范大学出版社2015年版，第1页。
② 刘坤一：《复张香涛》，《刘坤一集》第5册，陈代湘校点，岳麓书社2018年版，第197页。

"天朝上国"不过是我们一厢情愿的自诩，实则它既非世界的地理中心，也非世界的文化中心。中华之外还有万国，儒家文化之外也还有坚船利炮的文明。很显然，鸦片战争将一个并不被国人熟悉的英国推入国人的视野，促使国人扩大眼界，走出国门，去了解另一个物质繁荣、科技发达的文明世界。

19世纪之前，中英之间，更宽泛地说，中国与欧洲各国之间，实则鲜有邦交。这一点虽然现在来看很难想象，但在当时却是一个既存事实。究其原因，一是因为亚欧之间距离太远，交通来往极不方便。例如，从伦敦至广州，即使是乘坐当时备受推崇的海上大航船，最快也得三月之久才能到达。二是因为彼时中国正处于清代封建王朝的高度专制时期，一则实行了闭关锁国政策，二则在经济上足可自给自足，并不需要来自外国尤其是远隔重洋的西方国家进行物质补充。三是因为在礼仪问题上存在着严重的中西隔阂。明末清初之际，传教士第一次颇具规模地进入中国，但因文化价值观的不同，常被国人当作蛮貊之邦的贪利之辈。双方在交往之时，经常产生各类矛盾与冲突，因此并不具有进一步交往的需求。在诸多因素的影响下，加之清廷推崇闭关锁国政策，鸦片战争前的清王朝基本上处于一个与世隔绝的状态。国人耳目闭塞，只知有中国，而不知有世界。鸦片战争爆发后，腐朽不堪的清王朝遭遇到科技、民主等新文化的冲击，很快就揭开了解体的序幕。正如马克思所指出："与外界完全隔绝曾是保存旧中国的首要条件，而当这种隔绝状态通过英国而为暴力所打破的时候，接踵而来的必然是解体的过程，正如小心保存在密闭棺材里的木乃伊一接触新鲜空气便必然要解体一样。"①

---

① 〔德〕马克思：《中国革命和欧洲革命》，《马克思恩格斯选集》第1卷，人民出版社1995年版，第692页。

　　江海门户的洞开，以及英夷兵器的无坚不摧，打破了国人关于世界"中心"的美好梦想，也给与世界隔绝的他们带来了了解西方文化的机遇。嘉庆、道光年间，随着中外交往的增多，以及西方殖民主义的步步紧逼，一些主张经世致用的官员和士大夫居安思危，开启了"识夷情"的时代创举。鸦片战争的失败，凸显了探究海外夷情的重要性和急迫感，并由此引发和兴起了士人大规模的探究和介绍活动。例如，叶钟进《英吉利国夷情记略》、汤彝《英吉利兵船记》、萧令裕《记英吉利》等，详细记载了域外英国的风土人情、艺术政治等，为国人打开了一扇了解和观看英国的窗户。俞正燮《校补海国纪事》则介绍了西方各国的地理历史，《癸巳存稿》《癸巳类稿》记述了天主教、鸦片烟等内容，均引起了很大的社会反响。短期之内，诸如此类的著作层出不穷。试图走出闭关状态的知识分子群体不仅看到了中西文化的差异所在，甚至还察觉到了隐藏于西方物质文明背后的文化野心。包世臣在道光初期就已经颇有先见地提出了自己的忧虑，告诫国人要警惕英国之野心或将成为中国国患①。由此可见，士人群体走出自家"天下"的"看"世界之举，及其认识世界之思维方式的更新、完善和优化，是"西学东渐"文化影响扩大的一个印证。

　　其二，西器西技实有其"长"。

　　作为最初的传播先锋，传教士带来的西方科技物，虽被初识它们的国人形容为"奇巧淫器""变怪离奇"，但对于留心西"技"且有心仿效的士大夫群体而言，则有如一把神奇的钥匙，开启了他们接触并认识西方先进文明的大门。西"器"之精，是他们对夷"学"的最初认识。大之器，战舰火器之类。魏源早在《海国图志》中就指出："夷

---

① 参看包世臣：《答萧枚生书》《致广东按察姚中丞书》等，《鸦片战争时期思想史资料选辑》，中国社会科学院近代史研究所《近代史资料》编译室主编，中华书局1963年版，第2-3页。

之长技三：一战舰，二火器，三养兵练兵之法。"①包世臣也说："英夷之长技，一在船只之坚固，一在火器之精巧，二者皆非中华所能。"②小之器，各类新巧的生活用品皆如是。例如王韬在日记中就曾记录友人孙次公（孙瀜）对印刷机、缝纫机的新奇感受："印书车床，制作甚奇。华士之往来墨海者无不喜观，入之吟咏。秀水孙次公《洋泾浜杂诗》云：'车翻墨海转轮圆，百种奇编宇内传。忙杀老牛浑未解，不耕禾垄种书田。'"③并因此称赞："阛阓间所陈西洋奇器，俱因天地自然之理创立新法，巧不可阶。如观星镜、显微镜、寒暑针、风雨针、电气秘机、火轮机器、自鸣虫鸟、能行天地球之类，下至灯瓶盂碟，一切玩具，制甚精巧，亦他地所无。"④

　　西"器"之利、之坚、之巧、之实用，很大程度上引发了国人的好奇心，同时还有惊诧与称赞。而最能发现西"器"之精的，是生活在通商口岸且与西方文化密切接触的人，尤其是文化感觉更为敏锐的知识分子群体，如冯桂芬、王韬、郑观应等。鸦片战争后，通商口岸不断扩大，就像是一扇扇窗口，展示着光怪陆离的异域文化，又像是一面面镜子，折射出中国传统士大夫对西方文化认识态度的诸多转变。例如，黄遵宪在《评〈送佐和少警视使于欧洲序〉》中将中西文化进行了对比，言及西方文化之长："论物产之富，人才之众，风教之美，吾皆胜于彼。所不及彼者，汽车、轮舶、电线及一切格致之学、器用之巧耳。"⑤李鸿章也提及西技威力之大："轮船电报之速，瞬息千里；

---

① 魏源：《筹海篇三·议战》，《海国图志》第2册，岳麓书社2004年版，第27页。

② 包世臣：《与果勇侯笔谈》，《中国近代史资料丛刊·鸦片战争》第4册，齐思和等编，上海人民出版社1957年版，第465页。

③ 王韬：《瀛壖杂志》，上海古籍出版社1989年版，第119页。

④ 王韬：《瀛壖杂志》，上海古籍出版社1989年版，第22页。

⑤ 黄遵宪：《评〈送佐和少警视使于欧洲序〉》，《黄遵宪集》，龙扬志编，广东人民出版社2018年版，第62页。

军器机事之精，工力百倍，炮弹所到无坚不摧，水陆关隘不足限制。"①由此而生"为数千年来未有之强敌"的强烈危机感，并因此提出了"购洋器""雇洋匠"的主张，倡导"掘其秘""学其学"，号召国人"因端竟委，穷流溯源"，学习西方制器之法。

如果说鸦片战争前后的知识分子对西方器物之精还仅仅处于一个理论认识阶段，那么洋务运动的实践者则进一步推进到了学习实践层面。这一队伍包括了朝廷官员、地方实力派、洋务运动倡导者以及洋务企业家在内。在中国传统文化中，"技"常被鄙称为"末技"，所谓"巫医乐师百工之人，君子不齿"②，然自西器与西技东入中国后，"技"学的地位和价值得到了与时俱进的重新估量与重视。两次鸦片战争以血与火的事实更新了国人对于技学与艺学的认知。不及西方者，器械技艺也，成为此一时期国人在认知上的通见。在对比二者的过程中，重新认识双方文化的优劣长短，既为传统文化注入了新血液，引进了新观念，也为国人拓开了了解世界的视野，并做好了预见并应对时代变革到来的准备。

其三，"天朝上国"的文化优越感要重新加以理性思考。

文化认同的变迁必然受到固有文化传统与民族心理的制约。历史上，中原民族在吸纳少数民族或者异域文化时，总会将自己居于正统和中心地位，而称彼方为旁系或者是同源支流。对国人而言，传统文化中最令人自豪的内容莫过于无与伦比的道德学说和道德实践体系，以及随之而生的"四夷宾服""万邦来朝"的光辉历史。在对西方文化认识仅仅停留于"以西为夷"的漫长时期，国人常发优越之见：

---

① 李鸿章：《大学士直隶总督李鸿章奏议覆总理各国事务衙门详议海防折》，《筹办夷务始末》（同治朝）第10册，李书源整理，中华书局2008年版，第3986页。
② 韩愈：《师说》，《古文观止》，吴楚材、吴调侯编，上海大学出版社2018年版，第67页。

其实天朝德威远被，万国来王，种种贵重之物，梯航毕集，无所不有①。

至夷商来至内地，饮食居处无非天朝之恩膏，积聚丰盈无非天朝之乐利……我天朝君临万国，尽有不测神威，然不忍不教而诛，故特明宣定例②。

有天地开辟以来未有之奇愤，凡有心知血气莫不冲冠发上指者，则今日之以广运万里地球中第一大国，而受制于小夷也③。

此类自负的想法还表现为普遍否定西方"夷人黑毡为帽，遇人则免冠挟之，以为礼"，"喜以金缕盒贮鼻烟，时时吸之"④的风俗，以及"女人所穿衣其长曳地，上窄下宽，腰间以带紧束之"⑤的穿戴，并对此表示出"日复一日，华风将浸成西俗，此实名教之大坏也"⑥的忧虑。更有甚者将不列颠等国归为化外蛮夷，称"华夷未可杂居，人畜不堪并处"⑦，认为"华夏"礼仪之邦从根本上不能接纳无男女之防、长幼之分的野蛮"英夷"文化。就连身居高位，屡与英人打交道的林

① 《大清十朝圣训·清高宗圣训》，赵之恒标点，北京燕山出版社1998年版，第4593页。
② 林则徐：《拟颁发檄谕英国国王稿》，《林则徐集·公牍》，中山大学历史系中国近代现代史教研组、研究室编，中华书局1963年版，第127页。
③ 冯桂芬：《制洋器议》，《校邠庐抗议》，上海书店出版社2002年版，第48页。
④ 丁观鹏等：《职贡图》第1卷，《万国来朝：〈职贡图〉里的中国古代与世界》，罗山译注，北京时代华文书局2019年版，第57页，第47页。
⑤ 谢清高：《海录校释》，杨炳南笔录，安京校释，商务印书馆2016年版，第51页。
⑥ 王韬：《王韬日记》，方行、汤志钧整理，中华书局1987年版，第83页。
⑦ 何大庚：《全粤义士义民公檄》，《三元里人民抗英斗争史料》，广东文史研究馆编，中华书局1978年版，第95页。

则徐，即便承认西夷有战舰火器之长，但也不无优越感地说："细察夷情，略窥底蕴，知彼万不敢以侵凌他国之术窥伺中华。"① "即其船坚炮利，亦只能取胜于外洋，而不能施伎于内港。"②自信满满地认为英国对中国发动战争既无必要，也无可能。一言概之，"盖当时之人，绝不承认欧美人除能制造能测量能驾驶能操练之外，更有其他学问，而在译出西书中求之，亦确无他种学问可见"③。

显然，"天朝上国"这个概念具有先入为主的欺骗性。在形成之时，它自身并未确定自己的比较对象，只是生活在其中的国人对自身文化环境的一种感悟。与过去相比，现在的帝国无疑是众多国家中的一个，因此确证"天朝上国"的合理性，光以自己作为标准是远远不够的。换言之，以"天朝上国"为预设而对西方文化进行种种贬斥、非难，是一种极其主观的行为。在其背后，实则隐藏着一个令国人不愿接受但又不得不承认的认知现实：西方文化是一种异质文化，且在某些物质与技术层面高于中华文化传统。这一点最先得到一些有志于挽救民族危机的知识分子的承认。孙宝瑄有言："亦犹我国当三五十年前，自以为天下地上最文明、最尊贵之一种，而更无起与我相抗者。孰意海禁大开，万国交通后，竟有声名文物倍胜于我之国，列东西岛陆间者不可算也。"④在考察过具体的西方文化制度之后，薛福成也生发如此感叹："西洋各国经理学堂、医院、监狱、街道，无不法良意美，绰有三代以前遗风。"⑤冯桂芬在了解到西方荷兰"养贫、教贫二局"以及瑞颠国（英国）的书院制度后，亦由衷承认："堂堂礼义文物

① 林则徐：《钦差大臣林则徐等奏英人不可制应严谕将英船新到烟土查明全缴片》，《鸦片战争档案史料》第1册，中国第一历史档案馆编，上海人民出版社1987年版，第674页。
② 林则徐：《致莲友》，《林则徐全集》第7册，海峡文艺出版社2002年版，第165页。
③ 梁启超：《清代学术概论》，四川人民出版社2018年版，第127—128页。
④ 孙宝瑄：《忘山庐日记》（上），上海古籍出版社1983年版，第699页。
⑤ 薛福成：《出使英法义比四国日记》卷五，商务印书馆2016年版，第175页。

之邦，曾夷法之不若，可慨也已。"①故而，尽管国人仍对儒学文化传统存有敬畏和传承之心，但在"开眼看世界"的基础上对其加以重新思索，这一指向也是明确的。"法苟不善，虽古先吾斥之；法苟善，虽蛮貊吾师之"②，在此价值观的导向下，以冯桂芬、魏源等为代表的有识之士最先转换眼界，从内向的文化批判转为外向的文化探求：一是认识到"今泰西数十邦叩关互市，与我中国立约通商，入居内地。此乃中国一大变局，三千余年来未之有也"③之时变，认为传统文化理应同变；二是面对大多数国人目不识丁，更遑论识洋文、辨洋知的文化现实，考虑到引入和应用西方文化的可能性，思考如何才能将"天朝上国"影响下的文化优越感转换为开启民智"看"世界的方式途径。

西风东渐造成的文化冲击，一波未平，一波又起。在此起彼伏的时代浪潮里，对西方文化继续无视或者一味排斥显然不合现实，也与民族自强的目标不相匹配。当"开眼看世界"的潜流渐渐浮现壮大，并压倒泥古不化的陈旧思维时，也就是"天朝上国"优越性的合理性受到彻底质疑的时候。首先，要感知时变，跳脱"彼株守一隅，自画封域，而不知墙外之有天，舟外之有地者，适如井蛙蜗国之识见，自小自蒜而已"④的"井底"之囿。再者，夷夏之称不能以地理位置来定义，要认识到："然则华夷之辨，其不在地之内外，而系于礼之有无也明矣。苟有礼也，夷可进为华；苟无礼也，华则变为夷，岂可沾沾自大，厚己以薄人哉？"⑤对身处这个时代的所有国人而言，旧的文化传

---

① 冯桂芬：《收贫民议》，《校邠庐抗议》，上海书店出版社2002年版，第76页。

② 冯桂芬：《收贫民议》，《校邠庐抗议》，上海书店出版社2002年版，第75页。

③ 郑观应：《论出使》，《郑观应集》（上），夏东元编，上海人民出版社1982年版，第125页。

④ 魏源：《西洋人玛吉士〈地理备考〉叙》，《海国图志》第4册，岳麓书社2011年版，第1889页。

⑤ 王韬：《华夷辨》，《弢园文录外编》，上海书店出版社2002年版，第245页。

统是否需要重新审视，主要看它是否可以有效地呼应当代现实。如果它仅仅自说自话，就会产生与现实彻底脱离的吊诡结果。故而，鸦片战争失败的教训，西方先进技术的启示，以及同、光以来由社会变化所产生的感悟，看似有意降低了传统文化的地位，实际上通过这些途径却减少了中西文化的隔阂，进而让更多的国人可以接纳"天朝"地位下降的事实，发现理性思考文化优越感的必要性，从而推动文化进入反思、总结、展望和再出发的新阶段。更重要的是，"无论是反思式的总结经验教训，还是展望式的亡羊补牢，都表达了知识界痛于对世界的懵然无知之心情以及要求打破知识领域的自我封闭，观念领域的守旧僵化，以积极的态度扫除蒙昧、认识世界的愿望"①。这也使得思维和视界的更新成为中国文化走向近代发轫的理论准备。

## 二、"西学东渐"：促进中西交流与西学传播

鸦片战争后，西方文化如雨后春笋般迅速在中国大地兴起，形成了热闹的、以单向为主但又使得中国文化无法回避的传播现象，称为"西学东渐"。具体地说，是指近代西方的科技、文化和思想等向东方逐渐传入并传播扩散的历史过程。"东渐"的提法，最初来源于日本学者。在清末，它被留美知识分子容闳（1828—1912）引入国内，并渐成流行话语。容闳，号纯甫，广东南屏人士，于1847年赴美留学，1854年学成回国，是中国历史上第一个留美毕业生。留美期间，他写有一本英文留学回忆录，题作"My Life in China & America"。1915年，这本书交由商务印书馆出版，中文定名为《西学东渐记》。因为代表了一种西学引入的文化现象，故而"西学东渐"又逐渐演化为一个文化

---

① 汪林茂：《晚清文化史》，安徽文艺出版社2016年版，第42页。

概念并流传开来。以中国作为具体对象而言，它是一个西学中渐的过程。从文化交流的层面来看，实则也是国人对西方文化逐步加深认识的过程。

当然，在西学东渐之前，中西文化的交流并非一片空白。中西文化的第一次接触，开始于16世纪中期。彼时的欧洲已经进入文艺复兴时期，开启了大航海的辉煌时代。葡萄牙传教士因此取道海路，不远万里到达中国，初衷在于为耶稣会争取信众，发展亚洲势力。1552年，葡萄牙人沙勿略经由印度来到中国广东上川岛，是第一位进入中国的传教士。第二年，利玛窦和罗明坚等耶稣会士也相继来到广东肇庆，并在此建立了第一个传教据点。此后，龙华民、艾略儒、毕方济、庞迪我、汤若望、南怀仁等一批批传教士，也为叩开富足的"天朝"国门而联袂入华，"一以传西方之宗教，一以传西方之学术。既贡地志、时钟，兼自述其制器观象之能，明其不徒恃传教为主也"①。从文化传播的现实和效果来看，传教士的东入意外地达成了三重使命：

第一是推行传教原旨，扩大耶稣基督教的影响力。传教士的入华，的确为基督教的传播起到了至关重要的作用。虽然传教士在彼时的传教过程中历经重重困难，不仅身处落魄境地，也并未收获瞩目的预设效果②，然而，他们的不懈努力最终还是收获了回报，在固若金汤的儒家文化城墙上撕开了一道口子。在利玛窦等人的影响下，朝廷官员徐光启、李之藻等人不仅皈依了天主教，而且还为天主教大肆宣传，大唱赞歌。这也给在华传教士带来了继续努力的希望和动力。

第二是传教士入华虽意在传教，却也带来了比宗教文化更受欢迎的欧洲科技，包括天文学、数学、地理学、水利以及铸炮技术等方面

① 柳诒徵：《中国文化史》（下），中国大百科全书出版社1998年版，第675页。

② 参看邓联健：《委曲求传：早期来华新教传教士汉英翻译史论（1807—1850）》，清华大学出版社2015年版。全书梳理了早期传教士辗转流离的落魄生活之过程。

的知识。利玛窦是其中功不可没的代表人物，其著《乾坤体义》一书首次向明人展示了亚里士多德—托勒密的宇宙理论，其他如《几何原本》《测量法义》《圜容较义》等书也介绍了西方数学最新成果，大大开拓了彼时明人的科学视野。此外，他还绘制出《坤舆万国全图》，以经纬度来划分球面，并将"地球是圆的"这一西方最新观念介绍给当时对西学怀有好奇之心的士大夫群体。对于利玛窦的贡献，有人如此加以总结："自利氏入华，迄于乾嘉厉行禁教之时为止，中西文化之交流蔚为巨观。西洋近代天文、历法、数学、物理、医学、哲学、地理、水利诸学，建筑、音乐、绘画等艺术，无不在此时期传入。"[①]与科学知识并列传入的还有"新奇"实物。例如西洋历法、自鸣钟、三棱镜等，也跟随传教士、洋商登陆中国，引起了一部分士大夫群体的强烈兴趣。就客观效果而言，这原本是传教士入华传教的附带行为，却意外收获了比原旨更为丰富的成果和影响力，为文化转型时期提出"师夷长技"的主张奠定了一定程度的现实基础。

第三，为了更好地了解中国文化，更通畅地与中国文化进行沟通，在华传教士也进行了逆向反馈，表现为以儒学经典为中心，积极地将中国的思想文化介绍到西方。一方面，为了顺应中华礼俗，传教士们主动靠近中国文化传统，不仅广学汉文，而且还"儒服华冠"，唯恐与其形成冲突对抗；另一方面，除了在华的所见所闻，代表中国文化成就的儒、道、释文化典籍也大量被传教士译成西文传入西方国家，产生了很大的社会反响。例如朱熹注《四书》（利玛窦）、《易经》（曾德昭、白晋）、《中国经典》（理雅各）、《二十四诗品》（翟理斯）等典籍远传欧洲后，受到了当时汉学家、哲学家如莱布尼茨、高尔泰等人的高度关注。其中，孔子形象和儒家文化典籍又是西传译介内容的重点

---

① 方豪：《中西交通史》下卷，上海人民出版社2015年版，第588页。

对象。此外，还有一些被认为代表了中国形象和精神的古典文学作品，也在传教士的努力下登陆西土。如《赵氏孤儿》《好逑传》等"中国戏"传入法国等地后，相继引发了一股与之相关的创作改编热潮。

由此可见，中西文化间的交流并不是一蹴而就的、单向度的，而是长期以来双方彼此影响与借鉴的双向度过程。季羡林先生曾强调过这一点："根据历史事实，在中西文化交流史上，'东学西渐'从来就没有中断过。中华文化的博大精深吸引了西方传教士、外籍华人、留学生、商人等的注意，并通过他们广泛传播到世界各地。"[1]事实正是如此。中西文化相遇，意义非凡。没有人能够否认文化交流大幅度地扩大了双方的文化视界，但值得注意的是，历史眼光的改变以及政治气候的变化，导致原来曾经的文化交流渠道和主导方向也相应地发生了变化。尤其在民族存亡的时代转型期，武力获胜的一方必将进行文化上的灌输和渗透。也就是说，鸦片战争后的中国作为战败一方，其传统文化必定会被动地受到西方文化的冲击。在这样的时代背景下，中国文化从被"看"转向"看"世界的反向逻辑必将带来诸多认知改变。

如果以鸦片战争为分界进行文化交流的前后对比，可以清楚地看到，历经两个世纪，西方文化在中国不温不火的传播状态在鸦片战争后随着西学东渐的规模扩大发生了极大改变。大清王朝统治的最后半个世纪，是形成这一转变的风云五十年，也是见证欧洲文化逐渐影响中国传统文化发展历史的五十年。"凡天下事必比较然后见其真，无比较则非惟不能知己之所短，并不能知己之所长。"[2]文化有交流才有比

---

[1] 季羡林：《东学西渐与东化——为〈东方论坛〉"东学西渐"栏目而作》，《东方论坛》2004年第5期。

[2] 梁启超：《论中国学术思想变迁之大势·总论》，《新史学》，商务印书馆2014年版，第128页。

较，有比较才知弊端所在，才了解发展方向所趋。鸦片战争前，西学的每一步推进几乎都步履维艰，甚至毫无所获，而战争之后，西学的传入与渗透却高歌猛进，一时之间竟使得欧化、西化渐成时代的必然选择。可以从一些现象中管窥与发现一二。

发现之一：由传教士单纯输入西学的格局发生了改变。

在西学东渐过程中，西方传教士尽管不遗余力地向中国输入西方文化，但对于如何让西方文化在中国土壤立足扎根，却表现得无计可施。鸦片战争后，传教士如伟力亚烈、麦都思等已在上海创办墨海书馆等学校，大力介绍西学，大大拓展了中国了解西方的窗口。据统计："1844—1860年，墨海书馆共出版各种书刊171种，属于基督教教义、教史、教诗、教礼等宗教内容的138种，占总数80.7%；属于数学、物理、天文、地理、历史等科学知识方面的33种，占总数19.3%。"[1]尽管墨海书馆取得的出版成绩斐然，是西学在中国传播的桥头堡，但是从整体来看，传教士的努力多属于"剃头挑子一头热"的单向输出，由于缺乏中西文化之间的有效沟通桥梁，实则难以进入中学文化系统之内。"此其故由于中国每尊古而薄今，视古人为万不可及，往往墨守成法而不知变通；西人喜新而厌故，视学问为后来居上，往往求胜于前人而务求实际。此中西格致之所由分也。"[2]两种截然不同的异质文化，因时代机遇而在一个语言、社会、价值观均不同的环境中进行交汇，首先激起的必定不是喜悦感，而是因沟通障碍产生的挫败感。"是时西学初入中国，钩辀诘屈，读而能解之者，寥寥无几"[3]，了解尚且

① 熊月之、张敏：《晚清文化》，《上海通史》第6卷，上海人民出版社1999年版，第123页。

② 王佐才：《中西格致之学异同论》，《近代科学在中国的传播——文献与史料选编》（上），王扬宗编校，山东教育出版社2009年版，第338页。

③ 杨谟：《锡金四哲事实汇存·故运同衔升用府候选同知直隶州知州华蘅芳事略》，《中国近代史资料丛刊·洋务运动》第8册，中国科学院近代史研究所史料编辑室、中央档案馆明清档案编辑部编，上海人民出版社1961年版，第29页。

称难，更遑论在几千年的中国传统文化基础上对西学进行接纳。显而易见，西方传教士所要解决的西学输入问题，不仅仅是一个理论问题，更是一个实践课题。

吊诡的是，这一问题的推进，最后由中国文化自身提供了解答思路及解决方案。明清之际，以传教为主兼及传播科学文化的西学，至鸦片战争后，其传播之棒转由中国士人所接手。随着对西方文化认识的加深与扩大，在认可"实用性"的基础上，部分知识分子开始有选择性地、主动地将其引入中国社会，由此加速了西方文化在中国土地上的生根开花。

发现之二：传教士传教布道的脚步进一步加快。

传教士和洋商的权利限制被解开，扭转了他们举步维艰的布道和通商窘况，使得鸦片战争产生的文化影响得到了极大突破。《南京条约》签订之前，清政府制定的西洋商人通商制度非常严苛，只开放广州一地，称为一口通商制度。即便在广州，西洋人也受到清廷的政策管制。通商制度规定，一年中夏秋两季为买卖季，西洋商人可以进行买卖，但需要居住在朝廷规定的广州十三行。同时，还规定买卖期间洋商不能随便出游，也不能带军器进城。买卖季一完毕，洋人就必须返回澳门去过冬。禁令中最为特别的一条是，洋人不得学中文，也不得购买中国书籍。《中英南京条约》签订后，情况与之前截然不同。在赔款和割让香港外，朝廷又被迫开放了广州、福州、厦门、宁波、上海五个通商口岸，并且明确了英国人在中国只受英国法律和法庭约束的规定。五口通商后，西风流及之处，文化传播一片繁荣之象。在获得合法性的条件下，天主教会在沿海地区例如香港、澳门等多地开设了教会学校，加快了传教布道的脚步。19世纪80年代以后，传教士摒弃了难以扩大传播面的"直接传道"方式，转而倡导一种"间接布道"

的形式，即主张通过新闻、出版、教育等活动来传播教义。据统计，整个洋务运动期间，西方传教士在中国曾先后创办近100种报刊，数量约占同时期中国报刊总数的95%①。与鸦片战争之前相比，传播受众已不可同日而语。第二次鸦片战争后，教会学校已经深入内地，乃至遍及全国，形成了以西学知识体系为主要课程的教育系统。到19世纪90年代中期，外国传教士在中国开办的各种教会学校已有1000多所，学生也多达两三万人。西学课程的广泛设置与开展，极大地冲击了中国的传统教学体制。中国人不仅进入教会学校就读，而且还在传统教学体系内开设了除经学以外的其他应用知识类课程，逐渐增加了天文、算学、化学、物理、地理等课程的比例。

发现之三：西学的译介与传播大幅推进。

鸦片战争之余威波及文化层面，推动了书籍出版、翻译人才培养等"实用"策略前行的脚步。在经历了观望、探寻、思考并摸索的漫长20年后，1862年，京师同文馆设立，标志着国人主动引入西学的开始，也意味着洋务运动序幕的拉开。此后不久，上海同文馆、广州同文馆也相继设立。1867年，曾国藩在上海建立江南制造局，附设翻译馆，专译西学之书，是为"将西国要书译出，不独自增识见，并可刊印传播，以便国人尽知"②。从1868年至1907年的40年间，翻译馆所译、所印西书达159种之多，其中多数为工程技术和应用知识之类，极大地推动了西学技术在本国的传播与应用。江南制造局之后，在清政府的支持与鼓励下，北洋制造局、福州船政学堂以及各方私立学堂也纷纷问世，范围几乎遍及全国各地。"由沿海地区及天津、上海、北京等原有地区，扩展到了内地，甚至是边缘地区。如北至宁古塔，东北

---

① 参看方汉奇：《中国近代报刊史》（上），山西人民出版社1981年版，第10页。

② 〔英〕傅兰雅：《江南制造总局翻译西书事略·论源流》，《中华大典·理化典·中西会通分典（一）》，山东教育出版社2018年版，第198页。

至吉林的珲春、辽宁的旅顺，西至新疆，南至广东，东至直隶的山海关、山东的威海，以及东南的台湾，都已有洋务学堂分布"①，由此形成了一个自中央至地方、自上而下主动输入西学的系统，推动了西学在中国的空前发展。"自海禁大开，西风东渐，新学书籍日益蕃滋"②，正是彼时热闹景象的一个缩影描摹。同时，"现于省垣建设洋务局，延访习知西事、通达体用诸人，举凡天文、算学、水法、地舆、格物、制器、公法、条约、语言、文字、兵械、船炮、矿学、电汽诸端，但有涉于洋务，一律广募"③，又"拟俟学馆建成，即选聪颖子弟随同学习，妥立课程。先从图说入手，切实研究，庶几物理融贯，不必假手洋人。亦可引伸，另勒成书"④。朝廷如此大费周章地宣传西学，培养西学人才，客观上也为西方文化的纵深传播提供了条件。

自引入"西技"为起点，国人发现中国以外的"世界"，本着补充儒学内容的目的，逐渐延伸到学习并推广"西学"的范畴。更重要的是，它还结合了挽救中华民族自身存亡的目标，体现出鲜明的"求强求富"之动机。这种实践性的文化传播，一则彰显了国人尤其是知识群体追求民族自强的迫切心情，二则"无心插柳"地解决了西方文化与中国传统彼此隔绝、难以融通的尴尬局面，一定程度上搭建了中学与西学交流沟通的桥梁。因而，这也直接促使西方文化与中国文化传统自身所注重的"实用"价值产生了交集，助力了西方文化在中国大地的流行与发展。

总而言之，鸦片战争后，在西学盛行的现象背后，体现的是中西

---

① 李长莉：《中国近代社会文化变迁录》第1卷，浙江人民出版社1998年版，第652页。

② 沈太侔：《东华琐录》，《话梦集　春明梦录　东华琐录》，柯愈春、郑丙纯点校，北京古籍出版社1995年版，第170页。

③ 吴剑杰：《张之洞年谱长编》，上海交通大学出版社2009年版，第95页。

④ 曾国藩：《奏陈新造轮船及上海机器局筹办情形折》，《曾国藩文粹》，朱东安选注，辽宁人民出版社2019年版，第240页。

文化主次地位的颠倒。中西文化呈现出明显的不平等交流状态。相对于西方文化的强势渗透而言，中国文化处于一种被动地位。原本作为中学补充的西学逐渐反客为主，从层层递进到高歌猛进，最终在异土生根开花。与此形成对应的是，中学陷入了自我发展的尴尬境地。一方面，在西方文化的刺激下，自古以来一脉相承的中国文化发生了不同程度的"断裂"。中国社会的文化状态和发展趋向呈现出不同于以前的一些特征，并逐步进入欧洲中心主导下的近代化体系。而无论它是自觉还是被动，国人的知识系统和思维行为均因此发生了很大改变；另一方面，在西学东学交织之际，面对各种崭新的学说、思想和观念，国人在应接不暇之余，还需要大费精力地去进行理解、消化和应对。面对中西、新旧的乱象，尤其在外来思想不够用或者并不适用于中国本土的情况下，国人难以取舍，也不易权衡，留下了革新、守旧和改良等大有考究的实践余地。

第二章

坚守：
近代文化自信的"民族性"选择及路径

鸦片战争后，因为有一个强劲的外来对象凸显了中国传统文化的滞后，突出了社会现实与文化传统的脱离，对中国文化传统的觉醒意识也由此变得极为迫切。在这段历程中，彰显文化心理因社会生活的变迁而嬗变的显著特征主要有两项：一是知识分子的卓越贡献，二是对文化民族性的持续坚守。正如进步知识分子群体所表现出来的那样，在承接西方文化的冲击时，他们因开放的眼界、新锐的视野和务实的作风而令人刮目相看。在时代更迭时期，这部分知识分子群体行为的共同特点，即是对文化传统始终保持既质疑又拥护的觉醒意识，特别是在中学与西学谁主沉浮的时代博弈中，自觉地反思了两者的现时关系与未来走向。这使得文化的时代精神变得更加鲜明突出，焦点指向一个文化交汇碰撞时必然具有的争议话题，即：旧的文化秩序面对西方文化的强势扩张应如何存续自身的传统？

由于知识分子自身知识文化背景的差异，以及接受西方文化时所表现出来的不同条件、态度与方式，他们呈现出来的理解模式也由此不可能整齐划一。同为时代的先驱人物，魏源、林则徐等"开眼看世界"的第一批人物与洋务派如张之洞、李鸿章等代表人物，以及维新派人物康有为、梁启超等人之间也会在思想上横亘鸿沟，甚至于从表面倾向来看，彼此之间甚至呈现出相互不能有效链接的断裂姿态。可以说，近代文化的演进是一个令人眼花缭乱的、曲折弯绕的进程，既有对未来的欣喜期待，也掺杂着对过去的反省，同时又在文化忧虑中义无反顾地担负着寻找新出路的使命。如果按照费正清提出的"冲击—回应"模式来划分①，根据对西方文化冲击力的强度、影响所产生的理解和反应的不同，鸦片战争之后，中国出现了几大基本文化倾向：

---

① 参看〔美〕费正清、〔美〕邓嗣禹：《冲击与回应：从历史文献看近代中国》，民主与建设出版社2019年版。

一是顽固守旧派，二是文化保守主义，三是文化改良主义，四是西化主义。就基本立场看，前三种是基于维护儒教文明立场的儒学文化价值观，后一种则是基于通过"民主"与"科学"使中学融入世界文明这一理想的西方文化观。在近代文化的曲折演进历程中，这几种文化倾向始终影响着国人对待世界尤其是对待西方文明的基本态度。

在世界文化格局的大变动时期，选择追随西方文化潮流还是固守儒家文化，已不再是简单的非此即彼的二元对立的价值判断。然而，儒家文化被迫调整自身也是一个事实。为适应西方文化冲击下的社会发展需求，处于转型期的末代王朝也由此保留了持续的文化忧虑。这是一种长久陶醉于"天朝上国"的影响而对能否在时代大潮中确定自身文化位置的担忧。文化上的不平等造成的紧张感，是近代中国反复品尝的常态滋味。

谈及文化紧张，有一个根本的难题，即如何开启新局的问题。在享受科技文明带来的物质便利之前，近代国人已经先经历了儒学文明失落引发的屈辱以及忧虑，甚至于恐惧中学能否继续存在的心路历程。这自然不是国人一下子就能遗忘并放弃的感觉，反而会因对比而产生落差感，又因落差感而愈加不愿看到中学屈从于西方文化。在求"实用"、求"救亡"的前提下，有意识地将中国的问题放到中国的文化结构中去加以认识，同时在比较中西文化差异的框架中关心中华文明的传承与发展走向，是贯穿于寻求新出路过程中的一条主线。如果以主题而论，那就是从先辈的文化所赐中寻求生机，"明道垂法，以君兼师"①，进行"文化救亡"。一种普遍的看法是，西学可以把握外在世界的奥妙，却无法引导人去体会内在世界的精神要义，故而西学尽管

---

① 张之洞：《劝学篇·内篇·同心第一》，《劝学篇　辅轩语》，孙甲智点校，中国盲文出版社2014年版，第8页。

是引起中学由旧趋新的重要动因，但它却不能替代中学成为近代中国社会文化的主体。外在于中国政教、风俗、社会情况的任何一股西方文化思潮，都不可能从文化之本对民族复兴发挥根本作用。"我们中国人在今日必须认清世界文化的大趋势，我们必须选定我们自己应该走的方向"①，中西文化博弈需要国人把握主流方向——因袭文化传统，让儒学的权威与影响得以绵延。因而，当西学风头正健而中学无法摆脱其影响之时，要使儒家传统及帝政适应新的文化现实，保持省察、克己的文化特征，就必定一要秉持民族中心主义，二要心藏发现新知的启蒙情怀。也即："其真能于思想上自成系统、有所创获者，必须一方面吸收输入外来之学，一方面不忘本来民族之地位。"②这一认知也得到了传教士的认可：

　　中国旧学，阅数千年，决不可废，今既万国来往，则各国通行之新学，亦不可不知。增之则有大益，不增则有大损。譬如单轮之车，未尝不可以行远，然改为双轮，牵以骏马，不尤稳而速乎③。

　　中与西、传统与变革两股力量的紧张冲突，规范了鸦片战争后儒家文化的表现形态，成为近代文化80年生命中最具张力之处。中国儒家文化的主体性依然强大，其特征表现为：一方面凸显了世界工业化浪潮下儒家文化的独特价值和意义，一方面解析了儒家价值和精神在

---

① 胡适：《我们必须选择我们的方向》，《我的歧路》，万卷出版公司2014年版，第251页。

② 陈寅恪：《冯友兰〈中国哲学史〉下册审查报告》，《金明馆丛稿二编》，陈美延编，生活·读书·新知三联书店2001年版，第284—285页。

③ 〔美〕李提摩太：《新政策》，《中国近代学制史料》第四辑，朱有瓛、高时良主编，华东师范大学出版社1993年版，第135页。

近代化进程中所发挥的作用。其内容则表现为：以比较研究的方法，坚持民族立场、人文精神、道德情怀等，达到保中国、保儒教、保华种的目的。在中西文化的交汇处可以看到，无论是顽固派、洋务派、维新派，还是辛亥革命后的革命派，其文化主张都有一个共同主旨，即近代中国文化的转型开始于对文化传统的再诠释，而非对传统的否认或者排斥。

回应西方冲击，以坚持中国文化传统为基础，而借助西方文化这面镜子，又能够更深刻地从对立面来了解中国文化现象。实际上，完成文化的时代性转换与传承文化的民族性，两者之间虽不乏目的上的统一性，但在相当长的时间里又呈现出相互矛盾的状态。对于这种复杂性不可不察，固守一隅或者偏执一端，都不能完整而正确地诠释这一历程。从洋务时期的"中西之争"至戊戌维新时期的"新旧之争"，再到辛亥革命后的"新文化与旧文化之争"，体现的不仅是文化碰撞过程中这一复杂关系的形而上反映，也是思想先驱在文化层面自觉思考关于中心与边缘、强势与弱势关系的经验总结。从鸦片战争后尤其是第二次鸦片战争后中西文化的碰撞过程来看，中西异质文化的交流或者说对接是相当困难的，找到行之有效的那个对接点十分不容易。对于这个时期的整个知识分子群体而言，实现中西文化的合理对接，即是要辨明采取何种手段、通过何种途径来守卫儒"道"，又在何种范围内追随西"知"。这是一个艰难的探索过程，但不得不说，在探索过程中引发的一次次激烈论争，逐步唤醒了知识分子的文化自觉意识。

觉醒，是主体对自身历史使命自觉意识的行为反映。一个群体是这样，一个阶级是这样，一个民族也是这样[1]。中国近代转型期的文化

---

① 参见陈旭麓：《中国近代社会的新陈代谢》，生活·读书·新知三联书店2019年版，第143页。

觉醒，在主题向度上，是从求富、自强到救亡的诉求体现；在行为向度上，是文化思想的痛苦蜕变，表现为在文化比较中坚守文化的民族性传统；在情感向度上，是向往新知并"激活"旧传统的时代性呐喊。这几个向度彼此交叉，共同推动近代文化觉醒的进程。具体地说，文化上的觉醒作为一种主体行为，至少表现在三个维度之上：思想基调的选择行为，文化范式的认同行为以及思想创新的传播行为。

## 第一节　文化基调的路径确定：
## 中西文化如何异质链接？

爱国与尚儒是近代中国知识分子思想中的主旋律，一切学"西"问题都受到了它的约束。即便是表达对民主的向往，抒发对传统文化的失望，都与此旋律相伴相生。《新青年》的发刊词指出："国人而欲脱蒙昧时代，羞为浅化之民也，则急起直追"[1]，可以看作是对这一时代文化倾向的总结。正因为如此，西方文化之于中学，不是学习标准，而是学习对象。国人试图以西器、西技、西制等作为新知的架构来更新中国传统的旧知识体系，而不是取代中国的伦理价值观。"一个民族，如无其最原初的最根源的文化生命则已，如其有之，便应当直下就此而立其自己之大信。"[2]历经五千年文明连续发展而从未中断的文化传统，成为国人延续民族性的情感源头，子孙后代对它的偏爱与推

---

[1]　陈独秀：《敬告青年》，《独秀文存·论文》（上），首都经济贸易大学出版社2018年版，第6页。

[2]　牟宗三：《略论道统、学统、政统》，《生命的学问》，广西师范大学出版社2005年版，第58页。

崇是可想而知也是理所当然的。中西文化在鸦片战争后的大规模交汇和碰撞，显然是在偏向文化传统的情形下展开的。"方清季初变法之时，爱国合群之名词，洋溢人口，诚实者未尝不为所动。"①爱国情绪和民族情怀在民族危难之时甚至成为号召国人自强求变的精神旗帜。面对中西文化的博弈，尤其是在初次大规模交汇的时刻，深受儒学传统滋养的士大夫阶层对二者的反应回馈，从熟稔度和热情度来看，显然不在同一个层次。这也决定了士大夫在面对中西两种异质文化链接时，表现出自觉维护或者固守中国文化传统的行为。

利用传统，"因袭吾国固有之思想"②，探讨在学习西方文化的过程中如何发挥中学传统的对接作用，是最为突出的具体表现。

"西学"在鸦片战争之前并不被多数知识分子所了解，即使在西风东渐的影响下流播甚广，但实际上仍然处于整体性认识不足的状态。西方文化作为中学的参考对象被链接到士大夫的比较视野之内，从学术视野来看，显然是一种拓展，但以"采西学"视角而论，表现却十分单一。西方文化在晚清时期的展示，若以一个关键词加以概括的话，那就是"实用"，或者被定义为"应用知识"。早在1610年代中后期至1620年代初期，意大利传教士高一志（原名王丰肃）《西学》和艾儒略《西学凡》（刊刻于1623年）就率先使用了"西学"此一概念。高一志称，西学从文学领域发端，此后"文学毕，则众学者分于三家而各行其志矣：或从法律之学，或从医学，或从格物穷理之学焉。三家者，乃西学之大端也"③。医学、法律学的应用色彩自不必说，所谓格物穷

---

① 柳诒徵：《论中国近世之病源》，《学衡》1922年第3期。

② 孙中山：《中国之革命——为上海〈申报〉五十周年纪念而作》，《孙文选集》（下册），黄彦编，广东人民出版社2006年版，第214页。原文："余之谋中国革命，其所持主义，有因袭吾国固有之思想者，有规抚欧洲之学说事迹者，有吾所独见而创获者。"

③ 〔意〕高一志：《童幼教育·卷之下·西学第五》，《童幼教育今注》，谭杰校，商务印书馆2017年版，第216页。

理之学，也就是"费罗所菲学"（今译"哲学"），下分五家，用今天的术语，也就是逻辑学、广义物理学、数学（几何、算学）、形上学和广义伦理学，同样也以实用学科为主。与之形成对比的是，活跃并在中国封建王朝起支配作用的仍然是儒家精神的精髓，例如"忧患意识；变异——自强观念；'汤武革命，顺天应人'思想；华夷之辨，内华夏外夷狄的民族主义；'民为邦本'的政治理念"①，等等。之所以认为中西文化是两种异质文化，原因就在于一为实用优先，一为精神至上；或者说，一方强调学术扩张，一方注重精神内敛。由此，两种南辕北辙的文化价值观若要在现实的压迫下达成某个方向上的统一，势必就需要有所坚持，又有所舍弃。

摆在国人面前的一个事实显而易见，那就是鸦片战争同样无形地打破了儒家文化的专制藩篱，这也注定了中国的近代文化无法回避对西方文化的引进与学习，难以做到自内而外地常规演进，而只能走内外结合的文化改革新路径。鸦片战争如同晴空中响起的霹雳，惊醒了士大夫阶级文化中心的美梦。在他们看来，儒学作为一种权威文化政策，也作为一种意识形态体系，却不能解决现实问题，因此失去了往日震撼人心的力量，无法在新时代担当那盏引领帝国走出困境的指路明灯，故需要通过外在因素的刺激来使之重新焕发生命力，以重建价值信仰权威。这就决定了在中与西、传统与现代等问题的取舍上，士大夫或者说知识分子不约而同地选择了一条既不抛弃文化传统，同时又能缓解民族灭亡危机的功利主义道路。如张之洞所说"中学为内学，西学为外学。中学治身心，西学应世事"②，"讲西学必先通中学，乃

---

① 冯天瑜：《从元典的忧患意识到近代救亡思潮》，《历史研究》1994年第2期。
② 张之洞：《劝学篇·外篇·会通第十三》，《劝学篇 辕轩语》，孙甲智点校，中国盲文出版社2014年版，第108页。

不忘其祖也"①，"沧海横流，外侮洊至，不讲新学则势不行"②，思想中蕴含着一种强烈的实用主义色彩。

知识分子发觉，在儒学经典中存在着一部分能与西学实用主义相对接的内容，并且它们十分切合近代社会精神，能够在新的现实环境下被激活。或者说，这部分传统可以因现实需要而重新被诠释，以便提出更容易被国人接受的思想主张和思想模式。

首先，利用具有近代思维特征的早期启蒙思想，在"功利性"层面与西方文化进行对接。在中国文化中，启蒙思想不仅从未缺席，甚至还是"早熟"的。以弘扬个体之私为衡量标准来看，它被认为是对文化专制主义的一种对抗。远在上古文明时代，就已经产生"天道远，人道迩""民贵君轻"的人文主义精神。至明清之际，也即自明代万历至清代康熙期间的一百多年间，社会发生了与前不同的"大动荡"——资本主义生产方式的萌芽已初现端倪，君主集权制的专制程度在登峰造极之时也同时暴露出严重的弊端，由此也激发了相对激烈的早期启蒙文化的勃兴。受到中华民族独有的民族性格和文化传统之影响，这一启蒙思想主要关注文化映射现实、开启民智觉醒等现世问题，例如李贽《焚书》《藏书》，唐甄《潜书》对文化专制的猛烈抨击；何心隐对人类物质欲望出于人性乃是本然的认定；黄宗羲《明夷待访录》对君臣、父子伦常的批判性接受；王夫之对"私欲之中，天理所寓"③价值观的弘扬；等等。这些思想均将文化观察视角转向"人性"，目的即在于促使文化思想能够反映现实变化，同时强调作为个体之"人"

---

① 张之洞：《劝学篇·序》，《劝学篇　辅轩语》，孙甲智点校，中国盲文出版社2014年版，第3页。

② 张之洞：《劝学篇·内篇·守约第八》，《劝学篇　辅轩语》，孙甲智点校，中国盲文出版社2014年版，第108页。

③ 王夫之：《四书训义》卷二十六，《船山全书》第7册，岳麓书社2011年版，第91页。

的感受。鸦片战争后，士大夫阶层的启蒙思想又增加了接纳部分西学主张的内容，例如主张开办西式学堂，倡导提升"应用知识"等。一方面，启蒙是对传统的重新诠释；另一方面，启蒙也是为走出现实困境而向西方文化的有意靠近。由此，中西文化的对接在看似不可能中找到了一个对接点，即以找寻中学启蒙思想中与之交集的内容为依据，以证西学可学、可用。例如，薛福成、郑观应、黄遵宪等先觉之士极力倡导"西学中源"说，以中国传统典籍比附西学，试图在社会实践中对儒家精神加以转型或者重铸，从而与西学观念进行接轨。换句话说，西方文化价值的功利主义色彩被特别强调，而伦理色彩被刻意弱化，彰显出中学在这场文化博弈中的价值自信，以及极力维护这一自信的初衷。

事实上，中西之间的文化对话并不平等。受到诸多现实因素的影响，启蒙思想在中国大地的发育并不充分，决定了它始终未能成为社会的主流思潮。在中国思想界还未创造出成熟的、足以应对西方文化挑战的新体系之时，唯一的调适办法，就只能利用并发挥已有传统，借助它的近代思维去完成对专制与蒙昧的反省与批判。由于极速地、突然地被抛入工业文明的漩涡之中，国人在并未对西方文化形成系统性认知的背景下，便只能以"为我所用"这一标准来应对这场异质文化间的博弈，导致未能更深入地去思考中学体制应在何种程度上改易甚至颠覆的问题。中学在文化上因无所适从表现出来的紊乱，也导致了在学习西方文化问题上的浅表化。西学，唯有变成知识分子解决中国现实问题的工具手段，才能作为学习对象，在中国思想界形成共识。西方文化中被认为是"无用"的部分被彻底忽略，对国人而言，对接西方文化，或者因为它与儒学价值不相合而对其进行排斥，或者只采纳其中有用部分来救"己"之"急"。至于彻底采纳西学的主张，在早

期近代知识分子的选择中并不存在。功利性的取舍态度，也导致了国
人对西方文化产生了认识上的偏颇和整体化体系的缺失，因此并不能
客观地将两者之间的异同优劣进行认真的、整体性的分析与把握。这
也成为近代八十年间知识分子的共同弊病，那就是自觉地形成了一种
认识西方文化的民族性基调——根据中国的使用标尺而对西方文化进
行剪裁。

其次，借助知识分子的思变意识，在共通的文化视野上进行两种
文化的对接。近代文化转型的一个重要目的，就是试图超越文化关于
地域范围的界限，从一个跨越清朝末代进入世界化的宏观视野来观察
中国文化传统本身。知识分子在这一过程中扮演了重要角色。鸦片战
争后，内有太平天国的步步紧逼，外有列强的虎视眈眈，清王朝所面
对的外忧内患，论严重程度可谓前所未有。一般来讲，根据王朝的兴
衰规律，在如此严峻现实的双重夹击下，灭亡为期不远。然而令人惊
异的是，清王朝不仅没有灭亡，反而又延续了半个多世纪统治，直到
辛亥革命爆发。解答这个令人费解的现象，可以找到诸多原因，知识
分子进行的文化自救即是其中之一。在近代转型这个复杂时期，儒学
文化传统遗留下来的文化优越感，即使不被西方文化的冲击所影响，
也很可能变成抱残守缺的文化自大，因而十分需要将中西文化双方放
入一个更广阔的历史视野来考察。实际上，这是一个可供两种异质文
化互为借鉴的共通视角。通过这个特殊的由外观内的历史观测镜，既
可以看到两种文化在交汇时的撕裂与重合，也能够各自审视文化碰撞
后产生的积极和消极后果。架起双方交流桥梁的，很显然，就是熟知
传统又相对了解西方实情的知识分子。

通过近三百年的洲际贸易、殖民扩张以及基督教的传教运动，至
19世纪，西欧一些国家已经完成了工业化的进程。在资本与市场的控

制下，全世界因此形成了一个互通互连的统一体。换而言之，任何一个地区、国家都不可能违背时代潮流，而在独立封闭中求得更快的发展。在国门被迫打开的窘迫境况下，末代王朝此时正处于苟延残喘的专制时期，无论是生产方式、思维方式还是行为方式，都做不到迅速地与世界潮流相契合。由于忧虑中国与世界潮流脱轨，同时抱着努力为中学在世界文明中争取一个位置的宏愿，具有新锐视野的知识分子因此付出了大量努力，试图在利用传统的根基上探讨如何将学习西方文化的问题引入合目的性的健康轨道。例如，冯桂芬说："愚以为在今日又宜曰'鉴诸国'……如以中国之伦常名教为原本，辅以诸国富强之术，不更善之善者哉。"①左宗棠强调："谓我之长不如外国，藉外国导其先，可也；谓我之长不如外国，让外国擅其能，不可也。"②不可否认的是，他们的作用确实非常重要：

近代涌现出的新型知识分子群体之所以能够充当中西文化对接的重要媒体，是因为他们在中西文化的熏陶中知识结构和价值体系发生了新的变化，他们学贯中西，掌握或基本掌握了现代的知识和本领，并在自己的工作和实践中重新找到了自我。也就是说，新知识为他们带来了新命运，新的文化价值观使他们不自觉地去推进传统思想溢出传统，迈向现代。从这种意义上讲，知识的变迁对传统思想的近代转型至关重要。因为知识的特性不仅在某种程度上决定着知识分子的文化性格和文化选择，也会左右个人或群体的命运，还将深层次地影响传统思想的走向以及民族和国家的前途。鸦片

---

① 冯桂芬：《采西学议》，《校邠庐抗议》，上海书店出版社2002年版，第57页。

② 左宗棠：《拟购机器雇洋匠试造轮船先陈大概情形折》，《左宗棠全集》奏稿三，刘泱泱校点，岳麓书社2014年版，第55页。

战争以来的百余年间，为实现国家独立和民族振兴这一历史
主题，中国人逐渐认识到知识的全面更新是时代的要求。几
千年来固有知识资源和知识系统已经难以完成具有本质意义
的现代知识的转换，所以在引进西学的同时，也在艰难地改
进获取知识的方式和方法，以便开凿新的知识源流和建造新
的知识系统①。

## 第二节　常与变的范式选择：
## 中学何以大？西学何以新？

在近代思想家的叙述中，最初提及学习西方文化，是因为以实用
性取胜的西方文明给他们带来济世救民的希望，使他们形成了倡导民
族自强以应对社会现实窘态的思想自觉。这正好又促使他们在探索个
人、群体和国家的出路时，从中找到了学习西方文化的价值。可以说，
中西文化在交汇中的博弈过程，实则是国人面对时代挑战，在信仰与
现实、理想与环境、传统与现代间进行的艰难抉择。学西思潮的兴起
并发展，是这一抉择在文化方面的表现，本质上也是时代对中学提出
的一种新考验。这也说明，儒家的一些思想成分在某些方面可以与近
代西方的时代思潮相融合，不仅如此，它们还成为中国学术文化的近
代形态。

在此，我们看到的是西方文化作为推动中学发展的外力因素带来

---

① 危兆盖、冯天瑜、李喜所、郑大华：《辩证审视中国传统思想的近代转型》，《光明日报》
2007年11月30日。

的一个影响：诠释传统文化，使之成为儒学的一个补充部分。处于转型期的新学术文化形态，具有不同于旧文化的内容和模式是毋庸置疑的，但不能遗忘的是，这个新的文化形态主要还是旧文化的发展延续，有着自己独特的价值和结构，而且这个价值和结构在西方文化的冲击下，不是被否认或排拒，而是被重新评价，古为今用。在清末的知识分子身上可以看到当时思想的重要倾向：既想从西方文化中拿取促进自身文化发展的万灵丹，又不想让它对中国的固有传统造成影响和冲击。

既然转型期的中西文化存在不可避免的冲突，那么如何处理二者间的关系，既能重建文化秩序，又能促进新形态文化的成长发育，就成为知识分子自觉省察并试图认真探讨的一个问题。

鸦片战争后，清廷采用的文化策略以及继承的文化制度，表面上看十分相似，但内在的运行逻辑和背后的政治理念实则大不相同。例如三纲五伦中吸收了人权的因素，伦理责任与契约信用逐渐互通，培育科技实学人才，废除科举制度等。随着"变局"观念的产生，自强御辱成为当时国人尤其是官僚士绅的共同诉求，也成为要求文化政策理念随之产生变化的重要前提。"探源之策，在于自强"①，在接受了西器之长的事实后，知识分子的困惑、迷茫与自省迅速被转化为抵抗外敌侵略的动力，化为对强大自身的激情。"自强"一说，即指寄希望于借助西方技器之长而重振中华雄风，以目的而论，它已经超越个人诉求，上升至民族出路的高度。这种价值观之所以广被国人接受，例如源于"自强"目的，知识分子陆续提出了"西学中源""明体达用""旧学为体，新学为用""中体西用""求变""图新"等具体主张，原

---

① 奕訢：《奏请八旗禁军训练枪炮片》，《近代中国外交史资料辑要》，蒋廷黻编著，湖南教育出版社2008年版，第357页。

因就在于它迎合了时代需求下国人的共同诉求，并被寄予了破解时政困局的希望。

文化格局的变化，更新了对致用务实观念及方法的认识，但并未影响到民族中心传统的根基。是以民族性之"道"常在，而致用之"法"可变。晚清以来近代文化思想的变化，显著如鸦片战争后学西思潮的兴起与快速发展，都未能超越这一思维框架。常，不是具体的经验，而是永恒的、无论在什么情况下都必须遵循的道理、规范，其面向包含崇儒固道的价值信仰与伦理责任。一个文化族群之所以成为一个族群，就在于它对文化价值和宇宙人生观的基本态度同一，并成为区别于其他族群的标志。变，是方法、工具、思维模式等的变动不居，在西方文化的强烈冲击时期，其面向包含了对于民主与科学的重新审视与借鉴。民主与科学虽然不是传统儒学的主流，但可以在完善儒家精神的基础上被儒学体系所容纳、接受。

## 一、以常论之：因袭传统文化道德垂训

首先，以常论之。

孔子有云："殷因于夏礼，所损益，可知也；周因于殷礼，所损益，可知也。其或继周者，虽百世亦可知也。"①这句话体现了他对中国文化三代相"因"继承和"损益"发展的自觉意识。"因"，因袭，是文化连续性发展的"常道"；"损益"，减损和增益，是对原有文化的调适，以此实现文化发展的"变法"。常变之思，源自孔学，因渊深浩博而代代相承，虽有小波小动但大致风平浪静，深刻地影响了一代代国人的文化价值观。自洋务运动始至五四新文化运动终，多数国人遵

---

① 《论语·为政》，《诸子百家》第1册，徐寒注译，线装书局2017年版，第11页。

循的仍是传统的价值体系，推崇的仍是传统伦理道德和思维方式，致力的也仍是恢复和强化遭受时代挑战的儒家文化秩序。"物曲虽博取，王制乃常宗"①，要而言之，有限度、有选择地接受西方文化之长，要以褒扬民族传统文化的本质优长，及延续儒学传统的荣光为前提。如果说这是一种结果性的论断，那么追问它何以成为这一结果也就非常必要。

原因之一是共同的民族立场成为各大思想流派共荣共辱的情感纽带。最能体现这一点的，莫过于文化保守主义和文化顽固派的同时出现。以民族中心主义作为思想宗旨，这两大流派在现实的刺激下皆有一心维护道统之举，时时不忘倡导以中国文化的道德学说和道德实践体系救天下。"五伦之要，百行之原，相传数千年，更无异义。圣人所以为圣人，中国所以为中国，实在于此"②，如此笃定的态度，足可证儒学传统道德对传统知识分子的影响之深，以至于固守传统成为他们面对民族危机而自发表现出来的因应之道。在此过程中，文化保守主义不仅对儒学进行了辩护，还从事实层面列举了众多儒学道德垂训的社会效能，并从因时而变层面吸收西方文化资源，试图补足儒学在致用上的缺陷。由于他们随时代而变，故而在诠释传统时也体现出常中有变的特点。如洋务派张之洞求强求富的一腔爱国热情，也是国粹派返本开新的首要精神支柱，同时也是新儒家学派"以志艰危，且鸣盛世"③，守卫民族自尊的中心内容。由于忧心欧学东渐会断绝中华文化继往开来的远大前程，为避免儒学精华走向"花果飘零"，他们由是成

---

① 张之洞：《连珠诗》，《张之洞诗文集》（增订本），庞坚校点，上海古籍出版社2015年版，第110页。

② 张之洞：《劝学篇·内篇·明纲第三》，《劝学篇 𫐓轩语》，孙甲智点校，中国盲文出版社2014年版，第19-20页。

③ 冯友兰：《〈新原人〉自序》，《三松堂全集》第4卷，河南人民出版社2000年版，第463页。

为坚定的文化保守主义学派，自觉地关注儒学的前路与命运。论其宗旨，是希望国人能以"敬意"承认儒家文化的活力，进而复兴儒学，走出一条发展民族主义的新路。文化顽固派作为西方文化传入的坚决反对方，较之文化保守主义者表现出更为强烈的民族性情绪。出于道德上相互冲突的顾虑，更出于基于文化自大心理的排外情绪，顽固派高度怀疑传教士以及西方文明传入的各项动机。他们认为中学传统没有必要接受西方文化的融合，因为但凡所谓西学之长都可以从中学中找到依据。例如，杨光先认为西历源于《尧典》，尧舜的历法可以替代西方历法行世；又例如，阮元认为地球自转说因与儒学相悖而难以取信于人；此外还有人认为圆周率来自祖冲之，代数来自元朝李冶的发明，微积分之类高等数学源于中学经典《周髀算经》等此类说法。

由此观之，维护民族性传统也不能排除夷学思维带来的影响。夷之义，蕴含着稀奇古怪的意思，也有好勇斗狠义。中国历史一直将边境民族称为"夷"，与位于正统思维中心的华夏之民相对。由于对西方知之甚少，在有限的概念中，西方民族来自中国之外，故而也被"万国来朝"的官方归为"夷"类，并理所当然地将双方关系当作传统的番邦和朝贡关系来处理。不可否认，中西文化交汇碰撞，最先表现出来的便是彼此的不同之处。在彼此的交往中，国人注意到的是体貌特征、礼仪风俗方面的异国情调，看到的则是西方文化重利益、轻道德的现状，无论隶属于何种范畴的不同，表面上均与儒学倡导的价值观、道德观互为冲突。雅思贝尔斯的轴心时代理论认为，不同文化族群的最伟大的哲人赋予了这个族群最基本的宇宙和人生观，不仅如此，这种文化观念还将持续地影响族群的实践行为。由此，也就不难理解当儒学传统遭受到异质文化的挑战时，当权者为什么会不假思索地沿用对付蛮夷的老一套办法来对待西方各国，例如恩威并施、道德训诫等。"以夷制夷"被认为是其中最好的办法，尽管还存在一个"师夷"的前提，但是由于进行了"夷"的预设，这一主张的重点也就偏向了"制夷"之目的。因而在一定程度上，夷学思维也成为民族中心主义的催化剂。

原因之二是西方列强的选择也在客观上助力了中学主体立场的稳定。尽管清王朝的统治在内外夹击的困境中摇摇欲坠，但令人奇怪的是，西方列强却并未趁机施以武力将之进行彻底推翻，而是选择了对其进行扶持，与之进行政治、经济、文化方面的合作的举措。"因为，列强认为，中国统一而非分裂，才符合他们的利益；在当时的历史背景下，中国国内也没有任何一种力量能够取代清政府，因此，利用它更容易实现对全中国的控制。尤为重要的是，经过第二次鸦片战争的打击，清政府逐渐学会了与列强'合作'，改变了以前那种'蛮横''欺诈'的做法。"①可以看到，随着鸦片战争后不平等条约的签订，清政府对于西方列强的态度转变也是跳跃式的，从之前的不以为然转向认识到敌对方的强大，并由此改变了与他们打交道的计划策略——由"抚"向"制"而"靠"。第二次鸦片战争带给清政府的感悟可谓震撼至极，那就是唯有满足列强在华利益，才能维持自己苟延残喘的统治地位。另一方面，随着上海、广州、厦门、福州、宁波等通商口岸的相继开放，清政府意外地从中获得了数额巨大的关税收入，这给正处于财政危机，开展洋务运动、满足军备所需等缺钱少粮的清政府带来了一丝喘息机会，由此引致朝廷在对外政策上的调整。反过来，西方列强也通过通商口岸的开放获得了实打实的利益。海外贸易规模的扩大和经济利益的提升让他们尝到了充分的甜头，较之武力侵略带来的巨大破坏力显然是一条更为合适的利益获取之道。由此，在利益均沾

①　仲伟民：《全球史视野：对晚清时局的一种新解读》，《探索与争鸣》2020年第2期。

的诱惑下，清政府与西方列强彼此敌对的关系变得有所缓和。前者愿意满足列强在华利益，后者则愿意帮助清廷镇压太平天国运动以保其统治地位的继续，双方由此进入合作阶段。尤其在《北京条约》签订之后，清廷与列强的关系几乎完全结束了之前剑拔弩张的敌对状态。最明显的表现是，清廷几乎不惜一切代价与列强保持和平关系，以争取自强的时间，而西方列强也愿意协助由朝廷大臣和地方督抚所领导的自强运动。此举恰好又与改良派、洋务派的主张有所重合，因而在客观上造成了中学传统厚重难以被改变、被攻克的假象。既然清政府的统治主体地位没有变更，那么自然统治阶级所推崇的文化传统就不会发生质的变化，因而这也让本就推崇儒学传统的官僚士绅阶层在文化信仰上显得更为坚定，也即认为中西文化交汇博弈中，西学将成为中学传统的新阐释对象，而非颠覆对象。

### 二、从变观之：促进传统文化新陈代谢

再者，从变观之。

按照诺思的观点，在人类社会制度的延续与演变历史中，如果没有外来力量的冲击，任由各社会内部的自生自发力量和秩序进行自然生长和自然发育，在制度变迁中，就很可能由于"路径依赖"和"锁入效应"不断自我复制或"内卷"。对于那些囿于深厚传统和文化的社会而言，仅仅依靠自身将很难进入一个新的阶段或秩序之中①。中国从传统秩序到近代秩序的转化就是如此。

当然也不能不承认，这种转化是非常困难的。儒学传统已在中华大地绵延了两千多年，产生的影响与排外的力量过于强大，除了器物

---

① 参看〔美〕道格拉斯·诺斯，〔美〕罗伯特·托马斯：《西方世界的兴起》，厉以平、蔡磊译，华夏出版社2014年版。

层面的吸引力，与文化秩序相关的思想、制度、价值观等要顺利地被国人接受并不是一件容易的事情。这也合理地解释了中学为何会在社会几乎全面崩溃的时代仍然占据稳固的统治地位。故而，在儒家传统框架内，以旧纲常应对新局面将会不可避免地产生局限性，或者说，儒学不加变通就会产生面对社会问题的困境。为了寻求突破局限性的武器，有识之士将视野转向西学范畴，主张吸收西学以促成儒学借助时代背景跻身于近代化的文明进程。这在晚清也是很有力量的一派思潮。与抗拒西学的极保守态度相比，主张吸收西学以促进近代中国文化的新陈代谢，无异于间接承认了西学的正面价值，因此表现出激进的一面。表现为：

其一，正视儒学陷入僵化停滞的尴尬现实。这一点非常重要。唯有认识到问题的存在，才能挖掘寻求治病良方的动机与动力。清末民初的士大夫群体观察到，儒学在一定程度上已经无力应对社会挑战，并难以做出合适回应。从表现来看，综合起来有两个方面：一是在急需抵御外辱、镇压太平天国运动的现实面前，儒学传统无法成为救国济民的有效理论武器。太平天国农民起义势如破竹，在19世纪50年代起义军已经定都天京（今南京），其北伐之师甚至一度逼近天津，引起了清廷的恐慌。与此同时，第二次鸦片战争的爆发也导致了京都陷落，咸丰皇帝因此仓皇逃亡热河避难。两种现实对于清政府而言，都是极其严峻而残酷的打击。事实证明，在镇压太平天国运动的过程中，清政府仍然强调道德教化，试图通过褒扬忠义、宣讲《圣谕广训》等措施来归拢民心、维持风化的做法，并不能成功解决以"反孔"作为旗帜的武力起义问题；事实还证明，在与西方列强的议和过程中，"以诚相待""以德服人"的文化策略，也并不能阻挡侵略者的侵略步伐，让其放弃抢占利益的贪婪之心。二是部分士大夫思想守旧，视西方文化对中学带来的冲击为一时之变，并不重视其带来的破坏性影响。在洋务运动开展之初，一批守旧士大夫对"采西"之举坚决予以反对。大学士倭仁的一番言论可以勾画出一个富有代表性的轮廓：

> 数为六艺之一，诚如圣谕，为儒者所当知，非歧途可比。惟以奴才所见，天文算学，为益甚微。西人教习正途，所损甚大……如以天文、算学必须讲习，博采旁求，必有精其术者，何必夷人？何必师事夷人[①]？

此语不仅是愤怒的质问，还显然地夹带着轻视西学之感。眼界更为开阔的洋务派对这一点大为诟病，例如李鸿章就对此类浅见进行了一番批判：

> 中国士夫沉浸于章句小楷之积习，武夫悍卒又多粗蠢而不加细心，以致所用非所学，所学非所用，无事则嗤外国之利器为奇技淫巧，以为不必学，有事则惊外国之利器为变怪神奇，以为不能学……盖中国之制器也，儒者明其理，匠人习其事，造诣两不相谋，故功效不能相并[②]。

在他看来，顽固的种族与文化立场实则已构成了客观认识西方、学习西方的障碍。

其二，为孔学注入新活力。若要使儒学传统重新焕发生机，就应

---

① 倭仁：《请罢同文馆用正途人员习天算折》，《洋务运动时期教育》，高时良、黄仁贤编，上海教育出版社2007年版，第11页。

② 李鸿章：《致总理衙门函》，《李鸿章全集》第29册，顾廷龙、戴逸主编，安徽教育出版社2008年版，第313页。

该合理地舍弃儒学传统中的僵化模式，在考证西方文化务实致用的基础上，寻找以"用"补"体"、以"器"补"道"的途径，从而释放儒学传统的魅力。在整个近代阶段，这一点始终是国人对待西方文化的中心主题。可以这样说，在爱国救亡的共同目标下，真材实料地抑或移花接木地引入西方文化概念，引进以翻译、出版、科技、学堂、留学为内容的西方文化事业，既是时代留给国人的考验，也是儒学传统有待顺时调适的任务。如前所述，单纯法古和固守传统在半殖民地半封建的现实下，都将变成一种脱离现实的徒劳行为。且不说不同种族的文化差异包含了地理环境、精神、行为和风俗等各方面的差异，仅就关联现实而言，在途径和工具方面也各有不同。假如儒学只是自说自话，那就是一门容纳不了更多内容的死学问，但是，当儒学开始参与现实而诠释者却从现实的诸问题中去寻求经典中的解答时，儒学经典也将丧失传统特色，反过来被现实所决定。对于西学东渐时代的诠释者而言，合理掌握这个分际是一个十分重要的选择。面对西学的挑战，试图在儒学传统不能撼动的前提下去寻找弥补传统缺憾的做法，以达成一种中西文化交汇后的双向平衡，既包括心理上的平衡，也包括实现途径的平衡，是一种文化选择上的权宜之计，也是一种有意识的文化觉醒行为。譬如：

故善御夷者，知时而已矣。时战则战，时守则守①。

莫若选择员弁，令其学习外国兵法，去其所短，用其所长。于学成后，自行训练中国勇丁。则既可省费，亦不至授

---

① 王夫之：《诗广传》卷三，《船山遗书》第2卷，傅云龙、胡可主编，北京出版社1999年版，第762页。

外国人以兵柄①。

> 故仆所欲复者，三代、两汉之美政，以力遵祖考之彝训，而邻人之有专门之学、高异之行，合于吾祖者，吾亦不能不节取之也②。

显然，这样一种既要彼为我所用又要免于受其所制的行为，与时代变局激烈而传统价值过于厚重的现状有关。这样的行为也说明，视西学为儒学的内容补充，本身就对儒学传统产生了相当大的冲击力。甚至应该这样说：在儒学传统这一外壳里，装着的已经是浸染了西方文化色彩的新内容，经过新与旧、变或不变、是体是用、谁本谁末等层层论争，它愈加明朗化，被认为是一种用来打破传统弊端、诠释儒学传统的新武器。当然，打破传统之弊端，也并非是全盘反传统。许多传统型知识分子在民族危亡之际之所以转向学习西方文化，提倡学习西方文明之长，并不是要将中学传统当作颠覆对象，相反正是为了促使传统文化走上一条更健康的发展道路。由于这一意图贯穿于整个近代转型期，所以近代文化策略的调整与改变均应该放置于这样一个脉络中来进行理解。

其三，认识并效仿西学之"长"之"新"。甲午战争以后，为了缓解国人深感民族危亡的极端焦虑与恐慌，快速寻求有效处方成为各大思想流派的当务之急。在此目标的推动下，存道、存本、存体的旧格局不可更改，但器、末、用的内容得到了时代更新。在洋务派的主张

---

① 《清穆宗上谕着沿海统兵大臣拣员在上海宁波广州福州天津练习洋人兵法》，《曾国藩全集》奏稿五，岳麓书社1994年版，第2747页。

② 康有为：《与洪右臣给谏论中西异学书》，《康有为全集》第1集，姜义华、吴根樑编校，上海古籍出版社1987年版，第537页。

里，西学器物之精、之巧、之便利，完全可以在实用意义上归属于"实学"范畴，如梁启超所言，举凡倡导新知的活动，几乎都可以以"实学"视之。概而言之，无论洋务派、维新派还是之后的革命派，均是先讲"实学"之"长"，主张要将取"长"作为文化发展策略的新趋向，并以此甄别出口言自强而其实践其实不然者。新的时代蔚然而成新的文化风尚，如前所述，承认西方文化尤其是西学在器物、科技等方面的长处，是无法凭主观态度进行否认的事实。继而，再讲"西学"之新，提问在承认西学之"长"的基础上何以界定西学之"新"，或者说，对比旧的文化学术传统和文化秩序，辨别西学带来的冲击和影响，究竟是源于立场的差异还是源于格局的反思，是效仿西学必须面对的方法取舍问题。

留心晚清以来各派的文化主张可以发现，在价值的层面上，西学多被认为是对中学价值的挑战。传教士最先将西学定义为"新学"，设定的比较对象就是儒学中的程朱理学。汉学家林乐知如此指出二者在文化价值选择上的不同：

> 外国视古昔如孩提，视今时如成人；中国以古初为无加，以今时为不及。故西国有盛而无衰，中国每每颓而不衰；西国万事争先，不敢落后，中国墨守成规，不知善变，此弱与病所由来也①。

与中学长期因尊古不变而导致积弱不同，西方文化是面向未来和积极求变的。这一看法绝不是传教士一厢情愿的单方认定，我们也很容易在早期具有民族自省意识的代表人物身上找到相同认识。冯桂芬《制

---

① 〔美〕林乐知：《中西关系略论》，《万国公报》第356期。

洋器议》就说得非常明白：

> 向时中国积习长技俱无所施，道在实知其不如之所在，彼何以小而强，我何以大而弱？必求所以如之，仍亦存乎人而已矣。以今论之，约有数端：人无弃材不如夷，地无遗利不如夷，君民不隔不如夷，名实必符不如夷。四者道在反求。以上诸议备矣。惟皇上振刷纪纲，一转移间耳，此无待于夷者也。
>
> ……然则有待于夷者，独船坚炮利一事耳。
>
> ……上好下甚，风行响应，当有殊尤异敏，出新意于西法之外者，始则师而法之，继则比而齐之，终则驾而上之。自强之道，实在乎是①。

以四个"不如"指明了求"新"之必要。此外还有不少诸如此类的看法："以西国之学，广中国之学，以西国之新学，广中国之旧学。"②"泰西之学，格致为先，自昔已然，今尤为盛，学校相望，资才辈出，上有显爵，下有世业，故能人人竞于有用，以臻于富强。"③论其共同之处，在于他们指出了西学在实学品格上的突出表现，并以"臻于富强"的实际效果批判儒学的当下缺陷——只关注社会伦理领域中道德之知与道德之行的关系，而不思考如何将其范围扩展到求证自然知识之实和自然规律之真的实际操作层面。综而论之，此为对待西学立场

---

① 冯桂芬：《制洋器议》，《校邠庐抗议》，上海书店出版社2002年版，第49-50页。

② 古吴困学居士：《广学会大有造于中国说》，《万国公报文选》，李天纲编校，生活·读书·新知三联书店1998年版，第283页。

③ 李鸿章：《〈格致启蒙〉序》，艾约瑟等：《西学启蒙两种》，赖某深校点，岳麓书社2016年版，第5页。

之"新"，即以西方文化为理论武器之"新"。

认识西学之"新"还体现在观念格局层面。最早受到西学影响和熏陶的一批学者如徐光启、李之藻及之后的冯桂芬、曾国藩之辈，从身份来看，都是坚守忠孝德治的传统士大夫。宋明理学的价值取舍观念仍然鲜明地展现在他们的思维中："吾辈当细心察看，师其所长，而伺其所短，不说大话，不疏礼节。"①随着对西方文化认识的逐步加深，加之洋务运动取得了一定的文化效果予以证明，例如造船、枪、炮等机械应用知识得到了大大提升，知识分子在思想上适应翻天覆地的变化之后，传统文化对他们的约束力也随之有所减弱，因而也大大刺激了他们迅速改良旧文化的迫切心态。从19世纪60年代到90年代中期，洋务运动已经历时三十多年，在"求强""求富"目标的推动下，知识分子深刻地认识到，仅仅将西方文化当作一种诠释旧传统的工具和武器远远不够救民于水火，由此他们进一步将学习西方的文化视野扩展到了更大更广阔的空间，一步步开拓出更高层次的新文化局面。譬如，从检测西方的器物是否能够被儒学所容纳，转向验收开民智、新民德等新举措是否符合自强时代所立的标准；又譬如，从追求师夷制夷、求强求富逐渐转化为改革旧传统、发展新文化；再譬如，从辨析文化优劣到建构新文化秩序，从批判传统僵化转向清理文化糟粕（戒缠足、禁鸦片），等等。尤其值得注意的是，关于适配宏观领域的道德要求愈缩愈小，而对于建设微观精细的学科教育要求越来越高。这一点几乎成为近代文化观念塑造的重要因素。更具体地说，扩大人的学习视野和主观能动性，造就具有世界观念意识的新型人才，将他们培育成为改造旧世界的先锋，是继"师夷长技"之后时代对学习西方文化提出的新任务。

---

① 曾国藩：《复李鸿章》（同治元年闰八月十六日），《曾国藩全集》第25册，岳麓书社2011年版，第550页。

# 第三节　文化觉醒的轨迹：
# 从器物更新到文化革命

在近代中国民族性也即民族人格与民族心态的塑造过程中，传统的思想资源如何进行传播以扩大受众群并增加影响力，在传播的过程中又起到了什么样的重要作用，是继辨析中学西学二者关系后值得进一步加以探讨的问题。

## 一、从认知到传播：文化"民族性"的坚守宗旨

自孔子以降，儒学传统经历了历朝各代的完善丰富后，内容已经蔚为大观。但在近代文化的转型中，思想家却并没有面面俱到地对其加以弘扬，而是联系时代背景从特定的"民族救亡"主题入手进行讨论，将原本位于对立面的时代性与民族性融合于同一个中心主题框架内，据此提供了一个双重视野的审视角度。概括而言，传统文化的近代性转换是一个时代性的艰巨课题，因其与半封建半殖民地的时代背景关系密切；同时，它也是一个超越时代回头看的长期课题，因其所产生的文化影响并非在近代这个特殊时代能够彻底地、完全地交出答卷；此外，它还是一个有关文化传承的重大课题，因其涉及文化概念的整体认知过程，从物质层面到制度层面再到心理层面逐步走向深化。

从展现出来的各类文化现象上看，传统文化的近代转换以批判和革新旧文化传统为主，但是从实际产生的效果观之，文化传统实际上

又在其中扮演着错综复杂的角色。以程朱理学为例，近代时期的知识分子，更确切地说，近代时期的各派思想者，有感于西器、西技、西方民主制度等之先进，多数都站在反理学的思想立场，但是从他们的思维方式、思想主张来看，却又展现出浓厚的理学色彩。也就是说，反程朱理学并不影响一部分人对程朱理学的资源进行有意识和无意识的实际应用。因此在探讨这一个问题时，首先应该跳出判断思想家们是否坚守了民族性传统这个简单的是非框架，转而追问"近代思想家如何以传统思想来传播民族性"，亦即要考察它在传播过程中所采用的策略是什么。

由于传统文化思想各部分内容受到西方文化的冲击有强有弱，它们产生的裂缝和破损程度因此也有大有小。以求"用"为实践前提，其中与解决现实问题相关的各文化要素，在人为选择的干预下进行重组，成为应付现今问题之法的组成部分，并呈现出鲜明的时代特征。一方面，知识分子认为传统思想需要重新确认与现实的关系，追随现实的需要变化而即时进行同步转换，并推而广之；另一方面，他们也认为特定时代背景下新思想的出现可遇而不可求，一旦确定它符合主观的民族救亡目的，迎合进一步发展民族传统文化的诉求，就需要创造途径去补充或校正传统文化之缺，继而加以传播。大体说来可以归结为：在确定"爱国""强国"这个极具民族精神的目标下，将长期以来的民族性传统"对象化"，递进性地由器物文化而制度文化而精神文化，由表及里，由浅入深，由窄入宽。在找寻民族出路的良方中，一代人比一代人思想更解放，眼界更宽阔，因而更能广为宣扬爱国保种的决心与热情，使得国人对抗帝国主义的文化自觉逐步从小众认知走向大众传播。

在清末民初之际，大批知识分子认为，清王朝在鸦片战争中的惨败与国力积弱有关，最关键的原因是，国人各阶层之间存在着极深的藩篱与隔阂，难以聚合每一分力量来共同抵御外敌入侵。"这些藩篱与隔阂，包含星罗棋布于全国的家族宗法势力、森严的阶级区分、三纲五常的束缚、政府与民意严重的隔阂等等"①，因而要破除"中国民气散而不聚，民心独而不群"②的状态，唯有形成一个共识，也即：如果能达成各方力量在某个诉求上的共通之处，那么就能最广阔范围地组合"群"甚至全民族的力量。这一共识确实存在，那就是国人在经受外敌入侵的悲愤洗礼后急速高涨的民族认同情结。作为一种全体国人共同承认并深有体悟的思想基调，它贯穿于每一个体思想意识之中。确切地说，近代中国的民族情结极为浓厚，在各阶层人士的共同弘扬下，逐步形成了一种明晰的民族自觉意识。就传统士大夫的文化自信而言，首先它是对自我身份的一种定位，是一个认识和区别彼方和"我"（中华）之身份的认同标志；其次它也是凝聚并唤醒国人为传统辩护的精神旗帜，是一个敦促传统积极回应现实的动力保证。

正是这种民族认同精神与传播回应行为在整个近代的相互结合，促成了坚守"民族性"这一宗旨并非停留于字面意义上的口头表达，也并非被看成一个凝滞不动的纯粹概念。事实上，在整个近代时期，上至朝廷官绅，下至平民百姓，均将诚挚而迫切的复兴故国之心和挽救民族危亡之意图，化为了"经世致用"的行为实践，并在民族矛盾尖锐化的关头，突破了"夷夏之防"的藩篱，大规模地开始了会通中西的工作。会通工作具有双重性，它既是作为中学主体体验的被动经验，即中学在遭受西方文化挑战后的被动适用与调整，也是一种他者化的主动经验，即中学学习西方文化的主动意图与动机。在方法取舍

①　王汎森：《从传统到反传统——两个思想脉络的分析》，《中国近代思想与学术的系谱》，上海三联书店2018年版，第146页。

②　麦孟华：《民义总论》，《百年大潮汐》上卷，泰山出版社1999年版，第149页。

与意图达成之间，存在多种多样的链接行为：意图保守而手段极端西化者有之，意图激进而手段极为传统者有之，意图保守而手段也保守者有之，意图激进而手段西化者也有之。因此，在中学传统遭受现实考验而西学大量涌进且丰沛莫之能御的时代背景下，坚持民族传统的主题基调，使得民族精神这个词汇具有了一种不可摧毁的内在力量。"吾辈今日之最急者，宜莫如爱国"①，由此清晰地规划出近代文化发展的走向。肩负着文化启蒙与文化传播重担的知识分子，不仅自身时刻牢记"自塞者，令人固蔽傲慢，自陷危亡"②之危害，而且也不遗余力地促成全社会的觉醒，号召民众尽可能地觅新知于外域。如容闳所指出："予意以为予之一身，既受此文明之教育，则当使后予之人，亦享此同等之利益。以西方之学术，灌输于中国，使中国日趋于文明富强之境。"③

## 二、从"器"变到"文"变：文化觉醒的认知轨迹

经历了几代人孜孜不倦的艰苦跋涉和不息经营，学习西方作为中国文化史上的一个重大时代主题，愈来愈重视新学术形态的产生及其带来的文化影响，彰显出中国传统文化试图应付世变的积极努力。在近代时期，它关注的是思想启蒙问题，聚焦于如何根据世变来确定学习西方文化的对象和内容。

梳理整个近代时期的学"西"脉络，可以看到一个清晰的转换

---

① 梁启超：《德育鉴·辨术第一》，《梁启超全集》第5册，北京出版社1999年版，第1490页。

② 张之洞：《劝学篇·外篇·会通第十三》，《劝学篇 辎轩语》，孙甲智点校，中国盲文出版社2014年版，第108页。

③ 容闳：《西学东渐记》，徐凤石、恽铁憔译，湖南人民出版社1981年版，第23页。

轨迹：

在遭遇旷古未见的"变局"后，道咸时期（1821—1861）的文化风向大有所变：从推崇古籍考证和玄学思辨的"纯学术"转向主张"经世致用"之学。一批"通于天道人事，志于经世匡时"的知识分子，自包世臣、龚自珍、魏源至冯桂芬、王韬、郑观应等，均以"医国手"自命，本着强烈的社会批判精神，对清王朝积重难返的朝政弊端进行了鞭笞。例如，指责士大夫不顾民生之艰难，"贪以浚民之脂膏，酷以干天之愤怒，舞文玩法，以欺朝廷之耳目"[①]；抨击士风腐败，"士子以腐烂时文，互相弋取科名而去，此人才所以日下也"[②]，乃前所未见地令人可惧等。由是，倡导"因时制宜"地加以变革以"补偏救弊"，成为历经鸦片战争教训后知识分子的切身体会与经验总结。魏源由此提出要"去伪，去饰，去畏难，去养痈，去营窟"以祛"寐患"，"以实事程实功，以实功程实事"以祛"虚患"[③]；龚自珍则建议解决流民问题，调剂"贫富不相齐"之弊，等等。这些主张不仅展示出传统士大夫知识眼界的拓展，而且也体现出他们主动"自救"的努力。更值得注意的是，道咸经世派还将视野投向瀛海之外的世界，以期谋得御外之法。林则徐《四洲志》《华事夷言》，魏源《海国图志》，姚莹《英吉利国志》《英吉利纪略》，梁廷枏《海国四说》，徐继畬《瀛寰志略》等书籍的刊刻问世，既从侧面展现了一代学人"开眼看世界"的文化觉醒意识，也表明了他们主动迎接现实挑战，引导国人走出应对新时代考验的第一步。

道咸经世派架起了从古学通往西学的桥梁，也明确地启示了向西

[①]　张际亮：《答黄树斋鸿胪书》，《唐宋明清文集·清人文集》，任清编选，天津古籍出版社1964年版，第1382页。

[②]　林昌彝：《射鹰楼诗话》卷十二，《中华大典·文学典·明清文学分典》，凤凰出版社2005年版，第52页。

[③]　魏源：《海国图志叙》，《魏源全集》第12册，岳麓书社2011年版，第180页。

方寻求方法，"鉴诸国"、讲西学以开民智的可能性和必要性，体现出对待学习西方文化的社会心理的变化。礼失而求诸野，学习彼方之长，必先做到知悉彼方，"购求异域之书，究其情事"①。在新的时代背景下，理性地探求对传统文化加以改弦更张的路径，主要体现在两个方面：一是客观地介绍欧洲各国的史地时事和风土人情，二是具体地介绍西方先进的科学技术，尤其是军事技术。心怀"御外""救亡"之意图，主张学习西方长技，经世派已开一代风气之先，其积极意义已被后续思潮所证明。但另一方面，它所表现出来的局限性又是非常明显的。由于经世派"救亡"之心过于急迫，导致学"西"以解燃眉之急的实用主义至上。例如，魏源力主设立夷馆以翻译夷书之目的即是为了知悉夷情，冯桂芬认为"有待于夷者，独船坚炮利一事耳"②，以至于难以处理好民族情感与功利实用主义之间的关系。作为一种具备复杂形态的西方文化，其影响力的多方面展示，与它所产生的背景、社会现实等具有密切关系，若从中仅仅取其孤立的一种，且将之拔离整个文化语境加以套用，结果将导致画猫不成反类犬，最终只能证实这一举措的不切实际。经世派的认识有西技概念而无西学体系，就充分证明了这一点。为摆脱漕运、盐政、河工之困境，其所倡导的"师夷长技"之举，因未能破除儒家文化本身所具有的局限性，以及未能认识到从文化整体上学习西方的必要性，最终也未能达成"制夷"之目的。

正式赋予"变法"以近代改革意义的，是开展洋务运动的洋务派。以"外须合戎，内须变法"③为纲领，洋务派所言"变法"就是要倡导

① 姚莹：《复光律原书》，《姚莹年谱》，施立业著，黄山书社2004年版，第343页。

② 冯桂芬：《制洋器议》，《校邠庐抗议》，上海书店出版社2002年版，第49页。

③ 李鸿章：《复四川王山长壬秋闿运》，《李鸿章全集》第32册，顾廷龙、戴逸主编，安徽教育出版社2008年版，第646页。

以西法来疗治传统之弊。洋务运动从文化的表层——"器物"层面拉开了"变法"序幕。1861年，"总理各国事务衙门"的设立，是国人承认西方物器技术之长并进行有意识学习模仿的"变法"之始。在承认国货与洋货有所区别的前提下，以曾国藩、左宗棠、李鸿章、张之洞为代表的洋务派人士，从"道不可变器可变"的观念出发，兴办了一系列洋务实业，如设立洋务局，培养洋务人才，建立实业工厂，筹办练军，等等。据统计，从1841至1861年的短短二十年间，赞成采办军舰枪炮的士大夫就有66人之多，其中还包括了道光帝在内。1861年后，洋务知识在士林中得到了广泛普及，也取得了更多数量和更大范围的实践成果。至1882年，清政府已拥有西洋战舰50艘之多，从达成变法初衷来看，确实是合格的。但出乎意料的是，清廷的"师夷"成果——坚船利炮，在甲午中日战争爆发后，却并未改写惨败于日本的战争结局。这也让洋务派意识到，仅仅"师夷长技"而不改革传统自身的弊端，就无法达到"制夷"与"自强"之目的。在这样的历史情境中，"救亡"的内容因学习者的态度和对象不同产生了分化：一方面是洋务派依然执着于"道不可变器可变"的宗旨，倡导实行更大范围的经济、技术和文化教育的近代化改造。变法巨擘张之洞指出："吾恐中国之祸，不在四海之外，而在九州之内"，故而倡导"知变"，称"不变其习，不能变法；不变其法，不能变器"[1]，认为继续推行器用改革，完善与巩固纲常名教才能真正习得洋务之真谛。另一方面，改良派如薛福成、马建忠、冯桂芬等，认为洋务派"学习西法二十余年来，徒袭其皮毛而已"[2]，从而与之分道扬镳。针对洋务派在"自强"

---

[1]　张之洞：《劝学篇·序》，《劝学篇　辅轩语》，孙甲智点校，中国盲文出版社2014年版，第5页。

[2]　王韬：《〈火器说略〉后跋》，《弢园文录外编》，上海书店出版社2002年版，第230页。

运动中的失利事实，改良派于是力倡发展新的生产力，并力图突破封建君主专制制度。"救亡"在改良派的观念主张里，是一个亟待变革传统政治制度的课题，目的是要解决在学习西方文化的过程中所遇到的制度难题。这也成为19世纪末叶维新变法运动的先声。

接力批评以新卫旧不合现实的弊病，托古以改制，是以康有为、梁启超等为代表的士人群体所秉持的变法主张。他们认为，传统文化同样可以与近代文明相接轨，但需要从本质上对富强之术与富强之本加以区分。所谓"维新变法"，即是要破除新法与传统之间的隔阂，从富强之"本"——政治制度层面弃旧图新，"救亡"图存。一批洋务实践的亲历者也加入这一阵营，并现身说法。譬如甲午海战后，有幸存者如此进行总结：

> 我国地广人多，沿海甚多，不能不设海军而护卫。既设海军，必全按西法，庶足不（以）御外侮。西人创立海军多年，其中利弊，著书立说，无微不至。我国海军章程，与泰西不同，缘为我朝制所限，所以难而尽仿，所以难而操胜算也①。

> 海军所有章程，除衣冠、语言外，均当仿照西法。万不得采择与中国合宜者从之，不合宜者去之。盖去一不合宜，则生一私弊。
>
> ……照泰西海军之法，认真行办，庶海军官兵尽知西法，

---

① 郑祖彝：《郑祖彝呈文》，《北洋海军官兵回忆辑录》，孙建军整理校注，山东画报出版社2017年版，第72页。

以洗陋习，……①

从中可以看出他们的真实态度：真正的改革并非崇洋媚外、学其表象，而是要仿其制度、得其本质。甲午一战对整个民族的巨大冲击，极大地唤醒了国人，"这时候，潜藏在中国人心底里的民族思想，便发动起来"②，真正产生了"一战而人皆醒矣，一战而人皆明矣，一战而人皆通也，一战而人皆悟也"③的影响力。《马关条约》签订后，文化上的自觉意识再一次激起了士人群体顺时应势的"求变"共识。以康有为为首的十八省举人集体"公车上书"，代天下人请命，承担起启迪民智的责任："然自是执政者渐渐引病去，公车之人散而归乡里者，亦渐知天下大局之事，各省蒙昧启辟，实起点于斯举。"④在维新人士眼中，变法已是国难当头不可替代的抉择。在他们看来，洋务派虽然做出了种种努力，但因其在实践上"盗西法之虚声，而沿中土之实弊"⑤，故而在现实上难以扭转中国文化的衰落窘境。"是以今日要政，统于三端：一曰鼓民力，二曰开民智，三曰新民德"⑥，也即唯改变旧有的制度和文化，鼓舞广大群众积极学习西方的士气，富国、养民、教士、练兵，以建造新的文化体系，才能突破封建文化织造的罗网。以此为变法目标，维新人士先后多次上书光绪皇帝，建议清廷鼓励创

① 曹嘉祥、饶鸣衢：《曹嘉祥、饶鸣衢呈文》，《北洋海军官兵回忆辑录》，孙建军整理校注，山东画报出版社2017年版，第54页。

② 包天笑：《钏影楼回忆录》，刘幼生点校，山西教育出版社1999年版，第182页。

③ 何启、胡礼垣：《新政始基》，《新政真诠——何启胡礼垣集》，郑大华点校，辽宁人民出版社1994年版，第183页。

④ 梁启超：《改革起源》，《戊戌政变记》（外一种），上海古籍出版社2014年版，第108页。

⑤ 严复：《救亡决论》，《论世变之亟——严复集》，胡伟希选注，辽宁人民出版社1994年版，第65页。

⑥ 严复：《原强》（修订稿），《论世变之亟——严复集》，胡伟希选注，辽宁人民出版社1994年版，第36页。

新、开设议院、广纳群言、普及西学文化。在朝廷的首肯下，维新派结合讲学与论政，开始广建时务学堂，为变法制造舆论。轰轰烈烈的变法之举，首先在湖湘大地点燃了星星之火，短时间内，各种学会组织在全国各地陆续兴起，大有燎原之势。以康有为和开明官员李盛铎等共同发起的保国会的成立，将维新变法推向了新的高潮。它提出"保国、保种、保教"的宗旨，激发了民众的热情，将大量原本松散的群体凝聚到一起，加速了维新思想的传播。其中执牛耳者，当推康有为。其作《新学伪经考》与《孔子改制考》援西学入儒学，将传统文化与西方近代文化融汇在一起，成为维新理论的理论基石。从意义层面来看，这场运动不仅让知识分子拥有了系统学习"四书五经"之外另一个文明的契机与合法性，而且在维新人士的努力下，文化启蒙思想得以深入社会各阶层的文化领域中，使得中国传统文化从性质上改变了其固有结构。从具体表现来看，在关于是否改革科举制度、废除八股取士，是否变革政治制度，是否批判"三纲五伦"的焦点问题上，维新派始终在与保守派的文化论争中争夺话语权。实际上，在文化领域，变法革新的号角已经吹响，"诗界革命""小说界革命""戏剧改良""文体革命"思潮相继涌现，为晚清文体的解放开辟了新天地，也为传统儒学真正增加了近代资本主义新文化的内容。近代文化自觉意识已在起点线做好了飞速前进的准备。

　　清末最后十年是中学传统发生前所未有巨变之时期。维新历时百日，尽管知识分子为之付出了心血，积极主动地应对了现实的挑战，亦认识到了变法的重要性与必要性，但其不成熟性也是明显的。概而言之，维新派实有追慕西学之决心、热情与实践，但其自身知识体系参差不齐也是事实，加之受到文化保守派的强大阻挠，导致了他们在步履匆匆迎接各种新思想到来之时，却也未能仔细地对西方文化进行甄别与批判性地吸收，以至于"稗贩、破碎、笼统、肤浅、错误诸弊，皆不能免"①，最终遗憾地退出了时代舞台。这也证明，面对强大的儒学传统，近代中国的思想文化变革充满了复杂性、艰巨性与长期性。

但变革传统的脚步终究无法停滞于滚滚向前的时代车轮之下。1900年八国联军攻占北京后，民族危机再次空前严重。随着丧权辱国的《辛丑条约》签订，国人要求变法的呼声并没有因遭受残酷的现实打击而停止，反而愈呼愈高，促进了国人言必称西法之风气的高涨，最终促进了群体的文化觉醒。秋瑾《宝刀歌》非常形象地描述了这一情形："北上联军八国众，把我江山又赠送。白鬼西来做警钟，汉人惊破奴才梦。"②清廷迫于生存压力，不得不在教育、道德和新闻出版领域推行"新政"，例如"设学堂""停科举""奖游学"，出台《大清印刷物专律》《大清报律》《大清著作权律》等规章，同时创办并刊行各类官报如《北洋官报》《安徽官报》《湖北官报》等，试图延续自己的统治地位。其中关于文化政策的调整最为瞩目，所取得的改革效果也最明显。尤其是废除科举制以推行新式教育，倡导"教育救国"这一举措，对中国文化的演变产生了重大的影响："而立废科举一节，取数百年来败坏中国及近日屡蹶屡起根深蒂固之附属物，一旦拔弃之，是真中国历史上之新纪元，而东方大局之转移在此矣。"③与"教育救国"思潮同时风行的，还有民主共和思潮、君主立宪思潮、无政府主义思潮、国粹主义等。各类思潮纷繁复杂，纷纷高擎"救国救民"的大旗，倡言要为寻求真理探索前路。总而观之，清末最后十年期间，新学兴起，旧学沦落，社会风气发生了极大转变：

---

①　梁启超：《清代学术概论》，四川人民出版社2018年版，第128页。

②　秋瑾：《宝刀歌》，《秋瑾女侠遗集》，陈平原选编，贵州教育出版社2014年版，第101页。

③　〔美〕林乐知：《中国振兴之新纪元》，范祎述，《万国公报》1905年第201期。

今则不然，告以尧、舜、禹、汤、文、武、周、孔之道，汉、唐、宋、明贤君哲相之治，则皆以为不足法，或竟不知有其人。近日南中刊布立宪颂词，至有四千年史埽空之语，惟告以英、德、法、美之制度，拿破仑、华盛顿所创造，卢梭、边沁、孟德斯鸠之论说，而日本之所模仿，伊藤、青木诸人访求而后得者也，则心悦诚服，以为当行，前后二十余年，风气之殊如此①。

面对如此巨变，在中与西形成对立且中学被西学所压制的背景下，如何处理中西文化的关系，又一次被国人提上了议事日程。

20世纪初以来废科举政策的推行，为一种新的文学运动——脱离八股文约束的白话文勃兴做好了清除道路障碍的准备。同时，兴西学运动的高涨，则使得西方文化进一步扩大了它在社会中的影响，甚至在部分群体中呈现出一边倒的态势。科举制度原本是传统价值体系建构与传播的现实依托，也是知识精英群体登上政治舞台的奠基石，当这条联系知识分子与价值体系的大动脉被切断，那么儒学与知识大众、朝廷与知识分子就成为彼此独立的领域。这个断裂对文化风气的转变产生了极大影响，促使知识分子对文化传统重新进行了思考与评估，甚至开始反省儒学究竟是否还有存续的必要。

当时的改良与革命思潮之分便是其中一例。这两股时代性思潮充分体现了彼时知识分子提问"儒学救亡"是否可行的近代文化觉醒意识，聚焦于探讨如何对待过去两千年的儒学传统问题。其中，改良派以梁启超、康有为、谭嗣同等人为首，在对待西方政治文化的态度上，

---

① 于式枚：《出使德国考察宪政大臣于式枚奏立宪不可躁进不必预定年限折》，《近代中国宪政历程：史料荟萃》，夏新华、胡旭晟整理，中国政法大学出版社2004年版，第67页。

他们选择了对国学进行改造，并倡导在反思中国历史和现状的基础上，批判和改造国民劣根性——"爱国之心薄弱，实为积弱之最大根源"①。"盖自羲、轩、尧、舜、禹、汤、文、武、周、孔之道化，一旦而尽，人心风俗之害，五千年未有斯极"②，故而"欲存中国，先救人心"③。为此，梁启超撰写了一系列振聋发聩的文章，如《新民说》《少年中国说》《保教非所以尊孔论》《论中国学术思想变迁之大势》等，主要目的是唤醒国人，"足以激励其爱国之心，团结其合群之力，以应今日之时势而立于万国者"④。与此态度形成对立的革命派却不满足于改良，认为要以更为激进的方式——革命来彻底变革政治文化传统，并主张将民族革命提到革命行动的首要位置。20世纪初期，以孙中山、章太炎、邹容、章士钊、陈天华等为代表的"革命军"，与改良派进行了针锋相对的激烈论战。章太炎所撰《驳康有为论革命书》《解辫发》《客帝匡谬》等文，言辞激烈地鼓吹革命，对国人产生的影响极大。扩大影响的另一个凭借，则是当时的公媒体——杂志，由于"受章氏之感动，激于种族之观念，皆归于民族旗帜之下，风起云涌，各自发行杂志，宣传种族学说，以为革命之武器"⑤，故而由章太炎所主编的《民报》也成为论战改良派的阵地，刊发了众多檄文以鼓舞士气。在多方呼吁的推动下，国人对民族革命的认识，渐渐从模糊状态转变为一种坚定的信念，并在更大范围的受众群体中广泛传播。孙中山认为这是全体国民的一种认识革命："故前代为英雄革命，今日为国民革命。所谓国民革命者，一国之人皆有自由、平等、博爱之精神，即皆

---

① 梁启超：《瓜分危言·中国积弱溯源论》，《梁启超全集》第1册，北京出版社1999年版，第143页。

② 康有为：《〈中国学会报〉题词》，《不忍》1913年第2期。

③ 康有为：《孔教会序》，《不忍》1913年第1期。

④ 梁启超：《中国之旧史》，《梁启超全集》第2册，北京出版社1999年版，第739页。

⑤ 胡朴安：《二十年学术与政治之关系》，《东方杂志》1924年第21卷第1期。

负革命之责任，军政府特为其枢机而已。"①

关于如何处理中西文化关系的问题，当时的"国粹派"与"欧化主义派"以不同的态度进行了各具代表性的回答。

日本明治维新以后，受到日本社会变化的刺激，国内"欧化主义"盛行一时，更有极端者甚至提出要废除本国文字。针对如此世风，一部分知识分子表达了要求保持民族特性、坚守民族精神的主张，"国粹派"即是其中的重要代表。

"国粹"一词自日本引入，其意被国人所借鉴，所谓"夫国粹者，国家特别之精神也"②。1907年，张之洞奏请成立存古学堂，称"本国最为精美擅长之学术、技能、礼教、风尚，则尤为宝爱护持，名曰国粹，专以保存为主"③。同年，黄节也开始在公开媒体上展开关于"国粹"的讨论，并得到了广泛呼应。不仅如此，一批以"研究国学，保存国粹"为宗旨的学会组织也相继成立。例如黄节、邓实、刘师培等在上海创立了"国学保存会"，章太炎等在东京创立了"国学讲习会"。这类组织中的成员大多受过严格的传统教育，儒学素养非常高，对时局变动也具有敏锐的感知力，因此十分担忧中国传统文化在西风流播背景下的发展命运。为避免"学亡则国亡，国亡则亡族"④的糟糕后果，他们要求毫无条件地保存国学，强调"国魂者，立国之本也。……吾国之国魂，必不能与人苟同，……夫国学即国魂所存，保全国学，诚为最重要之事矣"⑤，并希望通过文化复兴的方式以拯救民族危

---

① 孙中山：《中国同盟会革命方略》，《孙文全集》（中），黄彦选编，广东人民出版社2006年版，第184页。

② 黄节：《国粹保存主义》，《政艺通报》1902年第22期。

③ 张之洞：《创立存古学堂折》，《续修四库全书·五一一·史部·诏令奏议类·张文襄公全集卷六十八》，上海古籍出版社1996年版，第378页。

④ 黄节：《〈国粹学报〉序》，《国学的盛宴》，高敬编，新世界出版社2016年版，第94页。

⑤ 许之衡：《读〈国粹学报〉感言》，《政艺通报》1902年第4期。

机与文化危机。以实际效果而论，这一主张将文化使命与民族情感熔
于一炉，在时代变局中，一定程度上确实成为支撑国人传承文化遗产
的精神旗帜。然而，它所具有的理论缺陷也是不容忽视的：过于浓厚
的"国粹"情结将削弱国粹派作为社会革命先导的力量，甚至还可能
有违历史发展的现实，走向革命的反面。

　　"欧化主义"更多地体现于新式知识分子的思想中。这个阵营包括
了革命派中的激进主义者、留学生以及国内认同欧化合法性的群体等
三大队伍。他们大多接受的是系统的西方教育，对中国文化的落后深
有感触，因此十分"醉心欧化"。概而言之，其文化主张体现为：一
则，认为西洋文明的优越性远胜于中国文明，挽救民族存亡须得"悉
从泰西"；二则，"夫世界趋势，归于大同，吾国之效法西洋文明，实
为生存竞争上必不可免之事实"①，故而建议参照邻国日本的变法成
果，加快欧化脚步；三则，要求废除传统陋习，主张剪辫易服、自由
恋爱等欧风欧俗；四则，提出改革中国文字。这四个方面的主张显然
与传统文化观形成了鲜明对照，甚至还带有明显的"崇洋""媚洋"
色彩。

　　应该说，在对待西方文化的问题上，国粹派和欧化主义是难以相
互认可的争论方。前者多聚焦于西方文化带来的冲击和破坏力，认为
文化侵略与政治经济军事侵略一样，同样可以带来民族的灭亡。后者
看到的则是近代文明的先进成果与中国落后文化之间的强烈落差。双
方的争论尽管针锋相对，但也并不是"井水不犯河水"的截然不相容。
在承认"救国""救亡"的共同宗旨下，国粹派和欧化派在思想主张上
也涉及了观点的调和。国粹派并未彻底排斥西学，而是主张在借鉴的
基础上重新整理国故；部分欧化论者也提出了欧化与国粹并包的文化

---

①　孙恒：《中国与西洋文明》，《留美学生季报》1914年第4期。

主张。这也为后人辩证地对待中西文化关系提供了理论启发。

1912年，辛亥革命爆发，清廷统治结束，皇权体制被民主共和制取代。社会由此发生了翻天覆地的变化，也使得文化秩序随之巨变。一方面，自由、民主、平等的新观念得以迅速传播，进一步更新了国人的文化观念。使用阳历、铲除陋俗、改革旧礼制、倡导男女平权、穿戴洋装等行为广被国人接受，尤其追求个性自由、推行"尊新崇西"等思想在社会上大为流行，这也昭示了一个新的文化时代已经来临。另一方面，复辟帝制和尊孔复古思潮的回流，又令希冀奔向新时代的国人感到了失望，因此激起了他们破除最后的思想藩篱以进一步改造文化气象的决心。1915年，陈独秀《青年杂志》创刊（1916年更名为《新青年》），以批判传统为主题的新文化运动自此轰轰烈烈地拉开了序幕，从此叩开了全社会思想解放的门扉。

新文化运动分为两个层面：一为"破"，也即批判传统；一为"立"，也即倡导新价值新观念。以1919年五四运动为界，它又被划分为前后两个阶段。在"五四"之前，新文化运动以《新青年》为镜，映射出近代最末时期新旧文化更替嬗变以及新旧知识分子互动呼应的一段时代影像。这一时期《新青年》关注的内容紧跟时代变化，随着时代主题之变而变：一开始，它追随和迎合五四运动的主体，强调"青年文化"的重要性，广泛介绍了各国的青年文化现状。接下来，它将焦点转向号召青年批评孔教以改造国民性，抨击孔子之道与现实发展的失调互不兼容。继而，它借思想文化为工具以解决社会问题，主张进行文学革命和伦理革命，直至最终可以变革社会思想和社会心理。这一轨迹可以从《新青年》的销量情况得到证实，同时被知悉的还有国人关注热点的转移。据记载，《新青年》创刊之初，销量寥寥，算上赠送与交换数目，印量差不多停留于一千份左右。在杂志将主题转向批判孔教后，销量即有显著增加，尤其是在胡适等人加入讨论文学革命的阵营后，很快便飞增到了一万五六千份①。在一个旧文化、旧传统的规范与秩序皆遭到毁灭性破坏的时代，《新青年》刊行数目的变化印证了一个事实：以"德先生"与"赛先生"为口号的新思潮已成气候。而当新思潮成为气候后，它就会披上时代合法性的外衣，成为反传统主义者表达思想主张的敲门砖，并为自己的迅速传播扩张提供一把保护伞。诚如胡适所言："新思潮的精神是一种评判的态度。……新思潮的唯一目的是什么呢？是再造文明。"②

辛亥革命后，中华民国的文化气象可谓焕然一新。辛亥革命的成功证实了革命派要求改革政治制度的成功，相应地，与民主共和新政体相适应的文化政策也受到了肯定。为体现破除旧传统的决心，教育总长蔡元培宣布了一系列发展新文化的政策，包括停止祭孔、中小学废除读经以及大学废除经科改立文科等。更重要的是，占据了中国文化主导地位两千年的文言文和旧文学也被纳入改造对象的范畴。1917年1月，胡适在《新青年》发表《文学改良刍议》一文，提出了文学改良的八项主张。陈独秀、钱玄同、刘半农等人也纷纷响应，尤其钱、刘二人还以"读者来信方式"上演了一场"双簧戏"，迅速扩大了白话文的社会影响。当然，尽管文学革命一路有时代需求护航，但实际上新文化运动并不是当时唯一的一种文化发声，与之相颉颃的是以杜亚泉为代表倡导"文化调和"的文化保守运动。这两派的对抗也即平等自由与纲常伦理的互相冲突，构成了社会文化层面的一个大矛盾。李大钊指出："中国人今日的生活，全是矛盾生活；中国今日的现象，全是矛盾现象。举国的人都在矛盾现象中讨生活，当然觉得不安，当然

---

① 参看《五四时期期刊介绍》第一集（上册），中共中央马克思恩格斯列宁斯大林著作编译局研究室编，生活·读书·新知三联书店1978年版，第37页。

② 胡适：《新思潮的意义》，《新青年》1919年第7卷第1期。

觉得不快。……矛盾生活，就是新旧不调和之生活……这一段国民的生活史，最是可怖。"①换句话说，新社会与旧观念始终仍处于无法彻底分离的现实之中。如上所述，科举制的废除，原本从理论上已经切断了孔教与国家、文化与政治之间的联系。但现在的事实是，这两个原本需要分离的领域却被割据军阀倡导孔教的介入行为强行粘合在一起。儒学因此被贴上了政治化的标签，让人产生脱轨于时代的矛盾和怪异之感。从晚清以来，反孔主张已经是文化变革的一个中心主题，屡见不鲜，几乎每一个思潮都对此有所提及。新文化运动亦仍是这一主题的延续，但与之前的"救亡"主张相比，具有了明显的差异性。为何这样认为呢？在推翻帝制以前，知识分子主张文化变革的前提，是他们仍屈从于大清帝制的统治，故而在改造旧文化的程度上具有不彻底性。民国成立后，随着改政救亡条件的消退，以解决政治问题的方法来解决文化问题的行为也就不再具有必要性，伦理与文学的意义由此得以独立，并且能够在纯粹视角重新被考量。为了保存"中华民国"的民主成果，就必须去除时代的不和谐之音，"非先将国民脑子里所有反对共和的旧思想，一一洗刷干净不可。……非将这班反对共和的伦理文学等等旧思想，完全洗刷得干干净净不可"②。文学革命不仅不需要政治革命来成全，反而可以以文论政，通过文学革命来解决政治问题，是以陈独秀强调，"今欲革新政治，势不得不革新盘踞于运用此政治者精神界之文学，使吾人不张目以观世界社会文学之趋势及时代之精神"③，并指出"伦理的觉悟，为吾人最后觉悟之最后觉

---

① 李大钊：《新的！旧的！》，《新青年》1918年第4卷第5期。

② 陈独秀：《旧思想与国体问题——在北京神州学会讲演》，《新青年》1917年第3卷第3期。

③ 陈独秀：《文学革命论》，《新青年》1917年第2卷第6期。

悟"①。牵动这一思潮变化的还有张勋复辟事件带来的刺激,"因为经历这次事变,深深感觉到中国改革之尚未成功,有思想革命之必要"②,由此促进了新文化运动的蓬勃发展,并最终酝酿成一场大规模的思想启蒙运动,为中国文化的前进指明了方向。最有说服力的例子,莫过于鲁迅《狂人日记》的发表。这篇有感于复辟而用白话文撰写的檄文,在《新青年》发表后,迅速成为攻击儒家吃人礼教的思想利器。它的意义在于,一则证实了白话文取代文言文变革的成功,二则表明了思想革命的重要性,三则彰显出新知识分子文化觉醒后有着"我以我血荐轩辕"(鲁迅《自题小像》)的热血沸腾。

　　由是观之,新文化运动带来的巨大威力扫除了旧伦理、旧文化、旧思想和旧传统,那么新的文化观念将由什么来补充与接续?答案是各种"主义"的竞逐。五四运动之后,《新青年》开始刊发"马克思主义专号"文章,并产生了巨大的社会反响。这也标志着马克思主义从各种"主义"文化中脱颖而出,登上了中国历史的舞台,中国文化复兴的脚步从此走向了另一个新天地。

---

① 陈独秀:《吾人最后之觉悟》,《新青年》1916年第1卷第6期。
② 周作人:《知堂回想录》(中),江苏人民出版社2018年版,第418页。

第三章

认同：

近代“中华民族
精神”的建构
及书写

"落其实者思其树，饮其流者怀其源。"①

在近代中国文化演进的过程中，传统文化所扮演的正是"根"与"源"的角色，因其"积淀着中华民族最深层的精神追求，代表着中华民族独特的精神标识，为中华民族生生不息、发展壮大提供了丰厚滋养"②。源远流长的中国传统文化发展到近代，无论是从形态内容还是从价值观念来看，都已经成为一种深厚的文化积淀。

然而，随着世界文明近代化进程的展开，鸦片战争后，中国传统文化也不得不面临时代转换带来的巨大难题：在价值的层面上，儒学传统中自信自足、自本自根的品格被鼓吹与扩大，但在实际践行层面，"根"与"源"的约束力却日渐弱化。可以看到一个奇特的现象：受过西学思想洗礼的士人，在谈及名教纲常之时，虽以"卫道"为初衷，但在不断变化着的时代要求之下，其中大多数人成为批判传统甚至反传统的健将。在走向新时代的历史转折中，传统文化之"根"与"源"也在相应地发生根本性的变革。

由此，1840年以后，传统文化在两个方面的理论诉求日益凸显：一是关于中国优秀传统文化的认知与传承需要走向深化。一个值得注意的现象是，儒学传统由于受到西方文化的猛烈冲击，故而在其传承中，存在着一股因时代转换而造就的巨大的文化焦虑。国人尤其是新知识分子，既焦虑传统文化被证实无力解决现实难题的现状，又焦虑从何找到缓解矛盾和解决难题的方法。更重要的是，在焦虑之时他们也发现，仅仅依赖传统文化单方面的力量，无法完成文化与时代接轨这一任务，还需同时求诸外来文化，去帮助发现传统文化在新时代考

---

① 庾信：《周五声调曲·徵调曲之六》，《乐府诗集》，郭茂倩编，聂世美、仓阳卿校点，上海古籍出版社2016年版，第214页。

② 习近平：《在十八届中共中央政治局第十三次集体学习时的讲话》，2014年2月24日。

验下的病灶。只有双管齐下，才或可找到解决问题的那把钥匙。这也意味着，面对新的时代背景，传统文化必须公开呈现自己的时代弊端，并接受对症批评。在不同思潮的辨析下，这种批评将以各种不同的形态呈现出来，整体上形成一种解放思想的争鸣现象。二是作为理解和把握社会现实的近代文化思潮需要进一步完善和发展。传统文化遭遇时代挑战并最终与时代合流，生成具备传统形态的新文化思想后，其内容就必然要关注新的社会问题，确立新的时代主题以及与之相适应的研究范式。因此，传统文化的近代化转型这一问题，必然会进入文化嬗变和文化重构研究的视野，成为亟待讨论的重要问题。综合两个方面的理论诉求来看，可以说，中学在兼取西学的基础上，既会在价值交集层面传承一脉相承的文明根基，又将更新甚至重构某些传统文化中的观念与认知，使得它们契合时代语境，成为具有强大号召力和持久吸引力的文化认同符号，甚至成为一面具有时代性的文化旗帜。

"中华"认同精神的树立与再造，正是在这个双重理论诉求中生长起来的一种民族认同行为，也是一种新时代视域下逐步凸显的文化新动向。

## 第一节　作为一种文化符号："中华"认同

"修齐治平""经世致用"的家国情怀，是儒家文化中的一个重要传统，其基本内涵是：提升个人修养，深究古今治乱得失，心怀忧国忧民之情以济世利民。作为儒学中的文化主题之一，它在各类作品的文字中反复出现，以连续不断的姿态贯穿一代代国人的文化精神，成为考察文化传承轨迹的一条重要线索。它很少被刻意地加以强调，理所当然地被认为是一种与生俱来的情怀。一个人似乎只要默认为自己是中华儿女中的一员，就会不容置疑地认为自己与其他中华儿女共有一个"家国天下"。在未遭遇"三千年之大变局"的社会巨变之前，这一情怀尽管会在朝代更迭期发生短暂波动，但整体而言，它仍是社会、文化乃至政治的"定海神针"，从未陷入被用来作为文化旗帜以号召挽救社会危亡的窘境。它一直存在于国人血脉之中，故而并不需要在叙述层次背后再去深入挖掘还有何潜在内容，源于何种目的等问题。进入近代时期，家国情怀的重要性却突然备受国人关注，甚至还被国人当作是一种特异的文化现象来看待。尤其是士大夫群体，一改之前对其较少留意的态度，转而大声呼吁要树立"中华精神"的文化旗帜，为实现自强求富、救亡图存的目标进行思想护航。受过西式教育的知识分子更刻意地将它与现实紧紧相扣，将其上升为一种凝聚国人反抗列强侵略的精神真谛。由此我们也发现，进入近代，新的社会现实巨变深深地激发了家国情怀的鼓舞力量，使得国人在沮丧之时又具有了破解失望与困境的希望，同时找到了基于一个共同诉求而集体寻求奋斗方法的动力。这个心态转换既是现实的思想折射，也是文化调适的心理反馈，因其客观地注解了时代特征，因此成为一个值得探讨的时代文化现象。对于国人来说，重拾家国情怀，以"中国人"身份和"中华"精神来应对社会转型期的现实巨变，是一种方法模式的被动调适，更是一种精神理念的主动选择。

辨析"中华"精神在近代文化发展中的塑造、弘扬过程及其所发生的作用等，必须要在两种脉络下进行。第一是近代中国文化始终秉承一个"救亡图存"的宗旨，第二是国人对近代中国的家国危机怀有深深忧虑。这两条脉络是整个近代中国文化发展的框架限定，虽然内容繁复众多，但还是可以从中归纳出两个特点：一是认识到中国国力积弱的根本问题是应用型知识不如西方。这里所强调的应用型知识即是文化传统的一部分，指的是器物、科技和制度方面的"经世"文化。国人尤其是新型士大夫认识到，在发展和更新儒家文化之时，必须要使得纯粹的文化精神契合"救亡图存"的时代任务，同时也要将它从政治干预的藩篱中解脱出来，保障其成为具有独立价值的时代认同符号。二是认识到近代中国不仅具有社会经济、政治危机，最重要的还存在着精神世界的危机。若要使得家国危机的忧虑能够转换成号召群体奋斗的动力，就得确立一种满足国人共同诉求的精神认同。

在清朝临近崩溃之际，"中华"认同作为一种民族性精神应时出现，并受到各阶层人士的大力推崇，逐步发展成具有政治、社会文化符号意义的民族观念凝结物，与迫切寻求解决社会困境的心态转变有关，也与现代民族和国家意识的生成大有关联。新时代形成的时代精神，"中华"认同则是描绘这一新趋向最为简洁的理论概括。在整个近代历程中，儒士们重视儒学文化传统，始终保持对传统文化的敬意，竞相从中汲取营养作为思想武器，以应对西方文化的强势冲击，是一大时代特征。一如时人所言："道咸至今，学者之爱读诸子，尊崇诸子，不谋而合，学风所转，各改其旧日歧视之观。"①沿此取向前行就会发现，无论是致力于文化革新的新学派学人，还是固守于文化传统的旧学派士人，尽管对于文化传统的选择态度各有偏向，但都不曾忽略文化的民族性，而是明确地将它看成是传统文化精神的时代发展。作为传统文化在本质上的一种民族性定位，"中华"认同是在对西学的引入和旧学的改造中得以确立并巩固的。换言之，在西学风头日健的近代社会，接纳西学已经成为必不可免的一种文化选择，然而，近代

---

①　邓实：《古学复兴论》，《国粹学报》1905年第1卷第9期。

文化并没有走向全盘西化，原因就在于民族性定位的约束力在其中发生了作用，也即"中华"认同意识或者说"中学"宗旨从未在文化选择的过程中有所缺席。鸦片战争前后，不仅包括龚自珍、魏源、姚莹等下层官员和失意文人，也包括像陶澍、林则徐、徐继畬等官员大吏，他们于西学东来之时，坚持匡时救世，表现出强烈的"华夷"分辨和认同意识。如冯桂芬在阐述其洋务意图时，即说到"且中华扶舆灵秀，磅礴而郁积，巢、燧、羲、轩数神圣，前民利用所创始，诸夷晚出，何尝不窃我绪余"①，文化自信满满。王韬也着重抒发了"器则取诸西国，道则备自当躬。盖万世而不变者，孔子之道也"②的文化认同感。以上诸人的出发点，无不源自"忧国念家，万虑坌集"③的爱国热情。辛亥革命后，以陈天华、章炳麟、邓实等为代表的革命派继续大肆宣扬民族主义精神，认为"非以我国民族主义之雄风盛潮，必不能抗其民族帝国主义之横风逆潮也"④，极力称赞民族精神在革命中所体现出来的凝聚力。新文化运动中的知识分子更有宏伟气魄，他们所要解决的问题不仅仅是改造文化，还有救国，最终希冀能够达成"再造中华"之目的。例如，梁启超在《新民说》一文中，提出了倡导更新民德的"新民"主题。其将"新民"与挽救民族危亡的时代任务紧密联系起来，认为处于近代社会中的国民必须具备"新道德""以挽浩劫而拯生灵"，字里行间渗透着爱国爱民的时代精神。

以上这些人物并不只是代表与个例。实际上，"洞近年以来，于各种新学、新政提倡甚力，倡办颇多，岂不愿中华政治焕然一新，立刻

---

① 冯桂芬：《制洋器议》，《校邠庐抗议》，上海书店出版社2002年版，第48页。
② 王韬：《〈易言〉原跋》，《郑观应集》（上册），夏东元编，上海人民出版社1982年版，第166页。
③ 王韬：《答包荇洲明经》，《弢园尺牍》，中华书局1959年版，第93页。
④ 邓实：《通论四：帝国主义》，《政艺通报》1902年第5期，第5页。

转弱为强，慑服万国"①，近代中国的士大夫几乎无人不倡导"救亡"说，无一不将复兴中国文化、振兴民族大计作为"救亡"之最终目的。中国近代文化的演变，是近代学人文化心态变革的结果，实现于传统的认同传承以及中西的冲突融合过程中。这些仁人志士之所以不遗余力地为文化变革而鞠躬尽瘁，与其秉持"救亡图存"的爱国热情是分不开的。"我以我血荐轩辕"这句话，表达出来的不仅是个人竭力投身于民族救亡运动的坚定之心，更彰显了一种以"中华"认同为前提的民族精神。"同中华，共存亡"，以此为宗旨的文化传统既在传承又在连续性中革新发展，是各方力量共同推进的结果，也是时代淘沥所给予社会的精神回馈。

概而言之，"中华"认同作为一种思想观念，其形成既与原初"中国"概念的延续与演变密不可分，也与近代西方文化冲击造就的文化自觉行为存在着直接关联。

## 一、从文化脉络视角解读"中华"内涵

"中华"是一个复合词，从"中国"与"华夏"中各取一字融合而成。

首先，"中国"作为一个自周朝以来就已经存在的古老称谓，其内涵经历了漫长的延续与演化过程。大致进行梳理，可以了解这一观念的孕育历史。

最早出现于文书记载中的是与"中华"具有同义基础的"中国"一词。周成王时有青铜器《何尊》，上刻铭文："唯王初迁宅于成周……

---

① 吴庆坻：《蕉廊脞录》，《近代稗海》第13辑，章伯锋、顾亚主编，四川人民出版社1988年版，第678页。

唯武王既克大邑商，则廷告于天，曰：'余其宅兹中或（国），自之义民。'"①此处所谓"中国"，意即"中央之城"，也即周天子所居京师之地，是一个地理意义上的概念。类似这样的"中国"含义，还经常见于《尚书》《诗经》等经典中。《诗经·大雅·民劳》曰："民亦劳止，汔可小康。惠此中国，以绥四方。……"《毛传》注曰："中国，京师也。"②《尚书·梓材》亦云："皇天既付中国民，越厥疆土，于先王肆。"③以"中国"指称周人所居关中、河洛地区。至春秋时，"中国"之地理边界，逐渐扩展到包括各大小诸侯国在内的黄河中下游地区。此后，它又随着各诸侯国疆域的扩容而不断拓展地理界限，演变为诸侯国之名。故而，考"中国"一词之本义，即指地理意义上的疆域范围，尤指中原各诸侯国。中者，居中也；国者，诸侯之封疆也。有意思的是，分权而治的各诸侯国又均以自己的领地为中心画圆，各自将本国南、北、东、西四境诸民称为蛮、夷、戎、狄，却无一例外地自称为"中国"。

概括而言，因参照体系不同，"中国"概念所指亦有些微差异，但大致不出以下五个层次：一是指京师，也即首都，如《民劳》所注。二是指天子直接统治地区，即京畿，常应用于天下分立之时。例如诸葛亮以"中国"指代朝廷："若能以吴越之众与中国抗衡，不如早与之绝。"④三是指中原地区。以国进行衡量，加之诸侯国走向统一，与"四夷"相对的"中国"一词于是演变成为中原王朝的代称，所谓"中

---

① 陈世辉、汤余惠：《古文字学概要》（下编），福建人民出版社2017年版，第197页。

② 《诗经·大雅·民劳》，《诗经全译》，金启华译注，凤凰出版社2018年版，第479–481页。

③ 《尚书·梓材》，《四书五经》（上），陈戍国点校，岳麓书社2014年版，第257页。

④ 《三国志·蜀书·诸葛亮传》，《吕思勉文集·吕著史学与史籍》（下），吕思勉著，吉林人民出版社2018年版，第608页。

于天地者为中国"①，其意大抵与"中州""中土"词义相同。四是指广义上的诸夏之裔居住之地，也即"诸夏，中国也"②。五是泛指历史上华夏或汉族所建立的政权。自汉代重建统一王朝始，人皆习惯于将汉族所建立的中原王朝称为"中国"。即便后世有少数民族政权入主中原，亦同样以"中国"自居。略举几例：鲜卑人建立北魏后自称"中国"，而将南朝称作"岛夷"；反之，南朝虽迁离中原，却仍以"中国"自居，反称北魏为"魏虏"。又如，在宋辽金对峙时期，辽与北宋、金与南宋彼此皆自称"中国"，且互不承认对方"中国"之称具有合理性。由此可见，"中国"一词的内涵既有地域之定位，又含文化之传承，同时兼有正统之含义。

不论定义建立在哪一个层面，但有一点是共同的，即因封建王朝建立了稳定的地理核心，随着人群的聚集而居，社会政治和经济的发展相对集中，文化也相应地集中繁荣起来，"中国"一词也因此附属性地具有了文化中心之义。汉朝大一统后，《史记》《汉书》在撰写历史时，常用"中国"称谓来区分"大汉"与同时代的匈奴等族，不仅是国别上的，也是文化上的区分。例如，司马迁作《史记》，意在"究天人之际，通古今之变，成一家之言"③，旨在将历朝历代的集体记忆以及"中国"各族分支的历史融会贯通。无论从体制编排还是从记述方面来看，都体现出一种气魄恢宏的大"中国"意识。可以看到，《史记》不仅编织了一张脉络清晰的"中国"历史的罗网，而且还隐含地绘制了"中国人"的群体形象，使得历史与人珠璧交辉、画影重叠。

---

① 扬雄：《法言·问道》，《国学治要》（子部集部），张文治编，北京理工大学出版社2014年版，第744页。

② 杜预：《春秋经传集解》第1册，上海古籍出版社1986年版，第214页。

③ 司马迁：《报任安书》，《古文观止》第2册，吴楚材、吴调侯编选，惠海涛译注，北方文艺出版社2016年版，第278页。

"中国人"一词在其中蕴含着重要意义。《史记》"本纪"以"炎黄"开篇，记录了各类"中国人"形象，并最终将他们串联成了一个族群概念。从上古三代的夏人、商人、周人到先秦时期的晋人、齐人、燕人、秦人、楚人、吴人、越人等，再进而为秦帝国之黔首和汉帝国的齐民，循序渐进地展现了一个大民族的凝聚力之形成过程。司马迁此番安排大有深意，即要让无数个"个体"之小我在罗网里交互辉映，互泯恩怨，最后化成兼容并包的大我。以大我面目出现的"中国人"，不仅是一种民族精神，一种身份认同，也是一种新的文化符号。

其次，与"中国""中国人"符号具有等同之义的还有"华夏""华夏人"概念。

比较可靠的关于"华"的文献记载，始于西周。有学者曾考证说"华"字创自周朝。按"华"字本义释义，"华"即"花"。《诗·小雅》中常有"棠棣之华""裳裳者华"之说，皆作"花"义解。例如《苕之华》，东汉郑玄笺云："陵苕之干，喻如京师也，其华犹诸夏也，故或谓诸夏为诸华。"①此处"华"与"干"相对应，即花对应枝干，也即京师对应诸夏（指西周各诸侯国）。"夏"一词，则来源于夏部族之称。此部落早期居于崇山周围，后南迁至夏地，因夏有大而美好之意，故以居于夏地而冠以夏名，称为夏部族。史书又称夏部族为夏后氏，其族长启由此也被称为夏启或夏后启。在启的领导之下，我国历史上第一个奴隶制的国家政权建立，称为夏朝。在今河南禹州地区还有诸如夏邑、夏国、夏亭、夏台等地名，都是当年夏王朝留下来的名称和遗迹。由此可见，"夏"也是王朝的代称。

"华""夏"同用，早在伪古文《尚书·武成》中就有记载。"夏"，胡雅切，古音属匣纽阴声鱼部，与"华"音近义同。《武成》篇云：

---

① 《诗经·苕之华》，《毛诗郑笺平议》，黄焯著，上海古籍出版社1985年版，第291页。

"华夏蛮貊，罔不率俾。"①意即无论是中原地区的民族，还是边远地区的民族，都臣服于周武王的统治。孔安国还释义曰"冕服采章曰华，大国曰夏"②，意指文明之美。孔颖达《春秋左传正义·定公十年》疏曰："中国有礼仪之大，故称夏；有服章之美，谓之华。华夏一也。"③《左传》也使用"华夏"一词来指称中国，例如"裔不谋夏，夷不乱华""楚失华夏"等，指明"华""夏"二字可以通用，属于概念上的同义反复。唐代孔颖达疏"楚失华夏"，曰："华夏谓中国也。"④故而"华夏"二字连缀而用，实指中国，意指文明，代表了既华美而文化又高的大国，区别且凌驾于四夷之上。

既然"中国"与"华夏"名异而意同，那么为何又生成一个"中华"概念呢？其一盖为加重语气，其二盖为加重语义。前者强调随着历朝版图的扩大，凡属中原王朝管辖的地方都称"中华"，以泛指全国。唐人韩偓《登南神光寺塔院》诗曰："中华地向城边尽，外国云从岛上来。"⑤此处"中华"即是与"外国"相对的称谓。后者引申为礼义光华，突出文化文明之内涵。从"中国"和"华夏"中各取一字进行融合，既是地理"中国"之别称，又指称为远方所仰慕、为蛮夷所心仪的"文化中国"。

至魏晋时期，"中华"已作为一个确定的词汇固定下来。首先，"中华"意义仍建立在最基础的地理概念之上。《三国志·诸葛亮传》

---

① 《尚书》，陈戍国导读，岳麓书社2019年版，第92页。

② 《尚书正义》，孔安国传，孔颖达疏，《十三经注疏》，阮元校刻，上海古籍出版社1997年版，第185页。

③ 《春秋左传正义》，杜预注，孔颖达疏，《十三经注疏》，阮元校刻，上海古籍出版社1997年版，第2148页。

④ 《尚书正义》，孔安国传，孔颖达疏，《十三经注疏》，阮元校刻，上海古籍出版社1997年版，第185页。

⑤ 韩偓：《登南神光寺塔院》，《韩偓诗全集：汇校汇注汇评》，陈才智编著，崇文书局2017年版，第97页。

语云"若使游涉于中华"①，即以"中华"作为地理概念，指曹魏统治下的黄河中下游一带地区。其次，"中华"之义在实际应用层面又取政治与文明之意。《晋书·天文志》有载："东蕃四星，南第一曰上相，其北，东太阳门也；第二星曰次相，其北，中华东门也……第二星曰次将，其北，中华西门也……"②以"中华"一词来命名宫城中门。有学者指出，"然中国之名又不便用于拱门，于是从中国和华夏两个名字中各取一字，复合而成中华，以配合太阳、太阴之名"③，认为此举实则认同了"中华"所强调的"中心"与"文明"之意。至唐代，"中华"一词在法律典籍中也得到了明确释义。颁行于唐朝永徽四年（653年），由长孙无忌负责编撰的《律疏》（后称《唐律疏议》），在卷三"名例"中对"中华"一词释文如下："中华者，中国也。亲被王教，自属中国。衣冠威仪，习俗孝悌，居身礼仪，故谓之中华。"④意即"中华"既指行政区划所属，又指文化制度的认可。

由此可见，"中华"一词在结合"中国"与"华夏"之意且相融而成后，内涵变得更加广泛，既包括了指称王朝统治领域的"中国"地理概念，又容纳了中原文化、文明族群等精神内涵。在具体使用中，它又偏重于指称文明族群对中原文化传统的认同意识。正如时人从文化的角度所阐释的那样："中华之名词，不仅非一地域之国名，亦且非一血统之种名，乃为一文化之族名。"⑤这也表明，作为一个文化概念，"中华"一词的内涵已从地理中心、政治中心向文化中心发生了偏移，

① 《三国志·蜀书·诸葛亮传》，《吕思勉文集·吕著史学与史籍》（下），吕思勉著，吉林人民出版社2018年版，第608页。

② 《晋书·天文志·天文经星·中官》，《中华大典·天文典·天文分典·星辰总部》，重庆出版社2014年版，第1854页。

③ 胡阿祥：《伟哉斯名："中国"古今称谓研究》，湖北教育出版社2000年版，第283页。

④ 长孙无忌：《唐律疏议》卷三名例，王元亮释文，四部丛刊三编景宋本。

⑤ 章太炎：《中华民国解》，《民报》1902年第15期。

成为中国文明文化的代名词。概而言之，其意有三：作为一种地理概念，作为一种身份认同，作为一种文化符号或者称之为文化传统。

## 二、从文化自觉视域解析"中华"符号

自夏、商、周始，直至清末终，尽管王朝多次递嬗，政权多次更替，唯"中华"之称谓、精神、信念、认同和文化传统未曾变更。经历了近三千年漫长岁月的浸染，它已经深深地根植于中国人心灵深处，代代相传，坚不可摧。这个词汇最初由地域观念衍生而来，并因此发展成一个具有文化本位色彩的历史符号。然而不可思议的是，历史上却从来没有一个王朝或政权曾以"中国"或"中华"来作为国名。直至1912年中华民国建立，才使得"中国"成为具有近代国家概念的正式名称。

尽管中国古代也存在大大小小的王朝和民族，但从整体"中华"观念而言，却并不以疆域为主要区分标准，而是文化认同高于一切。古代中国人判断一个人、一个民族或者一个王朝是否归属于礼仪之邦的标准，即是看他们是否接受了中原文化。一个人即便学富五车，一个民族或者王朝即使文化发达，但倘若来自以非儒学文化为尊的地区，也会被称为"蛮夷"。在相当长的一段时间里，这一认定放之四海皆准，从未曾遭受质疑与否定。直至西方人大规模涌入东土，以现代国家的概念和个人利益的价值标准向封建朝廷发起挑战，甚至对其构成威胁，中国传统的国家、民族概念才褪去了以文化为最高标准，以安居乐业、天下太平为价值取向的模糊性，开始感受到以民族认同和独立主权为清晰特征的国家概念的重要性。

传统国家概念的模糊性在工业文明袭来之后遭到解构，表现在两

个方面：一方面是由内部困惑导致的解构。这一点仍跟西学东渐的文化现象有关，也跟异质文化间的相互比较有关。文化有比较，就会产生优劣之分，就会确立某一方文化的优越性进而产生文化自信。中华文化很长时期以来，常常以优越于其他"蛮夷"文化而深感自豪。由于对遥远的西方异质文化缺少足够的了解，而仅仅以周边国家作为文化比较的标准，久而久之就由自信走向了文化上的盲目自大。这也导致一旦在另一场文化比较中不敌对方，就会使得自身的文化自信大打折扣，从而产生极大的文化落差心理。另一方面是由外部挑战导致的解构。跟随西方物质、科技等进入中国的，还有明确的以共同利益为准则的国家与民族概念。西方文化实则是一种与儒学文化对立的文化形态，儒学尚大爱之仁，西方文化却更多地强调个人利益的满足。由小个体之群组成的西方国家，与大我"中华"组成的王朝，势必会在价值、道德等方面产生针锋相对的碰撞。在与西方国家打交道的过程中，"中国"需要获取一个拥有主权与疆域边界的现代国家身份，由此就势必导致传统概念的近代转型。

时至晚清，国人已经从认识上将"国家"与朝廷两个概念区分开来。从表现来看，可以分为两个层面：

其一是清廷表现出来的矛盾心理证实了两个概念有所区分。所谓矛盾，即清朝统治者一方面尽力压制汉族的文化记忆，以提升满族的文化地位；另一方面又自称"中国"，借其作为文化传统所具备的合法性、正统性来为自己的统治提供思想上的支持。以清朝政府的视角观之，朝廷是满族的，但国家是其所统治的全民的，二者在定义与对象上并不等同。

大清建立后，原本被称为"夷"族的满族统治者为了争取汉族阶层的支持，有意压制关于汉族正统的历史记忆，因此强制性地进行了文化上的大清扫，例如大兴文字狱，编撰《四库全书》但对部分汉籍加以删改，刊行禁毁目录等，试图淡化汉族文化的主导性色彩。在官方高度压制的文化氛围下，士大夫和一般百姓既被动地接受了文化禁令的安排，同时又主动地进行了自我压制，有意识地将不符合官方要求的书籍与行为进行自我封存。

　　然而，在与西洋人、传教士等人群打交道之时，清朝政府又表现出强烈的国家认同意识，例如自称"中国"与"西洋"相对。在涉及对外宣称统治主体的问题上，朝廷与"国家"对统治者而言又合为一体。从顺治时期开始，在清朝对外的政治文书中，就已经使用"中国"一词来指称朝廷。康乾时期对此称谓所指则基本上形成了确定性的认识。《尼布楚条约》的签订就是一个例子。康熙皇帝特谕大学士要在条约中注明"中国"界限，强调"满洲"地区是"中国"的"东北一带"①。乾隆皇帝也将"朝廷"与"中国"等同："夫对远人颂述朝廷，或称天朝，或称中国，乃一定之理。"②意指与其他远"国"相对，朝廷即等同于"中国"。这一点也在传教士所撰写的著作中得到了证实。早在明末清初之时，葡萄牙传教士安文思就有所提及。在其葡萄牙文著作《中国新史》（1668年）第一章的记述里，他指出了"中国"名称在康熙之前就已经被清朝统治者使用的事实③。在外交政策上也确实如此。例如，雍正时期，清朝使臣出访土尔扈特，在与俄国和土尔扈特官员打交道之时，就自称代表"中国"一方，意在表明朝廷即国家的政治事实。又例如，乾嘉时期，清廷在颁发给蒙古王公贵族的《理藩

---

①　参看索额图：《奏〈尼布楚条约〉》，《国策论辩》，陈友冰、王德寿编著，安徽人民出版社2000年版，第568页。

②　《乾隆三十二年丁亥五月甲子朔谕》，《大清高宗纯皇帝实录》卷七八四，书同文古籍数据库。

③　参看〔葡〕安文思、〔意〕利类思、〔荷〕许理和：《中国新史》（外两种），何高济译，大象出版社2016年版。

院则例》蒙古文本里，采用了"中国的理藩院"和"中国边境的……汗王"等说法。与此相印证，出版于1849年由科瓦列夫斯基编写的《蒙俄法语词典》确实收录了"中国"一词作为词条，所指对象即是清廷。至晚清时期，在与欧美等国家签署的各种中外条约中，"大清朝"与"中国"在相同意义上使用的情形变得更为普遍，有时候甚至也将二者叠用。"中华大清国"的名称在条约中屡屡以"国家"身份出现，与西方国家进行谈判斡旋，例如中美《天津条约》的签订。这一称谓也得到了西方国家的认可。1862年，美国驻华公使蒲安臣在向清廷递交的汉文国书中即称其为"大清中华国"，并自称是"驻扎中华便宜行事全权大臣"①。

其二是由"开眼看世界"所导致的文化觉醒意识确定了区分朝廷与"国家"两个概念的标准。这个标准就是"民族"。与"国家"一样，"民族"也是一个外来词汇，是近代历史上国人逐渐通过文化实践建构起来的一个概念。

"民族"一词起源于18世纪德意志民族主义文化思潮。彼时的社会背景是，在法兰西文化的大规模涌入下，德意志为了捍卫自己的民族文化，提出了"民族精神"这一概念。目的在于，希望能从德意志本民族的历史、文学、民间艺术中探求民族精神的源泉，以论证德意志民族的优越性。都德的名篇《最后一课》就创作于这一背景之下。近代中国的现状与彼时德国十分相似。甲午中日战争后，中国几乎陷入亡国灭种的危机之境，反思出路刻不容缓。知识分子把握"开眼看世界"的契机，学习并逐渐接受了西方近代民族主义思想，由此也深刻感受到，面对战后的惨痛现实和列强的侵略压迫，唯有将本国各族成

① 《美国国书》，《筹办夷务始末》（同治朝）第1册，李书源整理，中华书局2008年版，第355页。

员团结在一起，才能共克时艰。清末最后十年，西方国家的强盛与大清帝国的腐朽形成了鲜明对比，新型知识分子因此更为迫切地想要激发国人的爱国心，以挽救民族危机。在邻国日本明治维新的启发下，留日学生效仿其从德意志引进"民族精神"一词之举，将"民族精神"介绍入国内，以"国魂""国粹"相称，并将其作为宣传爱国思想、号召救亡图存的精神旗帜。值得注意的是，在知识分子看来，"国魂"之国并不是指称昏庸闭塞的清王朝，而是指以"民族精神"作为黏合剂的现代国家共同体，也即基于"中华"认同的各民族之总称。在此认识前提下，知识分子们纷纷著书立说、争鸣探讨，开始了从理论上讨论和研究中华民族精神的文化自觉阶段。

首先确定的是何谓"中华民族"。1901年，梁启超在《中国史叙论》一文中将中国历史划分为三个阶段——"中国之中国""亚洲之中国""世界之中国"，在时代和地理概念上使用了"中国民族"一词：

> 第一上世史，自黄帝以迄秦之一统，是为中国之中国，即中国民族自发达、自争竞、自团结之时代也；……第二中世史，自秦一统后至清代乾隆之末年，是为亚洲之中国，即中国民族与亚洲各民族交涉繁赜竞争最烈之时代也；……第三近世史，自乾隆末年以至于今日，是为世界之中国，即中国民族合同全亚洲民族，与西人交涉竞争之时代也[①]。

次年，他又在《论中国学术思想变迁之大势》一文中，继续提出了"中华民族"的概念。这是"中华民族"作为文化概念的首次出现：

---

① 梁启超：《中国史叙论·时代之区分》，《清议报全编》第2集，第220–222页。

　　齐，海国也，上古时代，我中华民族之有海思想者厥惟齐。故于其间产出两种观念焉，一曰国家观，二曰世界观。国家观衍为法家，世界观衍为阴阳家①。

　　从以上两段论述可以看出，从中国民族（国家观）到中华民族（世界观），梁启超在概念上的认识转换逐渐变得清晰。之后，梁启超又在1906年总结性地指出："现今之中华民族自始本非一族，实由多数民族混合而成。"②这也表明，"中华民族"强调的是多民族统一的"大中国观"，它的形成建立在一个共识——民族意识——之上：

　　民族成立之唯一的要素，在"民族意识"之发现与确立。何谓民族意识？谓对他而自觉为我。"彼日本人，我中国人。"凡遇一他族而立刻有"我中国人"之一观念浮于其脑际者，此人即中华民族之一员也③。

由此可以概括性地总结说："民族"是在现代国家中形成的概念，它包括了两个方面的基本内容：一是民族主义与"民族国家"的思潮，二是"主权国家"的思潮及其国家建设。而"中华民族"又是建立在民族基础上，以"中华"作为限定词的文化认同之共同体。

　　其次要确定何谓"中华民族精神"。它是随着"中华民族"的确定而确定下来的。如上所述，"中华民族"的格局包括了三重结构，即各族人民的中华民族、中国人民的中华民族和世界华人的中华民族。作

---

①　梁启超：《论中国学术思想变迁之大势》，上海古籍出版社2006年版，第23页。

②　梁启超：《历史上中国民族之观察》，《新民丛报》1905年第3卷第17期。

③　梁启超：《中国历史上民族之研究》，《梁启超全集》第6册，北京出版社1999年，第3435页。

为一个逐渐走向文化认同自觉的民族实体，"中华民族"既然出现于对抗近代西方列强之时，那么在西方文化的强烈冲击之下，这一民族实体能否继续保持自己原有的文化认同①？或者说，是否能够延续与认同"中华民族"的文化传统？

在当代学者的总结下，"中华民族精神"被认为是一种文化传统之精髓的传承：

> 一般说来，古代中华民族精神的基本形态和主要内容涵盖了从天人关系、民族社稷到处世做人、自身修养等极为广阔的范围。爱国报国、忧民济世、兼爱天下、厚德载物、自强不息、舍生取义、行己有耻、修身为本、勤劳节俭、克己奉公、和谐相处等观念、信念及其内涵与外延成了古代中国人的精神追求和人文理念，它们互相关联、互为交融、你中有我、我中有你、彼此联系、相互促进。古代智者涉及民族精神的思想言论在经过历史的积淀后被广泛认同，民族精神在时代和社会的交互作用下又不断得以发展和升华②。

但实际上，在近代时期，它作为一种"中华"认同被推崇，主要还是因为它迎合了时代背景，成为时代精神的彰显。晚清时期，尽管改良派和革命派在政治见解上呈现出激烈对峙的剑拔弩张之势，但是，无论是前者的满汉融合论，还是后者的"反满排满"主张，在倡导以中华遗产来激发国人的爱国主义和民族精神这一点上，又有着不谋而合之处。1904年，在留日学生创办的《江苏》（东京）报刊上，首次刊登

---

① 参看费孝通：《中华民族多元一体格局》，中央民族学院出版社1989年版，第1页。

② 张越：《近代以来对中华民族精神的提倡、弘扬与研究》，《史学理论与史学史学刊》2010年卷。

了《民族精神论》一文，将"民族精神"作为一个时代主题提出并引发讨论①。五四运动时期，关于"民族精神"的探讨形成了一股热门思潮，诸多著名刊物譬如《新青年》《新潮》《国民》《每周评论》等，都发表了不少探讨性的文章。综而观之，"民族精神"被描述为：其一，它是一种文化传统的传承，所谓"祖父传之，子孙继之"②，能饮水思源，可查源知流；其二，它是一种"为谋此民族之生存团结所表现之热情，是曰'民族主义'或'民族精神'"③；其三，它在社会转型期具有重要的精神号召与文化凝聚作用，是以民族精神不灭，一切外来势力便无法潜入或滋长；其四，它彰显了近代国人的文化自觉意识。为救亡图存，近代学人鞠躬尽瘁、死而后已，在此历程中也深深地体悟到，只有在认识民族文化并理解异质文化的基础上，才能有条件确立自己在多元文化世界中的位置，和其他文化一起取长补短。

要说在近代有何内容被"中华民族精神"所突出，那就是"中国魂"。1899年12月23日，梁启超在《清议报》上发表了《中国魂安在乎》一文，第一次在文中提出了"中国魂"的概念。这也是近代历史上首次以"中国魂"作为民族精神所进行的刻意强调。其文指出：

> 今日所最要者，则制造中国魂是也。中国魂者何？兵魂是也。有有魂之兵，斯为有魂之国。夫所谓爱国心与自爱心者，则兵之魂也。而将欲制造之，则不可无其药料与其机器。人民以国家为己之国家，则制造国魂之药料也；使国家成为人民之国家，则制造国魂之机器也④。

---

① 参看《民族精神论》，《江苏》(东京)1903年第7期，1904年第8期。
② 梁启超：《新民说》，商务印书馆2016年版，第9页。
③ 隐青：《民族精神》，《东方杂志》1919年第16卷第12期。
④ 梁启超：《中国魂安在乎》，《梁启超全集》第1册，北京出版社1999年版，第357页。

1903年，《浙江潮》也发表了一篇名为《国魂篇》的文章，指出：

> 若曰有一物焉，可以统一吾民之群力、发达吾民之爱国
> 心者，吾即识之为国魂。何以故？则以所谓国魂者，必当具
> 此能力故①。

其他如《国民日日报汇编》刊登了《中国魂》（1904），《广益丛报》发
表《国魂》（1907），《新世纪》发表《告国魂》（1907），《江苏》也发
表了《国民新灵魂》（1903）等文。这些文章均肯定了"国魂"的提炼
和弘扬在"救亡图存"中的重要作用，如郭沫若在后来所总结："复兴
民族是要复兴我们中华民族的精神。我们中华民族的精神是什么？一、
富于创造力；二、富于同化力；三、富于反侵略性。"②

　　概而言之，在近代，"中华"认同是以一种民族精神之貌出现的，
也是体现近代文人文化自觉意识的重要表征。若以内涵而论，可以从
三方面加以概述：一、以"中华民族"之文化概念区分出君主制王朝
与近代意义国家在内涵及对象层面的不同。二、在欧风美雨的强势挑
战下，"中华认同"作为一种对国家民族身份和精神的强调与弘扬，既
有求知者在和风化雨中的自觉吸收，也有狂风暴雨下被迫的吞咽，体
现出国人走向文化自觉时复杂而矛盾的心理。三、作为一种自觉意识，
"中华认同"也意味着对文化传统的"重塑"与"再造"，是时代精神
与民族精神的双重结合。不忘本来，吸收外来，面向未来，这种开放
的文化态度是近代中国奋力救亡图存的精神之源。事实上，"历史和现

---

① 飞生：《国魂篇》，《浙江潮》（东京）1903年第1期。
② 郭沫若：《复兴民族的真谛》，《郭沫若散文》，李晓虹选编，内蒙古文化出版社2006年
版，第310页。

实都证明，中华民族有着强大的科技文化创造力。每到重大历史关头，文化都能感国运之变化、立时代之潮头、发时代之先声，为亿万人民、为伟大祖国鼓与呼"①。

## 第二节　作为一种文化特质：
## "中华民族精神"的近代书写

在中国这样一个具有深厚文化积淀的国度，无论是回应西方文化带来的冲击和挑战，还是力倡捍卫民族尊严而进行文化救亡，最终都将以认同和接纳民族文化本身为目的。如前所述，"中华民族精神"不仅赋予了近代国人以精神支柱，而且其内涵也在此历程中得到了更新与重塑。在清末民初的知识分子身上，似乎可以看到"中华民族精神"的两种特质。其一是积淀于悠久文化传统中的经典内涵不断地被归纳、总结与弘扬，并随着时代语境的变迁而愈加明晰和确定。其二是作为一个近代引入的新生概念，其内涵由旧到新进行蜕变的过程并不能一蹴而就。在这一段时间内，新的时代精神迅速地补充进来，但却不能彻底取代和颠覆长时期积淀下来的传统精神。新旧观念之间进行纠缠、斗争、妥协甚至是各自回流，都是时代转型期文化嬗变的正常现象。一般来说，传统文化的精髓或者反传统思想这两种特质中的任何一方面，都无法涵盖这样一个宏大命题。它们是一种精神的两个层次，既具传统本质又有反传统的近代激进形式。一方面，传统的儒家文化精神经过长期的积累，为近代以来"中华民族精神"的理性探索提供了

---

① 习近平：《在文艺工作座谈会上的讲话》，2014年10月15日。

宝贵的素材资料库，并在这一探索过程中展现出文化传统的重要价值和意义；另一方面，"中华民族精神"的部分要素也具有时代过渡期的局限性，主要表现为感情色彩充沛而思想深度不够，因此也成为时人诟病、批判和反思之处。

长盛不衰、不断丰富，可谓是"中华民族精神"经由传统积淀而形成并重塑的基本前提。从古至今，各种形式的著述是记载、保存、汇聚和传播民族精神理念形态的载体，无论是儒学经典、经传注疏，还是史籍文集、诸子读物，其中都书写、蕴藏着极其丰富的传统文化精髓，诸如忧患意识、家国情怀、华夏认同、自强不息、忧民济世、舍生取义、克己奉公、勤劳务实等民族精神。在一代代国人的学习和传承中，它们也融入中华民族的文化血脉和深层意识里。依托这些理念形态，在从救亡图存到民族复兴的中国近代文化历程中，知识分子既传承了"始乎诵经，终乎读礼"，"始乎为士，终乎为圣人"①的文化价值取向，又不断地将富有浓厚传统气息的文化精神进行提炼、重铸与发扬。他们不仅强化了对某些固有文化形态的认同，例如在变法变革中高擎自强不息且勤劳务实的精神大旗，而且还为其提供了与时俱进的新出路，例如将爱国主义热情作为引导民族复兴的精神动力加以提升。这也使得"中华民族精神"广泛地影响到了社会各阶层人士，成为团结最广大国民的精神桥梁。一时之间，建构"中华民族精神"以推崇"救亡图存"的风气，弥漫于近代文化的每一个角落，对中华民族的文化走向产生了深远的影响。

值得注意的是，传统的中国文化并不能与"中华民族精神"画上等号。一个容纳了新时代特征的文化符号或者说文化现象的出现，并

---

① 《荀子·劝学》，《国学治要》（子部集部），张文治编，北京理工大学出版社2014年版，第703-704页。

不由旧文化传统与新时代特征之间轻易的、简单的联结行为所导致，而是取决于一个在目迷五色的各种文化传统中如何进行实用性、适用性取舍的过程，实际上具有浓厚的实验主义色彩。旧的文化传统在新的时代背景下，谁浮谁沉，谁被主导谁又被剔除，是多方因素共同促成的结果。

首先，对旧文化传统的解释深受时代思潮的影响。在经历了"开眼看世界"的尝试和洋务运动后，知识结构与思维方式都得到了更新的有识者，于社会现实中看到了很多文化"异常现象"，既关乎文化价值的衰落，又关乎文化实践上的"出格"。接下来的维新革命和新文化运动又在认识层面向前迈出了一大步，给处于文化转型期迷茫失措的国人带来了一种新的价值观念，例如提倡个人主义，倡导民主与科学等。由此，在时代潮流的持续性冲击下，与时代思潮主流具有契合性的部分传统文化精神脱颖而出，由旧趋新，烙印上了时代的思想色彩。这是时势所趋。忧患意识在近代时期的不断升级，就是其中的典型例子。一直渗透于中国文化中的忧患意识，虽然走过了忧民、忧君、忧道的各种历程，但是在甲午中日战争爆发后，其所忧对象又有所扩大，由国门初开时对文化衰落的担忧，迅速上升为对中华民族存亡与否之整体命运的忧虑。薛福成曾发出慨叹："夫以我疆圉如是之广，而四与寇邻，譬诸厝火积薪，凛然不可终日。呜呼！中国不图自强，何以善其后？"①正是当时有识之士所忧之写照。随着列强侵略步伐的加快，相继瓜分中国的现实也愈显严峻，国人的忧患意识也相应地变得更加浓厚，其焦点也转向解救国家危机的主题上来。譬如，戊戌变法失败后，梁启超在《国民十大元气论·独立论》中，以十分悲痛而焦虑的笔调提及"有心者方欲以瓜分革命之惨祸致动众人，而不知彼畜根奴

---

① 薛福成：《答友人书》，《筹洋刍议——薛福成集》，徐素华选注，辽宁人民出版注社1994年版，第51页。

性之人，营狡兔之三窟，固已久矣"，就瓜分问题给国人敲醒了"此根性不破，虽有国不得谓之有人，虽有人不得谓之有国"的警钟①。孙中山对强邻环列"蚕食鲸吞""瓜分豆剖"的惨烈现状更是表达出深深忧虑："有心人不禁大声疾呼，亟拯斯民于水火，切扶大厦之将倾。"②可见在时代危机的推动下，忧患意识已经上升成为呼吁全体国人"救亡图存"的原动力。

其次，为应对时代挑战，知识分子也主动承担起选择某些文化传统来宣传变法图存思想的责任。他们对文化传统进行有目的性的选择，充分体现出对文化传统因素的重视。这是一个以特定目的为导向的主动取舍行为，不少知识分子受此目的导向感染后，几乎全都对文化传统的选择和转换产生了兴趣。文化改良思潮对此行为进行倡导自不必说，文化顽固派也出人意料地表达出积极认同感，甚至还主动地加入这一文化建构的过程。譬如对"自强"精神的弘扬。郑观应《自强论》力倡"非自强不可，而自强非变法不可"③的主张，意外地得到了顽固派的支持——自觉地将自强御辱当成了官僚阶层的共同诉求。奕䜣称"探源之策，在于自强"④，倭仁亦云："一则庚申大变，……亦尚可再接再厉，趁此而图自强之道，诚为时不可失。"⑤与倭仁共事的翁同龢、徐桐等人，也不同程度地受到了这一观点的影响，皆言自强变法之益。从洋务自强运动到戊戌变法、维新革命再到五四新文化运动，变革对

---

① 梁启超：《独立论》，《梁启超全集》第1册，北京出版社1999年版，第269页。

② 孙中山：《兴中会章程》，《近代名人文库精粹·孙中山》，刘东主编，太白文艺出版社2012年版，第8页。

③ 郑观应：《自强论》，《盛世危言》，曹冈译，内蒙古人民出版社2016年版，第11页。

④ 奕䜣：《奏请八旗禁军训练枪炮片》，《筹办夷务始末》（咸丰朝）第9册，中华书局1979年，第2700页。

⑤ 倭仁：《奏议复陈练兵设备六事》，《近代中国对西方及列强认识资料汇编》第2辑第1分册，近代史研究所编，第78页。

象各异，唯"自强不息"精神长存不灭。

再次，新时代造就的新眼光也使得文化传统的意义发生了转变。文化传统原本意味着"根"和"源"，是难以撼动的东西，理应加以传承和弘扬。但进入近代，当思想从传统的僵化束缚中解放出来，与科学技术等实用性知识相结合后，就大胆地粉碎了一味尊孔卫道的僵硬模式。追求思想更新的知识分子，对于文化传统中那些极具主观虚幻色彩、道德说教意味的内容都相当不以为然，并由此发展成对过渡时期民族精神的局限性进行抨击与反思。

在理论阐释方面，一方面是开启了对文化传统精神的重塑模式，譬如近代对爱国主义精神的重塑。西方近代文明的东渡，曾使得一部分中国人因其实用性、便利性的长处而对崇尚价值至上的文化传统失却了信心，甚至于对文化传统中不愠不火的中庸观产生了抵制情绪，由此助长了部分崇洋媚外现象的风行。在此非进即退的关头，深受儒学思想浸染的儒生们挺身而出，为扭转这一不良局面，提出了众多文化主张，身兼力行地来助力爱国主义传统在吸收西方文明的过程中重放异彩。例如，倡导取西之长补中之短以增强文化自信："吾国诚取东西而熔为一冶，发挥之，光大之，青青于蓝，冰寒于水，岂非由新旧二者调和而生耶？"[1]又如，主张最大程度地开化民智以提升爱国的意义价值："夫爱国者，欲其国之强也。然国非能自强也，必民智开，然后能强焉，必民力萃，然后能强焉。"[2]言说众多，其中却始终贯穿着理性思维，故而在经历多次辨析、阐述和拓展之后，关于"爱国主义"的定义基本明确下来，且一直延续至当代："所谓爱国主义，就是对生于斯长于斯的土地田园和自己人民的深挚的眷恋与热爱，是对自己民

---

① 张继煦：《叙论》，《湖北学生界》1903年第1期。

② 梁启超：《爱国论》，《梁启超全集》第1册，北京出版社1999年版，第271页。

族固有文化和风俗传统的皈依和认同，是对国家民族前途和命运的高度责任感。"①

　　另一方面是反思了民族文化传统在社会过渡期的不足与局限。整个近代文化史既是一部文化屈辱史，也是一部文化精英的奋斗史。如我们所知，近代时期的文化现象透露出一种浓厚的精英意识，来自民间的声音太过于微弱，几乎可以忽略不计。广大人民群众在这一场文化变革运动中，几近等同于全程无参与，唯剩知识分子群体独挑重担，不断地在呐喊、传播与实践。这也导致了因普及性的限制，文化变革未能得到普通群众的支持，最终未能完成应对时代挑战的任务。此外，由于"中华民族精神"产生于民族危亡的时代背景之中，在各方政治力量的介入下，文化变革呈现出思想革命的激进之态，但就思想深度而言，却仍然停留于变革文化方式的现象层面，未能触及文化本质。譬如，康有为强力推崇政治变革，但却采取了将儒学传统糅入维新思想来进行宣传的方法。其《孔子改制考》提及，六经中所记载的尧、舜、禹之盛德大业全都是孔子假托古圣先王的言论，据此来为变革进行宣传。康有为意在以史料为例来论证维新变革的合传统性。再如，黄遵宪主张"诗界革命"，梁启超提出要"以旧风格含新意境"②，也是新旧、中西观念交缠在一起的思想体现。如此浮光掠影地进行文化改造，其后果必然是不尽如人意的，就连梁启超也都不自信地指出自己的学说"多模糊影响笼统之谈"③，更遑论寄希望于当时并未过多接触西方科学精神的普通国人能够自信地辨析文化传统的革新价值了。直至"五四"之后，随着马克思主义的到来，国人逐步认识到人民性

---

① 焦润明：《中华民族传统精神及其在近代的弘扬与发展》，《安徽史学》1997年第4期。

② 梁启超：《诗界革命，以旧风格含新意境》，《中国美学史资料选编》，于民主编，复旦大学出版社2008年版，第569页。

③ 梁启超：《清代学术概论》，东方出版社2012年版，第78页。

的重要，才将这一文化现象的偏离之处纠正过来。

## 一、"中华民族精神"的理论建构

在近代文化的转型进程中，"中华民族精神"的建构与塑造，与凝练国人的价值共识相关，同时也与纷纭多样的观念启发相关。

首先需要提出的定位问题是："中华民族精神"在近代的提出，究竟只是一种单纯的古代文化传统精髓的思想回潮，还是代表着一个新时代的动向？

必须指出，在鸦片战争之前，封建王朝的文化政策已面临文化断层问题的严峻挑战。汉学内部产生了所谓的"典范危机"，重要的表现之一是，文化与人生的关系出现了裂痕。面对黑暗混乱、贪腐成风的社会现状，国人形成了一个共同的困惑：为什么"天朝上国"言必称"礼"，而现实世界却又如此反"礼"而行？鸦片战争后，关于这一困惑的答案开始从各种认识中浮现出来，最终统一成各文化思潮的共识。其一，认为是鸦片战争暴露了文化传统回应现实的滞后所致。清朝政府无力抵抗外敌，只能任人宰割，给身处其中的国人带来了极度的失望与难堪。与之前自满自大的精神状态相比，深受现实打击的国人"黄粱梦醒"后，逐渐变得萎靡不振，大有由于失却精神支撑而迷茫失措之态。其二，认为是只讲纲常名教的文化风气钳制了民众思想，严重束缚了中国文化的生机和活力所致。儒学自汉代确立了独尊地位后，一直是朝廷采用的官方文化政策和社会意识形态。两千多年的发展积淀，使得儒学自身难以产生否定自我的新文化传统。但是，在强势的西方文化进驻后，中国传统文化的稳定性和自主性被打破，已经无法按照原定的轨道顺利前行。若一味地强行维持原状，传统文化就势必无法打破"铁窗"而进行蜕变和获得新生。

儒家文化的衰落注定是一个缓慢的过程。由长期历史记忆汇集而成的强大文化力量余韵犹在，并且依然在变化了的社会现实中起着引导性的作用。国人的心理归属问题也并未因为社会剧变而迅速质变，并由此否定流淌在血液、潜藏在意识中的"中华"认同情感。当然，无论从儒学内部自身的发展逻辑，还是从外力冲击的影响来看，儒学的文化传统还是发生了一些重大的变化。

其一，暴露了新时代语境下儒学的弊端。以考据为重的乾嘉汉学传统，因泥古、琐碎、脱离现实而失却生气，此前因主张学以致用而饱受汉学批评的程朱理学由是初步复兴。借助社会的因缘变化，直接将经学与现实密切关联，以"求变""务实"为特征的今文经学顺时而兴，并发展成为一股蔚为壮观的文化思潮。鸦片战争后，这股经世思潮本着忧国忧民之思，对社会积弊进行了尖锐的批评，并希望借此唤醒当政者促成社会变革，同时唤醒国人走出萎靡不振的状态，主动自救自强。这种正视现实的勇气与魄力，证明文化传统在应对现实时发生了价值取向方面的转换，对时人探寻经邦济世之道具有启发意义。第二次鸦片战争后出现的洋务思潮、维新思潮，某种程度上也可以认为是主张自我拯救的经世思潮之延续与发展。

其二，鸦片战争前后，中国士大夫开始倾向于积极主动地去了解和认识西方。在动荡的年代，知识分子用不同的眼光来看待过去曾经用之不疑的传统，是源于变化了的现实提出了要以发展的眼光看待"过去"的要求。"过去"主要用于道德教化，或者用来维持协调王朝体系平衡运作功能的儒学，在残酷的社会现实撞击下被解构了完整性，转而从现实的、实用的视角被重新考量。加之太平天国起义爆发，对清朝统治造成了巨大威胁，使其几近破国。这一场内乱极大地冲击了儒家文化传统的价值观，导致整个社会人心惶惶，尤其使读书人深刻地体悟到一点：儒家的仁义道德在解决现实问题时几乎全无用处。同样，在西方各国以武力攻破清朝国门的时候，读书人又一次确认了一个事实，即儒家的纲常名教无法承受坚船利炮带来的武力值和破坏度。因此，坚守周孔之道仅仅成为儒家文化在名义上对知识分子提出的要求，实际上却使得他们不得不分裂成两个"自我"。一个"自我"从理论上去捍卫传统的尊严，一个"自我"则以非传统的功利性手段去应付现实的挑战。前者是公开表现出来的，后者则隐藏在深层的情绪和意识中。目睹社会变局的知识分子将隐藏的"自我"公开化，开始着重酝酿一些功利性的想法，希冀借此化解传统无法应对现实的不满，并为传承传统文化寻找新的出路。

从现实政治来看，在帝国主义势力猖獗的时代里，中国的整体性生存压倒了一切。寻找文化出路的问题，实际上也是为民族存活及自强而找寻文化上的精神认同问题："凡文化发展之国，其国民于一时期中，因环境之变迁，与夫心理之感召，不期而思想之进路，同趋于一方向，于是相与呼应汹涌，如潮然。"①一般来说，文化的思想主潮通常体现的是一个时代文化运行的历程和走向。梁启超的一段概述，指出的正是清末时期的文化走向：

"鸦片战役"以后，志士扼腕切齿，引为大辱奇戚，思所以自湔拔……又海禁既开，所谓"西学"者逐渐输入，始则工艺，次则政制。学者若生息于漆室之中，不知室外更何所有，忽穴一牖外窥，则粲然者皆昔所未睹也，还顾室中，则皆沉黑积秽。于是对外求索之欲日炽，对内厌弃之情日烈。

① 梁启超：《清代学术概论》，四川人民出版社2018年版，第5页。

欲破壁以自拔于此黑暗，不得不先对于旧政治而试奋斗，于是以其极幼稚之“西学”知识，与清初启蒙期所谓“经世之学”者相结合，别树一派，向于正统派公然举叛旗矣①。

在这一段话中，他认为，时运交会是传统“旧学”走向时代“新学”的契机。历史的车轮飞速向前，时代巨变导致了社会变迁，也带来了新的文化风尚。在“内忧外患”的双重危机中，文化救世作为一种思想上的自觉意识，主要表现为一种强烈的对于现时文化传统的挽救意图。回到崇尚空谈，讲究义理考据辞章的汉学传统显然不合现实，唯有迎合时代潮流，从内在精神上坚守“实学”主脉，以“实用”“致用”为目的，才能引导一种解决现实问题的文化新动向。

其次需要明确的问题是，近代文化的新生需要多种因素的共同推动，尤其需要新型文化形态的补充。

鸦片战争开启了一个全新的不同于以往的时代，国人所面对的问题不再是传统生活中所熟悉的问题，传统文化的积淀也缺乏与当下现实相应的补救经验，这也使得中国传统文化不得不走出坐井观天的封闭格局，以开放的心态直面世界文明的变动大势，求新知于域外，从中寻求救世良方。

形成于20世纪初期的“中华民族精神”概念，作为一种被铸造出来的文化凝聚力，从操作实践来看，是“传统何以与时代形成对话可能”这一问题的辨析和解答。如果能以发展的、多元的思维去看待这一概念的形成，则更容易得到理解。

首先，“中华民族精神”这一概念一半来自中学根源，一半来自西学影响，决定了它不可能仅仅忠实于某一个方面，而是会融合多个文

① 梁启超：《清代学术概论》，四川人民出版社2018年版，第93-94页。

化思潮资源，并将在其中定位一个文化重心。随着西学影响的逐步扩大，在"中华民族精神"的形成发展史中，又存在一个以传承文化传统为中心逐步转向反思文化传统的明显倾向。其次，"民族"本身就是一个舶来词，因此"民族精神"概念中的西学成分也多于传统成分。但因为"救亡"宗旨的确定，"中华民族精神"这一概念又特别关注能够准确描述社会现实的中国既有传统文化精神，集中于对其进行一些细节性、应时性的分析。汤因比曾指出，每个民族的文化都是该民族对其生成环境所做的挑战的一种回应①。亨廷顿也认为文化事关人类进步而具有重大意义，强调要将文化带入政治意义的分析中。从"开眼看世界"至"五四新文化运动"，在这一段时期，基于强烈的时代意识、问题意识，整体而言，"以爱国相砥砺，以救亡为己任"②口号的提出，是近代文化回应政治与时代环境变化，而以"救亡"作为主题进行的古今、中西文化对话之精神总结。

中华民族认同，本身就是由一种具体的族群文化上升到国家高度的文化运行模式，也是文化影响在现实意义获得中的具体呈现。依托于"民族共同体"这一前提，为挽救民族危机，激励所有中国人团结奋起，抵御外辱，实现民族独立和自强，必然是半殖民地半封建社会文化发展的新动向。"无论何种新学，何种新理，俱不能出其范围。"③不同的"新"文化思潮在这个大前提下，仅仅以"个体"面貌出现，为"中华民族精神"全貌的构建起到铺垫和启发作用。

其一，"经世务实"的传统学风为"中华民族精神"的构建奠定了实践内核。

---

① 参看〔英〕阿诺尔德·汤因比：《历史研究》，曹未风译，上海人民出版社1997年版。

② 梁启超：《戊戌政变记》，《梁启超全集》第1册，北京出版社1999年版，第279页。

③ 谭嗣同：《论今日西学与中国古学——第二次讲义》，《谭嗣同集》，岳麓书社2012年版，第437页。

道咸之际，留心时政、关注现实和躬行实践，是"经世致用"思潮的特征。不仅士人们肩荷一世之志，官僚大臣甚至统治者也都有此抱负。例如，道光皇帝就多次下令倡导"经世致用"，认为"经之学，不在寻章摘句，要在其有用者"，且要求士大夫"通经致用，有治人而后有治功，课绩考勤，有实心而后有实政"①。上导下行，经世之学由此快速勃兴。最先大规模地迈出这一步的是以魏源、林则徐等开明士大夫为代表的"经世"自强者。这一批人物追求"求变""图新"，主张实事求是，并以改造旧学为目的，以汲取西学为手段，形成了一代新的文化风向——"师夷长技"，为后人接力解决中国的现实问题提供了目标及方向。最重要的影响是，他们站在传统门槛上展望未来，开创性地在经学体系中打开了接纳西学的窗扉，使得"经世"之学与时代相契合，成为中国传统文化走向更广阔空间的重要媒介和思想资源。龚自珍有言，"落红不是无情物，化作春泥更护花"②，正是传统文化在近代转换中所扮演角色的生动写照。

在传统文化与世界文明建立起沟通桥梁后，知识分子披荆斩棘地寻求救国救民的真理行为就始终不曾间断。接踵而起的是第二次鸦片战争后涌现的一批改良主义自强者，如冯桂芬、薛福成、郑观应、陈炽等。在民族生死存亡之际，他们因觉察"前议自强之道，诚不可须臾缓矣"③，故而倡导"于学无所不窥，而期于实用"④，表现出立足于"务实"传统以刺激爱国热情的意图。这一导向在洋务运动时期更

---

① 《道光二十一年（1841年）辛丑恩科状元龙启瑞策问》，《历代状元文章汇编》，洪钧编，中国致公出版社2015年版，第449页。

② 龚自珍：《己亥杂诗之五》，《千首清人绝句校注》（下），陈友琴校注，浙江古籍出版社2019年版，第781页。

③ 冯桂芬：《善驭夷议》，《校邠庐抗议》，上海书店出版社2002年版，第53页。

④ 李鸿章：《三品衔詹事府右春坊右中允冯君墓志铭》，《李鸿章全集》第12册，周殿龙主编，时代文艺出版社1998年版，第7360页。

加突出。为启导传统文化接纳西学，洋务领导者曾国藩、李鸿章、左宗棠和张之洞等人做出了巨大努力。李鸿章不无前瞻性地指出："则取彼之长，益我之短，择善而从，又何嫌乎？"[1]张之洞也提及，"方今万国盟聘，事变日多，洋务最为当务之急"[2]，由此积极投身发展"致用性"的洋务事业。洋务运动以"致用"作为中西学实现对接的切入点，以"采西学""制洋器"作为中学对接西学的手段，论宗旨，即是为了中国能够在世界性的近代化进程中拥有一席竞争之位。虽然很大程度上它是文化行为上的一种被迫反应，但从实际效果来看，既激活了传统中学的文化因素在新时代背景下的生命力，又将来自西方文化中的科学与民主要素逐步吸收到中学文化体系之内。由此可见，进入接纳西学阶段，"经世"目的不再停留于补救与固守，而是对传统文化有条件地进行重新认同，以及对传统文化体系加以应时改造。在清末民初之际，如果说全体中国人共有一个奋斗目标的话，那就是"求强""求富"。作为民族复兴目标的终极追求，几代人曾为此奋斗不息。"纵观近代历史，无论是龚、林、魏，还是曾、李、张，也无论是康、梁，其思想和实践的路径都是由经世致用走向西学，由汲取西学而创新我们旧有之学——'新学'。"[3]换而言之，在国家危难之际，来自"通经致用""明道救世"传统的强大生命力，"已经是经历了再一次亡国惨痛的现实教训之后的经验总结，正因为此，它便构成了当时一股宏大的时代思潮，这种思潮上有渊源，下启近代，正是中国精神和中国文

---

[1] 李鸿章：《复刘仲良中丞》，《李鸿章全集》第6册，时代文艺出版社1998年版，第3608页。

[2] 张之洞：《延访洋务人才启》，《中华大典·理化典·中西会通分典（二）》，山东教育出版社2018年版，第458页。

[3] 王先明：《近代新学——中国传统学术文化的嬗变与重构》，商务印书馆2005年版，第70页。

化的一个极为重要的方面"①。

其二，国学与国粹思潮的潜滋暗长为"中华民族精神"的内涵确
认提供了精神内核。

19世纪末20世纪初以来，中国思想文化界出现的一大景观是，中
学与西学两大文化体系在交汇碰撞中形成了持续而广泛的对话。思想
的纷繁复杂及彼此之间的论争互动，既是中学传统文化走向开放性的
表现，又是它得以保持活力和生机的动因。中华民族精神的确立就是
这一现象的反映之一。

甲午战后，"求变"已成为社会的共识。中国近代思想界的各流各
派几乎都参与到"求变"问题的讨论中，致使思潮更迭，此起彼伏。
但有一个结果却是共同的，即无论是主动地学习还是被动地接受，不
管是固守文化阵地还是积极寻求新知，士人的文化视野和知识结构都
在更新，集体发现了"五书四经"之外的另一个文化世界。近代资本
主义新文化开始在中国大地生长，并且成为传统文化的比较对象。通
过中西文化在优劣、长短、道器等多层面的多元比较，中国朝野上下
要求文化变革的呼声愈来愈高。从性质上来看，这场变革与古代的中
学变革有所不同：新式思想的传播势头非常猛烈，尤其是在报刊等纸
质媒介的助力下，变法舆论在民间得到了广泛普及，逐步深入人心。
随着西学的大规模引入，以及国人对西学接纳度的提升，传统中学的
结构体系也发生了历史性的转向。从维新派"托古改制"始，近代西
学思潮犹如一条涓涓细流，在向前奔流的过程中不断扩充支流，经过
康、梁等人的努力开掘，最终汇成江河之势。

几乎在近代西学狂飙突进之同时，以挽救和倡导中国传统文化为

---

① 李泽厚：《经世观念随笔》，《新版中国古代思想史论》，天津社会科学院出版社2008年
版，第220页。

旗帜的"国学"主张也在潜滋暗长，最终同样形成了一股不容忽视的社会思潮。1902年，由梁启超创办的《国学报》相继刊发大量保全国学、弘扬国粹的主题性文章，至1905年已具备一定的规模，由此形成了一股声势浩大的"国学热"。国学虽与新学相对应地同时存在，但却并非是新学的对立面。相反，国学家认为中西文化"互相比较，互相竞争，而旧学之真精神乃愈出，真道理乃益明"[①]。当然，国学热也不是"旧学"的回潮，亦非传统学术的简单延续，而是在西学影响下由传统向近代转型的过渡形态。这一思潮兴起于欧风东渐国学几灭之时，其中饱含着国学家复兴文化传统的迫切心情。从忧患意识这个出发点来看，国学与崇尚西学的文化思潮实则并行不悖。如果说国学对西学有所排斥的话，它的指向对象也不是西学知识体系，而是学习西方文化的态度与方法。"夫新学果何罪，而学者不知所以为学至以亡人国，是则埋苌弘之血，而碧不可没者矣"[②]，意即错误的方法和动机反倒不利于文化转型的实现。此外，从实际效果来看，尽管知识分子从未停止探寻救亡的脚步，但无论是洋务事业的开展，还是维新变法的推动，最终都与"救亡图存"的目的相差甚远，甚至反而加深了传统文化的现实危机。大量西学竞相涌入中国，表面上来看，关于传统文化的转换探讨正如火如荼地展开，传统文化的出路似乎光明在望，但实际上，遮蔽于这一热闹现象之后的却是一些不容忽视的弊端：一则由于步履匆匆，学西仅得西方文化之皮毛；二则在"弃旧学"的过程中对传统文化的价值意义有所轻视；三则近代新思想尽管形成了一定的影响力，但要在中国本土扎根还为时尚早。为救此弊端，"维学风，救国家"的文化复兴思潮开始应时涌动，继而形成潮流。从主张来看，也分为三

---

① 黄遵宪：《致梁启超书》（光绪二十八年中秋后七日），《国学初萌》，贺昌盛主编，浙江教育出版社2014年版，第9页。

② 章士钊：《国学讲习会序》，《章士钊全集》第1卷，文汇出版社2000年版，第179页。

个层面：一是认为国学才是养育民族精神和传承中华文明的精华，故
而万不能失却警惕之心，使得国学被西学思潮所消解。二是强调文化
复兴的顺利推进，莫过于建立一种基于全民族共同认可且符合中国现
实的共同诉求，共度时艰。例如，维新派提出要培育国人“合群”的
概念，以此激发民众以国为重、舍己报国的热情。三是主张光大民族
精神，以“国粹”“国魂”为旗帜，高度弘扬爱国主义热情，如章太炎
所说：“是用国粹激动种性，增进爱国的热肠。”[1]需要注意的是，与
“旧学”相比，“国粹主义的崛起，不是宗法的专制主义的还魂，而是
民族革命高涨的文化表现”[2]。

　　“为甚提倡国粹？不是要人尊信孔教，只是要人爱惜我们汉种的历
史。这个历史，是就广义说的，其中可分为三项：一是语言文字，二
是典章制度，三是人物事迹。”[3]以这一小段话为基础，透过种种迷离
的文化雾障，可以得出一个启示：国粹并非是对孔孟之学的盲目迷信，
而是一种对于历史传统文化的客观尊重。记录了文字、制度和人物事
迹等的传世文献，也即“国粹”，既是民族凝聚力产生的思想前提，也
是“中华民族精神”形成的理论储备。从儒家话语的记述来看，中国
已经经历了数次空前惨烈的社会动荡，如春秋战国之乱、汉末魏晋之
裂、中唐安史之乱、宋金辽战乱、蒙元满清入主中原等，都可以看作
是不同时代不同程度的礼崩乐坏之乱。然而，在遭受这么多次社会动
荡后，缘何中华民族文化之“根脉”仍然在绵延？最重要的答案之一，
就是因为“国粹”未失，故而“中华民族精神”之向心力未失。可以

---

　　① 章太炎：《东京留学生欢迎会演说词节选》，《中国近代思潮与文化选讲》，河北人民出版
社2012年版，第288页。

　　② 丁伟志：《晚清国粹主义述论》，《近代史研究》1995年第2期。

　　③ 章太炎：《东京留学生欢迎会演说词节选》，《中国近代思潮与文化选讲》，河北人民出版
社2012年版，第288页。

看到一个非常有意思的现象，"国粹主义"的倡导者主要由一个身份较为特殊的群体组成，其代表人物如章太炎、梁漱溟、辜鸿铭之辈，多有留洋学习的经历，均接受了完整的西学体系教育，但历经千帆，回过身来却最终折服于中学文化的博大精深。这也可以作为一个观察视角来证实国学之根对产生"中华民族精神"认同的强大影响力。

其三，民族记忆中的文化遗存为"中华民族精神"的建构提供了思想资源。

自晚清以来，为找寻"救亡图存"的出路，非常多的文化观念既碰撞又聚合，从多方面证明了一个事实：近代中国的民族复兴需要凝聚力，尤其需要遗存于民族记忆中经典性的精神力量来号召可以团结的一切阶层。尽管文化实践的方法各异，但其内容都有一个集中主题——"中华民族精神"的构建。

中国近代士人身处时代转型期，面对一个熟悉的规范与秩序皆被解构的文化现实，想要在其中寻找自己的新定位，不是一件容易的事情。根脉与外援、西学与国学、返源与变法之间的关系由此需要重新考量。近代文化的转型始终与"求变"宗旨密切联系在一起，但遗憾的是，每一次变革均未能取得成功，反而使得诸多棘手的社会问题浮现出来。这也导致知识分子不得不进行文化反思：受到追捧的西方文化真的适合中国国情吗？悠久的文化传统价值是不是应该被重新审视？事实上，不管西学思潮如何勃兴，旧学传统如何式微，或者说知识分子在中西取舍中如何彷徨与挣扎，文化走向却仍然掌握在知识分子的定位选择中，辛亥革命后尤其如此。忧虑"全盘西化论"将导致国将不国，而忧心学西之风的急功近利虽能成一时的救亡稻草，但终将不能达成民族文化复兴的目的，是近代知识分子共同的思想认知。当所有忧虑之思的碎片汇集成一股思潮之后，就会形成一种具有强大认同的社会心理，对文化的走向产生实质性的影响。

　　一般认为，社会心理植根于一个民族的社会结构与历史中，具有相对的稳定性。例如自古传承下来的"忠孝"、爱国、通变等思想，即是作为文化遗产定型下来的心理认知。提倡从传统文化精神中寻找改革力量，与知识分子的心态有关，但更主要的影响来自蕴藏在民族记忆中的文化心理，例如文化情结、文化母题等。因为受到了文化心理的潜意识影响，知识分子尤其是推崇西方文化的知识分子，一边振臂高呼要抛弃"旧学"代之以民主与科学，一边却又在行为上循规蹈矩地遵循文化心理的约束。例如，作为维新变法运动的领军人物，康有为虽然大张旗鼓地宣扬变法，但却未能始终迎"新"而上，反而组建了"保皇会"，在逆近代进程的"张勋复辟"中充当了重要角色。王国维、辜鸿铭等人同样有如此"迷惑"行为：一方面认同西方政治制度的民主性，另一方面却又礼赞儒家礼、仁、忠、义等传统精神之真善美，致力于引西学以补中学。胡适、蔡元培等人也推崇以儒家的仁义、忠孝观等来阐释西方近代思想中的自由、平等、博爱概念，实则也是看到了文化心理存留在国人心中的强大影响力。这一矛盾现象的存在很难被忽视，它证明了一个事实：在推广新学的过程中又对西学思潮怀有质疑，是知识分子倡导国学并建构"中华民族精神"认同的一个重要因素。

　　民族精神的构建与确认也是一个整体认知过程，其脉络看似是一段一段主题的联结，但最终目标是要将它们统合起来以确定整体性主题的本质。如此便可以从延续传统的角度，知晓有哪些因素对民族记忆中的文化遗产之演进与变迁发生了影响，以及前一阶段的心理调整来自何种推动力，又对后一阶段的承继产生了何种影响。在吸收西方文明的过程中，近代学人所面临的现实问题，即是如何看待儒家文化应时顺势地进行更新的问题。尽管混杂了忧患、绝望、期望、希望等多样情感，知识分子却始终对传统文化怀有信仰与尊重，即使经历了"欧风美雨"的"扫荡"式冲击也依然不改初衷，而是积极地传承其中的国魂与国粹精神，为黑暗中前行的探索者点亮光芒。作为回望过去、展望出路的文化审视者，知识分子的终极目的是重构民族精神，复兴民族文化。可以看到，在处理古今、中西关系之时，很多知识分子对文化传统也表达出不满甚至是清算的姿态，这也导致在塑造"中华民族精神"的过程中，交织着文化优越感与自卑感的双重心态，出现了宣扬民主科技与呼唤"国魂"回归现象的交错与反复。需要指出的是，这种现象是时代背景在文化反馈层面的映射，因不同阶段的变革目的不同而表现出主题的分段特征，例如从器物变革到制度变革再到文化心理变革的分化；同样也因文化选择的心态不同而呈现出方法的多样性，例如同时期倡导文化变革的鲁迅和胡适，走的就是两种截然不同的路径：鲁迅以打破铁窗的革命精神鼓舞人心，拷问并审视内心，希冀消除一切不好的"旧我"；胡适则选择了一条中庸之道，大胆地提出怀疑，但却小心地进行求证，以安宁与朴素的心态远观并审视病态社会。但重要的是，"中国民族精神"的塑造必然是一个连续的、整体的过程，不能因阐释角度的不同而割裂视之。在新文化运动前后时期，知识分子提出了譬如用白话文进行创作，以人为中心进行文化思考，重视传统文化的价值传承等多种主张，统而观之，却都体现出逻辑层面的相似性——剔除文化传统中的陈腐内容，融入西方文化思想的鲜活观念。新文化运动之后，"中华民族精神"又有新的内涵元素补充进来，尤其是新文学以不可阻挡之势对其进行了讴歌与阐释。同时，知识分子也进行了更多迎合时代特征的实践尝试，例如在野派搞翻译、做出版、写文章，以民间姿态走出弘扬"中华民族精神"之路；在朝派则以政治手段来辐射文化改良的影响力，更广泛地扩大群众接受基础等。不同的文化主体在复兴民族文化的重任中担当着独特又重要的角色，其人其思都是"中华民族精神"塑造与传承中不可或缺的部分。

## 二、"中华民族精神"的"近代性"表征

毫无疑问，提及半殖民地半封建社会中国的近代性，必然是西方列强侵略扩张导致的一个结果。"近代性"因素，可以被理解为对于近代社会具有启蒙意义的社会因素。与过去相比，近代"中国"是个"新我"，因其在自身文化传统上验证了西方文化具有的理性、实证、科学、人的解放等对立价值的威力，并由此确认了自己"抵抗"西方价值观念的落后性，以及接纳西方"进步"文化的必要性。

自鸦片战争以降，从中西文化的博弈轨迹来看，同样毫无疑问的是，传统文化一直在以强大的力量"抵抗"着西方文化的"入侵"。这种"抵抗"不仅可以用顽固强大的文化政策进行解释，也可以归因于封建王朝自身的半殖民地半封建社会性质所致。当以统治者为首的上层文化主导者，因统治需要而选择维护文化传统之时，学习并接纳西方文化的异质价值就成为异常艰难的事情。与同时期西方近代化变革取得的成果相比，古老的中国此时呈现出的是其反面特征——以愚昧、颓废、奴役、封闭等为关键词的落后面貌，并且这些面貌又因长期的积淀累加而成为中国民族性格的代名词。折射于文化层面的落后性表现十分突出，即师学西方文化主张的内容始终处于以儒家文化传统作为尺度的范围之内。因中西价值观念的矛盾与冲突无法在此尺度内得到解决，故而导致了接受西方文化的道路最终都将通向阻碍和封闭。然而与此相抵牾的是，汲取"西学"又是国门被打开后不可避免的文

化命运，同时对于危机感强烈的知识分子而言，时代也赋予了他们难以推辞的革新文化传统的使命。由此可以看到，中国近代文化史上形成了一个奇特的现象：一方面是西学的渗入陷于有限有度的困境，致使中学对西方文化的接纳裹足不前；一方面是近代知识分子在忧患意识的敦促下，负重前行于抵抗与学习这一互相冲突的无望与希望之空隙中。如何在这种矛盾性的张力中实现"救亡"与"启蒙"的双重任务？唯一的解决办法，只能是选择以旧传统之旧面貌来承担新的时代使命。这是一代知识分子在屡次变革碰壁后痛定思痛之总结。

1840年鸦片战争的失利，刺激了国人立志"自强"的热情，并形成一股"师夷长技"的文化思潮。然而，甲午中日战争的惨败很快扭转了国人投以热情的方向。面对即将亡国的残酷现实，知识分子的民族觉醒意识逐步高涨，纷纷主张放弃"自强"的梦想而选择探寻民族"救亡"之道，拉开了真正意义上近代文化启蒙历程的序幕。时至今日，我们似乎还能听到知识分子们进行抉择时的掷地有声："庶可渐以挽设不自振作，致人以昭昭，我以昏昏，任人著著争先，而我甘事之落后，将见利源横溢，日益衰颓，何以解乎五千年文明之裔、四万万可用之人哉！"[1]甚至是"明知山有虎"的孤注一掷："虽然明知前路是坟而偏要走，就是反抗绝望，因为我以为绝望而反抗者难，比因希望而战斗者更勇猛、更悲壮。"[2]

基于民族性而兴起的文化革新思潮就在近代文化的思想启蒙中落地。近代中国的"中华民族精神"，从其民族定位上看，只能是中学，而且是传统中学的近代类型。但它具有的近代性特征也非常明显，既有西学的中学改造，也有中学精髓的趋新，是全面更新后的民族精神

---

① 《东日报》：《泰西近世文明述略》，《湖南演说通俗报》1903年第7期。

② 鲁迅：《致赵其文》，《鲁迅大全集》第3卷，李新宇、周海婴主编，长江文艺出版社2011年版，第94页。

之呈现。从语义上讲，"近代性" 就是近代社会的特征，严格地说，主
要与西方18世纪以后的社会特征相对应。凡是与古代传统精神相对立
的那些东西，都是 "近代性" 的内容构成，例如科技、个人主义、资
本主义、契约伦理等及与之相关联的思想因素。从实际意义来看，"近
代性" 也是启蒙学者关于未来社会发展的一个 "方案" 设想。作为一
种思想文化模式，它尊崇的主题精神，一是理性，一是人的主体性。

以理性建构超越本土旧有传统的近代民族精神，是中国进入世界
文明进程的一种诉求，其内容包括：

第一，在传统文化中融入具有启蒙意义的 "科学主义" 精神。鸦
片战争以后，西方先进的科技与工商业文明的侵入，暴露了中国文化
传统面对现代性的缺陷，也使得文化自觉问题真正凸显出来。中国人
最先觉悟到自己落后于西方的是技不如人，由此对西方的科学技术之
长表现出倾慕之情。科学主义作为现代文明最重要的特征之一，正是
近代中国 "求富" "求强" 所亟需补充的思想内容。在19世纪后期中西
文化的对照中，国人已经意识到中国国民精神中最缺乏的，就是西方
科学和哲学中所蕴含的逻辑分析和理性精神。两千多年来，中国传统
文化本质上是伦理、价值和审美至上的文化，而在崇尚科学、"工具理
性" 风行的时代，适应现代社会发展的则是与西方文化有关的主客两
分的经验理性和认知模式。与西方文化不同的是，中国传统文化和民
族精神注重感性认知而短于理性升华，执着于以情感和直觉方式描述
现象，而不长于以理性思维来进行概括归纳，同时热衷于以善统真，
习惯性地将经济政治领域实质性的进步和发展视为艺术与美的附庸，
以至于科学、自由和民主观念一经萌芽，便很快地被扼杀于社会合力
如天人合一的自然观、经学模式的思维模式、静定保守的农业文明、
修平治天下的政治目标等的钳制下。科学技术无疑是西方崛起最重要

的标志之一，由于缺失了这个重要的发展环节，中国的现代化进程因此也远远落后于西方各国。正因为如此，大力弘扬以经验之思为基础的科学、自由、民主等现代观念和精神，构成了重塑近代民族精神的重要维度。换而言之，要解决民族危亡的现实问题，达成实现国家富强的目的，国人就必须跨越精神价值至上的思维障碍，转而学习西方的经验理性精神，脚踏实地，以实证与科学作为工具和手段来驱除不切实际的虚幻主义，救治国人心理上、思想上自大、自满或者物极必反而导致的自卑、自弃之疾病。在文化脱离现实的清末时期，知识分子迈出了探索的步伐，不仅大力倡导"经世"思潮，用经验的科学思维代替传统的经学思维模式，而且尽可能地追求儒学精神在社会现实中的功能最大化。尽管他们为之付出的巨大努力最终未能获得成功，但其产生的意义和影响却是巨大的。国人由此前赴后继，借助"科学""理性"的宏大叙述——物质文明和价值同一性，以自觉的态度来审视、检讨、培育和重铸民族精神，并且认识到，唯有如此，才能够化解传统秩序失调和传统价值失落的危机，最终在社会政治层面实现国家富强，在道德信仰层面重建中国人的价值意义系统。

第二，立足于传统文化，将民族自觉变成一个普遍认知的问题。一个历史悠久的庞大帝国，其文化传统必然地会体现出宽广的包容性与理解力，与时俱进地、合理性地自我注入新的时代内容，古为今用，西为中用。在处理中西方文化关系的问题上，历经多维度的磕绊式摸索后，思想启蒙者们最终将"向西方学习"与传统变革联系起来。通过"拿来"的方式，汲取西方的民主观念，是近代中华民族精神嬗变的独特创造。因时变通地将师法西方纳入传统文化模式的举措，具有强烈的现实针对性和鲜明的功利性。例如，洋务运动就是萦绕"强兵"这一主旋律而进行的，深受洋务人士欢迎的民族企业的创办也是为了解决军事之需。它造成了两个方面的结果：一方面，民众普遍觉醒起来，在全社会形成了强烈的民族意识和对中华民族的认同；另一方面，因过分推崇西方民主观念的积极影响，又使得国人误认为民主可以解决所有的社会人生问题，实现人生及国家完美的理想，以至于过分夸大了民族精神对于民族发展的作用。从实际意义来看，确实无法否认的是，西方的政法知识陆续传至中国后，就成为戳破传统完美假象的思想武器。尤其是民主思想的引入，造就了一批新型知识分子。他们满怀激情地去面对社会转型期的现实困境，从西方文化中获取启发，自觉地致力于重建一个具有文化主体性与神圣性的"中国"，勾描一个全新的现代中国的未来图景。从文化比较中取他之长，也从文化比较中补己之短，知识分子首先确认的是民族性定位，认识到来自西方文化中的民主思想和民主制度要在中国扎根，就一定要与中国的民族文化相融合，在适合中国文化传统和社会条件的契合点上进行对接。其次，他们也从实践上力证文化传统在重塑民族精神时的重要性，认为既要保住文化传统的根基，"欲创造新中国，非赋予国民以新元气不可，而新元气决非枝枝节节吸受外国物质文明所能养成，必须有内发的心力以为之主"①，又要在这一"根基"上转变出一种时代性的"新文化"来。梁漱溟一言蔽之，是为"开出新道路，救活老民族"②，代表了一种民族自觉意义上的普遍性认知。

第三，向专制主义开战，确认新学与新政以增进近代国人的文化认同意识。西方政治文化中的民族主义，强调的是这样一种主张：一个国家的成员共享着某种不只是合作性制度的东西，而是某种在他们

---

①　梁启超：《为创立文化学院事求助于国中同志》，《梁启超选集》，李华兴、吴嘉勋编，上海人民出版社1984年版，第826页。

②　梁漱溟：《乡村建设的意义》，《梁漱溟全集》第1册，山东人民出版社2005年版，第614页。

身上能够唤起团结感与友爱感的东西①。由此，在各种召唤团结感力量的推动下，民族主义被推崇为一种文化符号，用以激发民众的凝聚力。任何一种社会运动或者社会革命，如果不与民族主义结盟，就难以掀动人心而取得革命成功。清末民初时期的中国近代化革命同样适用于这一定理。如果对晚清以来各种激进与保守、改良与革命的思潮进行条分缕析，可以发现其中都饱含着浓郁的民族主义关怀，故都可以被视为民族主义的不同表现形式②。以民族主义为出发点，借助民族主义的影响与能量，方能"变更国事、政体之大法，变更百代所行的封建制度之成法"③。在近代中国，由于传统文化势力的过度强大，即便是师法西方民主的思潮连绵涌起，但都未能顺利地、自然地生成民族意识与民族主义的诉求。与其说是通过民族认同实现国家认同，倒不如说是为达成政治认同而寻求民族认同来得准确。诚如梁漱溟所言："中国人传统观念中极度缺乏国家观念，而总爱说'天下'。"④从古至今，国人只有对某朝某代和华夏大统的认同，而未曾出现过如西方以"民族归属"为基础的民族国家概念。因此，以文化色谱同异为基础，在"夷夏之辩"的模糊区分标准下，国人形成的是传统而朦胧的族类区分意识。在遭遇西方文化冲击后，国人才始有民族情绪的觉醒，意识到国家和集体的兴亡高于一切，个体自由的认同全然退居其次，甚至要求个人牺牲也在所不惜。"救亡"与"图强"被认为是国人产生政治认同、群体归宿感与社会价值取向的凝聚点。半封建半殖民地社会这个

---

① 参见〔以色列〕耶尔·塔米尔：《自由主义的民族主义》，陶东风译，上海译文出版社2005年版，第125页。

② 参看罗厚立：《从思想史视角看近代中国民族主义》，《知识分子立场：民族主义与转型期中国的命运》，李世涛主编，时代文艺出版社2000年版，第218页。

③ 庞朴：《文化结构与近代中国》，《当代学者自选文库·庞朴卷》，安徽教育出版社1999年5月，第27页。

④ 梁漱溟：《中国文化要义》，上海人民出版社2011年版，第155页。

独特的历史背景，让近代国人观念中的民族认同、文化认同、国家认同共时性地交错重叠，集中性地将"认同"目标聚焦于反对和推翻封建专制的帝国统治，探寻近代国家的宪政之路这一主题之上。在一种强烈的、鲜明的功利性动机，以及普遍的、短视的实用主义态度的双重推动下，民族主义以其有效而强大的动员力量备受近代知识分子的推崇和青睐，相应地，难以直接带来短期"富强"成效的自由、民主观念则被后置。故而，这也解释了为何中国的民族主义仍然停留于文化传统的基线之内，既未能与自由主义伴生，也未能取彼之长补己之短。出于对理性策略及其经济、地位利益的追求，在面临民族生存危机时，一种集体主义式的动员被发挥到极致，近代中国知识分子由此形成了应激反应，并基于这一反应进行了新的族群建构。建构于"民族共同体"基础之上的民族精神符合危机下的形势所需，由此被多角度解读，用以号召不同群体进行响应。但实际上而言，由于民族主义的本质内涵并未能在近代中国得到充分的挖掘整理和透彻性理解，故而重建民族国家的政治秩序和文化秩序，也只能成为一项难以完成的任务①。

从近代文化哲学的主体性角度来思考中华民族精神的建构问题，也是中国建立民族新文化过程中必须面对的难题。这一议题适合开展于中国近代转型期的时代——一个缺乏理性探讨以"人"为本的时代。

长久以来，近代中国知识分子都在思考一个问题，即如何在"救亡图存"中以理性和自由作为"人"的最高本质的确认。近代中国历史是一部中华民族不断自强和觉醒的历史，实际上它也是一个民族意识逐步觉醒的过程——最初由精英群体的觉醒逐步发展到社会各阶层

---

① 参看韩轶：《中国近代民族国家建构及其宪政启示》，《南京大学法律评论》2017年秋季卷。

的觉醒。进行反帝反封建斗争，争取独立、民主、富强，始终是中国近代历史的主题。近代中国出现的一切争议与选择，无不与这一主题息息相关。近代民族精神的确立与塑造同样受到这一主题的影响，知识分子群体对其展开的多维度探讨，即源于民族意识的觉醒。

一般来说，民族主义对于国家具有一种无可争议的道德上的要求，与国家认同和文化认同等密切相关。从古代中国的价值层面来看，国与君之荣耀远远凌驾于个人价值之上。在国人眼中，朝廷概念在文化意义上的转译，言之曰"儒家精神"或者"孔孟之魂"等。作为道德要求，它们也被默认为是国人理应承认并遵行的文化准则。鸦片战争爆发后，大清王朝被迫步入近代文明进程之中，导致恒久不变的传统价值因碰壁现实而狼狈不堪。面对社会"巨变"，国人必然要在新的时代背景中重新确定"天朝上国"的文化准则是否真正可以"放之四海"，由此认识并摆正自己在世界体系中的正确位置。以"小我"论，这个认识是无数个体的集结，而以"大我"视之，则是整体性中国的价值呈现。

18世纪之前，"伟大"一词毫无疑问是中国形象的最佳描述。彼时的中国就是世界的中心，"尊王攘夷""德华兽戎"等观念深入人心，形成了儒家文化的价值就是世界文明的最终价值这一认识。与之形成对立的，是所有非儒学文化认同的华夏文明的边缘地带，无论是周边"夷蛮""藩属"还是海外文明，都被认为是一种野蛮主义。鸦片战争后，"中国中心"的情势开始扭转甚至是彻底性地被颠覆。儒学传统遭受了一系列屈辱，从现象来看，完全是现代文明带来的挑战和威胁。西方外敌武力侵略导致的战事失利，消解了中国由来已久的"上国"优越感，并由此引发了国人或隐或显的民族憎恨情绪。憎恨的对象既指向实体对象——反"帝"与反"专制"，即西方武力侵略者与清朝封建统治者，又指向虚体对象——儒学传统的反对者和新文化的敌对者。由于受到技术落后的限制，中国的现状决定了国人既不能完全接受西方文化，又不能将之彻底祛除于文化传统之外。国人尤其是知识精英群体，对于儒家和西方文化关系的心态亦是复杂且矛盾的：一方面，过去的传统尽管已经僵化垂死，但仍具有接受的必要性，因为它是中国的、民族的；另一方面，西方文化尽管新鲜朝气，但也认为应该被拒斥、被挑剔，因为它是外国的、异质的。由此我们可以看到一种奇特的文化现象，即自19世纪中期至20世纪初期，在西方政治观的启发下，民族主义者自身成为"中国中心"的破坏者。他们要么作为五四精神的革命者热烈抨击文化传统之劣，要么作为文化保守主义者肯定文化传统的旧价值并将旧价值泛价值化。但无论形成的是何种文化思潮，它们的目的又是不约而同的——从19世纪出发指向未来，而不是从现在出发回溯过去。

认识并客观看待传统文化地位改变的事实，证明了西方现代哲学中的理性精神已经开始在近代中国造成一定的影响。在认识"人"的主体性层面，中国哲学与西方近代哲学的审视视角基本上是对立的。反专制而尊重人权，是西方近代人学的基本思维特征之一。中国哲学在同一视角与之大相径庭，然而，西学东渐之后，中学开始向西方近代哲学靠拢，尊人权反封建的新时代特征逐渐成为重要的文化思想论题。比较典型的表现是：

一则，孔学被大刀阔斧地加以改造。传统文化的悠久灿烂固然是一笔巨大的精神财富，却也经常性地成为阻碍它与时俱进的沉重包袱。中西文化的博弈由于往往被当作不同文化类型之间的争斗，以至于国人出于维护传统文化的情结而排斥外来文化。如若不能解决孔学近代化的问题，就无法移除中国社会变革的障碍问题。因此，弱化国人对中西文化的差异和冲突意识，探讨传统道德本身的合理性问题，辟除夷夏分别的狭隘观念，主张开启民智和更新民族素质等行为，被认为是封建中国向近代中国进化的重要途径。康有为是做出这一尝试的代表人物，开启了一条如何使传统文化与现代文化接轨的新思路。例如，他重新定义了道德也即"礼"的标准，认为道德并非绝对律令，因此要以是否"合乎人道"作为评判标准。若其戕害人性，则已经违反"礼"之根本精神而不可取："凡有害于人者则为非，无害于人者则为是。"①

二则，狭隘的文化认同意识被扩容。"中国动以伦常自矜异"②，并以此为标准非议西方之所食、所饮、所衣等。儒学被称为"名教"，实则是处于维护君主专制体制之意图而故意扭曲的结果。在推崇西学思想的那部分士人群体看来，"三纲五伦"因钳制思想太过，于中国无疑是"惨烈之祸"。若无视转型时代的到来，继续以民俗淳厚自诩，因用度之俭、工作之廉而自鸣得意，那么这将对社会发展产生巨大阻碍，不过十数年"将有食槁壤，饮黄泉，人皆饿殍，而人类灭亡之一日"③。由此"冲决罗网"必须反纲常名教，同时在思考中找寻出路以安放民族的灵魂。事实上，东西方文化的优劣需要辩证地加以看待。西方不但有其"伦常"，且是"中国衰世"之道德所远不能及的，例如人权平等思想、学术自由思想等。另一方面，西方文明又并非是文化标杆，它带来的巨大破坏性同样不可忽视。例如，与近代工业发展同行的理性精神严重地挤压了人文传统，给西方带来了文化危机。当以科学、实证、标准作为衡量尺度之时，文化中的价值、道德也将同时被解构，其消极后果将使得西方文化深陷其中而无法自救，唯有从东

---

① 康有为：《刑措》，《大同书》，汤志钧导读，上海古籍出版社2005年版，第273页。

② 谭嗣同：《仁学》，吴海兰评注，华夏出版社2002年版，第125页。

③ 谭嗣同：《仁学》，吴海兰评注，华夏出版社2002年版，第72页。

方传统文化中寻求缓解危机的方法——儒家文化、印度文化被用来作为文化拯救的一种手段。彼时的近代知识分子如杜亚泉、辜鸿铭、梁漱溟、梁启超等，掀起"东方文化论"潮流以倡导文化回归，显然是看到了西方文化在此一方面的不足。同样，儒家普世主义也应作如是观：只能作为一种文化立场，而不能成为一种文化出发的选择支点。视文化差异为一种自然之道，正视中西文化关系的矛盾性，如此才能铺就中国传统文化通往近代文化的蜕变之路，同时铺成中国文化的复兴之道，推动文化改革获得新生。

三则，民族精神的凝聚力被高度激发。在近代以前的所有皇权制朝代中，将民众凝聚在一起的主要是对一些根本的文化理念的认同，而不是基于"族属"意识，也即从未以民族或政治共同体对群体加以界定。一个民族在其生存受到严重威胁的时候，最容易产生内部凝聚力，这是一条难以驳斥的历史规律。历代中国人总是乐意将自己的命运与民族盛衰、国家兴亡联系在一起，由此铸造了强烈的民族责任感、民族气节以及为理想而献身的牺牲精神，激励着志士仁人在民族危急关头挺身而出，力挽狂澜。爱国主义精神是从民族屈辱历史中滋生出的最强烈的一种情愫，这在近代中国表现得尤为突出。晚清的爱国主义者首先得出了清政府不能救亡图存的结论，继而在此基础上逐渐形成了反清、反专制的带有种族色彩的民族主义。"经无数年无数人协同努力所积之共业，蘁然成一特异之'文化枢系'，与异系相接触，则对他而自觉为我"[1]，认识并重视"我"也即民族认同的重要性，无疑是中国文化近代转型的出路。近代国人尤其是近代知识分子，关注作为群体的中国远胜于作为个体的自己，弘扬民族精神亦远远超过满足一

---

① 梁启超：《中国历史上民族之研究》，《梁启超全集》第6册，北京出版社1999年版，第3435页。

己之私。他们所思考的爱国主题，不在于群体是否受到了文化约束以及怎样被约束，而是民族文化能否充分顺应时代发展以团结整个中华群体共同奋斗，共渡民族存亡之难关。

论证中西文化差异的根源，从西方哲学的角度来看，实则是审视人的自由也即自由精神的问题。西方近代文明的实质在于追求真理的学术精神以及民众至上的政治观念。自由，是西方科学精神和政治理念的根基，然而恰恰相反，"夫自由一言，真中国历古圣贤之所深畏，而从未尝立以为教者也"①。在崇尚西方哲学思想的知识分子看来，中国虽然也讲求"絜矩之道"，但本质上是一种待人处事的道德要求，并不具备个体独立的意义。严复指出，正是由于没有西方的自由平等精神作为主体意识，因而传统文化在面对西方文化的挑战时，就有"无以自存"之虞，并因此处于毫无自由的奴隶地位。他认为作为社会个体的自由权利是平等的，故而倡导国人在理解的基础上接受人格独立意义上的精神自由，以及政治法律意义上的言论行为自由。如其所说"须知言论自由，只是平实地说实话求真理，一不为古人所欺，二不为权势所屈而已"②，意即唯破除来自传统权威的纲常伦理观念，才能催生国人具备追求真理的自由精神，开启"民智""民德"，推动社会进步。西方文明以自由精神作为立国之本，取得了日新月异的发展，可为此说例证。这也证明了自由精神具有振聋发聩的文化启蒙意义，促使国人能够从全新视角审视中国社会问题的症结所在。例如，探究在中国推行以自由为思想根基的民主政体最终失败的原因，在严复看来，即在于当时的民众远未具备西方哲学的自由精神等素质，故而未能形成与之相应的自治能力。从文化表象视之，西方思想的不断引入威胁

---

① 严复：《论世变之亟》，《国闻报汇编》1903年上卷。
② 严复：《〈论自由〉译凡例》，《天演论　论自由》，赫胥黎、约翰·穆勒著，严复译，江西教育出版社2018年版，第102页。

着中国文化的走向，似乎唯有西方化才能推动传统文化走上通向未来的道路。对于文化激进主义者来说的确如此。他们站在世界主义的文化高度，处处以欧洲为中国榜样，认为若要使得中国传统文化融入世界文明体系，就应该与欧洲行走同一条路线，即从科学、教育以及民族认同等主题切入，进行文化上的变革。事实上，西方从基督教转化出民族国家与中国从儒家文化转化出民族国家的行为并不具备同一性，而是存在本质差异。形成差异的根本原因，就是中国并无实现精神自由的现实条件。传统文化被附加的新文化价值，并不是在本身基础上生发出来的，而是来自外部的强制性灌输，这就注定了传统文化的近代蜕变不能仿效欧洲路线，而只能沿着与其平行的文化道路曲折前行。

因此，由于近代中国的文化启蒙具有外源性特点，国人在固守已失去优势的传统文化的同时，又不得不受到工业文明中理性文化的影响，故而伴随着痛苦与挣扎，形成了从感性上排斥、从理性上选择的文化转型特征。中华民族精神也在这样特殊的环境中历经磨难、沉积并结晶，一方面，民族主义的基本诉求要求近代国人对民族自身文化进行肯定与确认归属；另一方面，文化近代化又要求国人以反对传统为己任，重建民族或国家的整体目标与价值体系。这一矛盾性的定位，结合了爱国精神与变革信念两方面的诉求，既令民族精神更加富有强烈的感召力，又让其具备了以近代性特征进行武装的文化表征。

救亡图存的民族意识是构成近代文化知识体系的重要内容，这一点无可否认。然而，需要引起注意的是，近代民族主义打着救亡旗号，以盲目而热情的自我认同来对抗西方文明的"入侵"，结果却造成了自身的迷失。这也给国人提出了有待回答的问题：既然中国传统文化和制度是造成中华民族落伍于工业文明的重要原因，又是受制于列强侵略的重要根源，又如何依仗它来挽救民族危亡？既然它不能挽救民族危亡，是否应该对其进行根本性的否定和抛弃？更进一步而言，如果对民族文化传统进行否定和抛弃，那么从长远来看，是否也必然导致民族认同和凝聚力的丧失殆尽？

事实表明，一个国家或者一个民族要想在时代潮流中生存，就必须要根据现实不断进行革新，有所作为。这就决定了民族精神并非一成不变，而是常建常新的。正因为如此，在近代国人的奋斗实践过程中，现代中华民族精神的应有之义始终与自强不息、革故鼎新联系在一起。中国人民是具有伟大创造精神、伟大奋斗精神、伟大团结精神、伟大梦想精神的人民。伟大的中华民族精神是中国人民在长期奋斗中培育、继承、发展起来的，它为中国的发展以及整个人类的文明进步提供了强大精神动力①。这一论断所言不虚。在清末民初之际，它表现得更为明显。为民族文化复兴而献身的伟大奋斗精神，就是其中的典例之一。近代独特的历史背景为爱国主义赋予了独特的时代主题，很多基于文化危机感、民族责任感的进步知识分子，将流淌于血液中对国家和民族的忠诚与热爱化为一种精神信念，并将此作为自己矢志不渝甚至不惜流血牺牲的奋斗方向，留存下来诸多可歌可泣的动人事迹。例如，在知晓林则徐、魏源"已犯诸公忌"，且林也被流放边疆的处境下，为寻求民族自强的出路，姚莹仍然"喋血饮恨"，坚持御辱图强："忠义之士，莫不痛心疾首，日夕愤恨，思殄灭丑虏，捍我王疆，以正人心，以清污秽。"②再如，《马关条约》签订后，千余名举人不畏被杀危险毅然坚持"公车上书"，提出了"拒和、迁都、变法"的主张，并相继组建了以"救国""保种"为目的的社团组织，如强学会、南学会、保国会。稍后又有兴中会、华兴会、中国同盟会等。事实上，为

---

① 习近平：《在十三届全国人大一次会议闭幕式上的讲话》，2018年3月20日。

② 姚莹：《复光律原书》，《姚莹年谱·东溟文后集》，施立业著，黄山书社2004年版，第343页。

推进维新变法不惜流血牺牲者的确大有人在。"益轻其生命，以为块然躯壳，除利人之外，复何足惜"①，谭嗣同不仅大义凛然地表明了其态度，而且面对以慈禧太后为首的顽固派四处捕杀维新人士的危险，他也毫无退缩之意："各国变法，无不从流血而成，今日中国未闻有因变法而流血者，此国之所以不昌也。有之，请自嗣同始！"②最终慷慨就义。革命派人士亦然。秋瑾有"拼将十万头颅血，须把乾坤力挽回"之决心，徐锡麟有"功名富贵，非所快意，今日得死，死且不憾矣"③之热血，孙中山亦表达出自己"精诚无间，百折不回，满清之威力所不能屈，穷途之困苦所不能挠。吾志所向，一往无前，愈挫愈奋，再接再厉"④之坚定。

中国的现实处境决定了国人在文化价值取向上还有一种实用主义的倾向。中华民族精神的孕育与弘扬，始终与达成救亡图存的目的相关。随着文化变革的步步推进，文人接受新式教育的现象也越来越普遍，并因此分化成西化文人和传统文人两大类型。前者主要为科学与西方文明的合法性进行辩护，后者强调尊奉"国粹"立场，固守中国民族精神。两类文人尽管在主张上各有倾向，但从出发点来看却又呈现出一致性。在清末民初的思想空气中，功利性、实用性的气息最为浓厚，普遍存在于各种不同的文化思潮中。中华民族精神的内容建构难免受此气息影响，沾染上与时代特征相呼应的实用主义色彩。

表现之一是晚清民初的知识分子几乎都有一个无法割舍的"夷""师"情结，随"救亡"主张的变化而产生强弱变化。黑格尔说过，一

---

① 谭嗣同：《仁学·自叙》，《谭嗣同集》，岳麓书社2012年版，第311页。

② 谭传赞：《复生府君传》（代序二），《我的祖父谭嗣同》，谭训聪著，黄山书社2018年版，第10页。

③ 郭丽娜：《徐锡麟传》，北京时代华文书局2016年版，第96页。

④ 孙中山：《建国方略·孙文学说——行易知难（心理建设）·自序》，《孙中山文选》，九州出版社2012年版，第188页。

粒自在自为的种子已经包含了未来的果实。这一说法非常适合描述中国近代文化史上"夷"与"师"的关系。自魏源提出"师夷长技以制夷"的主张以来,"师夷"的举措和原则就成为整个近代文化的主题,其中包含了基于实用性而产生的多个内容变量。

首先是"长技"观念的持续更新。审视"长技"观念的演变,实则是认识近代历史的发展脉络。继"开眼看世界"的主张受到进步知识分子的肯定后,"长技"最先被定义为坚船利炮的兵器技术,经过洋务派的实践尝试,继而又被视作西方发达的工商经济和政治制度方面的"君民共主"观,维新派在此基础上又进一步将"君民共主"深化为"君主立宪"之"长"。接下来,在以孙中山为代表的革命派看来,"长技"指的则是民主共和制。五四新文化运动开始后,它又被指称为一种民主与科学的价值观念,成为"德先生"和"赛先生"的代名词。很显然,在整个近代时期,学习西方之"长技",是一个从器物、制度到文化心理逐步深入的过程。每一个阶段的跨步与落实,无不关涉中西文化内容的选择问题。在中西文化碰撞的交汇中,"师夷长技"始终是其中绵延不断的中心主题。

其次是"师""夷"态度的艰难反思。"师",此处指学习对象,名词用法,多用于褒义。"夷"之称,指野蛮和不开化,有轻视与鄙夷之意。不难看出,二者是一种态度上的对立。鸦片战争之后,华夏文化的封闭格局被西方列强的强势入侵所打破。紧迫的时势变化,以及亲眼所见的战事失利,使得知识分子迅速关闭了"天朝大国"的滤镜,首次纠正了清朝是世界中心的认识误区,并领悟到学习"夷"之"长技"的必要性,从"鄙夷"转换到"师夷"的态度上来。这也意味着"夷学"传播由被动"送来"为主时期进入主动"拿来"为主时期。需要注意的是,国人亦"夷"亦"师"的心理体验存在了一段很长的时期。以第二次鸦片战争为界限，在此之前，如果说国人还存在着身处"天朝上国"之优越感的话，那么甲午中日战争之后，这一优越感就迅速被震惊、失落与希望的复杂情绪所取代，甚至沦落为文化自卑。随着对西方文化之"长"认识的加深，知识分子对学习西方文化的态度也逐渐理性化。"鄙夷"一边倒的现象慢慢退隐，代之以学西思潮逐步勃兴。论其目的，即试图以更具实用性的手段进行"救亡图存"。这是一段艰难蜕变的心灵转变历程。对于国人而言，从"天朝"顶端跌落，本身就是一个快速失重的痛苦体验，而与此同时，由"夷"转"师"所带来的"他者"压力，更是让这种体验附加了跌落加棒打之屈辱感。西方文化尽管更加适应近代工业文明的发展，然而在国人的心理意识深处，浓厚的"夷""师"情结仍然无法消除。它是一种无法调和的矛盾：一方面，西方列强以武力轰开中国大门这一事实给国人带来的屈辱是无法改变的，称其为敌人或者武力之"蛮夷"，并不过分；另一方面，为了逆转屈辱，追赶甚至是超越西方，国人又不得不向屈辱的施行者进行效法，将自己"蛮"化。自魏源始，知识分子已然踏上反思"夷""师"关系的征程，虽然一路与痛苦为伴，但却为未来指明了前进方向。"夷"与"师"在国人态度上的比例变化，制约着近代中国对西方文化引入的范围和程度。可以看到，近代国人为固守传统文化之基线，防止"以夷变夏"，在思想主张上，纷纷提供了可供选择的改革公式，如"中体西用""以古证新"等。

　　表现之二是晚清民初之交，在爱国救亡这个共同的目标之下，出现了无数种方法的共存，其中来自人文精神的激励，使得中国传统民族精神在回应时代的背景下，选择了一条充分发展主观能动性以弃旧图新的新道路。

　　几乎就在西化思潮风靡的同时，传统文化也在一些具有改造倾向的知识分子身上重新被审视。他们共同的特色是尊"人"，将人的价值提高到重要高度，同时贬低任何缰索绳墨的羁绊，推崇一种积极入世的人文精神。在这些人身上，用来倡导积极入世的努力中存在着一种二分的对抗性结构，即"我"与现实世界、精神与山河大地。在二元并列之时，他们总是偏向于发挥"我"的能动性，偏向于精神的胜利。在特殊的近代时期，爱国强国始终都是近代知识分子变革图强的目标，为达成它，只要手段合乎逻辑，对于行动者而言都是可行的，并且认为主观能动性发挥得越充分，就越能激发其变革能量。这样做的用意，显然是要将手段的功能性和实用性最大化，刺激国人释放出最为浓烈的爱国热情。这也足以解释近代知识分子缘何要以爱国主义与国粹为主题，团结全体国人来塑造中华民族精神的理由。

西学东渐以来，高度张扬自我，发挥人的主观能动性，尊重人的价值和意义，正是近代哲学一再强调的人文精神的重要特征。在民族危亡的非常时期，来自儒学传统的入世精神与人文精神相契合，赋予了儒士文人强烈的社会责任感和解决实际问题的进取心，使得他们抱有将自己的社会理想付之实践的决心，且时刻跃跃欲试。在人的主观能动性发挥到极致后，甚至还引发了反向入世的文化思潮出现。一批知识分子不惜以破坏个人主义来达成爱国目的，以至于将大规模的反文化传统行为当成一种正面行为。打破传统的伦理结构，将传统价值观念彻底重新组合，是其救国手段的体现。爱国之心越热切，打破传统的诉求就越强烈。二者如影随形，构成了近代中国一道奇特的文化风景线。一些知识分子强烈主张全盘西化，实际上也是这个现象的极端反映。论其原因，在于他们急切希望能够拯救国家民族于危难之中，但在敌我双方力量悬殊，传统知识显然不够用的前提下，于是转向从西方文化去寻找医治良方。如果说"体用论"的华夏中心心态是从实用主义出发的，那么师法"他者"的文化取向同样也隐含着功利主义的用意。从实际意义来看，这种行为不仅不是抛弃传统，恰好相反，正是为了更好地宣扬爱国主义，从而才有弃旧图新和对文化传统进行改造的必要。学习并大量引进西方思想之真正目的，实则仍是为了弥补传统抗衡西方列强之不足。由此可以说，"西化论之所以风起云涌、沛然莫之能御，至少在意图的层面上，与强烈的民族情操正是密相结合，而不一定是崇洋媚外的买办心理之产物"①。

推己及人，人人相加，是以个人价值的实现终将在主观能动性的引导下上升为民族与国家价值的实现。在民族斗争激烈到白热化的阶段，群体价值的重要性也即中华认同意识的重要性，因身负解放民族的重任而远远超越了作为个体的人的解放之重要性。那些为了"救亡图存"而献出自己生命的志士们，无一不是将民族精神置于个人价值之上的精神楷模，对近代"中华民族精神"的塑造和传播起到了不可磨灭的作用。为拓展传统精神世界，建构适合新时代的人文精神，一代代知识分子挣扎于反对与接受、改造与学习西方文化的过程之中。他们敢于直面现实，勇于回答"中国向何处去"的拷问，充分展现了其尊重传统又非食古不化的时代精神。"周虽旧邦，其命惟新"②，若抛弃泥古复古，挣脱作茧自缚，近代国人也能抓牢奔向新时代的大好机会。

### 三、"中华民族精神"的另类"反传统"经验

在清末的知识分子身上，可以看到民族精神近代新变的特质。时

---

① 王汎森：《中国近代思想与学术的系谱》，上海三联书店2018年版，第145页。
② 《诗经·大雅·文王》，《诗经》，杨允编译，万卷出版公司2018年版，第256页。

代对于他们来说，就像是一把两面皆刃之刀。不满足于传统社会的落后与失序是毋庸置疑的，但同时他们对打破旧传统并干扰其政治理想的新东西也表达出不满。无比的困惑与两难，使其陷入一种压抑的情绪"铁笼"之中，急切地想要寻求救赎之路。希冀重建完满道德社会的理想，导引他们走向了激烈的文化批判主义，儒家的某些思想成分在此与时代风向汇合，成为对抗西化的思想武器；而"别求新声于异邦"①的时代性诉求，又指引他们前去探索关于文化建设的新方法论，并使之最大范围、最高程度地被国人所接受。

一个时代的结束，从文化视角观之，也标志着一种价值体系的解构。大清与近代中国，非止于时间之差，而更是价值之异。与封建帝制时期相比，近代的价值就在于它超越了对儒家传统绝对尊奉并持守的局限性，因而烙上反传统的印记，革命性地为中华民族精神注入了新的时代内容。回望鸦片战争后的清末，值得注意的文化现象是，对传统道德之时代意义的不同回答，最终产生了文化反传统主义与文化保守主义的区分。区分文化流派，对待传统的态度始终是一个重要的维度。文化反传统主义不是从一开始就以彻底推翻传统为目的，而是一贯主张从传统中出新，以推陈出新作为方案，或从传统中提炼新，或从推导传统中生发新。前者称之为"新传统主义"，后者称之为"反传统主义"，但无论哪种方式，均以儒家传统为文化认同之根，以爱国主义为基调。封建帝制被推翻后，新文化运动打出了彻底反传统的旗号，但以目的而论，实际上是意图对文化传统进行批判；以基调论，也仍未脱离爱国主义的范围。如前所述，断裂传统并非要隔绝传统，而恰恰是希冀能够以更健康的姿态延续、弘扬与复兴传统，使之光彩夺目地冠以"中国"之名。

---

① 鲁迅：《摩罗诗力说》，《鲁迅全集》第1卷，光明日报出版社2015年版，第13页。

　　反传统主义是针对传统文化的僵化与不合时宜形成的一种文化反抗现象。作为一种创造性转化的动力，它不是主动的而是被动的，不是先发的而是因应的。如果没有传统的强大排外力量，就不会有学习外来文化之长的革新思潮的勃兴。同理，如果没有倡导"新"文化思潮的反传统，也就不会出现所谓的文化保守主义。在鸦片战争后的清末，倡导学习西方并介绍西方思想的文化思潮，都应视为反传统的文化革新力量。当然，清末也并非没有保守主义，但那主要是政治保守主义而非文化保守主义。就清末倡导学西者而言，他们对待传统的态度并非抛弃而是革新，因此相对于当时的"上国"文化优越感而言，这一态度可以称之为新传统主义，却不宜指称为文化保守主义。由于对传统文化的绝对统治地位进行了质疑，同时又对其中的纲常名教有所革新，故而新传统主义也被视为反传统主义体系的一个分支。"旧者因噎而食废，新者歧多而羊亡"①，以反思的眼光去看待反传统主义尤其是审视五四新文化之影响，至少可以认为"新者"之"歧"应该成为一种反思文化历史的镜鉴。反传统主义的发展具有一个过程，其中包含着各种各样的去传统化或者说近代性。"化西为中"是一种去传统化，"中体西用"是一种去传统化，"中西会通""全盘西化"也是一种去传统化，全都具备反传统倾向的近代性特征。选择一种反传统主义的思想价值观，为何不在别的时间而是清末？不独是因为此一时期国人开始认识到传统文化的历史局限性，而且还因为恰逢彼时，传统文化迎来了时代变化造就的革新机遇，也即，外来文化的挑战与威胁给予了国人纠正传统停滞僵化状况的启迪。

　　反传统主义思潮的产生与推进，至少具有三个重要的因素凭借：

---

　　① 张之洞：《劝学篇·序》，《劝学篇　辒轩语》（大字版），孙甲智点校，中国盲文出版社2014年版，第2页。

文化困境、时代契机以及思想启蒙。它们在19世纪末期20世纪初期同时作用于文化传统，使得原来儒学天下的优越地位与精神支柱顿失根基，从而也使得进步知识分子急于复兴传统而积极寻求革新甚至是彻底改造传统的方法。

首先，反传统主义思潮何以在传统文化遭遇困境时出现？

提出这个问题，实则具有两个层面的内容：一是"为什么"，即中国近代民族主义反传统的原因，主要从思想依据方面进行回答；二是"如何"，即中国近代民族主义反的是什么传统？采取的又是什么样的方式？

传统文化是一种深植于民族思维中的意识表征，已内化为生命之血，流淌于国人脉搏中。不管它因何种原因而陷入何种困境，国人始终都无法跳出其潜移默化的思维模式。在近代中国，很大程度上，尽管知识分子或多或少理性地意识到传统文化相对于时代的落伍，但在情感上却依然对其抱有无比的眷恋。在绵延了数千年的封建王朝时代，以儒学为主体的传统文化既适应了农业文明形式的伦理需要，同时又极有力地维护了高度的专制集权统治，因此成为中国社会和文化的强大精神支柱，生生不息地滋养着这片土地上的子民。然而，当高度封闭的王朝被打破了体制设定、文化常规及一切传统模式后，大清王朝及其子民便被推入一种新的、陌生的时代氛围中，感受到了不同于传统社会模式的种种别扭，尤其是来自与传统文化价值观截然不同的外来文化的冲击不适感。这是源于传统文化本身魅力与缺失之矛盾而导致的情理认识冲突，并因此构成了一个事实困境：一方面是国人具有强烈的民族自尊，另一方面是国人却又对民族传统的某些内容采取批判甚至攻击状态，也即，既肯定传统文化的精华，又揭示其僵化之不足，既肯定其所长，又揭示其所蔽。

需要说明的是，困境是传统文化在近代发展时的一个特征，但并不意味着近代传统文化的发展唯有这一个特征。同样需要说明的一个问题是，如果我们将近代发展起来的民族主义仅仅理解为是对传统文化的珍视，那么这个理解就仅仅只能揭示民族主义精神维度的一个方面。从中国传统文化的自身发展历史来看，并非没有过陷入文化困境的时候，也并非没有兴起过反传统的文化思潮。时光倒退至晚明时期，这一现象便表现得十分明显。随着商品经济的发展，心学思潮的高涨，以李贽、汤显祖、徐渭等为代表的时代人物，充分张扬人的本能欲望，肯定追求人的解放的合理性，致使以情抗理这一反传统思潮盛行一时。当然，明末的反传统思潮与近代时期的反传统主义不能并列而论，后者与前者具有本质上的区别。科学与民主精神在近代时期的输入，打破了文化传统从内部进行反思与批判的模式，突出了文化传统借助外力因素的新变特征：既使得 "解放" 观从人的生命意识上升为社会的思想意识，又使得倡导个性解放的思想启蒙与寻求社会解放的政治救亡共存于一个历史的起点，最终完成文化从传统到近代的转型。确切地说，在辛亥革命以前，中国传统社会推行的是内圣而外王的统治模式，即，儒家文化与王权政治互为表里。如果说封建王朝时期的反传统文化思潮凭借的是儒家传统的思想力量和道德力量，那么在王权被推翻后，民主制度进驻这个古老而又新生的国度，首先剥夺的便是儒家传统的政治保护层，也即打破了文与政通的社会状态。更重要的是，借助时代巨变这个契机，"反传统" 思想逐步完成了由物质文化、规范文化到观念文化的近代化变革。

儒家文化传统在封建王朝时代占据着绝对统治地位，支配着俗、雅文化的发展走向。在雅文化层次，它被哲学化和法律化；在俗文化层次，它被宗教化与习俗化。这也注定了一旦出现与文化发展相关的困境，被儒家传统所限制的国民便无法通过官方政策去寻求拯救良方，于是只能从民间文化系统以及儒学之外的佛学、黄老之学系统中去进行尝试探索。直至鸦片战争带来社会巨变，变革传统的文化风气也随之一变。在经历了外来文化的强势冲击后，文化传统的坚固壁垒产生了裂缝，并由此构成了文化变革的时代契机，使得真正意义上的"反传统"即五四新文化运动与新文学运动应运而生。长久以来，因封建礼教与专制政治相伴而生导致的历史局限，加上内忧外患催生的民族生存的压迫，最终让走向觉醒的知识分子将文化和政治同时当作了批判对象，并以此建构了反传统思潮的基本主题。如胡适所说，新文化运动的性质实则与欧洲十五六世纪的文艺复兴相同，"它是理性对抗传统，自由对抗权威，以及生命和人类价值的赞誉对抗其压抑的一种运动"①。

因此，近代"反传统"思潮被认为是一种否定性力量，与革新、对抗、推翻等词义联系在一起。新文化运动是这一思潮的巅峰体现，它"以理性眼光从全局上体系上审视传统；而这种审视又是以怀疑一切、否定一切的形式出现的，怀疑中有所珍惜，否定中有所肯定"②。从革新层面来说，它是来自传统内部的一种力量——传统本身孕育出的一种反抗力量。它本身就是传统的一个组成部分。作为一种来自传统本身的革新动力，"反传统"意味着在反思传统合理性的过程中酿成了一种面对传统的自我反省倾向。在时间魔法的作用下，层层筛除文化糟粕，代代传承文化经典，最终使得我们能够目睹这一努力在近代形成的最新成果——以不同态度反思文化传统之文化思潮的共存。从对抗层面而言，它又是从外部比较中形成的一种反向撕扯力量。"新来者"或"外来者"的加入，能够让民族文化传统的面貌在与异质文化

---

① 胡适：《中国的文艺复兴》，湖南人民出版社1998年版，第38页。
② 许志英、倪婷婷：《五四：人的文学》，南京大学出版社1992年版，第192页。

载体的对比中变得愈加清晰，也能够让其地位和贡献在因比较而形成的文化新秩序中重新被估量。换而言之，恰好是这些与传统形成对立冲突的内容与特征，反而放大了传统文化中某些值得珍视的价值，或者是让之前并未得到重视的某些观念或主张凸显出来。因此可以概括性地指出，近代"反传统"的具体含义是多元化的，其一是指对古典传统某一部分内容的排斥和否定，其二是指基于实用性对古典传统中某一部分精神的借鉴和近代转化，其三是指对经典传统应用方法某一种方向性偏失的纠正。

之所以用复杂、多元来形容文化传统的特征，原因就在于它具有某些不受人任意割舍的内容，沉淀于国人生活的各个方面，并且将以一种不容拒绝的形式表现出来。例如社会特有的人际交往方式、高压的政治气候、传统的师承关系、难以逾越的家族裙带等儒家规范造成的影响无处不在。这也让以"反传统"面目出现的人物与思潮显得十分"离经叛道"以及耐人寻味。"一祖之法无不敝，千夫之议无不靡，与其赠来者以劲改革，孰若自改革"①，传统文人站在时代潮流的前端来斥责传统之弊，已经称得上是"惊人"之举，更遑论五四时期以颠覆传统为目的的"反传统"思潮的出现。严厉批儒者如胡适、钱玄同、鲁迅等人，尽管他们深受西学思想的影响，但由于从小接触的儒学价值已经融于血液，故而因熟悉而产生的"反传统"批判意识就愈加强烈，体现出的批判力度也更为深透。更重要的是，源于批判而积淀的"反传统"方法，为文化传统的近代转型凝聚了不可忽视的力量。

方法之一表现为扭转思维以发现真实的中国。

封建主义文化传统指的是以孔孟之道和程朱理学为核心的伦理道

---

① 龚自珍：《乙丙之际著议第七》，《龚自珍集》，曹志敏注说，河南大学出版社2016年版，第84页。

德。尤其是向来被统治阶层所重视与弘扬的诸如君权神授、三纲五常、忠孝节义、信天知命和存理灭欲等价值观，在社会生活中被发挥得淋漓尽致。至明清时期，文化政策的过度高压，使得知识分子已然变成"不读秦汉以后之书，更不考地球各国之事"①的傀儡人，整个思想界由此呈现出死水一潭的悲凉之象。鸦片战争后，华夏文明传统的弱点在时代潮流的冲击下暴露得更为充分，面对现实带来的价值挑战而倍显回天无力之态。"反传统"运动就是在这种历史背景之下拉开序幕的。

这场源于缓解制度与信仰危机而兴起的"反传统"运动，不是一蹴而就而是逐次展开的。"反传统"实则也是随时代变化而逐步否定传统中相关消极内容的过程。开明的封建士大夫首先开启了否定自然经济传统的序幕，从鸦片战争经洋务运动直至甲午战争以失败告终的这一段时期，始终就"师夷""制夷"理论付诸"反传统"实践。从洋务运动中崛起的民族资产阶级又进一步认识到，谋求民族自强须得突破"上下之情不相通"的贫弱根源，变革封建君主专制的政治传统，因而据此发动了轰轰烈烈的戊戌维新运动和更为激进的辛亥革命，直至彻底推翻封建帝制。然而，反帝制只是通向民族解放的表象，本质上仍需要从精神层面进行反封建伦理道德的斗争。这一点可以通过袁世凯蓄谋复辟帝制的最终失败得到证明。激进知识分子由是继续觉悟前行，将"反传统"的矛头直指封建"孔学"，声势浩大地开展了新文化运动，将近代以来反传统的思想解放运动推向了顶峰。

与其说"反传统"是缓解传统危机的行为，不如说它是一场发现真实中国的运动。西方文明登陆中国后，国人尽管心怀失落和不愿相信，但也不得不从"天朝上国"的错觉中走出，真诚地面对彼长我短

---

① 张耀南等：《戊戌百日志》，北京燕山出版社1998年版，第37页。

的文化现实。何谓真实？首先，发现"天朝"非世界中心，儒学非普遍价值。其次，认识到文化优劣之争并不能通过道德观来进行评判，更加不能以文化差异作为辩护理由，因不论哪一点都无法更改强者入侵的事实。再者，确认传统需要革新甚至是颠覆这一主张的重要性。以达成"自强"目的而论，寻求改变"不足"与"弱点"的方法，即是要为处于新时代语境中的文化传统寻求生存空间的正当理由，取长补短，将西方文明之长变成文化传统的变革武器，从而实现真正意义上的赶超西方。

显然，"反传统"行为更新了一种诠释"思想资源"的思维方式。近代以前的儒学传统好以"统之有宗，会之有元"[①]的思维方式，将各种实际上多元呈现的文化现实收摄到一个宗旨下面，而不愿将纷繁变化的多元观念当作实态。进入近代后，为回应中国所遭遇的历史巨变，知识分子进行了各种理论谋划。思潮的互斥互补，织造了多元的文化图景，也构成了文化前行的张力。经过时代的淘洗后，一切传统历史文化都被限定在"近代性"的范畴之下，成为一个特定的被研究对象。以时代性的视角加以考察，它们都被视为过去的、历史的观念和材料，有待在新的语境下变化和重构。"义理"观念的更新，就是其中一个突出例子。"义理"原指合于一定的伦理道德的行事准则，是儒学传统中至关重要的内容，也是儒士们长期以来一直尊奉的文化准则。但当国人发现文化传统在作为思想资源的意义上已经呈现出过时特征，应付不了新的改革局面之时，它就成为了一种思想之"笼"。新思想资源的引入，逐步填充了"传统"的躯壳，甚至是处处与传统的思想资源相抗衡，以至于微妙地为传统思想资源提供了突破自身的契机。来自西

---

① 王弼：《周易略例·明象》，《中国文化精华全集》哲学卷（二），中国国际广播出版社1992年版，第316页。

方思想的某些概念，如"绝对""相对""抽象""因果""国家""社会"等，实际在此承担着"义理"的功能，当它们成为国人日常语言和思想的一部分后，就逐渐改变了国人的旧思维模式，在很多方面造成了深刻的变化。譬如"国民""社会"等概念传入国内后，几乎重新规范了国人对于社会和政治的看法。今人每喜欢指责古人只知忠君而不知爱国，实际上是先存有了将君与国分开的"共和"之见。陈独秀提及"国家"概念时就曾慨叹："我生长二十多岁，才知道有个国家，才知道国家乃是全国人的大家，才知道人人有应当尽力于这大家的义务。"①指明"爱国心"不是对于皇帝一姓一家之尊崇，而是对于所有人之国家主体的爱心。孙中山也以"主义"作为集结民族精神的动力："吾等对于三民主义应当有坚决的信仰，要使吾等皆愿意为主义而牺牲，为主义而奋斗。"②可以看出，在内外环境的压迫下，突破陈旧的思维方式，实际上是要求"有意识"地建构新思维。

"反传统"的文化流派还有一个共同的敌人，即二元对立的价值预设思维。自儒学"定于一尊"以来，它就被视为一种至高至上的普遍价值观。所谓的普遍性价值，即是由"中心"思维生产出来要求人皆遵守的共同价值，并且遵循从中心向边缘扩散的原则。一旦确立了以"中心—边缘"结构来确定民族、文化与"人"之地位的思维模式，长此以往，便形成了"蛮夷""中西""古今"等二元对立的价值预设——视对立双方为不可调和之对象，并惯于对其进行高低、优劣之比较。在历朝历代所进行的"修补"式精神改造时，始终蕴藏着一种与传统文化高度一致的深层模式，也即儒学价值的潜在能量始终支配文化思维在不偏离普遍价值的路径上运行。在此意义上，近代"反传

---

① 三爱：《说国家》，《安徽俗话报》1904年第5期。
② 孙中山：《国民党须依靠党员奋斗并以人民心力为基础——在广州大本营对国民党员的演说》，《孙文选集》（下），黄彦编，广东人民出版社2006年版，第319页。

统"即意味着要突破二元对立的模式：一是对于原先不被重视甚至被视为异端的东西，应该与研究文化传统的经典价值一样，用相同的思维模式以及对等的力量去对待，"庙堂的文学固可以研究，但草野的文学也应该研究"①；二是对于原先视之为与儒学传统"道不同不相与谋"的外来文化，也应该以"实用"为原则加以吸收利用。例如胡适，就曾表明自己发起白话文运动的初衷，即在于反对文学层面的二分法："他们的最大缺点是把社会分作两部分：一边是'他们'，一边是'我们'。一边是应该用白话的'他们'，一边是应该做古文古诗的'我们'。"②这也表明，过去是传统所排挤的内容，如今成为传统重新焕发生命力的资源；过去是价值冲突的对象，如今成为价值更新的来源。概而述之，在传统中国，"文化"的承担者和价值审视者是"文人"；而在近代中国，"文人"的群体扩充为新一代接受西方知识体系的知识分子和平民，成为文化的主体。在新"文人"的文化视野中，倡导一种异质审视非常重要，将"他们的"变成"我们的"，可以从思维转换层面接受来自西方文明的观念主张，并将其价值普遍化，让更大范围的国人接受其存在，承认其价值。换而言之，依靠西方的民主科学思想来质疑与反对儒家的"定于一尊"，也即要在肯定文化传统的正面价值之时，例如强烈的爱国主义精神，同时将西方价值的积极内容例如"民权""民族精神"等转换成能够与传统价值普遍性相抗衡的东西。

方法之二表现为尊西趋新以更新传统。

近代中国始终呈现出乱象，各种思想"你方唱罢我登场"，表象上看，似乎并无一以贯之的思想观念。仔细剖析，事实却并不如此，在各类潮过即落的文化思潮背后，隐约地存在一条线索，它就是民族主

---

① 胡适：《〈国学季刊〉发刊宣言》，《北京大学日刊》1923年第1卷第3期。
② 胡适：《五十年来中国之文学》，《胡适文存二集》卷二，上海亚东图书馆1924年版。

义。无论是激进还是保守主义，改良还是革命流派，在其主张中始终都包含着民族主义关怀，核心就是直面中西冲突，以民族情怀为基调，抗议"异族乱华"，致力于重建文化传统中关于民族认同的认知观念，并试图在重建中理解近代国人的心态。

近代中国民族主义的形成有两条大的脉络，一是追溯其传统渊源，一是辨析其吸收的西方学理。这两个方面又必须置于思想文化演变及社会变动的大语境中去加以考察。留心晚清以来的现象可以发现，"民族主义有三个方面：最浅的是排外；其次是拥护本国固有的文化；最高又最艰难的是努力建立一个民族的国家"[1]。其中，"高"与"艰难"也表明，西方学理对塑造民族主义具有关键作用。一个民族之所以成为一个民族，其基本要义是政治认同的一致性，表现为对民族国家的政治实体之认可。

胡适指出，民族主义"最浅的是排外"[2]。以事实而论，"民族主义，原因受异族的压迫而起。中国自宋以后，受异族的压迫渐次深了，所以民族主义亦渐次勃兴"[3]。从思想史层面来看，抗议的对象则是帝制与作为意识形态的儒学价值观。儒学作为一种意识形态，自宋代开始，便因陷入教条泥坑而渐渐失去了生命力，萎缩为附属于皇权政治和家族社会的一套礼俗规范[4]。时至近代，在梁启超等人的介绍下，"民主"观念逐渐为国人所知，加之"道统"失去制衡"政统"的力量之事实也暴露无遗，抗议文化传统无力应对现实的呼声也由此成为时代主题之一。以内容论，既包括了因抵御外辱而掀起的救国与卫国运

---

[1]　胡适：《个人自由与社会进步：再谈五四运动》，《独立评论》1935年第150号。

[2]　胡适：《个人自由与社会进步：再谈五四运动》，《独立评论》1935年第150号。

[3]　吕思勉：《旧历史的弊病何在》，《国学知识大全》，台海出版社2019年版，第305页。

[4]　参看〔美〕张灏：《梁启超与中国思想的过渡·结语》，《中国政治思想史研究》，刘泽华、葛荃编，湖北教育出版社2006年版，第315–322页。

动，也容纳了为民族复兴而进行现代意义上的"国家"建构之民族认同。

民族主义的根基也即文化传统的某些精神，是构建（包括重建）民族认同的文化基础。文化传统的批判者也好，颠覆者也罢，首先都必须是文化传统的把握者。唯有了解，方能革新。同理，民族认同的建设也不能是无米之炊，脱离文化传统凭空构建。事实上，自"中华"作为民族的统称成为国人共识以来，华夏天下的民族认同感就从未缺席。它被认为是一种普世化的文化秩序，没有族群、疆域和主权的明确界限，只是它习惯性地处于潜藏状态，从表面上看来，远未达到"活跃而自觉"的程度，例如一个处于平常状态的中国人并不会无缘无故地逢人便大喊"我是中国人"。如果不是遭受到内忧外患的刺激，"中华民族"的认同感大约也不会被作为一种精神旗帜加以征用。在此意义上，近代民族认同感的时代重建，即是将潜藏转换为显示，目的就是要将民族认同精神转化为政治力量加以"唤起"，实现政治和文化上的双重"救国"。判断一个人是否为民族主义者，要看他是否爱传统胜于爱"西方文明"，只要前者比例高于后者，那他就是一个民族主义者，因其出发点仍建立于民族认同感之上。

民族主义是一个现代性的问题，涉及建构一个什么样的共同体，以及决定以什么作为其认同和联系纽带等问题。满清的灭亡，不仅意味着中华封建帝国的寿终正寝，传统王权政治秩序的解体，也使得国人对封建帝制的忠诚和信仰随着社会现实的巨变而崩溃。作为补偿，多元化的文化接受观也相应出现，从而消除了政治统治的儒学基础。现代意义上的国家因此必须重新为自己找到新的合法化源泉。"民族"与"国家"概念引入本土后，现代性意义的文化语境由此形成，过去生活于封建王朝统治下的臣民在此语境中变成了政治公民，告别以儒学价值为准绳的神圣时代，进入价值祛魅的多元文化时代。对于近代国人而言，他们需要一个关于国家和社会的新的共同体想象来替代传统的宗教、天下、王朝共同体。这就是民族国家认同，它回应的是两个问题，一是政治意义上的公民资格问题，二是启蒙意义上的族群和文化归属问题。接下来需要继续追问的问题是，帝制被推翻后，新建的民族国家共同体是否需要民族文化的主体？其公共道德伦理和精神价值建立在何种基础之上？

这些问题在儒家文化秩序解构后表现得格外尖锐。种种实践表明，若想重新赢得民族的自身尊严，就需要建立一个像西方那样的现代文明国家，在政治关系而非文化关系中捍卫自己与西方国家一样的平等地位。康有为的实践证实了这一点。在其文化体系的构想中，他试图通过政治权力的认可将儒教界定为民族国家共同体的文化认同。但事实上，这种儒教民族主义不仅没有缓和民国初期"中国往何处去"的政治和精神危机，反而进一步加剧了危机本身，因为它很快地蜕变为官方民族主义，表现为种种政治化的祭孔和读经行为，都被军阀当成了树立威权的思想工具。由此，通过对"无国"的反思，梁启超对民族主义进行了非常丰富的内容论述，指出民族主义的核心不在于寻找中国文化的独特性，而在于如何异中求同——建立一种以国民共同体为核心的民族主义。在他看来，以世俗化的国民信仰为纽带所建立起来的现代公共伦理，与传统的儒家道德观迥然不同。通过政治参与，现代公民之间既有利益联盟，也有情感共通的关系，既对"群"尽个人的义务，又忠诚于国家共同体。显然地，现代公德是非道德的政治美德，不涉及何为真、善的价值问题，只体现为政治性的公共美德：尚武、进取、自尊、忠诚、坚毅和合群。可以发现，这些公共美德在近代学人的推荐与弘扬下，迅速地成为中华民族精神重建的重要内容。

五四以后，这种反对传统伦理观的文化思潮进一步高涨，由此形成了
彻底的以西为尊的文化现象。

在西方理论的观照下，中国传统文化由此成为被批判和被阐释的
内容对象。近代学人为了重建民族认同以抗衡西方，竞相在传统中发
掘出和西方民主精神相似的内容，并采取"镶嵌""拼凑"等文本重构
的方法来建构近代民族精神的内容。一方面，西强中弱的现实使国人
自觉不自觉地以西方文化作为学习榜样，当过分依赖外来理论的学风
形成了人云亦云的现象后，文化传统最终被西学的喧嚣所隐没、所遮
蔽。对象是中国的，材料也是中国的，但方法却是西方的。以西论东
的文化立场不仅助长了尊西抑中的文化风气，甚至于酿成了近代史上
独特的文化不自信现象。另一方面，与初衷背向而行的挫败感激发了
部分知识分子回归本土文化价值的冲动，因此他们又立场大胆地改造
旧有因袭比附的文化观念，以期重新建构一种符合中国本土实际的新
型民族精神。在这个新的民族主义阶段，可以看到，为革新文化传统，
并使之能够与西方民主主义观念并立，大批知识分子积极主张放弃因
受到文化冲击而被动反应的变革模式，反对与外来文化为敌，转而接
受并模仿外来者并以之作为榜样，或者折中性地尝试以西方的表述方
式将中国的一些固有思想观念整合并加以表述。以青年知识分子为主
的边缘群体因急切实现自身价值，更是突破性地将国家的出路与个
人的出路融为一体，从"回向传统"与"面向未来"两个思路来探索
近代中国文化的走向。比较而言，倾向于"回向传统"的文化守旧派，
既提不出解决现实问题的方法，也不能保证从回向传统中看到比现在
更好的将来，故而不敌"面向未来"的趋新派。反而，文化趋新派认
为未来充满了无限可能性，由此可以立足想象提出多种可能解决问题
的办法，更有希望达成重建"民族或国家的整体目标与价值体系"。之

所以具有面向未来的信心，是因为趋新派敢于否定过去，并始终抱有一个坚定的信念：未来是美好的，从传统中寻找不足而摈弃"反求诸己"的取向不仅不可怕，反倒是通向未来最为合理的路径。这也解释了为何梁启超提出近代为"过渡时代"这一观念在民众中能够受到普遍欢迎。趋新文化思潮的主张者，坚信文化传统处于劣势地位只是一个暂时的现象，西方文化在现阶段优越于我们，仅仅是指它在工业文明的进程中比传统文化先行了一步。主张全盘西化的胡适也如此强调："我们承认各民族在某一个时代的文化所表现的特征，不过是环境与时间的关系。……我们拿历史眼光去观察文化，只看见各种民族都在那'生活本来的路'上走，不过因环境有难易，问题有缓急，所以走的路有迟速的不同，到的时候有先后的不同。"[1]在趋新派看来，如果积极寻求认同于西方并努力接受西方新事物的途径，"举国一致，并力直追，务求发展各种学术事业，本民族自信之决心，保持固有之文化，且吸取西方物质科学之精华，采长补短，融会而整理之，使蔚为真正之新文化，以为民族复兴之具"[2]，那么以西方为榜样的新文化必定会成为文化发展的方向。

其次，时代变化何以能够推进反传统主义思潮发展壮大直至达到高潮？

回答这个问题，同样可以从两个方面展开：一是"何以推进"。可以看到，中西文化相遇博弈，在西方文化优越于中国传统文化的刺激之下，一种反思传统、革新传统的文化诉求得以萌发，促使了反思模式与革新策略随之发生变化。二是"从哪些方面推进"。文化传统的反思、革新和再书写，在新的时代成为十分引人注目的文化现象。在散

---

[1] 胡适：《读梁漱溟先生〈东西文化及其哲学〉》，《疑古与开新——胡适文选》，俞吾金编选，上海远东出版社1995年版，第94页。

[2] 欧阳翥：《救亡图存声中国民应有之民族觉悟》，《国风》（南京）1936年第8卷第8期。

文、小说、诗歌、戏剧等各个领域，均兴起了"革命"运动，它们有意地偏离和对抗传统文化的语言、价值等标准，寻找和凸显能够使得文化传统重新焕发生命力的新方法。

在一种外来文化价值尺度的参照下，"反传统"即是一种针对以儒教为主体的传统文化的整体性批判。"所谓中国的文明者，其实不过是安排给阔人享用的人肉的筵宴；所谓中国者，其实不过是安排这人肉的筵宴的厨房。"①虽说鲁迅作出的这一判断是诗意的，但却对儒家文化体系尤其是其中的封建礼教进行了本质指认。儒学发展至宋明理学阶段，逐渐形成了僵化与死板的文化准则，这一束缚无异于隔绝现实的文化桎梏，致使儒家文化的影响力逐步下降。鸦片战争后，儒家文化已经衰退到退无可退的境地。"何施于家邦，何裨于孔编？"②晚清龚自珍指出了儒学文化体系虽"其徒百千"，却无力助益社会进步与发展的事实。此言并非个例，当近代早期思想家开始注意到"夷狄"域外文明时，就代表了一种试图突破僵化模式的时代思路已经发散开来。从19世纪后半叶开始，随着"师夷长技以制夷"主张的推行，对儒家文化进行改革、调整、革新等的设想与方案就不绝于耳，严重削弱了儒家文化的"霸权地位"。1898年，张之洞提出"中体两用"的主张，从事实上证明了儒学的地位彼时已经退到了必须借助外来文化以突破自身困境的退无可退的境地。由此，顺应时代要求，重新解读孔学，反孔批儒，成为"反传统"文化思潮赋予自己的时代重任。早期思想家从实用目的出发，提出了重返先秦，以早期儒家人文精神作为重建文化体系之核心的思想主张，换而言之，即是要剔除秦汉之后儒学所

---

① 鲁迅：《灯下漫笔》，《朝花夕拾》，江苏凤凰文艺出版社2018年版，第203页。

② 龚自珍：《同年生吴侍御（杰）疏请唐陆宣公从祀瞽宗，得俞旨行，侍御属同朝为诗以张其事，内阁中书龚自珍献侑神之乐歌·其三》，《龚自珍集》，时代文艺出版社2004年版，第194页。

附加的君主专制的内容，反对儒学成为君主专制的帮凶。至五四时期，"打倒孔家店"的口号提出成为反传统思潮的浓缩。然而意味深长的是，"反传统"思潮也强调了反孔并非等同于反整体儒学，因其目的"并不是指向中国传统文化，而是针对当时现实国情"①。当代学人也肯定了这一点，指出"五四新文化运动反对的不是儒学，而是礼教；他们所需要打到的对象也不是儒学，而是对儒学的教条主义和狂热迷信"②。

"反孔非儒"是新文化运动激进派"反传统"的中心思想，尤以《新青年》（1916年9月前为《青年杂志》）为阵地。早期（1915年9月—1918年）的《新青年》面对传统文化的立场非常鲜明——要以批判性的眼光去重审中国传统文化的价值。倡导"反孔"的激进派人士认为，传统文化当下已经严重落伍于时代，因弊端太过于严重，其内部已经腐朽不堪，已经不再具有复兴自己的能力，因此必须要借着时代机遇进行全盘更新，以前人从未有过的勇气，重建合乎时代要求的新文化价值观。20世纪中国的"第一代知识分子"如陈独秀、胡适、鲁迅等便是其中代表，他们是与科举切割并有留洋背景的所谓现代知识人，和上一代的传统士绅不同，在政治和文化立场上，他们都具有浓厚的激进主义色彩，尤其是在文化上旗帜鲜明地倡导推翻旧传统。在他们的思想视域中，儒学不革命，就无法重新转动它的齿轮，中国因此也就不会有新学说、新思想、新文化的生发。之所以将这场激进的反传统文化运动称为新文化运动，一是因为此"新"是指与传统彻底进行断绝的内容与方法之全新，二是因为此"新"意在揭示接受外来文化"轻重之短"的病象。

《新青年》（《青年杂志》）首期首篇刊登了汪叔潜《新旧问题》

---

① 李维武：《〈新青年〉视野中的孔子、孔教与儒家纲常》，《社会科学战线》2015年第9期。

② 欧阳军喜：《五四新文化运动与儒学：误解及其他》，《历史研究》1999年第3期。

一文，正是这篇批判文章，奠定了《新青年》杂志乃至由此推广开去的五四新文化的反传统基调。此文开篇即认为，政治有新政治和旧政治之分，学问有新学问和旧学问之别，道德亦有新道德和旧道德的不同，甚至就交际应酬而言，也有新仪式和旧仪式的区分，等等。无可讳言，从国家到社会，"无事无物不呈新旧之二象"。原本有新有旧乃是宇宙世界之常态，但作者对此却颇有些不认同，称"新旧二者，绝对不能相容"。在他看来，"所谓新者无他，即外来之西洋文化也；所谓旧者无他，即中国固有之文化也"。其文自问："西洋文化与中国文化根本上是否可以相容？"同时又自答："二者根本相违，绝无调和折衷之余地"，并且"新旧之不能相容，更甚于水火冰炭之不能相入也"①。这样的表述，实则是五四新文化运动对清末十二年文化现象进行批判的一个映射，也是新文化运动思潮从整体上反文化传统的思想逻辑。其中最重要的标志之一是，新文化思潮在文学上极力倡导白话文写作，反对沿袭文言文语体及"文与政通""政教合一"的旧文学风气。新文化人认为，若要反对旧政治，就不可能不同时反对旧文学。由胡适和陈独秀联合署名的《论〈新青年〉之主张》一文，笔调尖锐地指出："旧文学，旧政治，旧伦理，本是一家眷属，固不得去此而取彼"，只要称为"旧"，就"须一律扫除"②。在《新青年》早期批判孔教的阵营中，陈独秀也是其中最为激烈且最有影响力的代表人物。针对康有为主张在宪法中将孔教立为国教的做法，他发表了大量攻击性的文章，如《驳康有为致总统总理书》《宪法与孔教》《孔子之道与现代生活》《再论孔教问题》《旧思想与国体问题》《复辟与尊孔》《驳康有为〈共和平议〉》等，宣告了他强烈的反孔教之立场。

---

① 汪叔潜：《新旧问题》，《青年杂志》1915年第1卷第1期。

② 胡适、陈独秀：《答易宗夔（论〈新青年〉之主张）》，《新青年》1918年第5卷第4期。

20世纪初期的反传统文化思潮，无疑开启了一个崭新的现代阶段。在清末的最后一段时期，以严复、梁启超为代表的一批尚西学人，面对新旧文化的博弈，始终坚持一种会通中西与交互阐释的态度。他们从未因传统文化之旧而欲彻底将其抛弃和否定，而是寄希望于通过引进西方文化对其进行更新与补充。"新民云者，非欲吾民尽弃其旧以从人也。新之义有二，一曰淬厉其所本有而新之，二曰采补其所本无而新之。"①梁启超这一论断之精彩，与其说他强调了对西方文化的引入，不如说更突出了对传统的更新。"淬厉"者，磨炼；"采补"者，吸长补短；二者所"新"均以"所本"为基础。与之相比，新文化的激进派则走向了反传统的极端，集中从三个方面展开了批判：一是批判儒学为君主专制服务，二是批判儒家"礼教"束缚人的个性，三是批判儒家伦理重虚轻实、重义轻利等脱钩于现实的价值观②。以目的而论，整体性反传统自不待言。无论是彼时的《新青年》还是《新民丛报》，都毫不犹豫地以"新"自命。一个是要新青年，一个是要新民，而此二"新"均建立在引入西方新文化并试图否定传统文化的基石之上。

此外，"反传统"又并未仅仅停留于思想主张的提出层面，还包含着方法论意义的内容。如胡适所指出，近代中国的落后确实主要归罪于儒学，因其陈旧的传统外壳无法包容现代性的内核，故而在民族存亡的危急关头只能作为一种意识形态存在，却无法在实际层面提供应对现实的新工具和方法。与西方近代以实证为根本特征的理性主义相比，宋明理学全心追求的义理、考据和词章之法，无疑与现实提出的

---

① 梁启超：《新民说·释新民之义》，《新民丛报》汇编1900年第1期。
② 新文化阵营在这三个方面撰写了大量批判性文章，例如陈独秀《旧思想与国体问题》（《新青年》1917年5月3卷3号）、吴虞《家族制度为专制主义之根据论》（《新青年》1917年2月2卷6号）、鲁迅《狂人日记》《我之节烈观》、吴虞《吃人与礼教》（《新青年》1919年11月6卷6号）、钱智修《功利主义与学术》（《东方杂志》1918年6月第15卷第6号），等等。

要求格格不入甚至是南辕北辙。在工业文明高速发展而崇尚实用科技的社会，任何复兴儒学的努力都将是一种徒劳，反过来说，新文化的未来有待于文化本身从儒学僵化的道德伦理枷锁中解放出来。许多学人也因此指出，在新的时代，应该将儒学作为文化发展的研究对象，而不是研究准则。这也同时意味着新要求的提出，即近代中国人应该彻底走出独尊儒学的思维模式，不要将它当作精神的、道德的、哲学的权威和唯一源泉，而应倡导一种非儒学派百家争鸣的文化现象。事实上，现代西方文化最重要的贡献，差不多都能从非儒学派例如老庄思想、佛学思想的传统中找到思想的先声。

"反传统"思潮的勃兴并盛行，与提倡或阐释它的人的实际行为不无关系。而当提倡"反传统"的是新型知识分子时，求新求变的新风就不可避免地将"反传统"推向高潮。自晚清以来，非儒反孔的言论已经屡见不鲜，难免会使人认为晚清思潮与新文化运动时期并无什么变化，事实上，差异不仅存在，而且是明显的。

新文化从形式和内容上确定了"反传统"的主题，将不同于传统的内容与精神确定为"新"，并赋予它们以思想启蒙的意义。时代在变化，文化也随之要为适应时代发展而产生变化。"新世瑰奇异境生，更搜欧亚造新声"①，新文化运动路数之"反传统"就在于它推崇一种突破传统规范的"新"。

一则，尚形式之新，倡导文体的通俗化。文学语言走向通俗化，是世界文学史的通例，也是文学发展规律的顺应。进入近代以来，知识分子体悟到旧文学的咬文嚼字严重影响到教育的普及化。要开启民智，使更多的平民能够接受教育，就必须进行语言通俗化的革命，开

---

① 康有为：《与菽园论诗兼寄任公、孺博、曼宣》，《康有为诗文选》，戴逸主编，巴蜀书社2011年版，第82页。

展更符合时代需要的白话文运动。黄遵宪敏锐地指出："欲令天下之农工商贾、妇女幼稚，皆能通文字之用，其不得不于此求一简易之法哉。"①裘廷梁由此明确主张白话革命："文言之美，非真美也。……今虽以白话代之，质干具存，不损其美。"②而以政治功利性的目的而论，唯使教育普及化，才能最大范围地唤醒国人的爱国主义热情，助力文化和民族复兴。梁启超例举日本维新成功为此佐证："日本之变法，赖俚歌与小说之力。"③为达成文学的全面革新要求，新文化运动派相继掀起了诗界、文界、小说界、戏曲界革命的高潮。以小说为例，20世纪初期涌现了一大批以"新"命名的小说，例如，梁启超《新中国未来记》（1902）、碧荷馆主人《新纪元》（1908）、陆士谔《新中国》（1910），还有以旧小说体裁承载新意境之《新石头记》《新水浒》《新金瓶梅》《新聊斋》《新七侠五义》等多种"新文体"小说。这类创作不仅"平易畅达，时杂以俚语韵语及外国语法，纵笔所至不检束。……然其文条理明晰，笔锋常带情感"④，且在标题上立"新"明志，同时在创作方法上也效仿西方小说，展示了与传统小说截然不同的生活与精神世界。新文学被视为思想启蒙的一个组成部分，是因为狂热崇拜"新"学的文化风气对当时渴望新思想、新知识的读书人产生了重大影响，同时也证明了"新文体"应对时代变局的良好适应能力。既因其"使用传统反传统，使用反传统实现传统"，实现了"播文明思想于国民"的目的，也见证了晚清白话文运动和文学革新作为启蒙工具的有效性，即文学可以"移情"，可以"新民"，可以铸造"国魂"。

二则，尚内容之新，主张批判国民性而培育新伦理的人。"五四"

---

① 黄遵宪：《日本国志》，天津人民出版社2005年版，第811页。

② 裘廷梁：《论白话为维新之本》，《北京新闻汇报》1901年8月卷。

③ 梁启超：《〈蒙学报〉〈演义报〉合叙》，《时务报》1897年第44卷。

④ 梁启超：《清代学术概论》，四川人民出版社2018年版，第113页。

倡导的反传统思潮作为一种思想启蒙，扮演着改造旧精神以塑造新人格的角色。自第二次鸦片战争之后，怎样吸收西方文化来改造中国文化之不合时宜并使之复兴，成为萦绕在中国知识分子心头的一个主要问题。从戊戌变法、清末宪政运动到辛亥革命，聚焦于器物、政治上的变革行为，均意在通过变易制度的方式来达成救亡图存的目的。然而辛亥革命之后，袁世凯复辟帝制的成功破灭了制度改革的希望，对尚存有制度理想的知识分子来说，无异于当头棒喝。由此作为一种更加激进的革命行为，新文化运动将文化改革的焦点最终落实于改造国民思想之上，并得出一个结论：政治问题的根本是人，制度是建立在人的基础上的，只要把人塑造成合乎现代政治要求的人，也就实现了现代政治的目标。一言以蔽之，五四新文化运动从一开始就不是作为纯粹的文艺运动和单纯的个人解放运动发生和发展的，而是在西方近代哲学和科学的影响下，通过改造人的内在思想与观念来塑造拥有新伦理、接受新文化的人。具体地说，作为一种社会运动的目的，新文化运动意在以文艺手段来实现救国、救民的历史任务；作为一个完成近代文化转型的思想过程，其意又在将西方文化中的人本主义思想主题和完成民族复兴的社会革命主题浓缩为一个连续的思想逻辑，并最终达成从个体解放向群体解放的转向目的。人道主义因素的加入，使得新文化运动的"反传统"主题具备了外向的追求，也即在从个性解放转向群体解放的过程中融入了民族解放的主题。

　　"我们当时认为中国自汉以后的学问全要不得的，外来的学问都是好的"①，经过"革命"的文学必将再现辉煌，新文化运动提出"全盘反传统"主张，期待解决的就是这一问题。这种充满了自伤而又不满的情绪，以及要复兴传统文化使之与西方文化并肩齐驱的态度，正是

---

① 梁启超：《亡友夏穗卿先生》，《东方杂志》1924年第21卷第9期。

推动"反传统"思潮走向高潮的重要动因。它解释了这样一个现象的合理性：在近代，大量新名词、新观念快速涌入国土且被国人奉为圭臬，例如达尔文的进化论、卢梭的民约论、康德黑格尔哲学、尼采唯意志论、叔本华悲观主义等，一些外来新词如"竞争""淘汰""自由""平等"，也正逐渐被国人广为接受。此外，传统的心性之学和改良派提出的"新民"思想，亦成为"五四"新知识分子发育新文化思想的文化土壤。"异质化合，乃孳新种"①，新知识分子以"反传统"的面目登上历史舞台，在观念和思想上与传统文化和改良思想具有较大差别，虽然其中还遗留着传统文化思维模式的影子。

时代的契机使得知识分子在进行思想启蒙时在主题上形成了共识：批判"国民性"。在近代，"国民性"是作为一个贬义词出现的，常与"劣根性"联系在一起，因其缺少与进取、变革、民主、科学、个性解放、自由等时代特征相关相合的内容。在"国民劣根性"的对立面，是用作褒义的"民族精神"一词，多指"国粹""国魂""民族魂"等。很显然，批判国民劣根性，实则是针砭文化传统的弊端，从意义层面来看，无疑是一种"反传统"的文化反省行为。洋务运动失败后，维新人士将原因归结于中国近代化的社会变革缺少相应的文化心理机制作为支撑，因此提出了"开民智"和"人的现代化"之主张。梁启超一再强调"新民"观，指出："苟有新民，何患无新制度，无新政府，无新国家？"②认为塑造具有新伦理的国民是文化建设和民族国家发展的未来方向。孙中山基于改变人之心理行为以造就高素质的人的需要，提出了国民的"心理建设"问题，指出"只要改造人心，除去人民的

---

① 黄人：《〈清文汇〉叙》，《南社》1914年第11期。
② 梁启超：《新民说》，商务印书馆2016年版，第4页。

旧思想，另外换成一种新思想，这便是国家的基础革新"①。胡适则认为，只有将"民族信心"建立在"民族反省"的基础上，"经过这种反省与忏悔之后，然后可以起新的信心：要信仰我们自己正是拨乱反正的人，这个担子必须由我们自己来挑起"②。

以原因而论，在于近代新知识分子认为中国与西方有着截然不同的文化范式。关于这一点，严复看得非常分明：

> 中国最重三纲，而西人首明平等；中国亲亲，而西人尚贤；中国以孝治天下，而西人以公治天下；中国尊主，而西人隆民；中国贵一道而同风，而西人喜党居而州处；中国多忌讳，而西人众讥评。其于财用也，中国重节流，而西人重开源；中国追淳朴，而西人求欢虞。其接物也，中国美谦屈，而西人务发舒；中国尚节文，而西人乐简易。其于为学也，中国夸多识，而西人尊新知。其于祸灾也，中国委天数，而西人恃人力③。

李大钊《东西文明根本之异点》也提及了中西两种文化的本质区别：

> 一为自然的，一为人为的；一为安息的，一为战争的；一为消极的，一为积极的；一为依赖的，一为独立的；一为苟安的，一为突进的；一为因袭的，一为创造的；一为保守的，一为进步的；一为直觉的，一为理智的；一为空想的，

---

① 孙中山：《宣传造成群力》，《孙总理讲演集》，国民革命军中央军事政治学校政治部印1926年版，第62页。

② 胡适：《信心与反省》，《胡适全集》第4册，安徽教育出版社2003年版，第508页。

③ 严复：《论世变之亟》，《论世变之亟——严复集》，胡伟希选注，辽宁人民出版社1994年版，第3—4页。

一为体验的；一为艺术的，一为科学的；一为精神的，一为物质的；一为灵的，一为肉的；一为向天的，一为立地的；一为自然支配人间的，一为人间征服自然的①。

以中西文明两相比较，一是体现出近代学人以发展变化的眼光去看待传统文化不足之处的进步性，二是体现出近代学人在鉴别中西文化的基础上进行文化自省的自觉性。其意义如鲁迅所指出："多有不自满的人的种族，永远前进，永远有希望。多有只知责人不知反省的人的种族，祸哉祸哉！"②

新一代知识分子受到当时西方理论的影响非常深，因不满或自责当时传统文化的落后，从三种不同的视角进行了批判性的文化反省：

其一，以文化启蒙的批判性眼光来针砭国民劣根性，代表人物有严复、梁启超、鲁迅、陈独秀等。其主题如上文所指出，既批判国民性，又构建"新民"。

其二，从外部审视的视角，提供一种来自"旁观者"的客观启发，例如通过在华传教士、西洋商人、外籍政客等"中国通"对民族精神的关注与评说，来思考与反省中国传统文化的不合时宜之处。对于中国文化传统而言，来自"旁观者"的审视本身既构成一种挑战，又在与中国学人的互动与影响中产生出一种批判性的启发意义。非常值得一提的是，日本学人作为一个极其重要的"旁观者"，在观察与研究中国国民性的内容方面提供了一个称得上全方面的、深入的审视视角，因其既赞扬和肯定了中华民族精神中的忠孝、仁爱、坚韧等品格，但也批评了其中譬如保守、封闭、扭捏矫情等消极文化元素。通过选择

---

① 李大钊：《东西文明根本之异点》，《李大钊全集》第3卷，河北教育出版社1999年版，第40页。

② 唐俟：《不满》，《新青年》1919年10月第6卷第6期。

不同的文化立场，日本学人形成了左、中、右三种不同的文化态度。例如内山完造《活中国的姿态》倾向于肯定中国文化传统的优点，渡边秀方《中国人的国民性》表达出不偏不倚的中立态度，此外也有极右军国主义分子如原惣兵卫《中国国民性之解剖》等对中国文化传统的大肆诋毁。受到"旁观者"视角的影响和启发，国内知识分子在重思国民性或者重构"国魂"之时，考虑到儒学转型面临的现实境况的诸问题，积极地前去寻求具有借鉴意义的解答。其中最出色的代表人物当推鲁迅。鲁迅对国民性的批判明显受到美国传教士明恩溥（原名亚瑟·斯密斯）《中国人的性格》一书的影响，书中所列举的国人性格诸如"保全面子""神经麻木""因循守旧""蔑视外族"等等，都能在鲁迅的批判中找到它们的踪迹。他也直言此书的意义重大："我至今还在希望有人翻出斯密斯的《支那人气质》来。看了这些，而自省，分析，明白那几点说的对，变革，挣扎，自做工夫，却不求别人的原谅和称赞，来证明究竟怎样的是中国人。"①同时，在留学日本时，鲁迅也深受日本文化思想的冲击与浸润。他曾表示希望国人都能读一下安冈秀夫《从小说看来的支那民族性》一书，因"支那人的重要的国民性所成的复合关键，便是这'体面'。我们试来博观和内省，便可以知道这话并不过于刻毒"②。

其三，具有中西两种文化背景者通过对中外国民性的严苛比较来观察中国国民性，在比较中进行文化自省。近代出现的一批相当具有影响力的学人及其论著，如严复《论世变之亟》、陈独秀《东西民族根本思想之差异》、梁漱溟《东西文化及其哲学》、李大钊《东西文明根

---

① 鲁迅：《"立此存照"（三）》，《鲁迅文集·杂文卷·且介亭杂文末编及附集》，华中科技大学出版社2014年版，第451页。

② 参看鲁迅：《马上支日记》，《鲁迅大全集》第3卷，李新宇、周海婴主编，长江文艺出版社2011年版，第492页。

本之异点》等，可以说从本质上改变了传统文化自身运行的方向和轨迹，使得中国文化由传统走向了近代，并通过接纳西学而重获新生。

以上三种视角若以关键词言之，可概括为自省的、旁观的、比较的三重视野①。以阶段而论，文化自省的过程则可以划分为发轫期、发展期与高潮期三阶段，实则与面对的三个问题相关：针砭现实、解剖病灶、重塑民族精神（新国民性）。

发轫期是指知识分子的文化自省意识还停留于文化觉醒层面。早期开明知识分子在接触西方文化之时，标榜的一个重要精神便是"西学为用"，认为中国之所以积弱不振，是因为在儒学的束缚下个人才能的应用未能得到激发。于是龚自珍提出了"尊情""崇私""不拘一格降人才"等主张，呐喊出了解放个性与拓宽思想的时代之音。魏源因此主张要"平人心之积患"，且祛除"人心之寐患""人材之虚患"，表达出了改造人心以"制夷"的意向。就启蒙意义而言，这些关注人、改造人的呐喊与主张成为甲午战后改造国民性思潮的先声。

发展期则是指重思与打破传统的伦理结构，反省民族心理，倡导从"开民智"到"立人"的文化启蒙阶段。严复《原强》一文主张"鼓民力""开民智""新民德"，其对德、智、力素质的强调奠定了启蒙主义思潮的基调，也开启了近代国民性改造之路。康有为也是倡导"开民智"的思想先驱，认为"民智"的开启与否是民族能否富强的前提，并举例说明之："近者日本胜我，亦非其将相兵士能胜我也。其国遍设各学，才艺足用，实能胜我也。"②从反省民族心理开始，维新派提出的"新民"主张主要是针对国家、民族而言的，而非个人意义上的个体，体现出一种民族主义的思想性质。无论是文化教育方面的保

---

① 参看俞祖华：《略论近代中国的民族反省》，《北京师范大学学报》2007年第1期。

② 康有为：《请开学校折》，《康有为集》，郑立民编，广东人民出版社2018年版，第355页。

守排外，还是风俗习惯方面的陈旧陋习，集中说来皆是所谓的国民劣根性。甲午战后，知识精英分子敏锐地意识到这些陋习弊端带来了消极影响："自治力之薄弱也，公德心之缺乏也，共同心之短少也，宗教心之冷淡也，此数者皆吾祖国近来腐败之横观历史也。以上数者，有一于此不足以立国；而况乎处此生存竞争之世界，乃兼此种种亡国之劣根性，顾安得托迹于一方乎以自大而终古！"①因此维新变革之后，涌现出一批站在民族性的高度来唤醒民族觉悟的思想人物，以梁启超和邹容为其中代表。梁启超《新民说》全面分析了旧国民性的种种弊端，并因此倡导一种现代国民应该具备的精神素质，例如进取心、冒险精神、自由意识以及尚武精神等。邹容的思想重点放置于"去奴隶之根性"层面，提出要以"革命之教育"来改造国民的麻木不仁，以唤醒他们的民族觉悟。将教育视为提升国民素质教育的"不二法门"，表明近代知识分子的关注重心已经由更新国人的知识结构转移到了重塑国人的道德精神层面。

对国民性改造的强烈诉求，促成了知识群体以及各阶层团体之间的联合，使得近代中国进入实质意义上改造国民性的文化反省之高潮阶段。在各种关于新世界、新文明的观念逐渐被国人所接纳后，一个新的问题也随之出现：在"未死之旧"与"方生之新"之间，一方面是传统道德价值的迷失与沦落导致了传统的理想人格观念的崩塌，一方面又是新的价值体系或者说新的理想的民族精神尚未确立，由此导致如何解决民众的"人格危机"问题成为时代的主题之一。辛亥革命后，从观念层面对传统文化提出批判的呼声越来越高，新一代的知识分子纷纷要求要在新的时期以新的时代精神和价值体系来建构"新的国民性"，或者称之为"铸国魂"。新文化运动以来，主张从根本上改

---

① 佚名：《民族精神论》，《江苏》（东京）1903年第7期。

造国民性，呼吁启发国人的最后觉悟——"伦理之觉悟"，实则是重塑现代理想人格的一种构想。千百年来，在国人身上确实存在着崇尚名利、官大于民、圆滑世故等不良恶俗，但为什么会在时代的转折期某些元素例如愚昧、愚忠等被加以放大？从心理原因来看，主要在于深重的民族灾难给一些有志于改变现状的思想先驱造成了心理压迫，也带来了心理动力。找到这些弊端为何存在，挖掘解决这些弊端的方法，最终催生了他们扬长避短、趋利避害，重塑新民族精神的实践行为。1912年，蔡元培提出要以军国民教育、实利主义教育、公民道德教育、世界观教育和美育这"五育"来取代旧传统中"忠君、尊孔、尚公、尚武、尚实"[①]的精神，这一教育宗旨之目的即在于培育和塑造健全的人的理想人格，并在此基础上推动民族精神和民族文化的复兴。不难发现，从教育出发全面提升中下层普通民众的文化习性的行为，成为反传统思潮在思想上的共识，客观上培育了具有国家意识和民族文化底蕴的新"中国"人，增进了他们的民族文化认同意识。

在整个近代时期，"反传统"思潮作为一种破除文化传统困境的救赎，与坚守传统派的论争与调和始终未中断。特别是辛亥革命以来，在时代需求与传统遗留的双重裹挟下，近代化与向传统回归并重，批判国民性与倡导"国粹"并行，对传统文化精神的坚守与对抗相伴，成为一道独特的文化风景线。为了达成救亡图存的目的，复兴民族文化，各种文化思潮尽管相互交织甚至彼此对抗，但整体上却呈现出保守中有革新，革新中有传承的特征。可以说，"反传统"思潮作为一种寻求文化出路的思想补充，与传统坚守者组成了统一阵线。毕竟革新与颠覆传统文化的陋习与僵化观念，与保存传统中的优秀价值观并不冲突。

---

① 参看蔡元培：《对于教育方针之意见》，《蔡孑民先生言行录》（上），新潮社编辑，中华书局1920年版，第189-230页。

第四章

回应：

近代文化心理的因应变故及转换

　　19世纪中叶以后，西学文化大规模东渐，不可避免地要与中国固有的传统文化发生交汇和碰撞。这是一个既互相排斥又无限融合，既充满前所未有的机会又充满令人生畏的挑战的时代，它给国人提出了无法回避的文化选择的问题，并由此形成了因不同反响而产生不同回馈的文化态度。如果说这个时代的文化选择更新了国人的时代视野，那么这一时代视野则是不同于传统视界的近代视野。在这里，"近代"一词既是一个时间概念，又是一个文化、历史与精神意识概念。相应地，"近代性"不仅仅是一种物质特性，例如机器化、工具化这样的物质条件，也包括由制度与精神组成的上层建筑，整体上是关于本质、特性、价值、情操与要求的总和。进而言之，近代视野则是近代国人认识、学习西方文化，并在矛盾冲突与融合调适中"走出"和"跨越"传统文化框架的思想启蒙。如果没有持续不断且历经痛苦的文化蜕变，没有对传统文化落伍于时代的糟粕洗涤，那么也不会产生传统文化的近代转型，不会形成与时代背景契合的客观文化态度。

　　西方文化伴随着列强的鸦片和坚船利炮进入中国，"方今中外之势，古今之变局也"①，这种刻骨铭心的耻辱体验裹挟着奋发图强的诉求，由表及里地改变了传统士大夫的文化立场，并很快成为实际行动的主导者。以静态而言，近代八十年，知识分子着力延续并阐发"文明史"的重要性。所谓"延续"，是指在文化宗旨上仍然追求儒家修养的八大精神境界：格物、致知、诚意、正心、修身、齐家、治国、平天下。近代文化变革对传统文化提出的革新要求，很大程度上是源于对其内涵进行补充，使之能够在新的时代背景下回归与复兴具有强大影响力的文化状态。从动态上看，晚清民初八十年的文化发展无疑又

---

　　① 薛福成：《上曾侯相书》，《近代中国史料丛刊》第95辑，沈云龙主编，台湾文海出版社1973年版，第893页。

是一个不断"发现"的过程，既"发现"危机，亦"发现"契机。所谓"发现"，是指在不间断的危机冲击和西方文化的同步示范下所形成的看一看、悟一悟，然后再走一步、跳一步的过程。对西学的欢迎或斥责中始终混合着对中学的维护或颠覆，与其说这是近代中国人的观念裂变，不如说它是一种价值观概念和文化态度的彰显与调适。作为近代思想转型的重要主题，"延续"与"发现"共同立体地展现了传统文化的近代转型轨迹。

在近代转型的进程中，无论做出何种文化选择，都必须接受时代和社会需求的检验。在反帝反封建的时代需求下，脱离政治变革和救亡图存来谈论近代文化的新建构，显然无法令人信服。从鸦片战争到五四运动，知识分子所注视和关心的，是突破固有的文化体系和结构，逐步摒弃"华夷"观念和"天朝中心"意识，重铸具有近代理性意义的"民族精神"，开启文化新时代的篇章。提及近代新文化运动，可谓人尽皆知。新文化运动建构了新学，一直是学术界的共识，但不可忽略的是，这个共识确乎又是一个历经了认识变化过程才得以形成的。撰诸史实，我们发现，中学由传统旧学向近代新学的转型，经历了夷学——洋学（西学）——新学的认识转变，是近代国人在文化选择上针对正确对待中西文化关系这一问题做出的态度回馈。清晰地说，近代中国的思想家们引导了一条客观求实地认识儒学衰落与西学勃兴的探索道路。

在近代民族危机不断深化的大前提下，作为文化精英代表的知识分子既在一定程度上认同并学习西方文化，以期能够凭此变革社会弊端，但同时又不可避免地受制于传统思想价值的禁锢，无法快速地、彻底地更换思维模式来对西方文化进行客观辨识与接收。这也导致了近代文化的主体尽管承担起了文化变革的任务，但却始终徘徊于新旧文化之间。在文化变革的进程中，他们敏锐进取，责无旁贷地积极参与其中，并作为时代精神的引导者推动文化的与时俱进。但是，他们也具有文化蜕变期的彷徨、犹豫与迷茫之思，一旦变革遭遇挑战或者出现挫折，又会在理想折翼的状态下退回到传统文化的框架之中，从批评传统回归到维护并眷恋传统。近代中西文化之间的博弈，就在如此曲折反复的行进中展开，折射出不同阶段何种文化占据上风的现状。

中西文化的博弈有矛盾冲突，也有会通与融合。事实上，异质文化之间的碰撞必然是一种相互渗透、吸引、吸收并消化的复杂交流，并且始终贯穿于整个碰撞过程之中。中国近代文化是在继承批判固有的文化传统的基础上，选择性地吸收西方文化而形成并发展起来的。相对于传统文化而言，它是充满活力的、生机勃勃的，以振聋发聩的力量改变了国人旧有的对域外文明盲目排斥的态度，呈现出一个全新的文化图景。尤其甲午中日战争之后，中学因时变故，与西学进行会通与融合的趋势变得更为明显。由林则徐、魏源提出的"师夷长技"主张，最先折射出文化交流的重要性。继而冯桂芬主张"采西学""制洋器"，进一步反映出认同西方文化之长而开始走向中西文化会通的趋向。洋务运动以"中学为体，西学为用"为口号，宣扬从自然科学与技术的层面学习西方文化，不仅对传统文化构成了剧烈冲击，也证明了顺应文化会通趋势的重要性与必要性。甲午战后，中学继续扩大了吸收西方文化的范围，以誓不回头的态度向着近代方向前进，掀起了全方位学西学之风。这一时期加入和引进西学的文化主体，已不仅仅是知识分子，也不限于哪个特定阶层，几乎囊括了整个中国社会的普通群众。于是，20世纪初终于酿成了壮观的新文化运动，形成了"学生日多，书局日多，报馆日多是也"①之"欧花怒放"的文化景象。这

---

① 梁启超：《敬告我同业诸君》，《梁启超全集》第2册，北京出版社1999年版，第969页。

也代表西学在中西会通的过程中逐渐渗入其中，并已经成为中学中一个不可分割的内容组成。

不可否认，屈辱的近代史在很大程度上导致了中华文化自信的凋敝。这一点可以从近代国人对待西方文化的态度转变及近代文化主张的变迁中体现出来。首先，从地理意义上以"西"或"洋"的界定取代了从态度层面的"夷"之称谓。洋务运动称之为"洋"，"中体西用"论呼之为"新"，皆与中学之"中"相对，表明了长期以来中学文化优越感甚至是文化自负感的消退，代之以更为中立的态度来看待西方文化之长。在以"技术理性"为手段，以"功利主义"为目的的双重刺激下，加之洋学、洋器、洋物不间歇地渗入和熏陶，朝野很快皆以学西为风尚，不仅改口"夷人"为"洋人"，并且认可西学是一种时代潮流，以至于在中西文化优劣的比较中，西方文化以"先进"为关键词形成了压倒性优势。其次，"古今之争"绝非以"时间"或"时代"为界，而是以"思想""灵魂"和"政制"之类型来划分界限的①。在西力、西学的笼罩下，洋务派、维新派的代表人物在审视"儒学危机"时，并未停留于"古今之争"的视域，而是在"中西之争"的思想—政治处境中，强调借鉴并学习西方"技术文化统治"的重要性。然而，问题的复杂性又在于，一旦将"中西之争"放置于比"古今之争"更重要的位置上，就无法洞悉中国传统文化在走向转型过程中所面临的时代挑战，更遑论认识自己、构思未来。换而言之，因无法看到中西文明在类型上的根本差异，中学就无法为现代性的技术危机提供自身的思想素材与力度，作为不同文化类型之争的"中西之争"就将最终被"古今之争"所裹挟，从而使得中学难逃被西学所束缚的命运。由此，思想兜兜转转又走回自身，近代国人若要使自己真正承担起复兴

---

① 参见刘小枫：《古典学与古今之争》，华夏出版社2016年版，第90页。

华夏文明的责任，杜绝对文化自信失落的矫枉过正，又将出路锁定在对中华"新"学的重新构建上。辛亥革命后，传统中学也为适应社会变迁而转型，其运行的路向和变革的内容都围绕一个"新"字而展开，体现为：一、从外在到内在的更新，即从学习、接受西方文明之"力""富""学"转向培育新"人"——与传统旧学体制完全不同的新式知识分子队伍；二、价值观念变迁之新，在于从推崇"仁""善"到主张"富""强"，高举"科学"与"民主"大旗以批判纲常名教；三、认识观深化之"新"，新文化运动（主要指"文学革命"）尽管未能解决中西文化问题也即如何正确对待中国传统文化与西方文化的争论，但从本质上提出了建设中国近代新文化的问题。

## 第一节 "夷"学：文化优越感认知下的文化自信

语言是思维的外在显现。不同称呼的使用，反映了不同的思维逻辑和情感色彩，也从一个侧面折射了时代的发展面貌。以文献、史料为基础，可以从中管窥近代国人对西方文化在不同阶段的评价和态度。

理解近代中国的涵义，意味着要将中国置于中西接触的大背景下。正因为如此，在这一转型时期，仅仅以孔孟之道或者程朱之学作为文化宗旨来认识整个社会的文化状况是远远不够的。作为一种新的文化力量，西方文化在中国的扩张与弥漫也在发挥着不可小觑的作用。但不可否认的是，尽管鸦片战争以后中国的变化如此剧烈，然而旧传统潜移默化的影响力却仍然坚不可摧。历朝历代都在反复强化思想传统的正统性，传统文明因此蓄力厚重。虽然看不见摸不着，而青萍之末

风乍起，无声的渗透与浸染带来的是传统文明的处处开花结果和生生
不息的长久延续。

## 一、"夷夏之辨"的形成与发展

以夷学来指称西方文明，尤其是鸦片战争后大规模涌入的器物文
化，并不是国人的一时之称，而是源于长久以来的认知传统。与"夷"
相对立的概念，无疑是国人自先秦以来一直引以为傲的华夏认同之
"夏"。那么，何者为夏，又何者为夷？早自先秦时期开始，士人关于
夷夏之辨的界定与探讨就已经揭开序幕。《礼记·王制》最先勾勒了二
者在概念上的面貌：

> 东方曰夷，被发文身，有不火食者矣。南方曰蛮，雕题
> 交趾，有不火食者矣。西方曰戎，被发衣皮，有不粒食者矣。
> 北方曰狄，衣羽毛穴居，有不粒食者矣。中国、夷、蛮、戎、
> 狄，皆有安居、和味、宜服、利用、备器。五方之民，言语
> 不通，嗜欲不同，达其志，通其欲，东方曰寄，南方曰象，
> 西方曰狄鞮，北方曰译①。

简单地说，称蛮称夷，呼狄呼戎，均与农耕文明较为发达的"中
国"相对，指居于中部民族以外的四方民族，以"被发文身""不火
食"为共同特征。从此一段话可以看出，若以情感色彩与尊卑意识而
论，"夷"人的生活方式与文明程度显然不如"中国"之民。

缘何有夷夏二者之分？纵观中华文明的发展史可以发现，历史上

---

① 《礼记·王制第五》，《周礼　仪礼　礼记》，陈戎国点校，岳麓书社2006年版，第
284页。

的夷夏之辨几乎都发生在社会动荡之时。"夷夏之辨"（也称"华夷之辨"）首先是一个政治概念，其评判对象是政权而非民族，而且在农耕文明的影响下，判定"夏""夷"的依据，不是血缘和地域，而是文化。显而易见的是，由动荡而激发的华夏文明（以汉族文明为主）与其他文明的激烈交锋，其结果无一例外地均以文明程度较高的华夏文明而取胜。从本质而言，"夷夏之辨"实则是确认动荡之后何者为"文化正统"的博弈，正因为如此，才决定了它在实践途径上体现出两面性。一方面，始终立于文明高地的华夏民族确立了"夏尊夷卑"的文化基调，这也决定了有必要从"华夏"着手，维护与发展"礼乐文化"，使其至少不被"夷"所侵蚀甚至毁灭；另一方面，源于华夏文明对"天下大同""君君、父父、亲亲、子子"精神的无限信仰，也决定了"夏"本着教化或者同化的宗旨，以"礼""仁"等精神对"夷"进行改造，从而达成化夷为夏的目的。前者形成了"夷夏大防"的民族防范思想，也即"严夷夏之防"，后者则形成了用夷变夏的认知观，并且在夷夏之辨中扮演着主流诠释者的角色。

考察"夷夏之辨"认知传统的形成与发展，可以梳理出一条清晰的文化脉络。

春秋战国之际，四方诸侯伐周，以致礼崩乐坏，第一次夷夏之辨由此开端。孔子秉周礼，称"内诸夏而外夷狄"，又"欲居九夷。或曰：'陋，如之何？'子曰：'君子居之，何陋之有？'"[1]，意即君子居夷人之地而不觉陋，是因为并非陋在夷狄地域，而是陋在德行，表明了不可以地域和民族作为标准来对夷夏进行判别的认知态度。崇礼尚仁、克己复礼等儒学精神的反复吟唱，成为文人儒士待人接物并被全体社会所认可、推崇的普世思想，由此也奠定了夷夏之辨的精神内核，

---

① 《论语》，冯国超译注，华夏出版社2017年版，第108页。

确立了"华尊夷卑"的情感基调。例如，在社会整体交往层面主张以和为贵，在个体交往层面倡导不卑不亢。以此作为评判标准，若喜怒哀乐发而不节，则是为夷狄。这一点在汉代公羊学中得到了进一步强化，最具代表性的表现是，董仲舒进一步发挥了"仁"的思想内核，主张"从变而移"地看待夷夏之间的关系，即在保持文化标准不变的前提下，夷可进为夏，夏可退为夷。两晋南北朝时，佛教西来，本土传统文化中的儒、道、玄思想在与佛教的交流过程中出现了接纳吸收与反抗抵制两种态度，异域文化与本土文明也在冲突与交融中互相磨合，夷夏之辨因此走向了更为宽松和多元化的发展天地。在古代中国国力空前强盛的唐代时期，社会稳定，经济繁荣，民族关系和谐，夷夏观念也由此变得开放包容。安史之乱后，唐朝由盛转衰，"华夷之辨"的观念也由开放转为严格，极为注重汉族文化的优越地位。进入宋朝以后，这一时期是民族矛盾异常尖锐的时期，居于统治地位的汉族王朝长期处于与契丹、西夏、女真等政权的对峙之中。"华夷大防"意识由此成为宋代民族观的主旋律，其中以"尊王攘夷"的呼声为最高。以一代之文学——宋词为例，许多"夷夏之辨"的主题都抒写了例如对宋朝遗民悲惨境遇的哀怜，对辽金残暴行为的谴责、风俗习惯的讽刺以及对收复辽金所占失地的憧憬等体现这一观念的内容。以少数民族身份入驻并统治中原的元朝，为了巩固统治，名义上宣称"以儒治国"，并以此取代"夷夏之辨"，实际上却仍严分种族之别，这也导致了其因并未接收和吸纳华夏文化而最终难以稳居中原。至明代，为了矫正元时"四等民"这一民族压迫政策带来的消极影响，"夏尊夷卑"的意识被重新强化，并以前所未有的激烈程度体现在行为实践上，如修建长城以防外族入侵就是典例之一。进入清代，作为中国最后一个封建王朝，也作为一个由少数民族掌权的王朝，与以前少数民族攻入中原并取得统治政权后的举措一样，清朝统治者也采取了淡化夷夏之辨的文化意识来巩固其统治。自康熙帝始，清朝的统治者均积极倡导"天下一家"，以此来化解汉民族对满族的偏见，以建立一个破除夷夏之防的大一统王朝。

从这一演变脉络可以看出，从先秦到清代，"夷夏之辨"传统无疑是处理华夏与夷狄民族关系的依据之一。在这个关系网中，"夷狄"指的是"九州"之内的少数民族。然而到了近代，随着西方殖民者的入侵，"夷狄"的内涵也随之扩大，无论是以地理位置还是以文化价值作为标准，均与国家内部以民族为限的"夷狄"界定具有显著差异。理所当然地，向来以华夏文明中心自居的清代臣民，在鸦片战争后，并未意识到漂洋过海而来的"夷狄"与"九州"夷狄的本质不同，由是在文化优越感心理的支配下，仍然将其纳入根深蒂固的蛮、狄、戎、夷的思维领域中，使得"夷夏大防"意识再次强势启动，即便遭遇到西方文化的大肆冲击，朝野上下也皆不以为惧。

## 二、制夷与抚夷：基于"夷夏之辨"的文化体现

历经长久的传统浸染，"夷夏之辨"因产生于华夏（汉族）的话语体系，所以难以避免地打上了以汉族文化为中心的文化优越感的印记。在日积月累的重重堆叠中，甚至让这种文化自信膨胀而成文化自负。国人自认为所居国土是世界中心，而自己所尊奉的文化更是无可置疑的主流文化，以至于到了外敌入侵之时，都无法从这种根深蒂固的认知中回神。这一点从历代文人的各类记述中可以体现出来：

夫天处乎上，地处乎下，居天地之中者曰中国，居天地

之偏者曰四夷。四夷外也，中国内也。天地为之平，内外所
以限也①。

　　中土居大地之中，瀛海四环，其缘边滨海而居者，是谓
之裔；海外诸国亦谓之裔②。

传教士更深刻地体会到了中国人对"中心"认知的上升程度。利玛窦
曾提及：

　　因为他们不知道地球的大小而又夜郎自大，所以中国人
认为所有各国中只有中国值得称美。就国家的伟大、政治制
度和学术名气而论，他们不仅把所有别的民族都看成是野蛮
人，而且看成是没有理性的动物。他们看来，世上没有其他
地方的国王、朝代或者文化是值得夸耀的。这种无知使他们
越骄傲，则一旦真相大白，他们就越自卑③。

满怀抱怨和斥责之意的语气，显然是对中国人自诩世界中心的一种侧
面反映，客观上也暴露了这种自负性认知造成的负面影响。

　　达成"夷夏大防"的政治理想，就是要"用夏变夷"，用国人自认
为的先进文明去同化蛮夷，如顾炎武所称"拨乱涤污，法古用夏，启
多闻于来学，待一治于后王"④。鸦片战争后，即便国人对西方诸国一

---

① 石介：《中国论》，《全宋文》第15册，曾枣庄、刘琳审编，巴蜀书社1991年版，第320页。
② 《四夷考一》，《清朝文献通考》第2册，浙江古籍出版社，1988年影印，第7413页。
③ 〔意〕利玛窦、〔比〕金尼阁：《论中国民族性》，《利玛窦中国札记》（上），何高济等译，
何兆武校，商务印书馆1997年版，第200页。
④ 顾炎武：《与杨雪臣》，《顾炎武文》，唐敬果选注，司马朝军校订，崇文书局2014年版，
第97页。

无所知，但这并不阻碍他们从中国传统思维中娴熟地去寻找处置二者关系的策略：既然这些外国人都来自四地，远渡重洋也好，比邻而居也好，都不是华夏文化的传人，那么以老方法——番邦朝贡关系——来对付这类"蛮夷"，肯定是理所当然又稳妥无误的。

清朝自中叶以后，国力走向衰弱，最显著的体现是军备废弛。与此衰颓现实不相匹配的是，关于国力强盛的文化认知，仍然处于持续发酵状态之中。钦差大臣林则徐在广州销毁鸦片，仍然以文化优越感的自我认定为底气，不假思索地使用恩威并施的手法来对付英人，称为"剿"。在三元里民众抗英事件取得一定的成功后，未脱"天朝上国"光环的清廷更是从中看到了希望，并期待着英国人对此政策具有和以往"夷狄"一样的"顺应"。下引一封林则徐致维多利亚女王的信，以窥彼时清廷的对外态度：

### 拟颁发檄谕英国国王稿（节选）①

道光十九年六月二十四日（1839年8月3日）

为照会事：

洪惟我大皇帝抚绥中外，一视同仁，利则与天下公之，害则为天下去之，盖以天地之心为心也。贵国王累世相传，皆称恭顺，观历次进贡表文云"凡本国人到中国贸易，均蒙大皇帝一体公平恩待"等语。窃喜贵国王深明大义，感激天恩，是以天朝柔远绥怀，倍加优礼，贸易之利垂二百年，该国所由以富庶称者，赖有此也。唯是通商已久，众夷良莠不

---

① 林则徐：《拟颁发檄谕英国国王稿》，《林则徐全集》第5册，海峡文艺出版社2002年版，第221-224页。

齐，遂有夹带鸦片，诱惑华民，以致流毒各省者。似此但知利己不顾害人，乃天理所不容，人情所共愤。大皇帝闻而震怒，特遣本大臣来至广东，与本总督部堂、巡抚部院会同查办。凡内地民人贩鸦片、食鸦片者，皆应处死，若追究夷人历年贩卖之罪，则其贻害深而攫利重，本为法所当诛。……幸蒙大皇帝格外施恩，以自首者情尚可原，姑宽免罪。再犯者法难屡贷，立定新章。谅贵国王向化倾心，定能谕令众夷兢兢奉法，但必晓以利害，乃知王朝法度断不可以不懔遵也。

查该国距内地六七万里，而夷船争来贸易者，为获利之厚故耳。以中国之利利外夷，是夷人所获之厚利……而外来之物，皆不过以供玩好，可有可无，既非中国要需，何难闭关绝市！乃天朝于茶丝诸货，悉任其贩运流通，绝不靳惜，无他，利与天下公之也。

……

至夷商来至内地，饮食居处无非天朝之恩膏，积聚丰盈无非天朝之乐利。其在该国之日犹少，而在粤东之日转多，弼教明刑，古今通义。譬如别国人到英国贸易，尚须遵英国法度，况天朝乎！

……

我天朝君临万国，尽有不测神威，然不忍不教而诛，故特明宣定例。该国夷商欲图长久贸易，必当懔遵宪典，将鸦片永断来源，切勿以身试法。王其诘奸除慝，以保乂尔有邦，益昭恭顺之忱，共享太平之福。幸甚幸甚！

接到此文之后，即将杜绝鸦片缘由速行移复，切勿诿延，须至照会者。

这封信表面读来措辞有礼，透露出来的信息却是另一番景象，弥漫着浓浓的大国优越感及由此产生的威胁意味。例如言辞中对"大皇帝""进贡表""贵国王""格外施恩""谕令众夷""晓以利害""以供好玩""天朝积聚丰盈""懔遵宪典""恭顺"等的提及甚至重复，主要表达了以下"谕告"意图：其一劝英人为贸易利润感激天恩，其二威胁英人权衡利弊，其三警示英人永断鸦片来源。三管齐下，传统治"夷"之策的恩威并施彰显无疑。更重要的是，朝廷给出了"得体周到"的批复，显然意味着此番对英表态的认可即是朝廷政策的体现。

回头看来，彼时的清廷事实上并无丝毫赢得"剿英"胜利之可能。相反，英国人并未被清朝的"警示"所慑服，反倒对自己的武力胸有成竹，很快挑起了战争。第一次鸦片战争失败后，清王朝闭关自守的局面被打破，意味着中国传统的外交政策开始解体。在强大的文化自信甚至文化自大的认知驱使下，不甘心完全溃败于"化外蛮夷"的清朝政府，开始积极寻找合适的"制夷"之策。既无他法可供借鉴，也没有对现有政策进行改革，清廷于是只能以传统政策为基础，因势而导又施展排外主义，去处理本民族与侵略者的冲突矛盾。在林则徐提出"民心可用""民心可恃"的民本主张启发下，朝廷由此改"剿"为"制"为"抚"，尝试性地制定了"以民抗夷"之策。"总以民为邦本，民心坚定则国势自张，外夷之所惮者在此，内地之所恃者亦在此"[1]，争取民心被认为是防止夷人进一步实施武力侵害的应时之策。1842年中英《南京条约》的签订，被清廷委婉地称为"抚夷"之策，其用意体现于，在武力制服侵略者无望且民"夷"冲突频繁发生的前提下，

---

[1] 祁墳：《革职留任两广总督祁墳等奏陈团练乡兵实于粤省情形相宜折》，《鸦片战争史料档案》第7册，中国第一历史档案馆编，天津古籍出版社1992年版，第239页。

为防"夷衅"再起、战争卷土重来而难以应对，转而以稍显温和的安抚手段来保持"和戎"的局面。在很大程度上，这一政策体现了清朝统治阶层对自身文化中心的坚持，同时也透露出一个信息，即相对地忽略了经济利益带来的影响，而这个忽略恰恰是后续一系列屈辱条约签订的前因。如果说广州三元里人民抗英之举体现出了强烈的排外主义的话，那么这一因战争失利而采取的妥协政策则体现出"抚顺"意味的温和排外。在皇亲宗室、地主士绅阶层看来，因"抚顺"对经济利益及文化优越感的损害较小，也有利于保住和维护大清的统治地位，由此受到了他们的高度欢迎。宗室琦善和耆英就是主张"怀柔远人"政策的典型代表，一方面因为他们"今既亲上其船，目睹其炮，益知非兵力所能制伏"①，一方面也因为他们看到了英国人唯利是图，有望通过经济利益的满足而使其打消再度武力进攻的意图。以耆英的一封奏折为例：

### 两广总督耆英奏陈体察洋情不得不济以权变片②

道光二十四年九月二十一日（夷务清本）（1844年）

　　……夷情变幻多端，非出一致，其所以抚绥羁縻之法，亦不得不移步换形。固在格之以诚，尤须驭之有术，有可使由不可使知者，有示以不疑方可消其反侧者，有加以款接方可生其欣感者，并有付之包荒不必深与计较方能于事有济者。

　　……此等化外之人，于称谓体裁昧然莫觉，若执公文之

---

① 耆英：《耆英等奏详陈议和情形折》，《筹办夷务始末》（道光朝）第5册，中华书局1964年版，第2305页。

② 耆英：《两广总督耆英奏陈体察洋情不得不济以权变片》，《鸦片战争史料档案》第7册，中国第一历史档案馆编，天津古籍出版社1992年版，第525-526页。

格式与之权衡高下，即使舌敝唇焦，仍未免襃如充耳，不惟无从领悟，亦且立见龃龉，实于抚绥要务甚无裨益，与其争虚名而无实效，不若略小节而就大谋。

以上数端，均系体察夷情，揆度时势，熟审乎轻重缓急之间，不得不济以权宜变通之法……

这封奏折揭示了缘何要实行抚夷以及抚夷政策要适时而变的理由，重点落在如何使抚夷政策收获实效的问题上。尽管此一提议有妥协与不敢面对现实的成分，然而事实也证明，既求抚顺夷情，又不失却民心的宏伟目标根本无法达成。那么，如何保全"天朝上国"的体面，又能找到战胜侵略者的良策，是晚清国人亟需进一步推进的中心议题。

### 三、师夷长技："制夷"思路的文化转换

在社会状况充满了不稳定因素的情况下，"以民制夷"政策的推行，实则是清廷为了维持和延续内外相安的社会局面，这也决定了它的非长久性。在民族矛盾尖锐之时，民众成为朝廷牵制夷人的重要武器，借民力以拒夷，使得朝廷在与西方各国交涉时增加了有利条件。而一旦朝廷在与夷人的交涉中取得了主动权，往往见好就收，绝不允许民众对夷人穷追猛打。更进一步，当对夷战争取得些许胜利之后，朝廷又转而对民众的反抗活动处处加以防范，以免他们成为威胁自身统治的祸患。于是，建立在错误估计战争形势以及民众反抗力量这一认识基础上的制夷政策，使得朝廷与民众之间并未形成一个和谐的君民关系，反而导致了民众对朝廷的不信任，同时暴露出朝廷对民众的双面诡计。加之通过发动两次鸦片战争，西方诸国再次从清廷攫取了

大量特权，却并未对此感到满足。清朝不仅在战争中失利，大大失去了"天朝上国"的颜面，而且还无可奈何地签订了一系列不平等条约，加速了"用夏变夷"幻梦的破灭。时变而策变，在"以民制夷"处处碰壁的前提下，处于内忧外患中的大清王朝试图走出困境，唯有重新探寻一条对抗西夷的思路。

若论中西之战与传统夷夏之战的区别，主要表现为西人以坚船利炮震慑了国人。对中国人而言，他们的困惑是，承认火器为非常之利器并不难，但承认远道而来的夷人凭此器械就足以决定战争的胜负这一结论，却远超出"客主之形"的思维想象。所谓"客主之形"，指的是从主客形势的视角预判战争的走向，以清廷而论，这一视角笼罩着自信的光芒。两次鸦片战争的失利，从主观方面而言，既因为国人对西夷太少了解，也因为国人从主客形势上对中西对抗的结局太过于乐观。

发挥主场优势，是近代国人面对坚船利炮产生的最为直接的"制夷"思路。源于对夏之所贵在人心，而夷之所长在机器的认知，导致"器"与"心"的对抗意识植根于文化保守者的头脑之中，使得他们对接受西器之长产生了抗拒，并且信心十足地认为以主待客的优势足够扬长避短，最终战胜夷人。王锡振曾以此作为依据，在鸦片战争期间作出如下判断：

> 夷之所恃以逞其凶者，船与炮耳。彼船虽坚，不可以陆行；炮虽利，不能以百里，此理甚明。……今欲驾衔尾之舳舻，以与角于汪洋巨浸之中，是用吾之短即彼之长，果非胜策。若坚壁以待其来，凡彼大船所可至之境，大抵海壖寥廓之区，宜稍息偃以避其锋，及其易船以入吾隘，则据险而与

之敌，势力均耳。至再进而登岸，则彼船与炮皆不能施。……
恶有中华全力，而反为岛夷深入之孤军所困者哉？此愚昧之
所愤切，断以为不足畏也①。

正因为过分相信清朝作为主方的优势过于明显，故而面对战争的
连续失利，很多国人除了困惑还有不甘，由此可见"主客"认知在国
人传统思维中的根深蒂固。

将我主彼客的现实认定为中国的优势所在，据此产生的决定就是
理应扬长避短，所谓"自强之道，用吾所长，攻彼所短。吾方可以胜
彼"②。事实上，通过两次鸦片战争的痛击，更多有识之士却逐渐认识
到，中国的"主场"优势已经在西方航海技术的进步以及全球殖民的
影响下遭遇了扭转，一是他们意识到西方实则并非国人想象中的那么
遥远，二是充分领教了西方机器技术的威力，尤其是船舰具有的机动
性彻底击败了中国原本可以依赖的主场优势，这也为反思制夷思路留
下了足够的空间。

故而，作为一种预判，就必然具有以经验而论与以变局而论的两
种辩证视角。基于主场视角者，认为中国有优势战胜西方，但需要扬
长避短；而基于变局视角者，则认为西夷已在武器上占据了优势，与
其扬长避短，不如师夷长技。此外，在外界条件发生变更的情况下，
主客形势也可能发生置换颠倒，例如客对主的认识与了解超越了主对
客的认知，或者主对客的现实优势减退甚至消失，如此就将导致"以
形而论，固我主而彼客也，然彼能知我，而我不能知彼，则彼主而我
客矣；以势而言，固我逸而彼劳也，然彼易于来，而我艰于往，则彼

---

① 王拯：《拟上某尚书书》，《龙壁山房文集》卷二，清光绪七年陈宝箴刻本。
② 方浚颐：《梦园琐记》，《四库未收书辑刊》第3辑第29册，北京出版社2000年版，第
489页。

逸而我劳矣"①。鸦片战争后，主客形势出现的显著变化表现为变局远远超出了经验，既然坚船利炮是西方之长我方之短，那么理应师夷长技，反客为主，重新挽回"主劳"的不利局面，抵御西技优势的继续扩大。这一条思路的开辟，一方面彰显了向西方学习的可能性和必要性，一方面也提醒了关注近代剧变与国人原有思路延续关系的重要性②。

"师夷长技"主张的提出，在近代思潮中造成了巨大的影响。不可否认，这一主张确然是应对西方冲击的有效方法，但不可忽视的是，它是在与"扬长避短"思路的竞争中胜出并取而代之的一方。关注两种思路的竞争，不仅是理解近代文明发展去向问题的一个途径，也是理解近代国人关于文明竞争路径选择的一把钥匙。

自近代以来，"师夷长技"之路就已经成为一条漫漫征途。作为一个学习过程，它漫长而又持续，直到今天也并未终结。然而，"师夷"的动机不同，它体现出的意义也就不一样。清道光以降，盛极一时的乾嘉考据学走向末路，代之而起的是"经世致用"之学。以"开风气"为己任的经世致用思想家，能够开启探索"致用"的外围入口，将视线转向更为广阔的"世界"，关注海防和兵事以抵御外敌，已经是一个极具变革性的进步。魏源在《海国图志》中明白提出"师夷长技以制夷"的主张，目的即在于"制夷"，与"抚夷"政策相比，表现出更为坚定的抵抗心态。按魏源的理解，"塞其害，师其长，彼且为我富强，……善师四夷者，能制四夷；不善师外夷者，外夷制之"③，"师"的

① 项藻馨：《俄国西伯利亚造铁路道里经费时日论》，《格致书院课艺》，上海图书馆编，上海科学技术文献出版社2016年版，第70页。
② 参看李欣然：《主客之形：一种看待中西对抗的持续视角——兼论近代"制夷"思路的转变》，《学术月刊》2017年版，第6期。
③ 魏源：《大西洋欧罗巴洲各国总序》，《海国图志》第3册，岳麓书社2011年版，第1124页。

决定与行为具有难以忽略的重要性，关系到困境中的清朝出路问题。作为一种实践行为也好，作为一个思想动机也好，"师夷"的变易意识、开放观念和革新精神，均表现出显著的时代性。结合其提出的"器变道不变"、"道存乎实用，志在措正施行"主张又可以发现，从文化目的层面来看，"师夷"仅限于"器"，而不涉及"道"，也就是说，改革与学习西方技术之长，是为了维护以孔孟之道为核心的封建伦理，加强自公羊学发端的"大一统"观念，同时保存"先王之道"。祖宗之法不可丢，因为祖宗之法灿烂文明，远非西夷之邦可比可追。

## 第二节　"西"学：新文化格局酝酿下的文化自省

带着忧患意识审视西方技艺之长，首先不能不承认："天朝上国"的荣耀时刻正在逐渐成为国人的一种文化记忆，一种经由碰撞交汇而激发的新文化格局正在形成，在与西方文化的比对刺激下，中国传统文化的危机以前所未有的明晰形式爆发出来了。从深广的时代背景来看，中国传统文化在鸦片战争爆发后所面对的挑战及其日益严重的危机，以终极根源而论，是传统文化本身的危机，是自汉代以来渐进累积的唯儒独尊之症结在文化与现实、守旧与革新矛盾空前激发情况下的大发作。

第二次鸦片战争的爆发，是促使国人反思文化自信观念的一个重要契机。自1840年算起，到英法联军再次发动武力侵略，时间已经过去了整整20年。鸦片战争的连续失利究竟是由于武器的陈旧、政治的腐朽，还是社会的落后，这是自战争爆发以来国人一直在追问的问题。

现在来看，基本上可以确定为是以上三个原因的共同影响：因农耕文明落后于工业文明而导致封建统治在应对现实变革时力度疲软，又因政治不力而武器陈旧。当然，这是一个延后的认识，彼时的大清臣民并没有迅速意识到这一点，而是经历了一个比较长时间的观望、踌躇和尝试实践的体悟过程。这也解释了为何在鸦片战争爆发整二十年后，清廷与知识分子才指出了解和研究西方的必要性。而能否应对自身文明的危机，尤其是在文化剧烈碰撞的时代，意味着国人将整体性地面临当年哈姆雷特式的选择：生存还是毁灭，这是一个问题。用更加明晰的表达方式，这个问题就是：中国传统文化如何才能在文明的比较中减缓影响力衰退的步伐，直至在"开眼看世界"后经由"采西学"而重振孔孟之道？

## 一、"开眼看世界"：近代文化调适的序幕

鸦片战争的失利，使得朝野上下一片震惊，然而震惊之余，又很快做起了"万年合约"（指《南京条约》）能保平安的夜郎之梦。值得庆幸的是，还有一些有识之士能够拨开盲目自信的迷障，冷静看待战争接连失利的现实，同时心怀危机和忧患意识，迫切希望走出封闭国门，去了解大清之外的广阔"世界"，寻求御敌取胜的良策。更重要的是，以什么样的心态和观念以及什么样的态度和方法去了解、去看，决定了他们在文化变革"本"（"救世"）"末"（"救时"）方向上的取舍。在认识到华夏文明并非世界上的唯一文明，也非诸多文明的中心这一前提下，主张并践行"开眼看世界"的这批文化精英，一方面能够秉持非中心地、客观地看世界的心态，承认本国与西方诸国之间的"富强"差异，从"鄙"夷转向以平等视夷，去除以"夷"字指称

西方各国的自大做法；另一方面也时刻不忘强国御敌的重任，希冀"了解夷情"以重振孔孟之道。作为以上认识的直接回应，就是他们倡导在文化政策上进行开放式的调适：介绍与学习关于"世界"的硬性知识，以扩充国人的文化视野，同时为传统文化增加经世致用的内容。

"开眼看世界"思潮的勃兴，宣告了国人对大清以外的世界一无所知时代的结束。相应地，在"知夷情""识夷情"成为当时"经世致用"的主潮流后，国人逐渐改变了盲目排斥域外文明的态度，转而主动地去发现和总结中西文化之间的差距。

首先，突破传统地理认知观念的束缚去"看世界"，去了解西方，使这些来自域外的知识"不但供博览之资，且足备经世之略"①。鸦片战争后，在以林则徐、魏源、徐继畬、姚莹等为代表的有识之士的倡导和实践下，大量有关世界史地、文化的著作、译作等相继问世，相当完整地描述了世界大势。举凡地球全貌、经纬度、南北极、五大洲、四大洋等，从历史、政事、军事到文化、教育、宗教、风俗等内容，都有详细介绍。近代学人也因此开创了"诵史鉴，考掌故，慷慨论天下事"②的时代风气。

"知夷情""识夷情"的帷幕拉开后，传统文化向近代迈进的步伐得到了有力的推动。有人高瞻远瞩地从"经世致用"的高度主张"然借彼之矛，攻彼之盾，又不妨以逆夷之物，还治逆夷之身"③，也有人因为疑惑鸦片战争失利之因，而生发了"恨不涉重洋，至英吉黎一探

---

① 揆云楼主人：《瀛寰志略跋》，《瀛寰志略》，徐继畬著，上海书店出版社2011年版，第311页。

② 周劭：《谈龚定庵》（节录），《龚自珍研究资料集》，孙文光、王世芸编，黄山书社1984年版，第313页。

③ 林福祥：《平海心筹·捐置洋枪上李云舫夫子书》，《中国近代史资料丛刊·鸦片战争》第4册，齐思和等编，上海人民出版社1957年版，第603-604页。

问之"①的愿望。对"天朝上国"之外的世界表示出认知兴趣的绝不是个别现象。在作为禁烟钦差大臣出巡广东之时，林则徐就有了一种认识和了解世界的迫切感，认为"时常探访夷情，知其虚实，始可以定控制之方"②，由此经常派人前去实地察看和探访鸦片信息，并雇佣翻译人员将有关英人的新闻信息编成《华事夷言》，以便及时地将英国人的动态告知国人。同时，他还命人翻译英人慕瑞（Hugh Murray）所著《世界地理大全》，且亲自润色加以编订刊行，定名为《四洲志》，一开撰述外国史地风气之先。在林则徐被定义为"满清时代开眼看世界的第一人"③之前，已有广东嘉应（今梅州）人谢清高根据其跟随商船遍历海中诸国的经历，整理而成《海录》一书。此书约 2500 字，记述了90 余个国家和地区的地理、历史及风土人情等。继林则徐之后，魏源《海国图志》、徐继畬《瀛寰志略》分别以 78 幅、42 幅地图配以详细的文字，向国人介绍了"世界"的概念，涉及四大洲、五大洋以及近百个国家的知识内容。除了众人皆知的这两本书外，还有 1841 年陈逢衡据英俘安图德之口供及图说撰写的《英吉利纪略》，1842 年汪文台根据明末以来史地书籍中有关英国的记载辑录而成的《红毛蕃英吉利考略》，1846 年梁廷枏《海国四说》（包括《耶稣教难入中国说》《合省国说》《粤道贡国说》《兰仑偶说》）等书籍纷纷刊行。据统计，在 1840—1861 年的二十年间，这类介绍远洋之国的书籍已达 22 种之多④。阅

---

①　杨棨：《出围城记》，《中国近代史资料丛刊·鸦片战争》第 3 册，齐思和等编，上海人民出版社 1957 年版，第 51 页。

②　林则徐：《两广总督林则徐奏为责令澳门葡人驱逐英人片（道光二十年二月初四日）》，《鸦片战争档案史料》第 2 册，天津古籍出版社 1992 年版，第 30 页。

③　范文澜：《中国近代史》（上），《范文澜全集》第 9 卷，河北教育出版社 2002 年版，第 16 页。

④　参看〔美〕费正清、〔美〕刘广京：《剑桥中国晚清史（1800—1911 年）》下卷，中国社会科学院历史研究所编译室译，中国社会科学出版社 1993 年版，第 176 页。

读这些著作，"然后四海万国，具在目中，足破数千年茫昧"①，极富启发性地给国人相当完整地展示了一幅地理意义上的世界图景，勾描了一个文化意义上的新文化格局，也提供了思想意义上一种关于"世界"的新认知观念。

其次，突破四夷宾服的虚骄心理，让国人既见识到了"夷"国发达、繁荣的一面，也认识到殖民势力的扩张已经对传统文化构成了极大的威胁，并因此引起了警觉与忧思。关于"四海""神州""九州""四夷"之类的地理概念，已经在各种书籍的介绍中得到了纠正与补充。以"世界"坐标来定位"中国"，开启了国人的世界视野，让国人感受到一股西方文明扩张的"天地之气"正"自西而东"向中国逼来，从此"中国的天下"这一观念历史性地被扭转为"天下的中国"。

远洋之邦的历史文化、风土人情等也同时被介绍给国人，例如徐继畬在提及法国巴黎时，称"曰巴勒。建于塞纳河两岸，……其街衢盘绕环匝，列肆密如蜂房，往来者毂击肩摩，昼夜不绝"②，一片"繁华"之象，与"天朝上国"并无不同。在政治制度、礼仪风俗上，国人也发现，"夷"风虽与儒家礼教有所区别，但也并不是想象中未开化的"蛮夷"状态。"夫蛮狄羌夷之名，专指残虐性情之民，未知王化者言之"③，实际上，通过阅读书籍或者近距离地接触观察，国人的心态发生了很大改变。第一次鸦片战争后，曾国藩多次在其家书和日记中痛骂英夷"性同犬羊"，对于一个对西人仅有道听途说印象的士大夫来说，这种骂词显然是臆测型的愤怒，然而第二次鸦片战争后，通过与

---

① 姚莹：《今订中外四海舆地总图》，《康輶纪行 东槎纪略》，施培毅、徐寿凯点校，黄山书社1994年版，第509页。

② 徐继畬：《瀛寰志略》，上海书店出版2001年版，第206–207页。

③ 魏源：《西洋人玛吉士〈地理备考〉叙》，《海国图志》第4册，岳麓书社2011年版，第1889页。

英人的交往，他又表示出西人亦有"素重信义"的品德。尽管这种改观并未消除他对西人的疑虑和抗拒，但已经体现出靠近事理的明达客观。西人广阔的知识面也让很多"看世界"的知识分子印象深刻，魏源就曾慨叹："（西人）明礼行义，上通天象，下察地理，旁彻物情，贯串今古者，是瀛寰之奇士，域外之良友，尚可称之曰夷狄乎？"①徐继畬也在《瀛寰志略》中介绍了英吉利的部分风俗，如"英吉利之俗，男女婚配皆自择定，然后告父母"，"其俗男女皆分父母之产，男不得娶妾"②等，认为非儒学文明也有能与孔学抗衡的价值、信念、规则等，而蕴含在其中的劝善、仁爱等精神，都是不逊于华夏文明的另一种文明。正因为来自夷地的域外文明能与中华文明相抗衡，甚至正在以能够觉察的速度渗透到中华文明之中且逐渐被国人所接受，一批觉醒之士由此也意识到了西方诸国的文化野心，及其对中华文明构成的威胁与挑战。透过武力侵略这一现象，国人感受到了"自西海至南海，凡大小岛屿二十有六，皆便货税者，虽弹丸亦设戍焉，意不在其土地也"③的民族危机感，由此开启了民族觉醒的近代进程。

## 二、"采西学"：近代文化自省的初兴

在社会巨变面前，当自信变成虚骄，强硬变成无知，自负变成自欺，非变革无以应对中华文明的时代危机。"庚申之变"后，摆在国人面前的文化主题已经从认识世界、了解西方转化成为如何增强国力以争取民族独立和文化复兴。康乾时期，中国传统文化在封建专制的高

---

① 魏源：《西洋人玛吉士〈地理备考〉叙》，《海国图志》第4册，岳麓书社2011年版，第1889页。

② 徐继畬：《瀛寰志略》，上海书店出版2001年版，第239页。

③ 梁廷枏：《海国四说》，骆驿、刘骁校点，中华书局1993年版，第130页。

压下，呈现出畸形发展的态势。知识分子为了生存自保，一味回避现实，埋首于书斋之中，多进行训诂、辩伪、校勘以及音韵、金石等方面的研究，对于现实存在的国计民生问题避而远之，甚至视而不见。嘉道年间，大清王朝内忧外患的危机愈加严峻，一批忧时势之急迫的士人，感慨宋学之狭隘，于是大力鼓吹有益于民生的经世之学。陶澍、贺长岭、龚自珍、林则徐、魏源等主张学习西方，通时务以经世，将国人对域外的认识上升到一个新的高度。在这些有识之士的呐喊和宣传下，国人逐渐调整了自己面对中西文化交汇的态度，开始由被动接纳转向主动吸取，其中一个重大转变就是，在学习西方文化之外，思考如何应对和抵御西方威胁的思路也因此变得清晰了起来。

虽然受到了西方文化冲击的一定影响，但传统文化的统治地位却丝毫未被撼动。19世纪40年代后兴起的"知夷"、"识夷"、"师夷"风气，作为一股新的文化力量，必然毫无疑问地遭受到了传统文化的强势排挤与压制。士大夫们"和议之后，都门仍复恬嬉，大有雨过忘雷之意。海疆之事，转喉触讳，绝口不提"①，更甚者，"时在咸丰初元，国家方讳言洋务，若于官场言及之，必以为其人非丧心病狂必不至是"②，这也决定了中华文明无法从自身内部进行彻底否定的可能。知识分子若要在此铜墙铁壁上撬开一丝缝隙，唯有从外围尝试突破，因此中国近代文化的蜕变，走上的是一条以学习与引进域外文明为辅助之法的道路。19世纪60年代到90年代发生的洋务运动，即是一场以引进和学习西方先进科学技术为目的的富国强兵运动，主要体现在器物文化层面。洋务运动的兴起，表明国人一反之前的"鄙夷"态度，开始平视西方文化，甚至转为"崇洋"。

---

① 林则徐：《软尘私议》，《林则徐年谱长编》，来新夏编著，上海交通大学出版社2011年版，第787页。

② 王韬：《洋务上》，《弢园文录外编》，上海书店出版社2002年版，第26页。

　　晚清的衰败局势在太平天国运动与甲午中日战争的相继打击下走向了顶峰。为了统治的苟延残喘，统治者和地主士绅阶层意识到必须谋求富强之道才能雪耻与自强。"彼何以小而强，我何以大而弱？"①知识分子对华夏颜面的失却感到不甘，更痛心疾首于民族失尊，由是积极呐喊"天赋人以不如，可耻也，可耻而无可为也；人自不如，尤可耻也，然可耻而有可为也。如耻之，莫如自强"②，提出了"筹洋器""采西学"等的具体主张，将魏源"师夷长技以制夷"的口号付诸实际行动。作为不妥协的思想反映，"自强"词义中隐伏着中国文明对西方文明的文化抗争，以主题而论，主要聚焦于三个方面：一是争议坚持还是放弃"夷夏大防"的传统，二是辨析学习西方的目的是"救时"之御敌还是"救世"之自强，三是选择坚持农业文明还是引进工业文明。这也是鸦片战争之后，文化顽固派与洋务派就中西文明的优劣展开的第一次大规模论战，其核心问题就是要不要"采西学"以自强的问题。

　　首先受到冲击并提出革新要求的是某些腐旧而且僵化的传统观念。

　　"自强"观念是其中之一。《易·乾象》曰："天行健，君子以自强不息"，意指奋斗与进步。19世纪60年代后，这一概念的意义被更新，从奕䜣到曾国藩、左宗棠、李鸿章，众多忧国士大夫都对它进行了丰富。概而言之，彼时的"自强"是两大内容的综合：一是在寻求农民战争挑战统治地位后大清王朝的自我振兴，二是寻求外敌入侵民族危机下国家的奋发图强。由于西方的火器大炮带给国人的感受过于深刻，庙堂中人已经认识到"制敌在乎自强，自强必先练兵"③之道，故而确

---

① 冯桂芬：《制洋器议》，《校邠庐抗议》，上海书店出版社2002年版，第49页。

② 冯桂芬：《制洋器议》，《校邠庐抗议》，上海书店出版社2002年版，第48页。

③ 文祥：《允之夷兵退疏请定期》，《三十三种清代人物传记资料汇编》第29册，天津图书馆历史文献部编，齐鲁书社2009年版，第88页。

立了"富国强兵"的自强主题。在持续近30年的洋务运动中,"振兴"与"图强"两类自强内容所占的比重先后有所变化。一开始,清廷视太平天国运动为"心腹之害",故而多注重引进西方兵器如洋枪等进行镇压,是谓攘外必先安内。但在镇压取得胜利之后,强国御辱的比重开始大幅度提升,并开始成为一种救亡图存的民族自觉意识。以军事工业作为洋务运动的第一步,就是这一自觉意识在实务上的体现。1861年安庆内军械所的设置,表明了洋务人士"本欲访募覃思之士、智巧之匠,演习试造,以勤远略"①的御敌意图。此后,1865年由李鸿章筹办成立于上海的江南制造局、南京的金陵机器局,1866年左宗棠在福州成立的福州船政局,以及1867年崇厚在天津设立的天津机器局,皆以学习制造利器的实务行为印证了近代国人选择迎合时代潮流,为"自强"而"师夷"的重要意义。

"重礼义,轻艺事"的观念在近代同样得到了重新考量。在西方器物的刺激之下,"艺"尤其是技艺的地位迅速提升。洋务运动中,对文化教育的投入仅次于工业制造。洋务运动开设了一系列专"艺"学堂,从机器、大炮、轮船、电报、翻译、印刷等学科也即在封建文教体制的边缘上,培养了许多新式人才。随着洋务运动的深入发展,专业人员的队伍也在持续性地扩大。1863年,京师同文馆成立后,培养出了一大批优秀翻译人才。这些专业"译"者在短短的30年间,共翻译出西书近200部,为介绍和宣传西方文明做出了极大的贡献。在"引进来"的同时,清廷也施行了"走出去"的文化策略,在容闳等人的主持下,相继分批派遣留学生出国进修西学,迈出了走向世界的第一步。在这些留学生中,修筑京张铁路的詹天佑,以及译出了《天演论》的

---

① 曾国藩:《致毛鸿宾》(十月二十五日),《曾国藩全集》书信六,郭翠柏等整理,岳麓书社1992年版,第4112页。

严复，都是其中优秀专业人才的代表。此外，国内一些旧制书院也开始追赶时代潮流，主动开设一些西学课程，向学生授以声、光、化、电以及西方史、地、文、画等各方面的专业知识，哺育了一批具有新知识体系的"艺事"人才。从教育意义来看，新知识、新人才对社会带来的冲击，既改变了世代沿袭下来的对"艺"的轻视和成见，也引导了教育发展的未来方向。

其次受到挑战而自省的是导致落后挨打的腐朽旧制。

"识时务者莫不以采西学、制洋器为自强之道……至以舍中法而从西人为非，亦臆说也。查西术之借根，实本于中术之天元，彼西土目为东来法，……其实法固中国之法也。天文、算学如此，其余亦无不如此。"①在居上位者看来，"识时务"是倡导自强的第一因素，然而一定要强调的是，西学是"采"是"借"，而不是舍"中"逐"西"，具体地说，一是肯定"采西学"是自强之道的重要途径，二是强调"采西学"并非是对传统文明的抛弃，而是对它的实用补充。站在统治阶级的立场，以翻译、出版科技图书，开设学堂和派遣留学生为内容的近代文化事业，尽管是以自强求富为目的的，然而却也是封建文化的对立物，对它们的汲取和仿效，不能危害到中学的伦理纲常之"道"。在封建文化本身力量以及文化统治政策的强大阻力下，洋务运动的性质因此只能以"中体西用"作为纲领，而其开展之原因及目的也只能被界定为："但以时事孔棘，亟在燃眉，参用西法，可速图效，转贫弱为富强，亦维持世变不得已之苦心也。"②因"亟在燃眉"而"参用西法"，又因可见速效并不至于危害统治，在"中体"与"西用"互不侵犯且"西用"可为"中体"增效的前提下，洋务运动方能得到开展

---

① 奕䜣：《奕䜣等奏酌拟学习天文算学章程呈览折》，《筹办夷务始末》（同治朝）第5册，李书源整理，中华书局2008年版，第1982-1983页。

② 张罗澄：《时务论》，《普天忠愤集》第6卷，孙广德编，文海出版社1974年版，第1页。

契机。

洋务运动的每一项举措，原本就是在文化顽固派的反对声中艰难出发的，每一步前行仿佛都在针尖上跳舞，步履维艰。甲午中日战争的惨败，又雪上加霜地证明了它的缺陷：仅仅偏重于引入西方物质、技艺，不从"本原"上进行变革，其结果只能是不见改革之效，出现"练兵反不如不练"，"通商反不如不通"，"有学堂反不如无学堂"等的反面效应①。作为一项以向西方寻求文化出路为目的的改革与交流之措，因只求文化表层的照搬、仿效而缺失对其文化精髓的学习与吸纳，最终导致了它的全盘破产。另一个原因在于，汲取西学的过程始终处在"中体西用"宗旨的文化框架限制下，随着时间的推移，处处以"中体"为先的设定越来越体现出中学旧制的桎梏，已经无法解释和支持洋务事业的发展态势。洋务运动中的很多人苦于西法推行受阻，也逐渐觉察到西法已在徐徐冲击旧制的束缚，加之挽救民族危亡的重任在身，改变旧制由是成为他们迫切的心声。一方面，他们对旧制振兴民族的能力提出了质疑，发出了"六部诚可废，若旧法能富强，中国之强久矣，何待今日"（李鸿章语）②的质问；另一方面也对只以兴洋务为虚名而不寻求摆脱落后现状真正途径的伪自省行为表示反对，认为表面上的装模作样，"到光绪四十年，亦不过多得此等学堂洋操数个而已。一旦有事，则亦不过如甲午之役，望风而溃，于国之亡能稍有救乎？既不能救亡，则与不改革何以异乎？"③改革旧制由此上升成为一种呼之欲出的时代要求，推动了近代学人关于中国近代化道路选择

---

① 参看梁启超：《政变原因答客难》，《梁启超全集》第1册，北京出版社1999年版，第219-222页。

② 孙宝瑄：《日益斋日记》，《梁启超年谱长编》第2册，丁文江、赵丰田编，上海人民出版社2009年版，第129页。

③ 梁启超：《政变原因答客难》，《戊戌政变记》（外一种），上海古籍出版社2014年版，第80页。

的进一步思考。

何以"事阅三朝，积弱如故"[①]？这种困惑与追责，再次激起了有识之士重新检讨改革之路的民族觉醒意识，促使他们进一步总结洋务运动失败之因，理性思辨文化新旧关系，从中去寻求民族出路的有效途径。给国人以理直气壮地提出改革旧制要求，且以显著对比效果给予说服力的例子，是近邻日本。洋务运动与日本的明治维新大体同时，都是在倡导学习西方以求富图强的条件下选择的改革道路。曾经站在一条起跑线的双方，经过三十年的各自奔跑，在甲午重逢一决高下之时，却以一胜一败、一强一弱的战况宣告了改革旧制带来的不同结果：一个跻身于列强之林，一个却陷入半殖民地半封建社会的畸形困境。甲午一战，日本以彻底的西学自强打败了中国"西学为用"的不彻底的采西自强，从事实上非常雄辩地证明了在彻底改革旧制的前提下西学致强的可行性。如梁启超所言，"苟不务除旧而言布新，其势必将旧政之积弊，悉移而纳入新政之中，而新政反增其害矣"[②]。

### 三、"以西学化为中学"：近代文化新变的酝酿

洋务运动中，随着西学大规模的引入并受到一定程度的接纳，传统中学的知识结构体系和发展趋势也发生了历史性的变革。

其一，西学知识广为传播，改变的除了近代学人的知识结构，还有国人对西学的态度。自孔子以来，夷夏之分的传统在国人心中牢固扎根，哪怕至近代之初，也依然给中西文明划分出一条以礼仪、文化

---

① 张之洞：《奏请改订〈中俄伊犁条约〉》，《张之洞年谱长编》（上），吴剑杰编著，上海交通大学出版社2009年版，第60页。

② 梁启超：《政变原因答客难》，《戊戌政变记》（外一种），上海古籍出版社2014年版，第78页。

和心理为衡量标准的高下界线。英国人早已在双方接触之初就明白"夷"字涵义，并对民间指称和官方公文中所使用的"夷人""夷船""夷语"等称呼表示出强烈的不满。第二次鸦片战争后，英人在强迫清廷签订不平等条约之时，特意对"夷"称提出了改换要求。清廷无能，只得在《天津条约》（第五十一款）里明文规定"嗣后各式公文，无论京外，内叙大英国官民，自不得提书'夷'字"[1]，成为以"洋"替"夷"的交接点。中央政权尚且被迫如此，直接与西人交道的地方官更是迫于英人的武力淫威，而不得不改"夷"为"洋"。侍郎罗惇衍在咸丰八年四月递交的一封奏折中提及："缘人心愤夷已极，而地方官自夷人入城以来，每讳言夷务，甚至文移公牍，称夷务为洋务，又称为外国事件，不敢斥言夷字。臣等再四商酌，应于关防内明刊办理夷务字样，方足鼓舞人心。"[2]地方官员的卑屈之态从中一览无遗。国人被迫改换称谓是原因之一，但同样不能忽视和排除的因素，还有国人心态的主动改换。事实上，在对西方知识不断了解和加深的基础上，承认今日之西人非往昔之"夷狄"这一心态，早已在西学东渐的过程中不知不觉进行了转换。国人逐渐认识到拥有"坚船利炮"的洋人不仅不能轻视，反而需要格外引起重视。皮嘉佑《醒世歌》看得十分明白："若把地球来参详，中国并不在中央。地球本是浑圆物，谁是中央谁四旁？西洋英俄德法美，欧洲各国争雄起。纵然种族有不同，何必骂他是鬼子。……"[3]尤其随着洋务运动的推进，西学已经在致用层面与中学拥有了同等重要的地位，甚至有所超越。国人很难不从心底

---

① 《中英江宁议定条约续约（咸丰八年）》，《约章汇要》，奉天交涉署编撰，奉天关东印书馆1927年版，第71页。

② 罗惇衍：《前户部侍郎罗惇衍等奏移驻花县筹办团勇力图恢复折》，《中国近代史丛书·第二次鸦片战争》第3册，齐思和等编，上海人民出版社1978年版，第270页。

③ 皮嘉佑：《醒世歌》，《湘报》1898年第27期。

里萌生出一种思想认识：西方文明是一种可以在某些层面与传统文明相抗衡的文明，是另一种文明体系。与此心态相印证的事实是：1848年，徐继畬《瀛寰志略》刊定，将早期版本《瀛寰考略》中所有"夷"字全部删除，或者换成了其他称谓，其中"英吉利国"一节从原版的2000余字扩充为现版的7000余字后，也并无一个"夷"字可寻。此外，魏源《道光洋艘征抚记》一书在由抄本变为刊本时，也将其中的"夷"字全部改换成了"洋"。由"夷"改"洋"，由"夷务"改为"洋务"，看似一字不同，实则体现出国人对西方文明认识已经进入到一个新的高度，意味着新的世界文明观念在中国大地的传播接受。太平天国洪仁玕在《资政新篇》中指出："凡于往来言语文书，可称照会、交好、通和、亲爱等意，其余'万方来朝''四夷宾服'及'夷''狄''戎''蛮''鬼子'一切轻污之字，皆不必说也。盖轻污字样，是口角取胜之事，不是经纶实际，且招祸也。"[1]可为此一证。

其二，西器、西技在生活中的日渐渗透，改变了国人的日常生活状态，促成了中西文化在日常生活中的交融。魏源即看到，"今西洋器械，借风力、水力、火力，夺造化，通神明，无非竭耳目心思之力，以前民用，因其所长而用之，即因其所长而制之。风气日开，智慧日出，方见东海之民，犹西海之民，云集而鹜赴，又何暂用旋辍之有？"[2]无论大器小件，"洋"货因"利民用"，故而在晚清时期广受民众欢迎，甚至于在中国大地遍地开花。现在提及"洋火""洋枪""洋装"等名词仍不觉陌生，可见洋务造成的深远影响力。洋务运动之后，晚清民初社会处处呈现出中西生活方式交互相容的景象：

---

[1]　洪仁玕：《资政新篇·法法类》，《中国近代史料丛刊·太平天国》第2册，王重民等编，上海人民出版社1995年版，第528页。

[2]　魏源：《海国图志》第1册，岳麓书社2011年版，第39页。

中国社会上的状态，简直是将几十世纪缩在一时。自松油片以至电灯，自独轮车以至飞机，自镖枪以至机关炮，自不许"妄谈法理"以至护法，自"食肉寝皮"的吃人思想以至人道主义，自迎尸拜蛇以至美育代宗教，都摩肩挨背地存在。

……

此外如既许信仰自由，却又特别尊孔；既自命"胜朝遗老"，却又在民国拿钱；既说是应该革新，却又主张复古。四面八方几乎都是二三重以至多重的事物，每重又各各自相矛盾①。

不仅仅是生活用品、生活场景，甚至在社会思想层面，无一不呈现出中西文化结合后的交融状态。至同光年间，"洋货店的数目正在一年一年地增加，海关统计中，外国进口货物的数字，也在随同增加"②。位于殖民地的租界表现得尤为典型。例如，在当时的上海租界，民众的生活已经全然不是传统模式的景象，从交通工具如脚踏车、东洋车、轮船、火轮车，到市政设施如煤气灯、洋水龙、洒水车、地火（煤气）、电线等，到文化娱乐如报刊、油画、照相、马戏、外国影戏，以及各种家具用品如洋布、洋火、洋皂、洋伞、洋纸等，处处可见"洋"的影子。19世纪50年代以后，饮食上，冰激凌、汽水、啤酒、面包和糖果等开始在上海广泛生产，后来又从西方传来了咖啡、奶茶、饼干、蛋糕、罐头以及葡萄酒、白兰地等。慢慢地，西餐逐渐成为上海居民饮食结构的习惯之一。建筑上也是如此，一些富裕的名

---

① 唐俟：《随感录·五十四》，《新青年》1919年第6卷第3期。
② 姚贤镐：《中国近代对外贸易史资料（1840—1895）》第2册，中华书局1962年版，第1093页。

望家庭开始效仿西方模式，建造一些花园洋房、公寓住宅等。红瓦砖墙配以电灯电话，营造了一种中西结合的新型生活方式。娱乐上，民众也开始欣赏国外的幻灯戏、马戏、赛马以及歌剧、话剧、西洋乐器演奏等，并对它们表现出强烈的兴趣。懂洋务、知洋务者也渐成当时紧俏和受欢迎的人才。在19世纪七八十年代的《申报》上，几乎每天都刊登有各种外语学馆招生的广告，报名者趋之若鹜。以上种种生活方式的变革，映射了欧风美雨浸润下中国社会价值观念与行为模式的变化。对于几千年以来生活在传统模式中的国人而言，无疑是一种剧变。既是一种生活模式壁垒的打破，也促成了一种思想观念的更新。

其三，以"自强"为目的，从引入"西技"为起点并延伸到"西学"层面的洋务运动，意在"中学"的基础上接纳"西学"，营建架构二者的沟通桥梁。"采西学"是洋务运动进行中西沟通的第一步，其出发点即是借西学改造中学。冯桂芬最先提出"以中国之伦常名教为原本，辅以诸国富强之术"的主张，基本上奠定了"采西学"的主题方向。然而，面对西方文明的冲击，如何处理二者之间的关系，并不是一个主观决定可以解决的简单问题，而是一个艰难的随时代脉搏而跳动、调适的时代课题。可以发现，无论是早期的"师夷长技"还是突破了"夷夏之辨"窠臼的洋务运动，每一步引入西学的推进，几乎都是在"中体西用"和"中本西末"框架中的艰难跋涉。作为一个复杂思想主张的实务体现，引入西学行为在确立了最初的目标后，等待解决的问题还有：大规模的"采西学"实践如何能在理论层面加以合理性地阐释？如何确立一个"采西学"的文化准则？在历史悠久的中国传统文化体系中如何看待"西学"的地位？在中西文明交汇之时又如何能够使得两种文明发挥各自的作用？这一系列问题的提出以及尝试性地给予回答，正是近代以来知识分子论争中西学关系的主题内容。

　　继冯桂芬之后，薛福成、王韬、郑观应、沈毓桂、张之洞等人也各自提出了自己的看法。例如薛福成称"今诚取西人器数之学，以卫吾尧舜禹汤文武周孔之道"[①]，王韬称"器则取诸西国，道则备自当躬"[②]，"西学西法非不可用，但当与我相辅而行之可已"[③]，郑观应称"则中学其本也，西学其末也。主以中学，辅以西学"[④]，沈毓桂称"夫中西学问，本自互有得失，为华人计，宜以中学为体，西学为用"[⑤]，张之洞称"中学为内学，西学为外学；中学治身心，西学应世事"[⑥]，等等，均强调了以中学为主，以"道"统"器"，以"器"卫"道"的宗旨，同时在客观上肯定了西学的辅助地位，认可其在富国强兵中的重要作用。在洋务运动兴起之初，从"中体西用"文化观层面对"采西学"加以理论阐释，毫无疑问具有重要的积极意义。在维护民族自尊心、自信心的基础上，强调西学的补充和辅助作用，实现了中西文化的调和与互补，并启发了进一步思辨中西文化关系的空间，如蒋廷黻所说，洋务派"他们起初只知道国防近代化的必要。但是他们在这条路上前进一步以后，就发现必须再进一步；再进一步之后，又必须更进一步"[⑦]。

　　因效仿器物而异于传统，又因束缚于以新卫旧的宗旨而难以挣脱传统，引入西学的结果显然只能是碎片化的支离斑驳。甲午战后，引进西学的范围不断扩大，不仅在表面的器物层面，在体现西学本质的

---

　　① 薛福成：《筹洋刍议·变法》，《薛福成选集》，上海人民出版社1987年版，第556页。

　　② 王韬：《杞忧生〈易言〉跋》，《弢园文录外编》，上海书店出版社2002年版，第266页。

　　③ 王韬：《上当路论时务书》，《弢园文录外编》，上海书店出版社2002年版，第246页。

　　④ 郑观应：《盛世危言》，《郑观应集》，夏东元编，上海人民出版社1982年版，第276页。

　　⑤ 南溪赘叟：《救时策》，《万国公报》1895年第75卷。

　　⑥ 张之洞：《劝学篇·外篇·会通第十三》，《劝学篇 辀轩语》，孙甲智点校，中国盲文出版社2014年版，第108页。

　　⑦ 蒋廷黻：《中国近代史》，岳麓书社1999年版，第44—45页。

社会政治制度和意识形态的领域，也开辟了一片更为广阔的天地。随
着民族冲突的加深，加之"西体"——政治制度的重要性得到发掘，
停留于"致用"层面的"采西学"行为已经脱离于时代需求，亟需在
批判的基础上向前推进。洋务人物之典型者认为，若看不到"西体"
引进的重要性，那么单纯地输入西学实则于挽救民族存亡之事无补，
如高凤谦所指出："盖中国之人震于格致之难，共推为泰西绝学。而政
事之书，则以为吾中国所固有，无待于外求者。不知中国之患，患在
政事之不立。而泰西所以治平者，固不专在格致也。"①同样地，一味
固守"中学为体"的宗旨不加时代性的变通，也无法充分发掘西学的
启发意义，如郑观应认为的那样，"我中国之病，其根在学非所用"②，
"泥古而弱"则终将不敌"崇新而强"。这也表明，在引进西学的进程
中，移花接木和隔靴搔痒均无法解决布新而不除旧所带来的现实难题。
中西矛盾既然是时代的矛盾，那么就应该顺应时代潮流，做出更有利
于文化复兴和站稳传统文化脚跟的选择。张之洞非常敏锐地看到了这
一点，将其设立学堂的宗旨总结为"讲求时务，融贯中西"③，郑观应
也提出"由西文译作中文，以西学化为中学"的主张加以响应，并且信
心十足地表示："不及十年，中国人才无难与泰西相颉颃。"④在"西用"
的延伸中，"化西学为中学"的思索已经体现出由格致进入哲理的趋向，
并揭示了引入西学必然是一个由表及里的历史进程。使西学成为中学的
一部分，最终建立一个融合中西的新文化体系，是近代学人的一个文
化宏愿，也是他们持续探讨的一个时代性课题。新的文化格局就在各

---

① 高凤谦：《翻译泰西有用书籍议》，《中国科学翻译史料》，黎难秋主编，中国科学技术大
学出版社1996年版，第331页。

② 郑观应：《盛世危言》，《郑观应集》，夏东元编，上海人民出版社1982年版，第936页。

③ 张之洞：《奏设湖北自强学堂片》（节录），《洋务运动时期教育》，高时良主编，上海教
育出版社1992年版，第259页。

④ 郑观应：《盛世危言·考试下》，《郑观应集》，夏东元编，上海人民出版社1982年版，第936页。

种冲突矛盾但明显倾向于"化西学为中学"的解决方案中酝酿成型并初展其貌。

## 第三节 "新"学：比较与世变视野下的文化自觉

百年中国在近代化进程中遭遇到纷至沓来的压力，本质上是资本主义扩张逼迫中国改变几千年来的传统封建制度所致。历史与时代由此赋予了近代中国反侵略和反封建的同步性。由于对双反力度与优先度的认识有异，因此就如何完成重任而言，近代学人形成了两种几乎截然相反的文化视野：变革优先与顽固守旧。变革者之所以被认为是先进思想的倡导者，就因为他们已经深浅不同地体会和理解了这一历史趋势，由此力求自觉进行改革，认为"因思自强之道，宜求诸己，不可求诸人。求人者制于人，求己者操之己"①，唯有自觉求变才有实现中国自强并抵御外敌侵略的可能性。同样地，顽固派之所以被认为是传统文化的守卫者，也因为他们对传统文化怀有极深的眷恋之情，愿意抱残守缺并寄希望于用封建主义来打败资本主义。在他们看来，"自强"应从维护传统之"道"出发，做到"吾辈当细心察看，师其所长，而伺其所短，不说大话，不疏礼节。若讲信修睦，吾不稍开边衅；彼若弃好败盟，吾亦有以御之"②。

而更复杂的问题在于，顽固守旧总是与民族主义和爱国热情联系在一起。借助于神圣的传统道义来评判新生的东西，总是会对崇新构

---

① 左宗棠：《会商海防事宜折》，《左宗棠全集》奏稿八，刘泱泱等点校，岳麓书社2014年版，第124页。

② 曾国藩：《复李鸿章》，《曾国藩全集》书信四，岳麓书社2011年版，第550-551页。

成强大的精神阻碍，逼迫刚刚萌发的变革行为又重新回到隔靴搔痒的状态上去。洋务运动的失败，主要源于顽固派过于强大的力量对其造成了压制，尽管它强调并执行"中体西用"的文化宗旨，有保卫封建制度的一面，然而从实际效果来看，它所开展的洋务事业已经超越了封建小农经济的评鉴范畴，不可避免地威胁到了以顽固派为主的统治阶层的利益，故而只能成为阶级利益权衡之下的文化牺牲品，终以失败收场。

失败带来反省，这是理性思辨的必然历程，其失败结果也必然会成为后人思"变"的起点。甲午大败，意味着洋务救亡政策的此路不通，也意味着面对时代推来的问题需要重新选定他路的必要性。奕䜣曾总结说："中国之败，全由不西化之故。"①由于西化不彻底，故而隔靴搔痒的变革显然无力扭转国力衰败的命运，给困境挣扎中的大清王朝造成了深重的民族灾难。然而，在另一个层面，洋务运动作为思变的"起点"，其突破意义也是无可掩盖的。首先，在鸦片战争到甲午战争之间的半个多世纪里，洋务运动的推行与发展，将新的社会力量推上了历史的舞台。包括买办资产阶级、官僚资产阶级和民族资产阶级在内的资产阶级群体，推动洋务运动取得了实业效果，为社会的新陈代谢提供了物质基础，也为后来的文化纵深改革做好了物质依托。近代中国社会已经发生变迁的事实进入近代文化视野后，要求文化也要随之做出调整的呼声越来越高。其次，作为一个痛定思痛后重新起航的"起点"，洋务运动在给国人带来精神痛苦的同时，也带来了认识的同步深化，启发了国人进一步寻找延续民族精神和思索民族前途的方法与道路。丧权辱国的《马关条约》的签订，一方面是民族屈辱的历史见证，一方面也更热烈地激发了国人的爱国主义和英雄主义情结。

①　董守义：《恭亲王奕䜣大事年表·光绪二十一年二月初七（3月3日）》，《第一次近代化运动的倡导者恭亲王奕䜣大传》，辽宁人民出版社1989年版，第525页。

梁启超指出，"唤起吾国四千年之大梦，实自甲午一役始也"①，认为甲午战败的屈辱历史，促成了具有群体意义的民族觉醒，带来了理性思考民族前途的历史转机。由甲午战争催生的民族觉醒，将抵御外侮和改革内政合为一体，与三元里民众抗英运动相比，显然其所反映的时代意义，是之前仅仅作为一种反侵略自卫本能的抗敌行为所不可比拟的。

故而，"觉醒"一词并不停留于愤激的情绪与行为之上，而是指近代学人对自身历史使命的自觉意识，包括了艰难的思想转轨和推动改革跨越旧界的魄力和实践。前者指基于忧患刺激下对变革认识在深度和广度上的扩展，如谭嗣同所指出：

> 详考数十年之世变，而切究其事理，远征之故籍，近访之深识之士。不敢专己而非人，不敢讳短而疾长，不敢徇一孔之见而封于旧说，不敢不舍己从人，取于人以为善。设身处境，机牙百出。因有见于大化之所趋，风气之所积，非守文因旧所能挽回，而必变法始能复古，不恤首发大难，画此尽变西法之策②。

后者则指的是，在民族觉醒的曙光之中勃兴了维新改良的潮流，即在批判洋务运动"遗其体而求其用"的基础上，为寻求民族复兴的出路，进步知识分子因势以变地掀起了前后相接的运动：公车上书——百日维新——新文化运动。

---

① 梁启超：《改革起源》，《戊戌政变记》（外一种），上海古籍出版社2014年版，第107页。
② 谭嗣同：《报贝元征》，《谭嗣同集》，岳麓书社2012年版，第241页。

## 一、"冲决网罗"："求变"共识下的文化使命

国难当头，为求出路，变法势在必行。"求变"在甲午战后成为社会各阶层的共同诉求。宣传变革需要新的思想理论作为武器，但在此之前，也习惯性地需要总结上一次变革的失败教训。批判和反思洋务运动的结局，由此成为维新派"求变"首要的总结对象。以内容而论，主要集中在两个方面：

其一，辨明洋务运动失败之因。洋务运动看似全面开花，"综其大纲，不出二端：一曰军事，如购船、购械、造船、造械、筑炮台、缮船坞等是也；二曰商务，如铁路、招商局、织布局、电报局、开平煤矿、漠河金矿等是也"[①]，实则惨淡经营30年，并未达到当初确定的"灭发捻为先"[②]，制外敌次之，也即自强求富的预期目标。甲午之后，列强再次掀起瓜分中国的危机，以举子、士人为首的改良派认为，若洋务派一味推崇维护伦常名教，却不与民共鸣，就无法从根本上找到真正可以御辱图强的途径，最终只能使得轰轰烈烈的洋务运动成为一场"盗西法之虚声，而沿中土之实弊"[③]的昙花一现。理想的"变局"结果，应是大清王朝与列国并立于世界格局之中，如同日本明治维新凿破封建体制后跻身于列强之林那样，而非当前被列强所凌驾。这也表明，一个完整的"采西学"体系，理应是从学习西器、西技到西政的完整过程，而非东一声西一击的零碎组合。梁启超在《论变法不知本原之害》中，就洋务运动的"器"变而"制"不变导致的结果，进行了大段论述：

---

① 梁启超：《李鸿章传》，吉林人民出版社2018年版，第42页。

② 奕䜣等：《钦差大臣奕䜣等奏通筹洋务全局酌拟章程六条折》，《中国近代史丛书·第二次鸦片战争》第5册，齐思和等编，上海人民出版社1978年版，第341页。

③ 严复：《救亡决论》，《论世变之亟——严复集》，胡希伟选注，辽宁人民出版社1994年，第65页。

今之言变法者，其荦荦大端，必曰练兵也，开矿也，通商也，斯固然矣。然将率不由学校，能知兵乎？选兵不用医生，任意招募，半属流丐，体制赢壮所不知，识字与否所不计，能用命乎？将俸极薄，兵饷极微，伤废无养其终身之文，死亡无恤其家之典，能洁己效死乎？图学不兴，阨塞不知，能制胜乎？船械不能自造，仰息他人，能如志乎？海军不游弋他国，将卒不习风波，一旦临敌，能有功乎？如是则练兵不如不练。……如是则开矿不如不开。……如是则通商不如不通。……如是则兴学不如不兴。自余庶政，若铁路，若轮船，若银行，若邮政，若农务，若制造，莫不类是。盖事事皆有相因而至之端，而万事皆同出于一本原之地。不挈其领而握其枢，犹治丝而棼之，故百举而无一效也①。

在这段话中，梁启超以十分遗憾的语气指出了洋务运动的局限性，认为尽管洋务变革举措良多，但终因"不挈其领而握其枢"导致了"百举而无一效"的结局。这一评价与康有为"购船置械，可谓之变器，不可谓之变事；设邮便，开矿务，可谓之变事矣，未可谓之变故；改官制，变选举，可谓之变政矣，未可谓之变法"②的论断看法一致。1940年，史学家吕振羽在《创造民族新文化与文化遗产的继承问题》中进一步明确地界定："所谓以'中学为体，西学为用'的洋务运动，

---

① 梁启超：《论变法不知本原之害》，《梁启超全集》第1册，北京出版社1999年版，第14—15页。

② 康有为：《日本变政考》，《康南海先生遗著汇刊》（十），蒋贵麟主编，宏业书局有限公司1987年版，第187页。

在本质上并非革命，而是封建阶级的一种自救运动。"①确认了洋务运动"非革命"的性质。故而，从洋务运动可以合理推断出的一个变革逻辑是"能变则全，不变则亡；全变则强，小变仍亡"②，同时从反思洋务运动之弊得出的一个启示在于：停留于"工艺"层面的变革，仍归属于在旧的制度内嫁接新的生产力，不能救大清王朝出民族危亡的泥坑。由此而发，康有为、梁启超等人才认为救国之举在于"改制"，决心求革命之新"变"。其论"变"思想，集中体现于康有为《新学伪经考》《孔子改制考》《戊戌奏稿》，以及梁启超《变法通义》、谭嗣同《仁学》、严复《天演论》等一批著作中。

其二，明确变法维新之必要。理论需要实证来加以检验。对于倡导政治改革的维新人士而言，说一千道一万，不如一个实例求证来得更为可靠。最好的对比例子，莫过于与洋务运动差不多同时期开展的日本明治维新。不比较不知两者之间的差距，一比较则更体现出维新变法的必要与紧迫。且不论在反应速度还是学习力度上，洋务运动均表现出与明治维新的显著差异。仅仅从时间上看，双方之间的差别也是一眼即知的：

> 在具体机构的设置上，1862年开设同文馆，晚于日本6年；1865年建成江南制造局，晚于日本萨摩藩15年，晚于日本幕府9年；1861年，美国人华尔帮助清政府组建洋枪队，晚于日本5年，按照西洋兵法训练陆军则要更迟；1867年才开始购置西洋军舰，晚于日本19年；1880年才开始在天津设

---

① 吕振羽：《创造民族新文化与文化遗产的继承问题》，《中国社会史诸问题》，华东人民出版社1954年版，第125–126页。

② 康有为：《上清帝第六书》，《康有为诗文选》，戴逸主编，巴蜀书社2011年版，第181页。

立水师学堂，培养海军人才，晚于日本25年①。

由此可见，果断与速度给日本带来了良好的改革回馈。明治维新后，日本国力显著增强，甚至具备了足够的经济资本进行黩武扩张，在出兵台湾后不久，又将侵略的脚步迈向了朝鲜半岛的领土。受到"蕞尔小国"侵略的屈辱刺激，加之目睹了北洋水师在中日交战中全军覆灭的残酷现实，注视日本、研究日本的进步人士越来越多，短时间内迅速涌现出种种学会和群体，20世纪初年，更是出现了赴日留学热潮。康有为是这一群体中极为令人瞩目的代表人物。以日本变革为学习榜样，他专门编撰了《日本变政考》一书，以"我朝变法，但采鉴于日本，一切已足"②为立论宗旨，上呈皇帝，表达自己的政治见解和政治主张。此书十二卷，记录了自明治元年（1868）至明治二十三年（1890）间的日本变政事迹，并以按语评述其意义和可资取法之处。在康有为的影响下，其弟子以及谭嗣同等人也纷纷宣扬维新变法的主张，通过建立学会组织，创办各种新式报刊，开展文艺革新运动等，扩大了新思想传播的社会基础和群众基础。

与民族资产阶级推行实业的温和性相比，维新派则显得更为"躁进"。表现之一是，实实在在地展现出了维新人士推行"变革""改制"的迫切心态。在康有为的著作中，"大变""全变""速变""骤变"等宣扬速度、程度的词汇高频可见。针对列强的瓜分狂潮，在民族存亡的关键时刻，要求变法迅速施行，不仅是现实政治的迫切需要，也是雷霆勇气的体现。秉着破除旧制度和传统束缚的目的，康有为提出了

---

① 王涛：《明治维新是一场突变吗？——兼谈洋务运动的失败》，《兰州学刊》2018年第6期。

② 康有为：《〈日本变政考〉跋》，《康有为早期遗稿述评》，黄明同等编著，中山大学出版社1988年版。

一系列如开设制度局、鼓励工商业发展、废除八股取士等政治主张，
积极推动变法运动的开展。李提摩太、严复等人也将"兴利除弊""任
人唯才""物竞天择"等思想介绍到国内，以激励国人认识"救亡之道
在此，自强之谋亦在此"①的重要性。表现之二是，淋漓尽致地彰显了
维新派主张变法图强并勇于担当文化使命的决绝姿态。维新人士要打
破旧的文化，而顽固派则坚持固守传统文化，反对新思想的传播。面
对保守派的强烈压制，维新派要走出一条变革的开创之路，急需魄力
与决心。事实上，维新派不但抨击了封建专制制度的鄙陋，还提出了
具有开创意义的民主制度。1897年，严复发表《辟韩》一文，借驳斥
韩愈君民等级的观点来批判君主专制的本质，提醒国人认清"国谁窃？
转相窃之于民而已"②的事实，对于重新认识专制制度有重要的思想启
蒙意义。谭嗣同在《仁学》一书中也对封建专制制度表现出强烈的批
判精神，甚至更激烈地认为"父为子纲""夫为妻纲"等礼教制度，是
"残暴无人理"的非人规定，与时代思想主流相悖而行，必然最终遭遇
淘汰。

在批判旧伦理、旧观念的理论基础上张扬新思想、新文化，维新
派将此解放思想的行为形象地比喻为"冲决网罗"，也即要"变封建专
制之法"而"维资产阶级之新"。具体地说，就是要在政治上实现君主
立宪，在文化上批判封建纲常之弊。谭嗣同是其中最为激进的勇士之
一，在近代思想启蒙家中可谓独树一帜。在其著名的代表作《仁学》
中，他尖锐地指出，"三纲之慑人，足以破其胆，而杀其灵魂"③，并
强调："今中外皆侈谈变法，而五伦不变，则举凡至理要道，悉无从起

---

① 严复：《救亡决论》，《论世变之亟——严复集》，胡希伟选注，辽宁人民出版社1994年
版，第68页。
② 观我生室主人：《辟韩》，《时务报》1897年第23期。
③ 谭嗣同：《仁学·仁学二·三十七》，《谭嗣同集》，岳麓书社2012年版，第369页。

点，又况于三纲哉！"①故而主张要在利禄、俗学（指考据、词章）、全球群学、君主、伦常、天、全球群教、佛法等八大方面"冲决网罗"，并认为维新人士要担当起这一时代使命：

> 网罗重重，与虚空而无极。初当冲决利禄之网罗，次冲决俗学若考据、若词章之网罗，次冲决全球群学之网罗，次冲决君主之网罗，次冲决伦常之网罗，次冲决天之网罗，终将冲决佛法之网罗②。

"冲决网罗"的口号实际上已经成为思想解放的代名词。如何"冲决"？"冲决"即"通"。以"以太"为"仁"之基础，谭嗣同论证了"通"为"仁"之第一义。"通"即"平等"，在谭嗣同看来，实现"仁"的途径就是要实现"四通"，即中外通、上下通、男女通、人我通，也就是要分别实现民族平等、政治平等、男女平等和经济平等。很显然，谭嗣同将其批判之剑，指向了封建君主专制及其礼教文化所导致的民族压迫、封建等级、男尊女卑和贫富不均的弊端，目的在推动变法——"变法则民智"，"变法则民富"，"变法则民强"，"变法则民生"。康有为对"网罗"看法深有同感，在他提出的"破除九界"主张里，明确指出了现实世界苦难的根源在于九界即国界、级界（君主专制）、种界、形界（男尊女卑）、家界（宗法家族制度）、业界、乱界、类界、苦界的存在，由此认为唯有破除以三纲为核心的伦理道德对人际关系的限制，才能建立"人人独立，人人平等，人人自主，人人不相侵犯，人人交相亲爱，此为人类之公理"的大同社会③。

---

① 谭嗣同：《仁学·仁学二·三十八》，《谭嗣同集》，岳麓书社2012年版，第370-371页。
② 谭嗣同：《仁学·仁学自叙》，《谭嗣同集》，岳麓书社2012年版，第312页。
③ 康有为：《孟子微》，《新民丛报》1904年汇编卷，第532页。

　　与谭嗣同、康有为一样顺应世变，用资本主义文化冲决封建主义之"蒙"的还有严复、梁启超等人。在这些人的批判视野中，最严重的"网罗"之弊，当属八股取士科举制度带来的思想禁锢之害。严复认为，八股取士对民智的扼杀危害有三，即"锢智慧"，"坏心术"，"滋游手"，总之"使天下消磨岁月于无用之地，堕坏志节于冥昧之中，长人虚骄，昏人神智，上不足以辅国家，下不足以资事畜"①，言辞之激烈足可以见其满怀愤懑之意。康有为也对此愚民政策进行了严厉批判。在百日维新期间，他曾利用召对之机，当面向光绪帝陈述八股之危害："今日之患，在吾民智不开，故虽多而不可用。而民智不开之故，皆由以八股试士为之"②。不仅如此，康有为还将甲午战败中国割地赔款归结于八股之罪，并认为八股取士是导致人们道德沦丧的重要原因，因其培养出来的人才"知利而不知义，知私而不知公"，"敢于作奸犯科，而不敢于急公仗义"，故而唯有永停八股取士，才能"正人心，明圣道，广人才，成风化"③。梁启超同样痛陈八股愚民之弊，认为"科举之试以诗文楷法取士，学非所用，用非所学"，终将导致"皇上抚有四万万有用之民，而弃之无用之地，至兵不能御敌，而农工商不能裕国"，若放置于时代背景加以考察，此举无异于"是自掩闭其耳目，断刖其手足"④。

　　在"列国竞争之世"，向西方学习势在必行。在洋务运动中，"今数十年诸臣所言变法者，率皆略变其一端，而未尝筹及全体。又所谓

————————

　　① 严复：《救亡决论》，《国闻报汇编》1903年上卷，第43页。

　　② 康有为：《康南海先生自编年谱·光绪二十四年（1898）六月十六日》，《康南海先生遗著汇刊》（廿二），蒋贵麟主编，宏业书局有限公司1987年版，第49页。

　　③ 康有为：《请照经济科例推行生童岁科试片》，《康有为集》，郑立民编，广东人民出版社2018年版，第207页。

　　④ 梁启超：《公车上书请变通科举折（1898年）》，《梁启超全集》第1册，北京出版社1999年版，第162-163页。

变法者，须自制度法律先为改定，乃谓之变法。今所言变者，是变事耳，非变法也"①，故而只是变"事"而非变"法"，最后失败于只"冲"不"破"。梁启超因此指出，"凡改革之事，必除旧与布新两者之用力相等，然后可有效也"②，看到并指明了维新变法与洋务运动的区别：维新变法是既除旧又布新的运动。由此可见，"冲决网罗"作为维新人士文化使命的担当，大有出乎改良入乎革命的趋势。这也决定了这一场变法与反变法之争注定要冲突温和界限，走上革命迎"新"的道路。

## 二、"即中即西"：变与不变调和下的文化改造

"冲决网罗"吹响了向封建旧学进攻的号角，然而维新派政治上的懦弱也决定了他们不可能真正冲出现实的网罗。戊戌六君子的鲜血宣告了维新变法的失败，"冲决网罗"的愿望和努力也随之化为了一场黄粱梦。

中西文化间的冲突是这个时代的主题。自西学东渐以来，不是东风压倒西风，就是西风压倒东风的绝对"一边倒"现象并未出现，这是因为外来文化只有通过中国文化内部的接纳才能发挥作用，而事实上传统文化在任何情况下都不会也不能彻底退让自己的底线，即便它有时候也会被外来文化所冲击和压制。故而，面对交汇和交锋，新与旧、中与西能否调和，怎样调和，成为近代中国新旧两派争论的焦点问题。

---

① 康有为：《康南海先生自编年谱·光绪二十四年（1898）六月十六日》，《康南海先生遗著汇刊》（廿二），蒋贵麟主编，宏业书局有限公司1987年版，第48页。

② 梁启超：《政变原因答客难》，《戊戌政变记》（外一种），上海古籍出版社2014年版，第78页。

近代伊始，魏源首倡中西会通，王韬、陈炽等人相继附和，认为融合乃是时代潮流所趋。遗憾的是，他们虽然有会通中西的意识，却并没有提出会通的具体方案。直至维新变法接力，要求打破中西界限、跨越古今拘泥的呼声日渐高涨，融会中西的主张才真正凝聚成为一股活跃思潮，并产生广泛的影响力。在时代的推动和知识分子的努力下，清政府由是大力推行"新政"，谕令改旧学为新学，进行学制改革。1901年9月14日，清廷颁布"改书院为学堂"的上谕，"著将各省所有书院，于省城均改设大学堂，各府厅直隶州均设中学堂，各州县均设小学堂，并多设蒙养学堂。其教法当以四书五经、纲常大义为主，以历代史鉴及中外政治艺学为辅"①，明令将传统儒学纳入新学体制中，使之与西学共同构成了新学的基本内容。立足于中学兼取西学的新学体制，进一步促进了中西文化之间的融合。百日维新以后，通过一批留日学生的大力倡导，中西会通在更深层次的意义上展开，提出了"吾国诚取东西而熔为一冶，发挥之，光大之"②，也即会通中西成一国之学，熔一炉而冶出中国新文化的要求。至五四时期，随着西方文化的大范围进入，这一要求又渐渐酝酿成为一股强劲的思想风暴。彼时正值欧风美雨席卷中国大地的高潮时刻，西用与中体之间的交锋尖锐异常。在中批判和西冲击的内外夹击下，"西用"已经溢出"中体"的限制框架，并将"中体"冲击得"体无完肤"。面临着即将失守的"中体"危机，新一代知识分子在特定时代的纠结中，做出了文化调和的选择——既倡导大范围引进西方文化，又不放弃在批判传统文化的基础上坚持发扬传统精神。康有为"泯中西之界限，化新旧之门

---

① 《光绪帝起居注》第13册，中国第一历史档案馆编，广西师范大学出版社2007年版，第166页。

② 张继煦：《叙论》，《湖北学生界》1903年第1期。

户"①，严复"统新故而视其通，苞中外而计其全"②，章士钊"物质开新，道德复旧"③等主张的提出，都试图在通晓中西的基础上，系统整合和重新建构中西文化。会通融合、折中调和的文化氛围迅速扩散开来，一时之间，"新学"风行于朝野上下，已成不可逆转之势，出现了百家争鸣、流派林立的繁荣景象。

新一代知识分子彼时已经普遍意识到，中西文化会通融合的对接点，就是"新学"获得生命力并赢得发展空间的地方。所谓"新学"，指的是容纳了西学的中国文化的新形态，换言之，是中国旧学蜕变的时代产物。称其为"新"，实际上是从其性质和形式两种视角做出的解读。

其一，"新学"非"西学"的累积与延展。"西学"，这一概念的指向是非常明确的，通常指来自西方的学术文化等，其内容主要是以地理和民族文化特征为主要依据。简单地说，它是指一种与"中学"相对应的文化体系，例如以"泰西之学"对应"传统之学"等。比较而言，"新学"的范畴则要比它复杂得多。

首先，不可否认，"新学"与"西学"之间的确存在着一种天然的联系：西学是新学的内容组成部分。洋务运动开展以后，西学的传播速度逐渐加快，西学输入的内容也逐步扩展和深化，在一定程度上更新了国人的知识结构。尤其是一批洋务学堂的建立及其课程的设置，将西学作为"格致"之学，置于"为新学之至要，富国强兵，无不资

---

① 康有为：《奏请经济岁举归并正科并各省岁科试迅即改试策论折——代宋伯鲁拟》，《戊戌时期教育》，汤志钧等编，上海教育出版社2007年版，第60页。

② 严复：《与外交报主人论教育书》，《精读严复》，刘琅编，鹭江出版社2007年版，第338页。

③ 参看章士钊：《新旧》，《章士钊全集》第5卷，章含之、白吉庵主编，文汇出版社2000年版，第242页。

之以著成效"①的地位，为"新学"的创建提供了现实基础。继洋务派
"采西学""制西器"后，维新派主张"变政体""新学术""新人才"
等对西学新识的汲取，又进一步为近代新学思想体系的革新奠定了学
理依据。

其次，需要强调的是，尽管西学为新学洞开了一个新天地，然而
"西学"并不能直接构成"新学"体系的有机成分，而是在经历了改造
并与中学会通后，才融变为具有西学特征的新学内容之一。求西学之
理而非求其知，意即立足于西学但又要超越具体的西学，是新学创建
的目标之一。新学由此并不从地理和民族特征上体现出它的性质，反
而从历史发展的时代特征揭示出它独特的文化内容：不是由西学重构
中学，而是以中学统摄西学。在新学体系之内，"每论一学、论一事，
必上下古今，以究其沿革得失，并引欧美事例以作比较证明"②，这一
特点是把握近代"新学"定位的根本所在。

再次，中、西学各自的文化价值和文化地位被确认后，会通中西
以创建新学的时代需求已经呼之欲出。对于康、梁、谭等维新人物建
构的新学体系而言，会通的要求体现于：一是西学只能在与中学的相
互印证以及相互解释中体现自身的意义，二是在向西学寻求真理的过
程中，主张抛弃一些中国价值于普及价值之外，以"继传统引西学"
的途径体现出新学"参采中西"的时代特征。有学者曾总结当时的文
化特点说："这两种来源不同的知识，交流综合，汇成一代的新学
问。"③这也是当时崇尚新学的学人共同遵守的一个文化准则。何谓
"交流综合"？在维新派看来，徒有西学并不构成新学的特征，反而是

---

① 《同文馆题名录》（光绪二十四年刊行），《洋务运动时期教育》，高时良、黄仁贤编，安
徽教育出版社2007年版，第52页。

② 梁启勋、吴其昌：《万木草堂回忆》，《我的兄长梁启超》，黄山书社2019年版，第35页。

③ 参看周传儒：《史学大师梁启超与王国维》，《社会科学战线》1981年第1期。

必须明确反对的一种文化倾向。康有为提出，对于西学要"收其用也"，认为建构新学必须从中学中寻找学术和文化上的生长点，也即在接纳西学的条件下，走以西学改造中学的道路。"天道日变，异于旧则谓之新"①，近代中国的新学，一方面是对于中学旧学的否定，要突破传统中学的思想束缚，为中学的信念危机寻找新的生机注入，另一方面也是中学旧学的蜕变再生，要融西学于中学体系之内，充分认识到新学是中学本身历史发展的一个阶段——对中学旧学的批判、反省和超越，因此必须建立在民族文化传统的土壤上。显而易见，在这个意义上，"新学"的"交流综合"，从内容来看，包括了西学和中学两个基本成分，是二者结合融通的新文化体系。20世纪初年，在汲取西学并改造传统旧学的意义上，戊戌"新学"被认定为一种"兼取中西"的新的中学形态，也被认为是一个文化新时代到来的标志。

"苟日新，日日新，又日新"②，总结性地说，"新学"就是这样一种时代风潮：

> 新学是中西会通基础上形成的与传统中国旧学体系在知识体系和价值标准上全然不同的新的知识系统，它在结构体系上兼有中学和西学的二元知识因子，因此既与单纯的西学也与传统的中学一元结构相区别；在制度层面上新学以近代学校体制和专业人才培养模式为标志，与以书院和科举八股人才为标志的旧学体制相区别；在社会政治作用上，新学是晚清一系列社会变革和政治变革的学理基础，并以此从学理层面上与维护旧制度旧政体的旧学相对立；在时代意义上，

---

① 康有为：《答朱蓉生书》，《康有为集》，郑力民编，广东人民出版社2018年版，第14页。
② 《大学》，《四书读本·大学读本》，蒋伯潜著，江西教育出版社2018年版，第10页。

新学标志着一个学术文化新时代的到来和旧时代的终结①。

其二，近代"新学"是一种中西会通的思想体系，但有着异乎其他形式的特点，反映了革故鼎新潮流的时代特征。大致说来，中西文化会通的形式在近代可以分为三类：回归、嫁接和融贯。

概括性地说，第一类"回归"形式，是指在处理中西文化关系之时，为了寻求理论支持，从形式上将西政、西法与古圣先贤之微言大义进行相通结合。近代影响深远的"西学中源"说即是此类主张的典型代表，论其目的，是要在论证西学源于中学的基础上，找到两种文明之间进行沟通的可能性。剧变后的社会有逆流和回澜，相应地，文化也会产生回归现象。从国门打开直到戊戌时期，在迎合国人"必推于古本"这一传统心理的前提下引入西学，一直是中西会通的重要形式，即便在倡导"新学"的文化主张中，"聊弄术以入新学"②，也即以西释中，仍然是传播西学的一种重要手段。

第二类"嫁接"形式，指的则是将西方文化的物质文明移花接木地转移到中学的精神文化范畴，使得二者以本质与功用的形式嫁接在一起，形成一种"中体西用"的文化框架。在整个19世纪后半期，"中体西用"在凡"谈时务者"的文化视野中，地位高至"举国以为至言"③。从洋务运动到戊戌革新，新一代知识分子几乎全在试图为糅合中西文明而努力，建立一种中西合璧的文化体系，也即采西学为"用"，但却从根本上维护"中体"或"中本"的传统文化。这一点在张之洞的教育主张中得到了极为详尽的阐释。他建议将湖北经心书院、两湖书院改为学堂制，"皆以中学为体，西学为用，既免迂陋无用之

---

① 王先明：《近代"新学"形成的历史轨迹与时代特征》，《天津社会科学》2002年第1期。

② 鲁迅：《科学史教篇》，《鲁迅文集》第2卷，黑龙江出版社1995年版，第20页。

③ 梁启超：《清代学术概论》，四川人民出版社2018年版，第127页。

讥，亦杜离经畔道之弊"①。教育家张百熙也认为，"至学堂内讲习政法之课程，乃是中西兼考，择善而从。于中国有益者采之，于中国不相宜者置之，此乃博学无方，因时制宜之道"②。与"中学西源"相比，"中体西用"体现出一种时代要求下的折中主义选择。晚清最后十年，中学与西学在"中体西用"的框架中艰难地寻求着最佳对接点，以求既能满足国人爱国的、自大的心理，又可积极主动地抓住时务之机。在没有发掘出更好的文明沟通方式之前，以儒学融会西识的文化形式由是凸显出顽强的生命力，既体现了合理性，也开放了突破权宜之计的空间。

第三类"融贯"形式，指的是晚清时期在中西文化交汇对接过程中出现的新方法。诚如梁启超所言，"彼西方美人，必能为我家育宁馨儿以亢我宗也"③。新一代知识分子为避免西化和失落中学，在寻求中学与西学的对接点上，致力于在双方之间进行有机调和和整体融会。

首先，在"存异"和"迎异"的基础上共存，是谓"有机调和"。章士钊称之为"社会化同以迎异则进，�异以存同则退"④，又称"调和生于相抵，成于相让，无抵力不足以言调和，无让德不足以言调和"⑤。前一句话意在表明，新学作为一种新生事物，因其切合时代而不可消灭，然而传统旧学作为旧的事物，仍然具有强大的生命力，同样不可能在短时期内被取代，因此会通中西的形式只能是新与旧以

---

① 张之洞：《两湖经心书院改照学堂办法片》，《戊戌变法文献资料系日》，清华大学历史系编，上海书店出版社1998年版，第634页。

② 张百熙：《学务纲要》，《张百熙集》，谭承耕、李龙如点校，岳麓书社2008年版，第48页。

③ 梁启超：《论中国学术思想变迁之大势·总论》，《新史学》，商务印书馆2014年版，第130页。

④ 章士钊：《政本》，《章士钊全集》第3卷，文汇出版社2000年版，第7页。

⑤ 章士钊：《调和立国论》，《章士钊全集》第3卷，文汇出版社2000年版，第253页。

"存异"的姿态并肩，共同接受时代潮流带来的挑战。后一句话的意思
也很明白，意即中西文化作为异质文化，尽管彼此相容相斥，但从哲
学理念出发，两极之外必有中间，由此二者必然能在"成于相让"的
"迎异"空间内达成有机融合。这样一种有机融合的观点，实则是主张
在思想文化领域倡导精神和学术上的自由，反对在文化合流的时代趋
势中偏激地执其一端，导致文化独断的现象产生，因此具有一定的合
理意义。此外，从东西文明的动静特征出发，李大钊又在中西文明势
成水火之时，主张引入"第三文明"进行调和，认为："东洋文明与西
洋文明，实为世界进步之二大机轴，正如车之两轮，鸟之双翼，缺一
不可。而此二大精神之自身，又必须时时调和，时时融会，以创造新
生命，而演进于无疆。"①在他看来，十月革命后的苏维埃文明可以成
为中国文化发展的方向。"而俄罗斯之精神，实具调和东西文明之资
格，殆为不诬"，因其"既受东洋文明之宗教的感化，复受西洋文明之
政治的激动"，兼具中西文明特质，故而能够在中西"二种文明本身各
有彻底之觉悟"的前提下，使二者进行一种动态的、自然的、有机的
结合②。

其次，所谓"整体融合"，"就是把中西文化从整体上加以抉择、
吸收和消化，最后深深融化于自创的思想体系之中"③。谭嗣同、康有
为等维新派人物以及后来的革命派如孙中山、邹容等人，都是这一主
张和实践的突出代表。谭嗣同的思想体系即是中西融会的理论结晶，
在其理论构架中，儒学的民本思想、墨子的兼爱、佛学的平等与西方

---

① 李大钊：《东西文明根本之异点》，《李大钊全集》第3卷，河北教育出版社1999年版，
第43页。

② 李大钊：《法俄革命之比较观》，《李大钊全集》第3卷，河北教育出版社1999年版，第
57-58页。

③ 马克锋：《中西会通与近代文化》，《近代史研究》1990年第4期。

科学知识以及自由平等的观念，整体地融合在一起，彰显了他欲融中西学为一炉的文化抱负。值得一提的还有，康有为从整体上将中、西两大文明融合在一起，提出了"不中不西，即中即西"的文化融合主张，以此建构自己最具理论价值的思想体系。梁启超高度赞扬这一点，认为康有为是致力于建设"不中不西，即中即西"新学派的第一人。回应西学的冲击，康有为"托古"以"改制"，结合进化论和儒学建立了公羊三世说，又融合西方平等博爱思想和儒家仁学提出了自然人性论，并结合西方空想社会主义和儒学大同建构了大同理论，最后将它们融合在一起，创建了一种外儒内西的近代新文化形态。

在近代救亡图存的特殊历史条件下，以传统儒学作为包装，融合近代西方的政治制度，使得"即中即西"的思想主张带有新旧并存、中西合璧的特点，由此受到了"善调和者"梁启超以及访华人士罗素、杜威等人的支持和接纳。1902年，梁启超明确提出了两种文明结合的观点，指出："盖大地今日只有两文明：一泰西文明，欧美是也；二泰东文明，中华是也。二十世纪，则两文明结婚之时代也。"[1]同年，邓实也附和说："则以我之精神而用彼之物质，合炉而同冶，以造成一特色之文明，而成一特色之国家。"[2]曾在中国旅行一年多时间的英国哲学家罗素，也曾强调中国遗传的文化已不能适应新需求而不得不对西方文化让步，但同时也告诫说，"中国不应统括地采用欧洲文化"[3]。另一位哲学家杜威，则主张采用一种"旧未必全非，新未必全是，东西文化，互有短长，苟能调和融会，于二者之间，而创造一种文化"[4]

---

[1] 梁启超：《论中国学术思想变迁之大势·总论》，《新史学》，商务印书馆2014年版，第130页。

[2] 邓实：《东西洋二大文明》，《壬寅政艺丛书》政学文编卷五。

[3] 罗素：《中国人到自由之路——罗素离京末次讲演》，《东方杂志》1921年第18卷第13期。

[4] 杜威：《习惯与思想——杜威在福州青年会讲演》，《教育公报》1921年第8卷第10期。

的文化态度，认为"实验主义"是折衷新旧的最好办法。在东西方文化与学者的持续互动下，这种调和中西、融合新旧的意识一直延续至"五四"前后，除个别全盘否定西方文化价值者以外，近代学人一般都主张中西调和论，其中反对新文化运动的一部分人物更是主张以此与新文化的倡导者对垒。"以夷变夏"这个古老的传统命题，在这个时期已经在国人的意识中越来越淡化，取而代之的是国人将民族的振兴寄托于民族的近代化，寄希望于"发扬吾国固有之文化，且吸收世界之文化而光大之，以期与诸民族并驱于世界"①，以及"将取欧美之民主以为模范，同时仍取数千年旧有文化而融贯之"的新文化体系②。时代已将中国社会的新陈代谢同欧风美雨融于同一个过程，作为一种映射现实的社会思潮，中西调和说由此表现出传统文化在中西文明的冲突中力求保全自身优越性的意向。在这里，调和成为现代价值重建的过渡阶段，自今人视之，在文化转型的意义上，它提出了若干有价值的思考。例如，新文化是否能够在摧毁旧传统的基础上进行重建？以中国固有的道德和文明能否"救西洋文明之弊"？新文化运动中提出的许多思考，在此过渡阶段都已露出了端倪。

### 三、"再造文明"：新旧思想交锋下的文化复兴

近代士人的文化忧思，在于思虑和谋求民族复兴之道。无论是追求对传统文化的维护，还是主张革除传统文化的过时弊端，抑或是尝试在中西文化之间进行调和，都是文化忧思的思想体现。以救亡作为

---

① 孙中山：《中国之革命——为上海〈申报〉五十周年纪念而作》，《孙文选集》（下），黄彦编，广东人民出版社2006年版，第215页。

② 孙中山：《在欧洲的演说》，《孙中山文粹》（上），张磊主编，广东人民出版社2009年版，第170页。

目的，国人的忧思意识体现于实践层面，即一味强调救亡就要维新，维新就要学习西方。辛亥革命后，大清帝制被推翻，这一忧思意识在内涵上随之发生了转换，经由客观具体的器物、制度层面的忧思转向更具主观整体性的文化忧思。1895年，梁启超等人发动"公车上书"，宣告了新一代改革士大夫的崛起。"公车之人散而归乡里者，亦渐知天下大局之事，各省蒙昧启辟，实起点于斯举"①，同时也宣告了文化启蒙时代的到来。"戊戌变法"以后，中华民族的危机也被认为是中华民族的文化危机。"爱日以学，读书保国，匹夫之贱有责焉矣"②，文化救亡被认为是"保种、保国、存学"的根本目的。以文化为方法推动社会变革，也被认为能够带来由内及外、辐射全局的整体性革命。

自"开眼看世界"后，近代中国从局部到整体的救亡进程，以达到真正深层次的文化变革为最高峰。"伦理的觉悟，为吾人最后觉悟之最后觉悟"③的思想变革，出现在五四新文化运动前后时期。较之前人，五四前后的思想者们表现出了更为深刻的文化反省与文化变革意识。他们迫切地希望通过文化评判的途径，拥有选择通向未来世界的更多可能性。自晚清到五四，是近代中国转向现代中国的过渡时期，相应地也体现出过渡的时代特征——承上启下、冲突融合。思想文化领域的表现尤其明显。一方面，新学正在狂飙突进，另一方面，旧学仍在哀鸣中负隅顽抗，新旧思潮在相互交锋中激战，使得传统文明在各个方面遭遇质疑和批判，同时又在"中国人之自觉"的觉醒下被重新审视。更重要的是，大潮激起回响，在此背景下形成的新旧思想交锋，最终都指向传统文化的现代转向问题，旨在形成崭新的现代意识、身份认同与文明自觉，以谋求民族文化复兴，也即"再造文明"。这已

---

① 梁启超：《改革起原》，《戊戌政变记》（外一种），上海古籍出版社2014年版，第108页。

② 邓实：《国学保存会小集叙》，《国粹学报》1905年第1卷第1期。

③ 陈独秀：《吾人最后之觉悟》，《青年杂志》1916年第1卷第6期。

经不是传统文化废弃或者保存的问题，而是传统文化能不能历史复兴，像西方文化一样普遍化、世界化的问题。

这一觉悟并非无的放矢。自庚子、辛丑年间以来，文化领域中"醉心欧化"之风甚烈。与此同时，中国传统文化遭遇严厉批判，越来越呈现出边缘化趋势，甚至出现了读书人"盖知有他国，而不知有本国"①的文化现象。基于对文化传承和民族生存危机的深深忧虑，新一代改革士大夫一致认为，在"欧化主义"盛行的时代背景下，保存和发展民族文明至关重要。20世纪初年，站在决定中学出路的路口，面对"悉舍国故而新是趋"②的文化现状，朝野上下皆表达出了保存传统文化并使之在世界潮流中进行蜕变重生的愿望。其中，文化"保守主义"的力量最为显目，一批"保守派"化身为极力捍卫中国传统文化的"卫道士"，主张向传统文化回归。"国粹"思潮由此勃兴，将文化使命、政治责任和民族感情熔于一炉，坚决拒绝"欧化主义"，同时在保存民族文明的基础上，提倡理性地审视和区分其中的"精英"和"糟粕"，并将"精英"视为"国粹"加以传播推广，使之成为文化转型期民族文明的代名词。

19世纪末20世纪初，是民族文化复兴思想的孕育阶段，从孙中山"振兴中华"到梁启超"少年中国说"再到国粹派倡导"古学复兴"，这些口号或主张中实际上都包含有民族文化复兴的思想内容。五四时期，是民族文化复兴的发展阶段。从李大钊"中华民族之复活"、孙中山"恢复民族的精神"到"东方文化派"提出复兴东方文化的思想，表明了新一代知识分子开始了对中华民族复兴之路的探索。传统文化

---

① 孙宝瑄：《忘山庐日记》（节录），《国学初萌》，贺昌盛主编，浙江教育出版社2014年版，第108页。

② 钱玄同：《刊行〈教育今语杂志〉之缘起》，《中国现代名家经典文库·钱玄同卷》，中国戏剧出版社2001年版，第281页。

由此走出甲午以后的低谷，并在短期内形成了一股"国粹"热潮，随之将唤醒国人的民族主义精神的要求提上了时代日程。以原因而论，主要有以下四个方面：一是辛亥革命后，以国家和民族为文化认同的民族主义运动高涨，在爱国主义精神的激励下，复兴文化的愿望也随之水涨船高。二是一战后，西方文明过分重视理性主义而导致精神"荒原"显露，体现出自身重利轻义、尔虞我诈、放纵颓废以及人性扭曲等的严重弊端。"西国文明，自今番欧战，扫地遂尽"①，两相对照下，"回观孔孟之道，真量同天地，泽备寰区"②，传统文明中的道德至上精神，"正好显示出该文明的本质和个性，也即显示出该文明的灵魂"③。在亟需道德拯救的时代，"欧洲人民于这场大战之后，将在中国这儿，找到解决战后文明难题的钥匙"④。这也从事实上表明，"全盘西化"的文化主张需要重新审视，相反地，中学中的"精英"内容则得到了弘扬光大的时代契机。三是辛亥革命后，中华民国建立，从政治体制上推翻了封建专制制度。"皇帝倒了，辫子剪了"⑤，这八个字宣告了政治变革上的成功，也从思想层面进一步促成了国人的民族觉醒，使得国人的国家与民族意识空前高涨。站在以民族和国家为支点的时代高度，国人的视野、胸襟与心态与晚清时期相比，都已经不可同日而语。四是新式学堂制度的确立和建设，集中体现了"开民智"的文化启蒙精神，在知识普及的层面，一定程度上达到了"人人有学，

---

① 严复：《严几道与熊纯如书札（节抄）·五十八》，《学衡》1923年第18期。

② 严复：《严几道与熊纯如书札（节抄）·五十九》，《学衡》1923年第18期。

③ 辜鸿铭：《中国人的精神·序言》，《中国人的精神》双语图文版，黄兴涛、宋小庆译，古吴轩出版社2009年版，第2页。

④ 辜鸿铭：《中国人的精神·导论》，《中国人的精神》双语图文版，黄兴涛、宋小庆译，古吴轩出版社2009年版，第21页。

⑤ 鲁云涛：《瞿秋白评传》，四川文艺出版社1991年版，第12页。

人人有才"①的启蒙目的，为传统文明走向复兴奠定了思想和理论基础。在变革中看到希望，又在希望中展望未来，国人对于民族和文化复兴的信心由此大增，"近数十年来，虚心努力，学习西洋新学术，接受西洋近代化的结果，我们整个民族已再生了，觉悟了，有精神自由的要求了，已决非任何机械的武力、外来的统治所能屈服了"②。甚至于生发出一种豪情壮志，"质而言之，世界未来文化就是中国文化的复兴，有似希腊文化在近世的复兴那样"③。

当然，无论采取何种形式进行文化复兴，都要涉及一个不能回避的根本性问题："西方化对于东方化，是否要连根拔掉？"④这也是文化转型期传统文化应对"欧化主义"必须面对的出路选择问题。"此时问到根本，正是要下解决的时候，非有此种解决，中国民族不会打出一条活路来！"⑤在晚清民初这一时期，包括激进派和保守派在内的全体知识分子，集中展示了回答这一问题的双面性：全盘西化论与归宗儒家论。前者站在非新即旧、非今即古的立场，通过一种激烈抗辩的姿态来确立全面反儒家传统的态度；后者则试图在与西方文明的对抗中确立儒家文明的普遍性，创造出一个东西文化对垒的局面。由是，革命与复古、西化与回归，两种彼此对立的文化策略，构成了20世纪中国文明复兴运动的整体面向。如亨廷顿所论，这些基于东西、古今对立的思想冲突，正是世界范围内"文明的冲突"之区域表征之一。传

---

① 康有为：《请废八股以育人才折——代徐致靖作》，《康有为集》，郑力民编，广东人民出版社2018年版，第217页。

② 贺麟：《抗战建国与学术建国》，《文化与人生》，上海人民出版社2019年版，第26页。

③ 梁漱溟：《东西文化及其哲学》，《梁漱溟全集》第1卷，山东人民出版社2005年版，第525页。

④ 梁漱溟：《东西文化及其哲学·绪论》，《梁漱溟全集》第1卷，山东人民出版社2005年版，第336页。

⑤ 梁漱溟：《东西文化及其哲学·绪论》，《梁漱溟全集》第1卷，山东人民出版社2005年版，第336页。

统文明的出路遮蔽于中西文化的冲突之中，随之而来的便是拔掉与不拔掉西方化的矛盾。矛盾在五四时期达到空前激化，最终发展成为一场"重估一切价值"的新文化运动。作为一场思想观念形态的革命，评判与革新传统文化的弊端在其中是避无可避的，然而实现这一革命又不仅仅在于批判传统，而是表现为"破"与"立"的同一，也即批判旧文化与建立新文化的同一，破坏旧传统与正面重建旧传统的同一。

晚清民初时期文人对传统文明的重新自我肯定，是在数重抵抗中实现的。首先是在抵抗西方文明的失败中完成对传统文明的批判，然后是在不甘心失败的抵抗中实现对西方文明的接受，并通过效仿而试图将其精神融入传统文明体系，最后是在重估一切价值的抵抗中回归传统文明，完成传统文明的现代复兴①。在诉求意义上，抵抗的过程实则是一种自我变革的推进，指的是器物、政体及文化变革的三个阶段。鸦片战争后，中学对西学寄予了取长补短的期望，但是这一期望与民族主义并不矛盾。与当时民族危亡的时代背景相契合，中学对抗西学的诉求是建立和完善自古以来的传统文化。它排斥西学却又无力拒绝西学，只能在一步步走向"中体西用"的非抵抗融合中寻求复兴。五四前后，在一系列因素的合力影响下，"国粹"思想迅速发展，且与"欧化主义"形成了对抗。就意义和影响而论，在"破"与"立"中建立的新抵抗运动，具有充分的文化反思与寻根意味。

反思与寻根是近代国粹思潮的重要主题。1905年，邓实在上海主持成立"国学保存会"，并创办《国粹学报》，公开亮出国粹派的思想旗帜。在国粹派的主张中，有两个非常值得重视的内容：一是强调"国学"不是"君学"与"孔学"，也就是强调只能将孔子和儒学作为

---

① 参看韩琛：《再造文明与复古革命——世界史上的"五四"》，《山东师范大学学报》2019年第6期。

文献典籍来分析与研究，视之为一个普通的学术流派。在反对独尊儒术的同时，国粹派又提倡诸子学，推崇明末清初顾炎武、黄宗羲、王夫之、颜元等民族主义学人的学说，并主张用新理论来研究，如章太炎撰《诸子学略说》等。保存国粹以"复兴古学"，而非维护封建礼教，这是国粹派区别于其他文化守旧派的重要标志。二是主张发扬国粹以"激动种性，增进爱国的热肠"①，为"排满反帝"的民族复兴从精神层面进行助力。针对当时"醉心欧化"的社会风气，国粹派严厉地批判了"慨谓吾国固奴隶之国，而学固奴隶之学也"②的民族虚无主义。

这一思潮的积极意义由两大内容所汇成。首先，国粹派认为"保存国粹"既是国学自身传统的返本开新，也是立足于尊古崇古之基础不断挖掘前进的自我完善，故而因时通变、革故鼎新构成了中国传统文化现代转型的内在动力。其次，传统文化是中华民族的立足之根，我们从传统中来，又据此面向未来。来源于传统文明的国粹，除了包含中国固有的传统文化之外，题中应有之义还包括现时的当下属性和走向未来的使命，唯有保存与发展传统"精华"，才有中华文化融入世界潮流的未来。然而，同样不能忽略的是，国粹派的思想局限性也是非常明显的。其一，国粹发始之初，便不是一个纯粹的学理概念。它不能被理解为传统的学问，而是经由章太炎等人的发挥改造后，变成了一种思想武器，因此只能称得上是一场思想文化或者学术文化运动，而无法最终酝酿成一场大规模的社会运动。其二，从价值取向来看，清末国粹派在处理中西文化关系的过程中，热衷于搜寻西学弊端，强调"国粹也者，助欧化而愈彰，非敌欧化以自防，实为爱国者须臾不

---

① 章太炎：《东京留学生欢迎会演说辞节选》，《中国近代思潮与文化选讲》，河北人民出版社2012年版，第288页。

② 黄节：《国粹学报叙》，《国粹学报》1905年第1卷第1期。

可离也云尔"①，因而主张从中学中寻找救国之道。这种过于重"战"的心态极易导致复古主义思潮的回归，从而阻碍西方先进文化内容的传播。其三，国粹派以"保存国粹"为旗帜，尽管也主张突破顽固僵化之图圄，并强调引西学以调和中学之弊，但仍然不可避免地倾向于偏重旧学，甚至极端地将封建纲常当作中华民族的灵魂来进行颂扬。

显然，国粹派的局限性留下了有待批判的空间。批判晚清国粹派，与之形成对立态度的是欧化论者。这些人大多受过系统的西方教育，也比较了解世界局势，因而对中国固有的落后内容有着深切的爱恨交加之感。传统文化的弊病是他们最为不满且给予批判力度最大的地方，例如孔教问题、伦理问题、贞操问题、婚姻问题、父子问题、教育问题等。"欧化派"主张取法西方文化中的科学精神对国人进行思想启蒙，旨在解脱三纲五常给国人套上的精神枷锁，使其"知是则人当堂堂正正，独往独来，图全群之幸福，冲一切之网罗，扫一切之蔽障，除一切之罪恶"②。这一批判后来成为五四新文化运动反对尊孔的开端。

1915年，陈独秀创办《新青年》。1918年，李大钊《每周评论》和傅斯年《新潮》创刊，与《新青年》互相呼应，在思想文化界掀起了一场反旧倡新的新文化运动。新文化思潮涌现后，对封建王朝利用"孔学"进行思想上的统治禁锢进行了有史以来最为激烈的批判。以陈独秀、胡适等为代表的倡导者，强力抨击封建伦理道德、宗法家族制度和君主专制制度的是非标准和价值标准，"多少总含有一种'评判的态度'，总表示对于旧有学术思想的一种不满意，和对于西方的精神文明的一种新觉悟"③。站在一种文化激进主义的立场，"新思潮"主张以"评判的态度"，批判"孔学"对人性的压抑，同时倡导个性解放，

---

① 许守微：《论国粹无阻于欧化》，《国粹学报》1905年第1卷第7期。

② 马君武：《唯物论二巨子之学说（底得娄、拉梅特里）》，《大陆报》1903年第2期。

③ 胡适：《新思潮的意义》，《新青年》1919年第7卷第1期。

"则亦解二千年来人心之缚，使之敢于怀疑，而导之以入思想自由之途径而已"①。"研究问题，输入学理，整理国故，再造文明"②的十六字纲领，成为自由主义一派新文化人的共同追求。

概而言之，在反孔和道德革命的目标下，民族复兴的格局不会改变，但"再造文明"的部分不再是旧道德之类，而是重释和挖掘旧文化的现代价值。

其一，以"评判的态度"审视"新文化"与"旧文化"的破立同一。质疑与反思精神的确立，是五四新文化运动的核心价值。启蒙思想的本质特征即是怀疑精神，质疑孔子之道，反思儒家经典，进而批判封建制度，五四时代正因此成为一个启蒙时代。

首先，确认新旧文化的区分标准。留心晚清以来的文化主张可以发现，在价值审定的层面上推崇西方文明者，多倾向于全盘西化论，而信仰传统文明者，则有文化保守主义甚至顽固主义的倾向。"文化调和论"则是在两端呈现出一边倒的状态之时采取的折中调和态度，被用来作为打破中、西学对立僵局的一个重要手段。五四时期，几乎就在国粹勃兴的同时，西化论也在一些具有强烈批判孔学色彩的流派中体现。对新旧文化进行界定，实则是双方对"文化调和"论争问题的不同回应。如上所述，"文化调和"的主张已经不是一个新鲜话题，但直到五四时期才引起足够的反响，盖因陈独秀等人对西方文明的推崇引起了文化保守主义的不满，加之西方文明本身呈现出来的失调与狼藉之状，也在客观上为之提供了条件。文化保守主义对新、旧文化的区分，建立在否认文化有时代和程度差异的基础上，而文化激进主义则执著于辨认新旧文化是否具有本质上的不同。由此，探讨新文化和旧文化

①　梁启超：《论中国学术思想变迁之大势》，《梁启超全集》第3卷，北京出版社1999年版，第616页。

②　胡适：《新思潮的意义》，《新青年》1919年第7卷第1期。

有无实质区别，成为新文化运动时期东西方文化论争的重要内容。

延续晚清"国粹派"的思想余音，五四时期的文化保守主义继续为中国文化进行辩护。章士钊提出，时代无论进化到何种程度，"新旧杂糅"都是新时代诞生之初的常态。他还以一战后的欧洲为例，论证新与旧之间并不能短暂地进行实质性突破，而是从"旧"到"新"的"移行"。"新旧杂糅"的调和论提出后，得到了杜亚泉和陈嘉异等人的积极响应。很容易在这些倡导者中找到一些新旧区分的依据，虽然其主张大体格局相似，但也存在一些标准划分上的分歧。大体而论，主要有以下几种：一是判断文化是新还是旧，主要以文化是否适合时世所需为标准，所谓"新就是适应，适应就是新"①。二是认为新旧文化在近代即是时空之分。"所谓新者无他，即外来之西洋文化也；所谓旧者无他，即中国固有之文化也。"②三是以进化论为准则来区分文化的新旧，"主张创造未来文明者"为新，"主张维持现代文明者"为旧，也即"然以时代关系言之，则不得不主张刷新中国固有文明，贡献于世界者为新，而以主张革除中国固有文明，同化于西洋者为旧"③。蒋梦麟在《何谓新思想》中对此有所总结："我说新思想和旧思想的不同，是在那个态度上。若那个态度是向那进化方向上走的，抱那个态度的人的思想，是新思想；若那个态度是向旧有文化的安乐窝里走的，抱那个态度的人的思想，是旧思想。"④概而言之，在文化保守主义看来，新旧文化之间的差异仅仅是民族、地域和心理上的差异，而并不以程度和时代进行区分，因而为了继承和发展传统文化，新旧文化之

---

① 陈嘉蔼：《新》，《新潮》1919年第1卷第1期。

② 汪叔潜：《新旧问题》，《青年杂志》1915年第1卷第1期。

③ 杜亚泉：《新旧思想之折衷》，《杜亚泉文存》，许纪霖、田建业编，上海教育出版社2003年版，第402页。

④ 蒋梦麟：《何谓新思想》，《东方杂志》1920年第17卷第2期。

间是可以达成调和状态的。

在文化激进派这里，陈独秀、胡适等人则抱有一种彻底反对"新旧调和"的态度，认为新旧调和不能作为一种方法来提倡，因其是文化本身的惰性所导致的一个结果，唯有"矫枉过正"才能彻底冲破封建纲常设定的藩篱。依照新文化运动的观点，新旧文化的区分依据不是时间先后而是一种态度，并且归属于两种性质截然不同的文化类型。新文化运动拉开序幕后，开启了"重估一切价值"的思想解放之闸门。为新文化摇旗呐喊，表现在文化主旨上，即是主张"以批判的态度"审视中西文化，认为新文化就是在不满中创造出来的："我们不但对于旧文化不满足，对于新文化也要不满足才好；不但对于东方文化不满足，对于西方文化也要不满足才好；不满足才有创造的余地。"①表现在文化态度上，即是主张"全盘西化"，以"打倒孔家店"为旗号反对中西融合之说。陈独秀在《调和论与旧道德》一文中对"调和论"进行了严厉的批判，既批判"太新也不好，太旧也不好，总要新旧调和才好"的折中主义，也批判"物质的科学是新的好，西洋的好，道德是旧的好，中国固有的好"之道德优劣说。他认为："吾人倘以新输入之欧化为是，则不得不以旧有之孔教为非。倘以旧有之孔教为是，则不得不以新输入之欧化为非。新旧之间，绝无调和两存之余地。吾人只得任取其一。"②胡适也响应说：

> 为什么要反对调和呢？因为评判的态度只认得一个是与不是，一个好与不好，一个适与不适，——不认得什么古今中外的调和。调和是社会的一种天然趋势。人类社会有一种

---

① 陈独秀：《新文化运动是什么》，《新青年》1920年第7卷第5期。
② 陈独秀：《答佩剑青年》，《独秀文存》，安徽人民出版社1987年版，第660页。

守旧的队形，少数人只管趋向极端的革新，大多数人至多只能跟你走半程路。这就是调和。调和是人类懒病的天然趋势，用不着我们来提倡①。

蒋梦麟在《新旧与调和》又进一步解释说："若说从西洋输入的思想是新思想，那西洋的思想也有很多是旧的。若说西洋输入的思想就是新，那古代希腊的美术、人生观，罗马的法意、建筑，在我国都可算是新的。所以新思想不能用时代来定，也不能以西洋输入的来做标准。"②概而言之，"新旧既不是方法，又不是目的，所以不是两个学派。两个学派之中，能容调和派。新旧之间，用不着调和派"③。

其次，探索了新文化运动对待中国传统文化的方法。胡适在《新思潮的意义》一文中提出了十六字纲领，将其中的"研究问题"与"输入学理"并列为"新思潮的手段"，主张整理中国旧有学术思想，达成人文主义者的启蒙理想——以精神文明的建设来再造文明④。

所谓"国故"，意指中国传统的学术文化之故实。"国故"概念来自"国学"，但有所区分。在国学意指"国粹"之学后，国粹一词反而被国粹派所弃用，大抵因为传统文化并不能全部称为"精粹"，也因为"国粹"彼时一直在某种程度上被政治化地使用着，成为一种运动或思潮。同时，日本"国粹主义"的问题也被时人所觉察，由此他们试图以另一词汇"国故"来代替"国粹"之称。胡适将"故"释为"过去"，在很大程度上代表了当时思想界的普遍看法。章太炎著有《国故

---

① 胡适：《新思潮的意义》，《新青年》1919年第7卷第1期。

② 蒋梦麟：《新旧与调和》，《解放与创造》1919年第1卷第5期。

③ 蒋梦麟：《新旧与调和》，《解放与创造》1919年第1卷第5期。

④ 参看胡适：《新思潮的意义》，《新青年精粹》第3册，中国画报出版社2012年版，第26-33页。

论衡》一书，称国故为"国朝之掌故"，传统文化之意。1902年3月，罗振玉在《扶桑二月记》中以"本国固有的学术文化"之义来使用了国学概念，实则与"国故"意同。1919年，毛子水又指出："古人的学术思想是国故，我们现在研究古人的学术思想，这个学问亦就是我们的'国新'了。这个学问应该叫做'国故学'。它自己并不是国故，它的材料是国故。"①胡适则更直接地指明："中国的一切过去的文化历史，都是我们的'国故'；研究这一切过去的历史文化的学问，就是'国故学'，省称为'国学'。"②又称："国学的使命是要使大家懂得中国的过去的文化史，国学的方法是要用历史的眼光来整理一切过去文化的历史。国学的目的是要做成中国文化史。国学的系统的研究，要以此为归宿。"③作为一种研究的对象，"国故"是一种"求知"，是"再造文明"的重要一环，故而需要以科学方法进行整理。

新文化运动虽然以文学革命为主调，但同时也是一场重建"国故"的运动。在白话文运动中，守旧派和革命派就如何对待传统文化这个研究对象进行了论争。在"国故社"和"新潮社"的思潮对垒中，前者打出了"昌明中国故有之学术"的旗号，后者则针对前者概念含混的部分进行了批判，主张借用西方近现代的"科学方法"对中国传统文化进行系统整理。胡适肯定了"新潮社"的主张，提出将"整理国故"作为再造文明的手段和新文化运动的"题中应有之义"，引导了一场关于"整理国故"的论争。

新文化人士偏于以"破"为目的来整理国故，注重以"阐扬义理"的方式来达到"保存国粹"、"宣扬国光"的目的，目的在于创造一种不与"中学"和"旧学"断裂的新文化。在他们看来，"对于旧有的学术

---

① 毛子水：《国故和科学的精神》，《新潮》1919年第1卷第5期。

② 胡适：《〈国学季刊〉发刊宣言》，《北京大学日刊》1923年第1卷第2期。

③ 胡适：《〈国学季刊〉发刊宣言》，《北京大学日刊》1923年第1卷第3期。

思想有三种态度：第一，反对盲从；第二，反对调和；第三，主张整理国故"，具体地说，"整理就是从乱七八糟里面寻出一个条理脉络来；从无头无脑里面寻出一个前因后果来；从胡说谬解里面寻出一个真意义来；从武断迷信里面寻出一个真价值来"[1]。因中国旧有的思想向来紊乱，故而"用最新的科学方法，将旧学分科整治，撷其粹，存其真，续清儒未竟之绪，而益加以精严，使后之学者既节省精力，而亦不坠其先业"[2]。自章太炎、梁启超至胡适、章士钊、梁漱溟，"整理国故"运动坚持以"真"、"精华"、"相互发明"、"补吾所缺"、"救吾之弊"等标准来选择传统文化之"精"，也即"用历史的眼光来扩大国学研究的范围"，"用系统的整理来部勒国学研究的资料"，"用比较的研究来帮助国学的材料的整理与阐释"来还原传统文化的真面目、真价值[3]。

其二，以发展的眼光引导"国故"发光发热，试图达成使其重现辉煌的宏愿。五四前后，新文化人习惯于以进化论为基准将传统与现代对立起来，其现代性方案的总体目标是建设"新文明"。"新文明"在五四前期指西方文化，建设"新文明"实则就是引进西化，但是到了五四后期，在经历了关于东西文化优劣、东西文化能否调和以及东西文化是问题还是主义的三次论争后，"新文明"的概念已经发生转换并渐渐清晰，指区别于既有的传统文化和西方文化而有待于去创造的未来文化。在新文化人关于"新文化"的理解中，包含着他们对中国传统资源的珍视和肯定，同时也蕴含了他们重新开发和利用中国传统资源并使之重新焕发生命力的自信。

在新文化阵营内部，坚持彻底西化的一批知识分子对于"复兴古学"有着深深的忧虑，认为重提与再造传统文明，有着极大的复古危

---

① 胡适：《新思潮的意义》，《新青年》1919年第7卷第1期。

② 梁启超：《清代学术概论》，四川人民出版社2018年版，第140页。

③ 参看胡适：《〈国学季刊〉发刊宣言》，《北京大学日刊》1923年第1卷第3期。

险。"张勋复辟"产生的复古逆流阴影还残留在他们的记忆之中，加之半个多世纪以来落后就要挨打的教训过于惨痛，以至于这些人认为一旦重新回到"古学"的老路上去，不仅会消弭新文化运动的启蒙效果，而且与进化论相逆，从而滋生新的复古、迷古风气，阻碍国家民族的振兴与进步。对于文化保守主义者来说，这些负面效果的反应是真实的，但也有所过度。"保存国粹"与"整理国故"并非是盲目行为，而是承认在"科学"的基础上加以整理保存。如胡适所言，再造文明并非是模仿和复制出一个西方文明，而是创建一个可以与西方文明分庭抗礼的"新中国之新文明"。梁启超对在《中国人对于世界文明之大责任》中也说道："拿西洋的文明来扩充我的文明，又拿我的文明去补助西洋的文明，叫他化合起来成一种新文明。"①1919年，《东方杂志》发表杜亚泉《新旧思想之折衷》一文，更明确地表示："现时代之新思想，对于固有文明乃主张科学的刷新，并不主张顽固的保守；对于西洋文明，亦主张相当的吸收，惟不主张完全的仿效而已。"②事实上，这也是整个新文化运动对待传统文化出路的态度彰显。文化激进主义主张输入西方文化以改造中国文化，例如倡导文学革命，以白话文为主的平民文学来打破文学的僵局等，在文化救世的心态上，与文化保守主义殊途同归，一个侧重于"破"，一个侧重于"立"，形成了既对立又互补的局面。

不仅仅停留于单纯地整理国故这一行为，"再造文明"更重要的内容在于，要以内省与躬行的方法重构儒家式人生哲学。1923年，梁启超在《治国学的两条大路》的演讲中提及："整理国故，我们是认为急

---

① 梁启超：《中国人对于世界文明之大责任》，《梁启超全集》第5册，北京出版社1999年版，第2987页。

② 伧父（杜亚泉）：《新旧思想之折衷》，《东方杂志》1919年第16卷第9期。杜亚泉，我国五四新文化运动时期的学者，科普出版家，翻译家。曾用笔名"伧父""高劳"等发表文率。

务，不过若是谓除整理国故外，遂别无学问，那却不然。我们的祖宗遗予我们的文献宝藏，诚然足以傲世界各国而无愧色，但是我们最特出之点，仍不在此。其学为何？即人生哲学是。"①人生哲学中的"明道德、陈仁义、诛强暴、恶兼并、斥垄断、贱封殖"的道义精神，可为处于道德困境中的西方文明提供借鉴。梁漱溟甚至宣称，对于西方人，"我不应当导他们于孔子这一条路上来吗"②。在这个意义上，杜亚泉认为，儒学中熠熠发光的内容，不仅仅是传统文明的精粹，也是世界文明的组成部分。中国既为人类之一部分，对世界未来文明之创造亦应有所贡献，"苟以科学的法则整理而刷新之，其为未来文明中重要之一部分，自无疑义"③。

虽然延续晚清国粹派"保存国粹"的基本思路，但与之相比，新文化运动后的学衡派多了"融化新知"的觉悟，与其设定的宗旨——"论究学术，阐求真理，昌明国粹，融化新知。以中正之眼光，行批评之职事。无偏无党，不激不随"④一致，致力于践行创造一种融东西文化精粹于一体的新文化。学衡派借鉴了晚清"中西对诠"和"援西入中"的思路来整理旧学，又试图挖掘出传统文化的现代价值，在深度与广度上均有所超越。在张之洞提出中西可以"会通"，康有为"以新理言旧学"等主张的基础上，学衡派试图从整体上实现儒学对时代的适应，在两个方向上开辟了新的道路：一是符合民主、科学这些西方近代文化的奥义微言，一是可以救治西方近代工业文化弊端的人文主义价值。中坚人物如吴宓、汤用彤、梅光迪等人，以"新人文主义"

① 梁启超：《治国学的两条大路》，《饮冰室书话》，周岚、常弘编，时代文艺出版社1998年版，第535页。

② 梁漱溟：《〈东西文化及其哲学〉自序》，《梁漱溟全集》第1卷，山东人民出版社2008年版，第543页。

③ 伧父：《新旧思想之折衷》，《东方杂志》1919年第16卷第9期。

④ 吴宓：《学衡杂志简章》，《学衡》1922年第1期。

相号召，以发扬中国文化为己任，其言行已经注意到旧文化与民族性，旧文化与西方文化之间的关系。他们思考了"西洋之有益者如何采之，有害者如何革除之"①的问题，也表达了"今欲造成中国之新文化，自当兼取中西文明之精华，而熔铸之、贯通之。吾国古今之学术、德教、文艺、典章，皆当研究之、保存之、昌明之、发挥而光大之。而西洋古今之学术、德教、文艺、典章，亦当研究之、吸取之、译述之、了解而受用之"②，实现使传统文化焕发新生命力的美好愿望。

　　西化派与学衡派看似尖锐对立，实则在"整理国故，再造文明"的方向上具有许多相似性：一是他们都继承和发扬了文化救亡的社会使命感和责任感；二是无论欧化派还是学衡派，即便是欧化派中最为激进的学者，都无法斩断与传统文化的血脉联系，同样地，即便最保守的文化保守主义者，也绝非是对西方文明一无所知的腐儒。因此，第一，评价当时卷入整理国故以再造文明运动中的众多学人，"我们与其人为地区分出其中的是非曲直，不如将他们看作是相互补充、相互调节的一个整体，从不同方面、不同角度共同推进了中华文明更新与再生的进程，发掘并激活了传统文化的积极意义与现实价值"③。第二，评价他们"再造文明"的意义，也需要肯定：在中西文化的关系上，他们挖掘了中国文化在人生哲学方面所具有的现代价值和世界价值，从以西援中转向中西双向交流、互补，提出了中西互补的思路，要将中国文化提到可以与西方文化对话的地位上，要将中国文化纳入世界文化发展的轨道中。

---

　　①　张君劢：《人生观》，《当代新儒学八大家集·张君劢集》，黄克剑、吴小龙编，群言出版社1993年版，第116页。

　　②　吴宓：《论新文化运动》，《学衡》1922年第4期。

　　③　曾平：《"整理国故"与"再造文明"的不同路径——从民国时期"整理国故"运动考察当时学界的不同文化理念及其冲突》，《中华文化论坛》2007年第3期。

其三，改造国民性为"再造文明"奠定群众根基。文化启蒙，首先是启蒙者自我的启蒙，其次是在启蒙者思想引导下的全民启蒙。按照康德的说法，"启蒙运动就是人类脱离自己所加之于自己的不成熟状态。不成熟状态就是不经别人的引导，就对运用自己的理智无能为力……要敢于认识！要有勇气运用你自己的理智！这就是启蒙运动的口号"①。开启启蒙的洗礼，其根本在于召唤个人的人格独立，而这正是近代转型期的中国人所缺乏的。"新文明"面向世界文明的潮流，唯有以自由、平等、博爱等理性精神冲破封建纲常对国人思想的钳制，将人从"孔学"的控制下解放出来，才能使建立在"爱国主义"基调上的中国传统文化获得新生。

"欲图根本之救亡，所需乎国民性质行为之改善"②，通过"立人"实现"立国"的逻辑，将点亮中华民族救亡图存的灯塔，揭开一个关乎中国社会之前途命运的重大谜思主题。

近代学人尤其是接受了西方知识教育的新一代知识分子，普遍认为封建纲常礼教对国人造成的严重危害之一，即是养成了国人的奴性和劣根性。从鸦片战争到甲午战后，深藏于国人性格中的一些负面特质如欺软怕硬、贪生怕死、恃强凌弱等，在残酷的战争面前赤裸裸地被展示出来。在严重的民族危机面前，国人的冷漠和麻木不仁震惊了当时开始了文化自省的维新人士。时人吴恒炜曾提及甲午战后看到四万万人唯有恐惧害怕、苟且偷安而无争斗决一高低之心时的震惊："普天下血气之伦，而一一中盲聋哑之毒。"③受纲常礼教中"尊卑""苟且"等观念的长期

① 〔德〕伊曼努尔·康德：《答复这个问题："什么是启蒙运动？"》，《艺术史的艺术：批评读本》，〔美〕唐纳德·普雷齐奥西编，易英等译，上海人民出版社2016年版，第65页。

② 陈独秀：《我之爱国主义》，《新青年》1916年第2卷第2期。

③ 吴恒炜：《〈知新报〉缘起》，《中国出版史料·近代部分第二卷》，湖北教育出版社2004年版，第246页。

浸染，国人之"奴性"表现为，其一，毫无主见、缺乏独立是彼时国人心理的普遍状态，尤其是日常生活中盛行各式各样的迷信、愚昧行为。即使在最开明的上海，官员们也依旧热衷于"维持他们那不文明的旧俗"[1]。胡适对此现象有着深深的不满和愤怒："我想起这'苟且'二字，在我们中国真可以算得一场大瘟疫了。这一场瘟疫，不打紧，简直把我们祖国数千年来的文明，数千年来的民族精神，都被这两个字瘟死了。"[2]其二，信奉明哲保身，各人自扫门前雪等中庸精神，普遍缺乏身为国民的自觉意识，缺乏强烈的社会责任感和使命感，鲜少有人将个人利益与国家安危进行密切关联。国人性格中充斥着安分、韬晦、服从、做官、发财等各种要素，但都被冠冕堂皇地赋予了乐天知命、安于守旧等正面价值。面对"日新月盛"的工业文明世界，国人表现出不知所措与忐忑不安的心境，即便留日、留美归来的一些新式知识分子也没有走出这种困境。陈天华在《绝命书》中就特别抨击了某些留日学生将东渡作为升官的捷径而志不在为救国救民尽责任的行为，称"以东瀛为终南捷径者，目的在于求利禄，而不在于居责任。其尤不肖者，则学问未事，私德先坏"，并发出了"且惊且惧"的慨叹[3]。

改造国民劣根性由此也被提上文化救亡的日程。以严复为代表的维新派，最先提出了"鼓民力，开民智，新民德"的具体主张。近代国民性改造的漫漫征程从此时正式开启。在时人看来，从性质上区分"国民"与"奴隶"是非常重要的："何谓国民？曰：天使吾为民而吾能尽其为民者也。何谓奴隶？曰：天使吾为民而卒不能成其为民者也。"[4]需要强调的是，此一"新民"并非个人意义之民，而是民族、国家的群体

---

① 铁儿（胡适）：《论毁除神佛》，《竞业旬报》1908年第28期。

② 铁儿：《白话（三）："苟且"》，《竞业旬报》1908年第36期。

③ 参看陈天华：《绝命书》，《陈天华集》，中国文化服务社1946年版，第42页。

④ 佚名：《说国民》，《国民报》1901年6月第1卷第2期。

"新民"。"新民"之目的在于挽救民族危机、富强国家，"然则苟有新民，何患无新制度，无新政府，无新国家"①。改造也意味着重新塑造，改造国民劣根性也即塑造具有新道德、新知识、新价值等多方面均体现出优越性的"新民"。

梁启超在《新民说》中对国民品性提出了"新"要求：有明确现代意识的"国家观念"、有独立自由和唯我自尊的性格、有社会责任感、有尚武和冒险进取的精神、有丰富的知识和健壮的体魄等。这些品质已经深入到个人心理和民族性格的深层，在他看来，它们是旧世界向新世界过渡时期国人所急需与必备的内容，并将起到"唤起国民之精神"的作用。胡适则高扬民主与科学的大旗，将近代国民性改造思想发展到一个崭新的"立人"阶段。在"为祖国造不能亡之因"②的信念下，以"树人"为目标，胡适提出了改造国民的任务：主张平民主义教育，倡导走出"背诵教育"、"书房教育"的传统教育模式，增强人的生活和工作的实际能力。这些任务也呼应了他提出的"研究问题，输入学理，整理国故，再造文明"这一文化纲领。在胡适看来，"整理国故"意在打破文化传统对国人的思想束缚，而"再造文明"则着眼于给国人设定一种具有现代精神的人生模式，使中国人能够以"人"的面貌去寻求新道德、新知识、新艺术生活。两方面一破一立，凸显了要求改造国民性之"因"：国民素质得不到根本改善，就没有现代文明的国民，也就绝不会有现代文明的国家。因此，这也带来了近代国民性改造思潮之"果"：要塑造符合时代要求的"人"，就要"输入学理"，也就是要培养"人"的现代价值观念、道德伦理规范和行为方式，造就适应现代工业文明发展要求的崭新"人"的生存和发展模

---

① 梁启超：《论新民为今日中国第一急务》，《新民丛报》汇编1900年第1期。
② 胡适：《胡适留学日记》，《胡适全集》第28卷，安徽教育出版社2003年版，第432页。

式，以此达到"再造文明"的理想追求。在陈独秀这里，改造国民的恶
劣性主要强调的是增强国民的爱国心，加强国民的爱国教育。陈独秀将
教育作为改造国民性的一个重要手段，要求在形式和内容上对传统教育
体制进行全面而彻底的改革，从国民素质层面提升国民"伦理之觉悟"，
以结束国民"愚昧劣等之生活状态"①，最终使其适应新时代。此外，
李大钊强调以"自由之精神""自我之权威""自我之觉悟"唤醒国民的
主体意识，将国人从封建道德和文化的压制下解放出来②。鲁迅呼吁重
塑去除国民性格中逆来顺受、苟安忍辱的"病根"。他极为尊重个性解
放，在经典之作《狂人日记》中，鲁迅对"卑怯""贪婪""自私""苟
活""爱面子""自欺欺人"等国民性进行了严苛批判，像一把利剑直戳
封建礼教的心窝。杜亚泉以会通中西、融合新旧的渐进革新思想，深刻
剖析中国国民性的种种弊端及生成原因，提出了改造国民性的五项举
措：以"理想""理性"为基础，陶铸"国民心理"；以"真理正义"导
诱人民，形成"共同概念"；以智情意"浑圆体"培养"精确、正当、
稳健"的社会心理；变"依赖"为"自营"，拔除人民重视官吏的根性；
树立"矛盾""冲突"意识，培植"中正"的奋斗精神③。

概而述之，实现"再造文明"的宏伟目标，要以改造国民性、培
育具有爱国主义精神的"新民"为现实基础。"故我之爱国主义，不在
为国捐躯，而在笃行自好之上"，以新文明改造中国国民性，才是"持
续的治本的真正爱国之行为"④。

---

① 陈独秀：《当代二大科学家之思想》，《新青年·思潮卷》，张宝明主编，河南文艺出版社
2016年版，第22页。

② 参看李大钊：《"晨钟"之使命》，《晨钟》创刊号，1916年8月15日。

③ 参看杜亚泉：《论中国之社会心理》，《东方杂志》1913年第9卷第9期。

④ 陈独秀：《我之爱国主义》，《新青年》1916年第2卷第2期。

第五章

自强：
近代文化主
张的革故鼎
新及注解

在中国传统文化近代转型的过程中，曾经流行过形形色色的文化主张。有论者指出，近代以来中国知识分子最困惑的一个问题，就是探寻与试图解答"中学和西学的异同及其相互关系"。梳理近代中、西学关系的谱系，大体没有超出五种不同文化观的范畴，它们是：其一，"恶西法"说；其二，"中、西学各有体用"说；其三，"不中不西，即中即西"说；其四，"西学中源"说；其五，"中体西用"说。其中"西学中源"和"中体西用"两种文化主张最具有代表性，在19世纪后期和20世纪初期产生过重大的社会影响。研究近代文化观念的衍变进程，离不开对这两种文化观的探讨。

"西学中源"说先于"中体西用"论形成。顾名思义，"西学中源"指的是西方之学来源于中土。它萌发于中西学产生交流的前提下，向上追溯，大约可至明末清初传教士来华传教时期。彼时，利玛窦为了传教方便，利用儒家思想来比附基督教义，受到了一些士人的欢迎。例如以孔子之"仁"比应基督教之"爱人"，以儒学之"天"比应基督教之"上帝"等。这种会同中西的做法，既有利于回避夷夏之辨，又扩大了基督教义的影响力，两全其美地解决了中西学的关系问题。因此举立足于以中学比附西学，故被视为"西学中源"说的萌芽。如同佛教初传中国时使用"老子化胡"说一样，此番比附目的也是为了消除中西学之间的隔阂，以便于在沟通的基础上推进西学的引入。明末崇祯时期，伴随着中西历法之争，"西学中源"说登上了历史舞台，并在清康熙朝形成了代表官方态度的一种文化主张。在康熙帝的亲自倡导下，"西学本出于中学"的观念迅速流传开来。至清代中叶，此说被载入《四库全书总目》，同时在一些著名学者如戴震、阮元等的鼓吹下继续深入人心。鸦片战争后，随着西学第二次大规模传入中土，中西学关系又一次成为举众瞩目的话题。"西学中源"说再一次得到了发扬和复苏的时代契机，逐步臻于完备。究其主旨要义，在于消解西学对本民族的异己性，淡化中西文化之间的差异与矛盾。无论对于当时的顽固派还是对于"采西派"来说，它都能够在两个相对立的方向上被阐释和被应用：一边是倡导引入西学之人以此作为他们驳斥反对者的挡箭牌，一边是反对引入西学之人以此作为他们维护中学的思想武器。即便如此，它们的共同之处也是明显的，"西学中源"说的倡导者，一致认为中国文化是西方文化的源头，西方文化是中国文化西传后的衍生，体现出强大的文化惯性与充分的文化自信。

从明末到清初大约300余年间，围绕着中学与西学关系展开的论争与讨论，始终强调中学优越于西学的文化主题。上至朝廷重臣，下到民间学者，无不如此。"西学中源"说的巧妙之处，在于既能够维护民族文化自尊心，又能赢得朝廷、国人对引入西学不同程度的支持。然而，在西方科技突飞猛进的时代，它也难以避免因主观臆断而产生的局限性，展露出与时代趋势相悖的矛盾性。受益于"开眼看世界"与洋务运动的开展，随着对西方文化的了解加深，对世界时局判断的日益客观，某些有识之士对传统的"夷夏"观念与儒学文明中心开始产生怀疑。表现最为突出的一点，就是译介了大量西方科技知识入中土，并在文化比较的视野中反思并纠正清初以来流行的"西学中源"说之弊端。视界开阔的士大夫震慑于西方器物、科技文化的先进，开始客观地承认中西文化各有源头，有意拨开文化自大的迷雾去探求发展中学的前路。19世纪60年代后，为应对太平天国农民起义和第二次鸦片战争构成的统治危机，作为一种文化选择，进取士人延续"师夷"说的余音，提出了"中体西用"论，从古代哲学的"体"、"用"范畴对中、西方文化的各自定位进行了明确规定。"体"是本质、宗旨和目的，"用"则是表象、支脉和方法。"体用"的界定尽管仍是为了使西学服从于中学，维护中学的文化中心地位，但却与"西学中源"说存在着认识程度上的巨大差异。不再将中与西、古与今混为一谈，"中体西用"在区别中西文化差异的问题上，步入了一个更高的认知层次。

整体观之，从"西学中源"到"中体西用"的革故鼎新，以积极意义而论，一是突破了"用夏变夷"、"严夷夏之防"传统思想文化窠臼；二是认清了世界发展的新格局并确认了自己的身份认同——无论是"救亡"还是"启蒙"都处于中之落后与西之现代性的二元对立之中；三是认识到要复兴传统文化，就必须对其进行深彻关切并加以批判与改造，反对抱残守缺，同时从西方文化中汲取营养，以开创能够体现人类共同价值的时代新文化。

## 第一节 "西学中源"：维护文化自信的理论支撑

在整个西学东渐的漫长过程中，"西学中源"说草蛇灰线，余音不绝。粗略梳理一下"西学中源"说的发展脉络。

一般认为，"西学中源"说起始于明清之际第一次西学东渐期间。西方传教士不仅传入了基督教，也将西方文化中的一部分知识介绍到了中土，例如西历、算学等。一些对此感兴趣并感受到其先进性的儒士，有意于在本土进行推广，由此费尽心机地试图找到接纳西学的契合点。明崇祯年间，朝廷着手历法改革，彼时西方历法已经传入中土，并被一些士人所推崇。沿用中法还是改用西法，成为当时截然对立的两种主张。在推崇西法者中，有名熊明遇者，在其论著《格致草》的自序中，构造了中学西传的故事："上古之时，六府不失其官，重黎氏世叙天地，而别其分主。其后三苗复九黎之乱德，重黎子孙窜乎西域，故今天官之学裔土有颛门，尧复育重黎之后不忘旧者，使复典之。"[1]按其逻辑，既然西历源自中土上古之时，为"重黎"流失所致，那么重新对它进行启用，并无不妥之处。这一说法显然起始于一个神话猜测，但它带来的影响是极其深远的，对于促进中西文化之间的交流沟通大有裨益，促成"西学中源"说自此登上了历史舞台。

在熊明遇观点的影响下，晚明一大批学者沿着这个思路提出了一些不同对象的相同论调，其中不乏李之藻、徐光启等官员型学者。例如，徐光启十分推崇西方知识中的"象数之学"（算术），认为"象数之学，大者为历法，为律吕；至其他有形有质之物，有度有数之事，无不赖以为用，用之无不尽巧极妙者"[2]，有心学习其中之长。基于这一信念，他利用各种机会促进传教士与其他官员的交流，并先后与传教士熊三拨、利玛窦合译《泰西水法》《同文算指》等著作，致力于架构中西文化交流的桥梁。意外的是，因西学出于中学的看法本就是一种主观臆测，反对西来之学的士人也能从它本身就具有自圆其说的包容性中找到理论证据。陈荩谟在《度测》中指出，利玛窦带来的泰西《测量法义》不过是"实本《周髀》旧术而加详焉"[3]，认为既然西学是中学之余绪，那么国人只需发扬中法即可。这一观念也影响到清初的黄宗羲、王夫之等人，如黄宗羲就确定地指出："尝言勾股之术乃周公、商高之遗而后人失之，使西人得以窃其传。"[4]明清易代之际，政

---

① 熊明遇：《格致草·自叙》，《中华大典·理化典·中西会通分典（一）》，山东教育出版社2018年版，第237页。

② 徐光启：《泰西水法序》，《天学初函·器编》（上），李之藻编，黄曙辉点校，上海交通大学出版社2013年版，第5页。

③ 参看陈荩谟：《度测·卷上·诠器》，《续四库全书》一〇四四·子部·天文算法类。

④ 全祖望：《梨洲先生（黄宗羲）神道碑文》，《鲒埼亭文集选注》，黄云眉选注，商务印书馆2018年版，第97页。

治极度震荡，在民族情结的支配下，这些明代遗民文人以"西学中源"为理论支撑，从读经谈理转而攻读天文地理等经世之学，试图经此匡复华夏文明。

"西学中源"说真正成为一股思潮并引起广泛注意，是在清初康熙朝。此说得以推而广之的重要因素之一，就是以康熙帝为代表的官方倡导。明末倡导西学的先驱们已经打出中西文化会通的旗号，而真正做到会通中西之学的集大成者，当推清初"历算第一名家"梅文鼎。"千秋绝诣，自梅而光"①。梅文鼎所著《历学疑问》和《历学疑问补》两书，选择性地吸收了明清学者的西学观，并逐渐形成了自己的西学主张。他极善于从古代典籍中寻求"西学中源"说的证据，尤为喜欢从《周髀算经》的盖天说中寻求西历的根据。在其著作中，宣扬"西学中源"的言论比比皆是，例如"径七围廿二者乃祖冲之古法，至今西人用之"②，"算术本自中土，传及远西"③等。因既通旧法又精于西学，梅文鼎盛名在外，并因此得到了康熙帝的两次召见。康熙帝以继承华夏正统自居，"崇儒重道"是他的基本国策，但又由于其对西式历法、算学等兴趣甚浓，同时为了消弭中西历法之争的政治意义，因此大力提倡"西学中源"说，如认为西洋算法之理皆出于《易经》，称"历原出自中国，传及于极西。西人守之不失，测量不已，岁岁增修，所以得其差分之疏密，非有他术也"④。1704年，集中体现康熙帝"西学中源"思想的《三角形推算法论》问世刊行，"西学中源"说也随之声名鹊起。一个显著的例子是，当时的传教士为取悦皇帝，将代

---

① 焦循：《雕菰集》卷六，《雕菰楼文学七种》（上），陈居渊主编，凤凰出版社2018年版，第143页。

② 梅文鼎：《几何补编·卷五·浑圆以积求径》，清文渊阁四库全书本。

③ 参看梅文鼎：《绩学堂诗文钞·卷二·〈测算刀圭〉序》，清乾隆梅毂成刻本。

④ 康熙：《圣祖仁皇帝御制文集（第三集卷一九）·三角形推算法论》，《中华大典·数学典·数学概论分典》，山东教育出版社2018年版，第723页。

数学译作"东来法"，以保证传教行为的顺利进行。在南巡期间，康熙曾召见梅文鼎，连续三日与其问对，双方谈论"西学中源"问题，君臣相谈甚欢。他曾对李光地说："历象算法，朕最留心此学。今鲜知者，如文鼎真仅见也。"①而梅文鼎也体悟圣意，面圣之后更加不遗余力地为"西学中源"说鼓吹造势。他主要在三个方面贡献了自己的力量：其一，论证"浑盖通宪"即古周髀盖天之学；其二，设想中法西传的途径和方式；其三，论证西法与伊斯兰天文学之间的亲缘关系。为了附和康熙帝的观点，梅文鼎在论证"西学中源"之时，使用了很多牵强附会的方法，论证尽管巧妙，但很多都出自主观臆测，并无真实凭据。其后人也仿效其祖，凭空设计了代数学为"东来法"的根据。在官方和大学者的大力宣扬和倡导之下，"西学中源"说直接主导了清代中后期中国民族文化理论的建构方向。因受到的关注度越来越高，国人的文化自信心也随之高涨。

在过于充分的文化自信和过于拔高的文化优越感之自我催眠中，自乾嘉时期发端，清廷开始推行锁国政策，西学东渐的进程在此期间也基本上停滞下来。与此同时，论证"西学中源"以及中学优越于西学的文化思潮却仍在继续并发展。在确定"西学中源"说的钦定地位之后，康熙帝以"御制"的名义编纂、刊行了《律历渊源》（包括《历象考成》《数理精蕴》和《律吕正义》三大部），促进了西方科学在中国的传播。乾嘉学派也在此时兴起，《算经十书》等古算专著被挖掘出来，其中一些与西学相合之处，让儒士认为中西学的差距显著缩小，进一步增强了国人的文化自信心。著名学者戴震、阮元等人也受此思潮影响，试图用"西学中源"理论将西方天文算学纳入中学，并积极

① 杭世骏：《梅文鼎传》，《杭世骏集·道古堂文集》，蔡锦芳、唐宸点校，浙江古籍出版社2015年版，第443页。

应用古算法来论证中学的地位。例如，仅认为圆周率源自中国一说，就有戴震《勾股割圆记》、徐有壬《割圆八线缀术》、戴煦《求表捷术》等为此论证，更增添了"西学中源"说的可信度。继而在数学领域中，"西学中源"说的思路继续蔓延，越来越多的学者在中学各典籍中"发现"了更多类似现象，例如，罗士琳称西学比例源于《九章算术》中的"异乘同除"，诸可宝称西人"窃取乘除而为比例，窃取勾股而为八线……窃取四元而为代数，窃取招差堆垛而为微分、积分……"①。总体看来，这一时期传统文人固守西学源自中土的理念，治学风格也随之悄然发生了转向：以经世致用为目的，不再拘泥于经史范畴，同时将治学目光投向传统的算学和西来的西学。

鸦片战争的爆发，打破了一百多年来清廷的"闭关锁国"政策。西学东渐第二次大规模地开启，带来了工业文明中的声、光、化、电等科学知识。战场上的失利使国人明白了中西科技上的差距，为了御敌自强，洋务派掀起了"采西学"的洋务运动，但令人意外的是，在思想上，"西学中源"说仍然大行其道，其中原委耐人寻味。

"西学中源"说发展到晚清，已不局限于数理科学，范围已扩大至西方议院及各种西制。主张者认为它们无不源自儒家诸子之学、周公孔孟之典。推动这一学说发展的人物主体来自截然对立的两个流派，即守旧的文化保守派和开明的洋务派、文化改良派。在精神信仰和文化宗旨层面，守旧派和洋务派均主张"西学中源"说，认为中国的典章制度优越于西方，但在是否引进西法的选择上却形成了势不两立之态。

保守派热衷于搜罗经史子集以印证西学源于中学，强调华夏强于

---

① 诸可宝：《畴人传三编》卷三"陈杰"，《丛书集成续编》第36册，上海书店出版社1994年版，第290页。

狄戎，如称"西戎之法，皆中国之法也"①，"西人之学，未有能出吾书之范围者也"②等，认定一切西学洋务均无必要，也不能为中学并容。同时，面对西学冲击下中学式微的现实，保守派又更加不遗余力地捍卫中学的道统地位，以"西学中源"为思想武器来昌明中学。但与前期相比，西学在传入范围、速度和力度方面均有显著变化。在先进的西技现实面前，坚持"西学中源"说，坚定地认为西学为中学之余绪的论证行为，文化自信精神犹在，但基本上已沦为一种牵强附会。一旦发现儒学已不能诠释体系化的西学，倡导者就将"西学中源"的典籍范围扩充至《墨子》《周礼》《淮南子》等诸子百家之学中。例如，邹伯奇《论西法皆古法所有》认为，西人"然尽其伎俩，犹不出墨子范围"，"故谓西学源出墨子可也"③。表象上，"西学中源"说无所不包，人人称是，从空前泛滥中体现出自信满满的态势。实际上，为论证"使天下知戎之技皆中国所自有"④，不加取舍地采用断章取义、偷换概念、牵强附会的手段来宣扬"西学中源"的行为，恰好变成了一种反向掩饰：掩饰它变成一种不得不承认西方科技之长的精神安慰，或者虚化成为一种敦促中学走出书斋关注实学的精神动力。很大程度上，主张"西学中源"说的文化保守主义一心服务于社会长治久安的意识形态需要而无视时代现实的变化，因此也预告了这一思潮即将走入穷途。

---

① 刘岳云：《〈格物中法〉自序》，《中华大典·理化典·中西会通分典（一）》，山东教育出版社2018年版，第305页。

② 黄遵宪：《日本国志·学术志西学篇后记》，《中华大典·理化典·中西会通分典（一）》，山东教育出版社2018年版，第305页。

③ 邹伯奇：《论西法皆古法所有》，《广东文征》第6册，香港中文大学出版社1973年版，第76页。

④ 刘岳云：《〈格物中法〉序》，《中华大典·理化典·中西会通分典（一）》，山东教育出版社2018年版，第305页。

同时，"西学中源"的另一派宣扬者，从身份来看，多为留洋人士，了解并熟悉西方文化。代表人物如王韬，曾游学英、法，并长期居于香港；又如薛福成，曾担任中国驻英、法、比、意四国公使。由于这些人称得上学贯中西、通古达今，加之身份地位显赫，故而他们的倡导也获得了更高的可信度，使得"西学中源"说在更大范围内被接受和宣传。与文化保守主义者不同的是，洋务派和改良派人士尽管也不约而同地倡导"西学中源"说，但却并非出于对文化交流的学术热情，或者是为了尽力排斥西学的传播，其动机更加契合时代需求，体现为借助于"考证"提出一种引入西学的文化观，以引导国人建立一种客观对待中西关系的态度，为解决如何对待外来文化以及发展本土文化的问题提供启示。

在洋务派和改良派这里，提出最早、论述最多的是西艺、西技中源说，如"中国，天下之宗邦也，不独为文字之始祖，即礼乐制度、天算器艺，无不由中国而流传及外"①，"凡西人之绝技，皆古人之绪余"②，等。在鸦片战争的刺痛下，开明知识分子如林则徐、徐继畲、魏源等纷纷著书立说以介绍西学，将"西学中源"说作为他们阐述自己看法的理论依据。第二次鸦片战争后，主张"制洋器"、"采西学"的洋务人士为了减轻传统势力的压力，也试图凭借"西学中源"说来化解中西矛盾，以论证学习西技的合理性。可以预料，举凡提倡学习西方文化的倡议，都必须毫无例外地跨越由文化自信造就的中学优越论的障碍。如何才能在文化优越感的巨大压力下，实现将西学引入中国这一时代文化使命？守旧派在处理中西文化关系的问题上更为敏感，看到的西学与传统文化之间的冲突矛盾远远多于西学的实用性，由此

---

① 王韬：《原学》，《弢园文录外编》，上海书店出版社2002年版，第2页。
② 王之春：《精艺术》，《王之春集·国朝柔远记》，赵春晨等校点，岳麓书社2010年版，第471页。

常常忧患"师事夷人"会破坏伦理纲常的价值观念，并将导致用夷变夏，失体丧国。如此一来，在有关西学利弊、洋务兴废的争论问题上，守旧派陷入一种喊空话式的被动状态，但在民族道义的信念上却构成了对洋务派的绝对压制。在整个洋务运动期间，守旧派对引入西学行为的反对之声就从未有过停歇和缓和。事实上，洋务派人物在思想和道义上也是孔孟之道的信徒，对于"成法"或者说"器用"还能主张更新，但对于"正学"和"道统"，本身也不愿甚至是不敢去触动分毫。因此在解决中西文化关系的问题上，洋务派除了千方百计地去证明中西学并不存在冲突，可以在彼此沟通的基础上引入西学以补益中学之外，别无其他选择。他们考虑的问题因此聚焦于，在中国引入洋务是否适用？如何应用？只有证实西学在本土的可行性以及解决好它与本土情况的结合问题，才能突破口头辩论，进入实践层面。

　　针对守旧派的强烈反对，洋务派以"西学中源"说为理论依据，反其道用之，在强调"中国创其法，西人袭之"[1]的前提下，指出"采西"即是继承古代文明的一种途径，以此论证西学之用。他们将西技的源头归于老子、墨子，继而又解释其因说"迄秦政焚坑而后，必有名儒硕彦抱器而西，致海外诸邦制度文为转存古意"[2]，由此提出"礼失而求诸野，此其时也"的口号。这种天马行空的主观臆想能在当时被广泛接受，原因就在于它既顺应了引入西学的时势发展，又满足了消解中西之间紧张对抗关系的需要。一方面，主张"西学中源"有助于通过自我神化来掩饰中学在科技方面的不足；另一方面，它也有利于克服民族情感障碍，为引入西学提供理由支撑。引入西学之所以会关联到"中源"，首先映射的是国人认为中、西学本质并无差异的文

---

　　① 奕䜣：《奏议同文馆学习天文算学呈折》，《洋务运动时期教育》，高时良、黄仁贤编，上海教育出版社2007年版，第49页。

　　② 陈炽：《陈炽集》，赵树贵、曾丽雅编，中华书局1997年版，第74页。

化自信心，其次也强调了"表古籍之微，发西学之覆，将以严华洋之辨，大中外之防"①的文化立场。

更重要的是，"西学中源"成为洋务派摆脱指责、反击守旧派的思想武器。说到底，学西学实则也等于学中学，"以中国本有之学还之于中国"②，更应"尽用泰西之所长"③。冯桂芬、郑观应、王韬、黄遵宪等早期维新派又继而有所突破，提出的学习内容已经扩展到西方的制度层面。仍以"西学中源"说为指导思想，冯桂芬得意而曰"诸夷晚出，何尝不窃我绪余"④。既然"议院乃上古遗意，固非西法，亦非创辟之论"，如陈炽所言，"泰西议院之法，本古人悬鞀建铎、闾师党正之遗意，合君民为一体，通上下为一心，即孟子所称庶人在官者，英美各邦所以强兵富国、纵横四海之根原也"⑤，那么"师夷西政"也就无损于"夷夏之防"的道统。"远法成周，近采西制"⑥，学西不可耻，不学西反倒会数典忘祖。

概而言之，"西学中源"说之所以盛行于近代文化初期，源于它能解决守旧派和革新派各自所面对的理论难题。一种旗号，两个阵营，对当时的倡导者而言，皆出于对现实的考量。当下有学者曾就近代时期"西学中源"的演进脉络进行如此评价："论证方法完全是主观构建，题目的选择随中、西学结构的变化而变化，而论证所遵守的学术规则和理性随着中、西体系差距的加大而逐渐减少和降低，且内容与

---

① 王仁俊：《格致古微略例》，《近代科学在中国的传播——文献与史料选编》（上），王扬宗编校，山东教育出版社2009年版，第364页。

② 郑观应：《盛世危言》，《郑观应集》，夏东元编，上海人民出版社1982年版，第276页。

③ 王韬：《变法》（上），《弢园文录外编》，上海书店出版社2002年版，第10页。

④ 冯桂芬：《制洋器议》，《校邠庐抗议》，上海书店出版社2002年版，第48页。

⑤ 陈炽：《庸书（选录）·议院》，《戊戌变法文献汇编》第1册，杨家骆主编，鼎文书局1973年版，第245页。

⑥ 《余姚六仓志》卷十五"学校"。

他们当时对西学的认识水平紧密相关。"①可谓客观全面。

"西学中源"说通过在"中学"中"发西人之覆"而实现"扬中抑西"②，意味着：其一，它在中西方文化之间进行了辨其源流的区分，建立在文化沟通的基础上，也即先承认文化沟通是前提，然后才可讨论中西文化之间的源流关系。关于源流关系，"西学中源"说强调了两点：一种认为西学即中学，皆为中国古法之流失；一种认为西学取法于中学，虽并非源于中国，但种种制度中国早已有之。由此可见，"西学中源"说既承认中西学本质上的相通，也肯定二者现象上的区别。但在逻辑上，它又确立并强调相通对于相异的优先性。因自萌芽之初，"西学中源"说的初衷就是为了减小或者消除引入西学的阻力。其二，它按照西学的标准去中国典籍中寻求与之相关的各种材料并加以整理，论证中学是西学的源头。在近代，"西学中源"说受到不同政见人士的广泛赞同，表明其中蕴含有一种遵从本土文化的民族情愫，一定程度上，它反映的是华夏文明极其强大的文化渗透力。国人对民族文化的推崇和珍视，是民族危亡之时自救观念觉醒的一种体现，寄托着民族文化复兴的希望。

从客观历史作用来看，"西学中源"说以"会通"为旗号，开启了近代中西文化交流的大门，对于打破中西文化的对立，启迪反思传统文化，有积极的推动意义。首先，从表象来看，它确认了中学在文化交流中的主导地位，彰显了民族文化的自尊和自豪感，同时也体现出民族文化在新的时代以犹豫、彷徨又希冀寻求进步、取长补短之心态接纳西学的决心。近代是古老中国迎合工业文明蜕变的转型时期，在晚清闭塞的社会状况下，引进西学面临着举步维艰的极大压力，"西学

① 张明悟：《"西学中源"说论证方式的历史考察》，《自然辩证法通讯》2018年第6期。
② 参看王仁俊：《格致古微·卷五·续补遗之通论》，《中华大典·数学典·数学概论分典》，山东教育出版社2018年版，第727页。

中源"说在文化求同的基础上，既给予西学以合理地位，又减缓了国人对西学的排斥度，由此促进了西学在中国本土的传播，顺应了时代的要求。其次，从本质来看，"西学中源"说对客观认识中西文化关系起到了认知启蒙的作用。文化不是孤立存在的，不同的文化之间有差异对抗，但也彼此错综交织。"坚持民族文化，不仅仅是价值取向的问题，而且是更合理地融入世界文明的问题。"①面对第二次西学东渐后西学疯狂涌入的现实，知识分子以危机意识应对，突破了原有的认知模式，能够从引入西学的视角重新认识"西学中源"说的问题症结，从而积极寻找新的注解中西关系的方式，使近代国人能够对文化自信与文化自负加以理性区分。

中西学碰撞，显然不仅仅是沟通的关系，更多地还存着互相挤压抢占比例的竞争关系。西学东渐自开始就给国人带来了文化竞争的问题，鸦片战争后，在民族危机的现实刺激下，因竞争而不安、而惶恐的心态，又持续性地引发了士人的焦虑。戊戌变法期间，这种焦虑程度呈现出空前的白热化状态。士人们一方面难脱"严华洋之辨，大中外之防"②的潜意识影响，一方面也意识到在工业文明奔涌的大潮下，"采西学"的文化大方向已经无可扭转，因此在文化主张上也因倾向性的不同而产生了阵营的分化。整体来看，对西方文化的接受与否，并未影响"西学中源"说扬中抑西的取舍倾向。在处理中西方文化的关系层面，"西学中源"说选择的对策是将西学收入中学之内，以此御敌于国门之内。这也是这一文化主张遭遇批判最猛烈的地方，原因在于：一是"西学中源"说被认为是一种牵强附会的主观臆断和简单比附，最大的缺陷在于否认了人类文化起源多元论。两大异质文化在交流之

---

① 尚明：《中国近代人学与文化哲学史》，人民出版社2007年版，第21页。

② 王仁俊：《〈格致古微〉略例》，《近代科学在中国的传播——文献与史料选编》（上），王扬宗编校，山东教育出版社2009年版，第364页。

初，以本土文化为主体，从中寻求双方之"同"，以破除外来文化之
"异"，是可以理解的。但不能忽略的是，强调"中"对于"西"的优
势地位，已经预设了一种判断前提，容易在现实面前缺乏反思和自我
批判，从而导致虚骄自大。中西文化相通或可说明"暗合而悬同"①，
但并不能以源流关系取代文化本身的积累过程。二是"清季承学之士，
喜言西学为中国所固有，其言多牵强傅会，徒长笼统嚣张之习，识者
病焉"②，如此虚骄心理不利于文化进步，还很可能溃决"中外之防"。
强烈的以自我为中心的"天朝上国"观念若不加以理性对待，就将走
向价值观大于事实、大于真理的认识误区，如鲁迅所斥："旧国笃古之
余，每至不惜于自欺如是。"③三是文化保守主义尤其是顽固派认为中
学优越于西学，并推理出无需师法西学的结论，实则是以不平等的前
提去看待西方文化，它将使得自身陷入维持文化原状和推动文化进步
的两难境地。"古已有之"的思维不仅扩大了传统文化不思进取的惰
性，并且一旦过于强调文化的传承延续，就无法正确辨析中西文化的
真正关系。一句话，文化模式若与时代相背而行，则将阻碍中国传统
文化的近代化进程。

## 一、王仁俊《格致古微》："中发其端，西竟其绪"

甲午战后，为应对文化危机，捍卫中学地位成为国人的广泛共识。
虽然此时质疑"西学中源"说的声浪越来越高，但奇怪的是，此说非

① 谭嗣同：《报贝元征》，《仁学——谭嗣同集》，加润国选注，辽宁人民出版社1994年版，第162页。
② 梁启超：《中国近三百年学术史》（新校本），夏晓虹、陆胤校，商务印书馆2017年版，第410页。
③ 鲁迅：《科学史教篇》，《鲁迅大全集》第3卷，李新宇、周海婴主编，长江文艺出版社2011年版，第75页。

但没有消亡，反而呈现出泛滥之势，重要原因之一即在此。以捍卫中学为目的的主张者，其学术背景不再以理学而是多以汉学为主，相比于之前的倡导者，他们更偏向于为了论证目的而肆意发挥。例如，王仁俊《格致古微》与刘岳云《格物中法》，此两本为"西学中源"振臂高呼的集大成之作，即为凸显中华传统文化的至上性，试图努力论证"格致之学，中发其端，西竟其绪"①——西方一切知识文化都来自中学。《格致古微》尤为典型。

《格致古微》②草撰于光绪二十一年（1895），补撰于光绪二十二年（1896），并于同年刊行。作者王仁俊（1866—1913），字捍郑，江苏吴县（今苏州市）东山人，晚清翰林，是著名的辑佚学家、史学家和金石学家，长于辑佚，精于史学和敦煌学。《格致古微》全书共六卷，八万余字。前四卷按照经、史、子、集四部分类，从儒家经典、诸子著作、正史野史、佛经典故等文献，以及自明末发端以来诸如梅文鼎、戴震、阮元、邹伯奇、张自牧、薛福成、刘岳云等思想家的现成观点中，共辑录史料近200则，分为自然科学、商、工、政、俗等多个类型。第5卷为"补遗、续补遗、通论"。第6卷为"表"，即"以泰西声光化电诸学为经，以中国四部为纬"列表各典籍，使其"按表而索，诚开通中西学术之门径"。这种内容构架方式延续了古代对儒家典籍的常见分类法，足见王仁俊试图将西学纳入中学体系的刻意动机。

王仁俊为何如此刻意来编撰这本《格致古微》？

在时代大背景下加以考量，就很容易发现其中的"玄机"。西学进入中土已成为彼时不可阻挡之势，在此情况下，若想维护中学的主导地位，剩下的唯一办法就是论证并强调"西学中源"的重要性。光绪

---

① 王仁俊：《〈格致古微〉略例》，《近代科学在中国的传播——文献与史料汇编》（上），王扬宗编校，山东教育出版社2009年版，第364页。

② 王仁俊：《格致古微》，光绪王氏家刻本。文中引文均出于此一版本，只注明卷数。

乙未年，光绪帝为自强运动颁发"因时制宜"上谕，提及"自来求治之道，必当因时制宜，况当国事艰难，尤应上下一心，图自强而弭隐患"①，明确了以西学助力民族自强的主题。为响应上谕，"对于当日朝廷的接受西学，给出一个源出中国的根据"②，王仁俊也言明了自己编撰此书的用意："臣窃维力图自强，不外格致，虽采西学，实本中书，故此编既以四部为次，敬以诸政为表。盖体源于经籍，用周于政事。"③也即：一要强调西学实本自中学典籍，二要使得中学体现服务政事之目的。论其用意，不但在于"表彰古学，扬中抑西"，而且在于从根本上解决国人对待中西文化态度的价值观问题。为"西学中源"说呐喊高呼，意在让国人能够在社会巨变前稳定心态、不放弃民族自豪和民族自尊感。这一用意也得到了诸多知识分子的支持。为此书撰写序言的学者们纷纷称是：

> 自泰西诸国交乎中夏，而西学兴焉。趋时者喜其创获，泥古者恶其奇邪，而不知西学亦吾道之所有也。……使人知西法之新奇可喜者，无一不在吾儒包孕之中。方今经术昌明，四部之书，梨然俱在，士苟通经学古，心知其意，神而明之，则虽驾而上之不难。此可为震矜西法者告，亦可为鄙夷西法者进也④。

> 中国自互市以来，实为天地一大变局。……人人有变于夷之

---

① 《光绪二十一年闰五月二十七日上谕》，《戊戌变法文献资料系日》，清华大学历史系编，上海书店出版社1998年版，第93页。

② 全汉昇：《清末的"西学源出中国"说》，《岭南学报》1935年第2期。

③ 王仁俊：《〈格致古微〉略例》，《近代科学在中国的传播——文献与史料汇编》（上），王扬宗编校，山东教育出版社2009年版，第364页。

④ 俞樾：《〈格致古微〉叙》，《近代科学在中国的传播——文献与史料汇编》（上），王扬宗编校，山东教育出版社2009年版，第362页。

惧，吾则谓正用夏变夷之时①。

以"震矜西法者""万变不离其宗""用夏变夷"等语词表明态度，意在宣告时人皆顽固地想要维护国人对"中学"的自信，即便是"西学兴焉"背景之下的盲目自信。在王仁俊看来，中学神圣，万万不可沦为西学比较下的劣势方，因此哪怕伴随着列强剑与火的侵凌，也试图以"六经皆我之注脚"的精神，根据对西学的认知内容，从中国传统典籍中去搜索相关材料与其相比附，再按照传统典籍的经史子集框架对材料进行重新编排，以此向国人展示中学的无所不包，强调从中处处都可发现西学之源头。

此外，在个人主观原因方面也可挖掘其动机。中国丰厚的文化传统与自我封闭的愚民政策熏陶出了国人普遍的自满自大心理。近代以来，在反对西学的流派和人物那里，这种病态心理发展得更为迅速。讴歌并捍卫中学的优越地位，是包括王仁俊在内的传统文人的自我文化认同。在民族存亡危急关头，这一认知甚至被提升为极端颂扬中国文化的精神旗帜。当精神外现于文字上，即化作字里行间一种对传统真诚、由衷甚至过度的颂扬，如"孔教者，悬日月，塞天地"且"万古不能灭者也"②，比比皆是。加之传统文人中的很多人已深刻体会到西学对中学的强烈挑战，同时扩大化地感受到了这种不适，然而他们自身对西学的认知却仍处于一知半解甚至全然无知之状，由此在长期以来儒家文明中心主义的认定下，试图努力发掘传统文化中的精华并将公之于众，以此抵制西学的蚕食，是他们将捍卫中学优势地位作为自身文化使命的动因之一。

---

① 胡玉缙：《〈格致古微〉跋》，《近代科学在中国的传播——文献与史料汇编》（上），王扬宗编校，山东教育出版社2009年版，第363页。

② 梁启超：《孔教无可亡之理》，《梁启超全集》第2册，北京出版社1999年版，第769页。

在《格致古微》中，王仁俊自始至终从两个思路上贯穿着"西学中源"的主旨：其一，强调西学是对中学的剽窃。例如，他认为《墨子·备水》篇的内容就是阐述"水战之法"，称"西人以轮舟为水战窃取此义"①；又例如，他认为西医抄袭了《内经·素问》，称"自东周前罗马人汉尼巴潜入中国，得《素问》等书，归国后力学数十年，故医学流入外国矣"②。其二，强调"西学"不出"中学"之范畴。例如，他以《荀子·劝学》"青取之于蓝而青于蓝，冰水为之而寒于水"，以及《黄帝内经·素问》"水为阴，火为阳，阳化气，阴成形"作为理论根据，推断西学中的化学之精义就出自其中。又例如，他认为西方力学源自中学，"挈有力引无力也"，即"西法有重力、结力、爱力，其大旨从动重学分出而论各体之动理、各力之根源，曰力学本此"③。为使材料比附更具可信度，在每段引录文字后，王仁俊习惯于"案"之以近人之论；若自己有所"见解""发明"或者创造，则在其后再加上"俊案"字样。整体观之，全书不胜其烦地出现"西人谓……本此"，"此西法袭取我中法之证"，"中法导其源"等判语模板，充斥着"扬中抑西"的情感基调。此后，在由他创立的《实学报》中，王仁俊仍维持这个宗旨不变，再次强调"为学之道千条万绪，不能出圣教范围，……以中学包罗西学，不能以西学凌驾中学，此是立会宗旨，日后分科设教及推广各省，均应抱定此意等语"④。

"圣学如天，无所不包"⑤，是王仁俊为捍卫中学、反对西学设定的前提。其中暗含着他在中西关系上的价值取向，即"夫以二千余年

---

① 王仁俊：《格致古微·卷三·墨子·备水》。
② 王仁俊：《格致古微·卷三·素问》。
③ 王仁俊：《格致古微·卷三·墨子·经说》。
④ 王仁俊：《试办苏学会简明章程》，《实学报》1897年第1—14期，第207页。
⑤ 王仁俊：《格致古微·卷一·〈论语〉案》。

前，中国放斥迸逐之言，不意二千余年后，竟支离蔓延，流毒我四万万黄种"①。如此费尽心思地论证"西学出于中国"，是站在文化保守的立场鼓吹中学之"圣"，以反对引入"异端邪说"。事实上，以王仁俊、刘岳云等为代表的反西派，对于西学并不是不了解，至少不能说是全然不知，只是他们在面对中西学的矛盾冲突上有所取舍。王仁俊引用了《太平广记》中杜宝《水饰图经》的一句话"中国于机巧未尝无人，特玩物丧志，古人且禁矣"②，或可彰显他对于西技西艺的态度，即因不屑而鄙夷而反对西学。

在逐一论证西学出自中学的广度上，《格致古微》可谓前所未有，几乎囊括了西学内容中的方方面面。为此，王仁俊也采取了诸多方法来尝试。

方法之一：篡改原文。为满足论证西学出于中学的目的，在《格致古微》中，经常可见王仁俊根据自己的论断需要，将文献典籍中的内容进行选择性地裁剪。略举一例：清乾隆年间，日心说经传教士传入中土，受到了儒士的强烈抵制。但当他们发现这一模型更符合历法运算后又改换了态度，转而肯定日心说。为堵住反对者的责难之口，他们积极地从古文典籍中去寻求文献支撑。阮元曾提及此事："元且思张平子有地动仪，其器不传。旧说以为能知地震，非也。元窃以为此地动天不动之仪也。然则蒋友仁之谓地动，或本于此，或为暗合，未可知也。"③王仁俊为论证"日心说"源于"地动仪"之思，将此段论述改为："且张平子有地动仪，其器不传。旧说以为能知地震，非也。

---

① 王仁俊：《实学平议一》，《翼教丛编》，苏舆编，上海书店出版社2002年版，第53页。

② 王仁俊：《格致古微·卷二·大业拾遗》。

③ 阮元：《续畴人传序》，《中华大典·数学典·数学家与数学典籍分典》，山东教育出版社2018年版，第416页。

此地动天不动之仪也。"①不仅将阮元原文中的推测之意改为肯定，而且故意混淆地动仪中"地动（震）"和日心说中"地动"（自转）的概念，宣扬二者实为一回事。作为常用手段之一，王仁俊还以此来论证西方数学来自中土《九章算术》等。

方法之二：断章取义法。同样略举一例：为论证"地圆说"出自中国，王仁俊引用了明代叶子奇《草木子》中的一段记载："北极，瓜之蒂也；南极，瓜之攒花处也；赤道，瓜之腰围也。案：即彼天体椭圆说也。"②初一看，似乎得出的结论十分合理。实际上，返回原文即可发现，王仁俊刻意删除了这段论述前的关键一段话："南北二极所以定子午之位，历家因二极而立赤道，所以定卯西之位。北极，瓜之蒂也；南极，瓜之攒花处也；赤道，瓜之腰围也。指南针，所以通二极之气也。赤道为天之腰围，正当天之阔处。"③在这段话中，"赤道"指的是天的南北二极，但经过王仁俊的断章取义后，就面目皆非了。

方法之三：牵强附会法。例如，王仁俊将古代"机巧"也即技巧、手艺之说扩大到等同于西方机械工艺的高度，极为勉强地建立其中的关系，有的甚至是将风马牛不相及的内容生硬地进行关联。例如，为了论证火车源自中土一说成立，他从《庄子·惠施篇》强行找得"火不热……轮不碾地"一句，并案曰："此即电气灯、火轮船之理。"又例如，王仁俊认为西方自由平等之说，包括女子婚姻自主、父子平等等主张，皆源于墨子"兼爱"说，"案"曰："此即孟氏所谓无父者，西人效之，可谓无识。"④墨学本为儒家力排异端之一，其中爱无差等

---

① 王仁俊：《格致古微·卷五·续畴人传叙》。

② 王仁俊：《格致古微·卷四·草木子》。

③ 叶子奇：《草木子·卷一·管窥篇》，《中华大典·理学典·物理学分典（二）》，山东教育出版社2018年版，第637页。

④ 王仁俊：《格致古微·卷三·墨子·旗帜》。

之说更是被视为名教大害，王仁俊在《格致古微》中将墨子也纳入"名教"范围，与其致力于服务"西学中源"这一目的密切相关。与此类似的，还有关联道家与天主教的关系等。

既收录前人的言论，却又频加按语进行拨正，表明王仁俊既认定这些言论归属于"西学中源"的范畴，又潜在地宣告它们不符合编书意向的内容。先收录后辩证的态度，彰显了他在"西学中源"说传承上的特殊个性。针对甲午战后中西学文化异同的关系看待问题，王仁俊的倾向十分明确，即追求文化传统的实用性、权威性，而不是创新性。一般认为，在两种"文明"的交流对话中，对话双方分别扮演着"传播者"与"接引者"的角色。由此在处理甲午战后的中西文化关系之时，需要解决的问题也包含两个方面：西方文明的体系观念是如何传入的？中国本土是如何接引的？王仁俊给出的回答是，在"援西入中"的过程中，其作为文化保守者的身份决定了他对于引入西学的抗拒性。基于策略性的考虑，为迎合本土的知识架构，他选择以"西学中源"说为其"严华洋之辨，大中外之防"之目的进行思想护航，同时在不得不作为"接引者"的身份上，王仁俊又选择将西学纳入其所熟悉的中学体系架构中，致力于从中发现西学之源头①。很显然，在选择中学文化占据优越地位的背后，反映的是王仁俊之辈捍卫民族文化自信的决心与态度。坚信丰富多彩的文明皆出自中学之源，在民族危亡时刻，不失为"增长国民爱国心之一法门"②。当然，其缺陷也是不容否认的，如严复所指出："晚近更有一种自居名流，于西洋格致诸学，仅得诸耳剽之余，于其实际，从未讨论。意欲扬己抑人，夸张博

① 参看章清：《"西学门径"之辨与中国现代学科的形成》，《"西学与清代文化"国际学术研讨会论文集》2006年，第1186页。

② 梁启超：《墨子之论理学》，《梁启超论诸子百家》，商务印书馆2012年版，第307页。

雅，则于古书中猎取近似陈言，谓西学皆中土所已有，羌无新奇。"①
这也说明，近代学人处理中西文化关系的认识主张是在不断地摸索与
更新中逐步得到矫正的。

## 二、郑观应《盛世危言》："由博返约"，"中本西末"

摈弃西学与引入西学，是近代学人对时代推来的问题作出的两种
不同选择。两者都出自对现实的考量，并分别反映了社会现实的一部
分。甲午战后，自强成为时代主旋律。为了阐明引入西学对于自强的
必要性，并为之披上合法的外衣，维新改良派人士也主张"西学中源"
说，从儒家及各种经籍中寻求理论依据。"昔者宇宙尚无制作，中国圣
人仰观俯察，而西人渐效之。今者西人因中国圣人之制作，而踵事增
华，中国又何尝不可因之？"②不仅仅在器物和技艺层面，他们还主张
要从制度层面引入西学，将流失于外土之"器"复归中国。

突出者如王之春、张自牧、薛福成、郑观应之辈，纷纷著书立说，
提出了自己的"救国方案"。王之春以子学比附西学，认为"知其本出
于中国之学，儒者当以不知为耻"③；张自牧著《瀛海论》《蠡测厄言》
等书以论证西学与中学相通，主张在了解它的前提下，对西学加以利
用。他不仅反对一概将西学视为异类而加以摈弃的行为，也反对完全
放弃中国传统而学习西学，认为从中国传统典籍中寻找西学根据的做
法，其意不在排斥西学，而是为了利用"西学"为"中学"服务。薛
福成也将西洋各种"有益国事民事者"全界定为"取法于中华"，认为

---

① 严复：《救亡决论》，《论世变之亟——严复集》，胡伟希选注，辽宁人民出版社1994年
版，第70页。
② 薛福成：《出使英法义比四国日记》卷二，湖南人民出版社1981年版，第68页。
③ 王之春：《广学校》，《王之春集》，岳麓书社2010年版，第466页。

"推之过当"和"贬之过严",也即过于推崇和一意排斥西学都不足取①。与薛福成同时代的郑观应对此也持相同看法,声称接纳西学是"以中国本有之学还之于中国"②,由此极力呼吁在中土仿行西方制度以补益中法。在这些人的主张中,以郑观应自成体系的"富强救国"思想反响为大,集中体现在其著作《盛世危言》中。

郑观应(1842—1922),原名官应,字正翔,号陶斋,广东香山人。之所以在一众学者文人中显得十分特别,既由于他不同于政客文人的实业家身份,是长期经营企业的买办文人,也由于其著《盛世危言》一书反响热烈,几乎影响了整个近代的文化走向。

《盛世危言》以郑观应早期之作《易言》为蓝本,撰成于1891年,刊行于1894年春,先后曾推出三种版本:1894年的五卷本,1895年的十四卷本和1900年的五卷本。全书宣扬"富强救国"思想,希冀提出救国方案以促进中国文化的新陈代谢,重振民族精神。此书第一次刊行后,就如巨石击水,在学术界和思想界引起了轩然大波。1895年,安徽巡抚邓华熙将此书推荐给光绪帝。光绪帝读后大加赞赏,为其加上朱批,并命总理衙门印刷2000部,分发给众臣阅读。郑观应自己也刊行了500本,一经上市,立马销售一空。不承想此书受到如此大的关注度,且产生了如此重大的影响力,为更广范围地宣传其"富强救国"的思想,郑观应又将之进行扩编,撰成《盛世危言续集》《盛世危言后编》相继刊行。

时任天津海关道职的盛宣怀读完此书后"万分钦佩",曾致书郑观应赞曰:"《盛世危言》一书,蒙圣上饬总署刷印二千部,分散臣工阅

---

① 参看薛福成:《出使英法义比四国日记》卷二,商务印书馆2016年版,第61页。
② 郑观应:《盛世危言·西学》,《郑观应集》,夏东元编,上海人民出版社1982年版,第276页。(本节下引同书,只注明页码)

看，倘能从此启悟，转移全局，公之功岂不伟哉！"①张之洞也不吝溢
美之词，称其之妙："上而以此辅世，可为良药之方；下而以此储才，
可作金针之度。"②蔡元培称赞它是"以西制为质，而集古籍及近世利
病发挥之"③的巨作。梁启超在创办《时务报》时，也将《盛世危言》
列入《西学书目表》内，选入变法必读书刊之一。据记载，少年毛泽
东也喜读此书，经常将其放置在身边翻阅。

"富强救国"这个命题早在《易言》中就已出现，代表了郑观应最
激进的言论。他说："目击时艰，无可下手，而一言以蔽之曰：'莫如
自强为先。'"④因此全书三十六个篇章全都围绕寻求"自强之道"筹
划救国方案。郑观应论"自强救国"有两个特点。一是反对当时反对
学习西方的两种态度：一种是认为很难学会的苟安心理，另一种是认
为不值得学的保守思想。作为一个改良主义者，他对长期以来国人鄙
视技艺传统的消极影响非常忧心，称："中国于工作一门向为士夫所轻
易，或鄙为雕虫小技，或詈为客作之儿。……致天下有志之士不敢以
艺自鸣，国家何能致富乎？"⑤由此，他极力倡导兴格致之学，推西人
教养善法，坚定"非变法不能富强，非富强不能合纵、连横"⑥的主张
信念。在某种程度上，这一主张开启了科学救国思想的先河。五四新
文化运动以科学作为文化改革的旗帜之一，可见郑观应的远见卓识非
同一般。二是强调"中学其本也，西学其末也，主以中学，辅以西

---

① 盛宣怀：《盛宣怀致郑观应函》，《郑观应年谱长编》（上），夏东元编著，上海交通大学
出版社2009年版，第399页。

② 参看夏东元：《郑观应年谱长编》（下），上海交通大学出版社2009年版，第520页。

③ 参看高平叔：《蔡元培年谱长编》（上），人民教育出版社1996年版，第83页。

④ 郑观应：《易言（三十六篇本）·自序》，《郑观应集》，夏东元编，上海人民出版社1982
年版，第63页。

⑤ 郑观应：《盛世危言·技艺·附录·制造说》，《郑观应集》，第728页。

⑥ 郑观应：《盛世危言·边防六（甲午后续）》，《郑观应集》，第801页。

学"①，为引入西学制度披上理论上的合法外衣。比之洋务派遇到的荆棘丛丛，维新派面对的可谓是怨毒凝结而成的杀机。梁启超曾不无感慨地表示："而除旧弊之一事，最易犯众忌而触众怒，故全躯保位惜名之人，每不肯为之。"②《盛世危言》深谙此理。全书以"道器"开篇，意在以中国之道御西方之"器"，将"器"变思想寄托在儒家和孔子之道上。在郑观应看来，"宪章王道，抚辑列邦，总揽政教之权衡，博采泰西之技艺"③，以"道"统"器"是祖宗之法，不可变。这既是一种理论，也是一种方法，在中西冲突的时代极富代表性。郑观应的自觉性尤为强烈。他主张引进西学，尤其主张效法日本变法，但仍然将"道"作为前提条件，将之视为外来之"器"的统帅。"器"可变，"道"不可变。在郑观应的思想中，传统儒学在强韧之时也表现出困乏的一面。由于西学原本源自中学之道，故而"道为本，器为末，器可变，道不可变，庶知所变者富强之权术，非孔孟之常经也"④，也由于"所谓礼失而求诸野者，此其时也"⑤，故而应从西学中寻回，以此作为补益。概而言之，"道非器则无以显其用，器非道则无以资其生"⑥，外来之"器"能使儒学之"道"具有全新的方法论意义，而儒学之"道"又能使西"器"取得中国的形式。与王韬所论"器则取诸西国，道则备自当躬。盖万世而不变者，孔子之道也"⑦大意相同，郑观应又指出，西方不知大"道"，导致囿于一隅，因此在引进西学之时，始终

---

① 郑观应：《盛世危言·西学》，《郑观应集》，第276页。

② 梁启超：《政变原因答客难》，《戊戌政变记》（外一种）附录一，上海古籍出版社2014年版，第81页。

③ 郑观应：《盛世危言·道器》，《郑观应集》，第243页。

④ 郑观应：《增订〈盛世危言〉新编凡例》，《郑观应集》，第240页。

⑤ 郑观应：《盛世危言·西学》，《郑观应集》，第275页。

⑥ 郑观应：《盛世危言·道器》，《郑观应集》，第244页。

⑦ 王韬：《杞忧生〈易言〉跋》，《郑观应集》，第67页。

要把握这个宗旨不放："中，体也，所谓不易者，圣之经也。时中，用
也，所谓变易者，圣之权也。"①

在郑观应的整体思想体系中，"西学中源"说一词并不归结于表
面，其确定含义应在于他对"道器"宗旨的自觉意识。其自述为：

> 昔我夫子不尝曰由博返约乎？夫博者何？西人之所骛格致诸
> 门，如一切汽学、光学、化学、数学、重学、天学、地学、电
> 学，而皆不能无所依据，器者是也。约者何？一语已足包性命之
> 原，而通天人之故，道者是也。今西人由外而归中，正所谓由博
> 返约，五方俱入中土，斯即同轨、同文、同伦之见端也②。

博即器，约即道，意即器可广，而道则唯一。关于道器之关系，
郑观应概之曰"由博返约"，认为孔孟之道是西方之器的最终归宿，为
其推行救国方案提供了理论前提。道，是原则，是本；器，是工具，
是末。道高于器，无可置疑。甲午战后，"器"已由"技艺"扩大到
"政"之范畴。

概而言之，"由博返约"、"中本西末"之主张具有一种复杂而清晰
的逻辑结构：

第一层次体现的是郑观应之中西文化观。其中又包含了三个方面
的要点：其一，中西之间"道"与"器"的价值判断。郑观应始终强
调中学是西学的统帅，概称为："盖我务其本，彼逐其末；我晰其精，
彼得其粗。我穷事物之理，彼研万物之质。"③其二，理想完美的三代
时期。自孔子将上古尧舜禹时代标举为理想文化模型之后，三代也成

---

① 郑观应：《〈盛世危言〉自序》，《郑观应集》，第233页。

② 郑观应：《盛世危言·道器》，《郑观应集》，第243页。

③ 郑观应：《盛世危言·道器》，《郑观应集》，第242页。

为文人士子梦寐以求的理想社会，在"礼失而求诸野"的文人眼中更是臻于完美。郑观应直言不讳其引入西学之目的，也即主张"上效三代之遗风"，"下仿泰西之良法"。其三，"礼失而求诸野"。"鸦片战争"期间，国人虽未揭此大旗，但已据此提出了识夷、制夷、师夷之主张，如林则徐、魏源等人已自发奏出了时代最强音。洋务运动期间，"礼失求诸野"被充当为采西技西艺的思想武器，如冯桂芬指出"古法本如是，亦礼失求野之一证"①。郑观应由此言"求野""正其时也"，已经看到变革传统文化内容的时代紧迫性。受其启发，戊戌维新时期，"求"之范围从"器"扩张到"政"之层面，建议效仿西方制度的知识分子越来越多，由此加速了传统文化近代转型的步伐。

第二层次体现的是郑观应的现实判断。其中包含了两个内容：其一，在中西比较的大视野中，发现了取西补中的重要性。顺应时代思潮，郑观应也支持"西学中源"说，指出西方的汽、光、化、电学等知识统统来自中学：

> 论泰西之学，派别条分，商政、兵法、造船、制器，以及农、渔、牧、矿诸务，实无一不精，而皆导其源于汽学、光学、化学、电学。……一则化学，古所载烁金腐水，离木同重，体合类异，二体不合不类。此化学之出于我也；……此重学之出于我也；……此光学之出于我也；……此气学之出于我也；……此电学之出于我也②。

然而，与主张采西学的文人一样，其目的并不在于为"西学中源"造声势，而在于将其升华为一种舆论工具。当他发现中学在"坚船利

---

① 冯桂芬：《制洋器议》，《校邠庐抗议》，上海书店出版社2002年版，第49页。
② 郑观应：《盛世危言·西学》，《郑观应集》，第274-275页。

炮"面前，并非知识分子所认为的那样具有无所不包、无所不能的力
量，而是在轻"器"之价值以至于视西技西艺西政为形而下的自我拔
高下，因技艺不精而遭遇重重战争剧创，就极为痛心，并深感耻辱。
其言："秦汉以还，中原板荡，文物无存，学人莫窥制作之原，循空文
而高谈性理。于是我堕于虚，彼征诸实。不知虚中有实，实者道也；
实中有虚，虚者器也。合之则本末兼赅，分之乃放卷无具。"①如其所
论，唯本末相合，以实合虚，以器就道，才能使得中学真正具备统率
的能力与作用。其二，别无长物攘夷的无奈。《盛世危言》者，顾名思
义，是在盛世给予人以危险的警醒言论。郑观应以此作为著作之名，
此中大有深意。作为救国方案的筹划，原则上在盛世它既无提出救国
的必要，也不必以危言来指称建议。故而对其进行理解，必然要站在
引号的氛围里进行矛盾性的体会。晚清社会无论如何也称不上是"盛
世"，它已经走向帝国没落之路，而郑观应仍以"盛世"称呼之，可见
其对民族之热爱，甚至于能够让人觉察出流淌于其骨子里对传统文化
的信仰与肯定。称"盛世"，又将自己的言论称为"危言"，其中透露
出的是郑观应对彼时现实的忧虑与失望之情。加之文化顽固派对西学
仍然强烈予以压制、排斥和反对，更让以他为首的采西派感受到了一
半期望一半失望的复杂情感，尤其是在面对来势汹汹的西方文化之挑
战时，大有心有余而力不足之无奈感。李鸿章就曾如此慨叹："公尚断
断于夷夏之防，则必真有攘夷之本领，然后不为用夷之下策，请问公
有何术乎？"②郑观应同样表达出应对现实的无可奈何，并表达出想有
一番作为的愿望，于是尽力寻求志同道合者以共同努力。在《盛世危
言》增订本中，他就邀请了王韬等人加以"参订"，称"今中日战后，

---

① 郑观应：《盛世危言·道器》，《郑观应集》，第242—243页。
② 李鸿章：《复署赣抚刘仲良中丞（光绪元年正月初八日）》，《李鸿章全集》第31册，顾
廷龙、戴逸主编，安徽教育出版社2008年版，第175页。

时势变迁，大局愈危，中西之利弊昭然若揭。距作书仅年余耳，而事已迥异，故未言者再尽言之，已数易其稿。请王子潜广文、吴瀚涛大令及深通时务者同心参订"[1]，大概也是为了与同气相求者共襄攘夷之举。

第三层次体现的是郑观应的图强对策。学习西方以自强，并不是大刀阔斧地提出就可以开展的思想对策，而是要在"西学中源"的名义下进行，也即，自居正统地位的文化要从同源旁系支裔和异质文化中吸纳优秀成果为己所用，"知其缓急，审其变通，操纵刚柔，洞达政体"[2]。"西学中源"与"古已有之"要在逻辑上区别开来。在"西学中源"说看来，中国文化处于优势地位，仍然是先进文化，在西技西艺的比衬下，它看起来似乎并不具备优势，原因在于它背离了"真正的中国文化"。因此为了使得传统文化保持自己的优越性，首先开启民智是非常重要的对策之一。郑观应在《盛世危言·自序》中谈及"俾人人洞达外情，事事讲求利病"[3]，在国人对西方文明知之甚少的时候，民智的开启将犹如一把火炬，照亮民族发展自强救国的道路。其次培养稀世人才也是图强对策重中之重，如其所言，中国之八股制度"汩没性灵，虚费时日，率天下而入无用之地"，导致"中学日见其荒，西学遂莫窥其蕴矣"[4]，故而"是以时文不废，则实学不兴；西学不重，则奇才不出"[5]。在近代处处挨打的非常时期，既然礼失于西野，昌明中学只能是法礼之"意"，那么求"野"的真正作用于是体现为学习西方、为寻"礼"而鸣锣开道。这也是郑观应将抵御外强和引进西

---

① 郑观应：《增订〈盛世危言〉新编凡例》，《郑观应集》，第238页。

② 郑观应：《盛世危言·西学》，《郑观应集》，第276页。

③ 郑观应：《〈盛世危言〉自序》，《郑观应集》，第233页。

④ 郑观应：《盛世危言·西学》，《郑观应集》，第275页。

⑤ 郑观应：《盛世危言·西学·附录·英士李提摩太〈七国新学备要论〉》，《郑观应集》，第280页。

政合为一体以"救国"的原因。

## 第二节　"中体西用"：拯救文化自信的理论纲领

早在明末历法改革之际，徐光启就主张中西历学走向会通，但以满足"熔彼方之材质，入《大统》之型模"①为前提。清康熙年间，在编撰《历象考成》等御制书籍时，康熙皇帝也发出指示，要求"规模宜存古，数目宜准今"②。虽不是明确界定之语，但以上看法实则已是"中体西用"精神的体现。鸦片战争之后，"师夷"说的提出，被认为是"中体西用"说的理论前身。所师之内容，乃战舰、火器、练兵之法，此外还有如量天尺、千里镜、龙尾车、风锯、水锯等"奇技淫巧"之物，以后人视野观之，即与"西用"属于同一个范畴。

1861年，早识时务的冯桂芬在其著《校邠庐抗议》中，提出了"以中国之伦常名教为原本，辅以诸国富强之术"的文化主张，旨在思考用西学辅接中学的方法，取西学之长以补中学之短，表达出捍卫中学的强烈意愿。19世纪七八十年代以后，随着洋务运动的推行带来显然可见的实业效果，赞同这一文化主张的人逐渐增多，王韬、郑观应、沈毓桂、孙家鼐、盛宣怀、李鸿章、郭嵩焘等人，分别以不同的言论表达了同样的看法。最早使用"中体西用"一词的是沈毓桂。1895年4月，他在《万国公报》发表《救时策》一文，论述了"夫中西学问，

---

①　徐光启：《历书总目表》，《徐光启集》，王重民辑校，上海古籍出版社1984年版，第374页。

②　赵尔巽等：《清史稿》，吉林人民出版社1995年版，第7261页。

本自互有得失，为华人计，宜以中学为体，西学为用"①的文化主张。张之洞站在中西有别的立场综而述之，以"中学为内学，西学为外学"概括了这部分人的共识。以身份观之，他们中有改革派、洋务派，也有早期改良派，能将其聚集在一起，形成对话并身践力行的，唯此共识。换而言之，自60年代至90年代，凡谈时务、讲西学者，皆不出"中体西用"框架。其中洋务派多为实践者，改良派则更倾向于当一个理论家。以主题观之，"中体西用"是指以移花接木的方式将西方文明中的一部分内容引入中国，使之成为中西学交互后的一种特定文化形式。

"中体西用"的命题，既体现出中学与西学的结合途径，又在定位上对两者进行了明确的体用和内外区分。中学是本体之"道"，西学是途径之"用"，双方处在常与变的哲学范畴之中。传统文化作为常道一方，必须连续性地坚持，但在不同的发展阶段，也可以进行途径或者方法上的权宜应变，也就是说，文化的发展要在常求变，在变中求常。以"中体"接纳"西用"，无论是对"中体"的捍卫还是对"西用"的限定，无疑都是对西方文明冲击中学的一种回应。显而易见，体用之规定体现出的是一种自卫式回应，也即在应对汹涌的西学之潮时，要求尽量保存中体的状态，在此基础上再寻求变革之路。从比较文化的角度来观照，以"中体西用"为纲领而开展的洋务运动，因效仿一部分西技西艺而与传统相异，又因主事者以新卫旧之目的而难以挣脱传统，尽管在引入西学的动机上雄心万丈，实际上在变革维新的进程中日益显露出顽固的保守态度。因对西学需求的力度逐渐加大，内容也日渐宽广，为了使得洋务行为能够获得国人更大程度的接受和支持，在许多舆论场合，"中体西用"往往又与"西学中源"互为犄

---

① 沈毓桂：《救时策》，《万国公报》1895年第75期。

角，相互声援，供近代学人以文化自慰，同时也文化自励。

"中体"自不必说，即纲常礼教之"道"，历经千年，在国人心中仍稳如磐石。在"西用"层面，也即西方文明可用于补益中学的内容，近代文化对它的认识前后由浅入深地历经了五个阶段：

第一个阶段，指第一次鸦片战争至第二次鸦片战争期间的二十余年。自沿海发端，国人尤其是官员型文人，此时开始用心观察"天朝上国"以外的世界，了解夷情、夷事。来自泰西的"坚船利炮"，国人最希望能拿来所用。第二个阶段，指19世纪整个60年代。自江南制造局设立，到各省相继建造机器制造局，是国人向西方工业文明采用、探求兵器、兵技之时。这一时期，格致之学风行。"泰西之学格致为先，自昔已然，今为尤盛。学校相望，咸才辈出，上有显爵，下有世业，故能人人竞于有用，以臻于富强。"①"采西学"、"制西器"主要以效仿和引进军事和制造技术为主要内容，同时也涉及数学以及声、光、化、电等科学知识的学习应用。第三个阶段，指接下来的19世纪70至90年代。从动机来看，甲午战后，国人从呐喊自强转入寻求富强救国。随着洋务运动的推进，大批洋务实业勃兴，国人对西学的需求也随之扩大，并向纵深推进——从表层的效仿推进到对近代科学精神和学术方法之"至理"的探求，如左宗棠所言，"欲穷其制作之原，通其法意"②。感时忧世之士，寄希望于广译西国有用之书，以使国人皆能领悟格致之妙用，了解并认识西方文明作为发展传统文明的工具作用。如此，"然后迂腐之见化，然后诽谤之风息，朝野一心，人无间

---

① 李鸿章：《〈格致启蒙〉序》，《近代科学在中国的传播——文献与史料汇编》（上），王扬宗编校，山东教育出版社2009年版，第177页。

② 左宗棠：《上总理各国事务衙门》，《清代诗文集汇编》第651册，上海古籍出版社2010年版，第263页。

言，为国者则庶几乎有所藉手矣"①。第四个阶段，指的是19世纪末20世纪初。此时国人对西学的认知已由科技推至教育政治体制层面。议院之制由主张"中体西用"的维新派学人提出，是国人认识西方文明的突破点。接受过西方体系教育的一批知识分子，此时已经看到了西学之"体"，并有意将其引进中国。但同时，他们也意识到，议院制度只有当作"西用"来接纳，才不会构成对封建王权的限制和削弱。第五个阶段，指的是辛亥革命后至五四新文化运动这段时期。在这一时段，"西用"逐步延伸至文化哲理领域，新一代知识分子开始认识并向国人介绍西方文化的价值观、人生观、哲学观，并论述西方源流，以事实纠正"西学源出中国"的附会之说。康有为等论培根的实证法，严复谈进化论等产生的文化影响，引起了极大关注度，风靡一时，代表了"西用"由格致进入哲理的趋向。概而言之，在"用"的层面，国人对西方文明的认知是一个书面知识（历法、数学等）——夷物——技艺——体制——文化的逐步深入过程。

　　"中体西用"论虽与"西学中源"说并行于一时，但实质上两大主张之间具有认识立场上的差异。"西学中源"说力辨中西源流，认为西学来自中学，建立在两种文化相通的基础上，也即强调文化间的相通性大于相异性。以西学为流，中学为源，故而自信地认为引入西学不会动摇中学的源头地位。即便传统文人借此力排西学，也只是一种不屑、不必要情绪的映射，而不是由忧虑西学引入的惶恐不安所导致。如上文所述，"西学中源"最为人诟病的地方，就是将中学与西学牵强附会甚至强词夺理地关联在一起，无原则地坚持"说别国的好学说，中国古来都有现成的"②，自始至终坚持一种中学优越于西学的信念预

----

① 《中国亟宜广开风气论》，《皇朝经世文统编》卷105杂著部一。
② 章太炎：《教育的根本要从自国自心发出来》，《章太炎的白话文》，辽宁教育出版社2003年版，第517页。

设。从近代思想发展的脉络来看，鸦片战争后，中学之"道""一"化为"二"，被缩小成为中西学区分下的区域成分，在比较的视野中得到体现。崇尚采西学的这部分知识分子如李鸿章、郑观应、薛福成等人，实际上已经在比较中认识到中学在中"器"中"技"方面的缺陷，由此倾向于在器用层面否定"古已有之"的语设。他们看到了中西学属于不同的文化类型，各有其文化特点的一面，如左宗棠所称："中国之睿知运于虚，外国之聪明寄于实。中国以义理为本，艺事为末；外国以艺事为重，义理为轻。"①又如张树声所指出："伏惟泰西之学，覃精锐思，独辟户牖，然究其本旨，不过相求以实际，而不相骛于虚文。格物致知，中国求诸理，西人求诸事；考工利用，中国委诸匠，西人出诸儒。求诸理者，形而上而坐论易涉空言；委诸匠者，得其粗而士夫罕明制作。"②因为承认中西方文化的特点有虚实、艺理轻重之差别，也承认西器西技之长中学不能及，故而合理地推导出学习西方引入西学知识成为时势所需。更重要的是，他们在主张引入西学时，严格界定了中学与西学二者的关系与地位问题，这就是张之洞所提出的"中学治身心，西学应世事"之十字方针。在彼时西学疯狂涌入国土，但大多数国人还没有做好思想接纳准备的情况下，这一折中主义主张的提出，给迷茫中的国人指明了一条"妥帖齐全"的大道。中学是体，是价值观念，主导着文化方向；西学是用，是用途手段，用来应对现实难题。这番用意十分明确：一方面，认为西方文化可以作为补充部分从"器用"的层面进行引入，经世致用；另一方面又强调确保本土文化的主体地位，不能丢弃自己的文化阵地。这样一种文化选择，以

---

① 左宗棠：《拟购机器雇洋匠试造轮船先陈大概情形折》，《左宗棠全集》奏稿三，刘泱泱等校点，岳麓书社2014年版，第52页。

② 张树声：《建造实学馆工竣延派总办酌定章程片》，《洋务运动时期教育》，高时良、黄仁贤编，上海教育出版社2007年版，第546页。

中西相别为基础，既满足了国人中学至上的心理，又达成了以西补中的经世致用目的，因此日益受到欢迎，形成了由传统意识所维系的民族心理防线。与"西学中源"说相比，"中体西用"将中学视为不变之"道"，但显然已经开始言说"道不离器"的逻辑。强调对中体的捍卫，尤其是维新派对保教的坚持，透露出在中西文化关系紧张之时适时调整文化政策与权衡中西文化关系的重要性。对西学作为"用"之途径的认可，代表了西用对中体的挑战。尤其在19世纪末期，当肯定"西用"成为时代思潮的主流后，中西学关系的等级势差也逐渐在缩小。在中西文化更趋向于对立之时，双方的差异性更为突出，文化间融通的一面便不得不暂时隐退。因此，来自西洋和东洋的形形色色之"用"在步步深入中国，但在"中体"的限定下，也并不能达到无孔不入的程度。这也正是"中体西用"论的最大特点：契合工业文明对技术的推崇但又不背离纲常正道。

"中体西用"论作为洋务运动的纲领提出，动机并非落在坚守中国传统本位之上，而是借由维护中学之名，阐述引入西学之必要。这是社会变革时期进步思潮应对现实变化的思想反映，体现的是一种典型的功利化思维，即把蕴涵丰富，尤以技艺见长的西方工业文明想象成一个巨大的"器用"工厂，中国人可以根据自己的意愿各取所需，按照时下要求对西用进行裁剪、切割和改造。甲午战后，民族危机感空前严峻，为不使中学与海战中的战舰一样遭遇覆灭，"中体西用"论者转而着重强调巩固中学之"体"的重要性，一则严防西学突破民族文化心理的防线，二则也借此抵制清末维新派以西政反对君主专制制度的激进思想。与此同时，一直倾向于与西学交好的"中体西用"论，与晚清以来逐渐兴起的文化保守思潮形成交集态势，构成一种双向合流：一方面是守旧派渐从"排外拒洋"转为"中体西用"，另一方面表现为，洋务派从强调"西用"以反对守旧派，逐渐转为强调"中体"以反对维新派。由战争失败带来的醒悟，是以理性思维进行权衡选择的结果，它可以在民族危机的前提下，成为守旧派与革新派思想合流的起点。在这里，体现出复杂性的问题是，在折中主义思路的主导下，面对"西学中源"说发展到极致，以及"全盘西化"说迅速扩大的两种极端情况，民族文化该以何种面目生存下去？如果牵强附会也无法解决极端问题，就不能不承认：寻求新的文化选择，即应当否认源流说而肯定中西文化各有其地位和身份担当。至少，在无法论证和确定西学来自中国的难题下，还可以主动地牢牢把握中学的主体地位。

《易》曰："穷则变。"1840年以来，中国因外患而遭受的每一次巨创都激发过觉醒者的产生。"穷"从失落与屈辱开始，但痛苦的升华与对"穷"自身的认识深化往往同步。从复杂多变的思绪中梳理出"中体西用"的主张，体现出一种反侵略的文化自卫本能，其中拯救文化自信的感情色彩占据了主要比例。在讨论晚清的中西学关系问题之时，不能脱离"拯救"这一重要理论前提，也不能脱离"救亡"这一现实背景。要正确看待"中体西用"说的价值和意义，必须在充满了张力与变数的空间中考察"中体"与"西用"之关系。揆诸林林总总的阐述，大抵可归纳为以下两种：

一说，中体与西用是主辅关系。第二次鸦片战争后，西方科技文明对儒家文化的威胁逐渐从隐蔽走向显现，中学应对社会危机的"有用性"不断遭到质疑。若不能在儒学的基础上重新建构包容"西方知识"的蓝图，儒学势必走向没落。彼时，以"礼"为内涵的治国之道仍占据社会思潮的主流，但实际上先秦所述"形而上学谓之道"的"道"，在西方技术的衬托下，逐渐缩小为具有"可操作性"的纲常名教。以"道"为"体"，始终是传统儒学一以贯之的精神内核。因此，强调"体"的价值至高无上，导致认为"用"既不重要也不迫切，因"立国之道，尚礼义不尚权谋；根本之图，在人心不在技艺"①。甲午战前，"中道西器"、"中本西末"、"中主西辅"这类表述均是它的表现形式。王韬所言"西学、西法非不可用，但当与我相辅而行之可已"②，薛福成所论"今诚取西人器数之学，以卫吾尧、舜、禹、汤、文、武、周、孔之道"③等，均清晰地回答了学习西方和维护道统的关系问题。直至鸦片战争失败，国将不存，孔教地位不保，不得不将儒家的经世致用落实在求富求强之上，西学之必要性才被重新考量，从不重要不入流之地位荣膺为"用"之高度。

以洋务派为首的知识分子，最初确立的即是"求富"和"求利"目标，但却着重强调了"中学"对"西学"的制约，也即以儒家义理追求的为民之王道来制约原本从属于法家的富国强兵之术。孙家鼐为京师大学堂拟定"立学宗旨"时就如此明确规定："今中国京师创立大学堂，自应以中学为主，西学为辅；中学为体，西学为用。中学有未备者，以西学补之；中学其失传者，以西学还之。以中学包罗西学，不能以西学凌驾中学，此是立学宗旨。"④随着洋务运动的深入，传统的义利之辨在"师夷"过程中逐渐动摇甚至解体。"儒术危矣"⑤，为了从文化上应对西学，就必须守护"中体"的地位，换而言之，必须寻求一种文化上的自我认同。从某种意义上说，曾经一度让国人无比

---

① 倭仁：《请罢同文馆用正途人员习天算折》，《洋务运动时期教育》，高时良、黄仁贤编，上海教育出版社2007年版，第11页。

② 王韬：《上当路论时务书》，《弢园文录外编》，上海书店出版社2002年版，第246页。

③ 薛福成：《筹洋刍议·变法》，《薛福成选集》，丁凤麟、王欣之编，上海人民出版社1987年版，第556页。

④ 孙家鼐：《议复开办京师大学堂折》，《利济学堂报》1897年第8期。

⑤ 张之洞：《劝学篇·内篇·守约第八》，《劝学篇 輶轩语》（大字版），孙甲智点校，中国盲文出版社2014年版，第37页。

自豪的华夏大国文明被简化为伦常纲纪，且不得不将其确立为近代中国文化的灵魂，本身就是一种文化观念上的降维。"中体西用"论站在审视自身的角度，针对传统文化的特殊性，开出了世变之初拯救中国文化危局的一剂药方。以伦常纲纪为主，以西技西艺为辅，实则是将中西文化放置于变与不变的哲学框架进行解读，蕴含着捍卫不变之"体"的传统民族文化信仰。

二说，中体与西用是并重关系。捍卫中体的主导地位并未扭转甲午之战的败局，反而更加突出了忽视西用的弊端。"盖洋务之要，首在借法自强"[1]，洋务派有意突出西学在效用上的重要性，认为"用"不仅是"体"的阐释对象，也是"体"不可分离的最佳助力者。在界定中学务虚的前提下，引入求实的西学不仅十分必要，而且缺其不可，也即"以圣贤义理之学植其根本，又须博采西学之切于时务者，实力讲求，以救空疏迂谬之弊"[2]。张之洞特别强调了体用的不可偏废："旧者因噎而食废，新者歧多而羊亡。旧者不知通，新者不知本。不知通则无应敌制变之术，不知本则有非薄名教之心。"[3]《筹议京师大学堂章程》也指出："中学体也，西学用也，二者相需，缺一不可，体用不备，安能成才。"[4]梁启超同样阐述："要之，舍西学而言中学者，其中学必为无用；舍中学而言西学者，其西学必为无本。无用无本，皆不足以治天下。"[5]由此可见，"西用"作为应敌制变的方法，是中学

---

① 王韬：《洋务下》，《弢园文录外编》，上海书店出版社2002年版，第27页。

② 《光绪〈明定国是诏〉》，《德宗景皇帝实录》卷四一八。

③ 张之洞：《劝学篇·序》，《劝学篇 輶轩语》（大字版），孙甲智点校，中国盲文出版社2014年版，第2页。

④ 《总理衙门筹议京师大学堂章程》，《戊戌时期教育》，汤志钧等编，上海教育出版社2007年版，第230页。

⑤ 梁启超：《〈西学书目表〉后序》，《饮冰室书话》，周岚、常弘编，时代文艺出版社1998年版，第347页。

"治天下"时避免"因噎废食"的重要途径。随着引入西学的深入，西学知识必然要触及"中体"问题，与之形成冲突。例如，同光年间开办算学馆之争和留美幼童的遣返风波，都是冲突的反映。首先得到纠正的是，西方文明自身有本有末，有体有用，例如西方的议院制、民权思想、近代科学的精神等，均属于西体范围。故而，引进西方文化中的某些内容，将之内化为中学体系中的文化元素，一方面是绝对不能以西"体"取代中"体"，另一方面是必须重视"西用"对改变中国积弱现状的重要性。不仅要在坚持中体的前提下迫切地引进西学，更要对西用范围进行延展。由此可以看到，对于泱泱大中国败于近邻日本这一点，国人深以为耻，变法维新再度成为知识分子的迫切愿望。为了冲破"夷夏之辨"观念的藩篱，他们势必要对文化传统进行重新诠释。例如，康有为就提出"托古改制"一说，从改制必要性的角度将孔子树立为变法维新的先导者，又根据《公羊》三世说撰成《大同书》，设计出一个能够走出败弱之态的"理想国"，希望能在保留和尊重中国传统文化的基础上推进政治改革。维新派也提倡民权平等，倡导平等、自由、博爱等民主观念，主张废除君主专制，但又以尊君权为前提，寄希望于明君出世。在"中体西用"的框架中，很显然，维新派已经大大扩展了西用的范围，其突破之处表现在强调"体用并举"、"无得偏废"和会通融合的层面。究其实质，是主张将西学纳入中学体系，调整中学固有的文化结构，从借用西学向着整合中西的纵深方向发展，以"西用"改变"中体"。在维新思潮的影响下，致力于文化调和重兴儒学的人渐多，例如孙诒让组织"兴儒会"，也打着"以尊孔振儒为名，以保华攘夷为实"①的名号。之后的革命派亦如是。名

---

① 孙诒让：《兴儒会略例》，《戊戌时期教育》，汤志钧等编，上海教育出版社2007年版，第200页。

义上，革命派以批判传统儒学为旗帜，实则在批判的旗帜上依旧飘扬着"中体"文化观，也即力图从文化形态上寻找中国文化落后的病根。例如，严复提出了"黜伪而崇真"，"屈私以为公"，"以自由为体，以民主为用"的主张①；倡导以鲜血换革命的孙中山，也提出了"新旧并用"、"中西合璧"的文化主张，同样表达出文化调和的意图②。由此可见，"中体西用"思维在整个近代文人心中几乎产生了根深蒂固的影响，不同之处仅仅在于"中体"所占比重的轻微差异。

"中体西用"论何以在近代产生如此重要的影响？作为一种文化主张，它是国人从认识、接受西方文化，进而使之与中国传统文化相融合的思想试探，源于因以儒学为核心的中国传统文化权威地位走向失落而产生的文化危机感。在以儒学为本的社会，重视中学的主导地位是一种由来已久的传统。晚清局势危如累卵，鸦片战争的结局无情碾压了国人抱残守缺的顽固心理，以朝贡体系建立的"天朝上国"之优越感最终在现实面前失去了光环。国人对军事上一再败北的认识并非仅仅局限于国土之防的忧虑，主要还在于担心西学的引入会导致中学传统文化优势的丧失，进而导致民族精神陷入崩溃。由是，从先觉知识分子心中萌生出一种文化使命意识：捍卫中华传统文化的地位，拯救国人日渐失落的民族自信心，并继而为尽力完成这一文化使命前赴后继。

从"西学中源"说切入，近代知识分子首先给予了西学进入中土之事实以合法地位，制定了在传统文化的框架内引入西学的前提。在

---

① 参看严复：《论世变之亟》，《论世变之亟——严复集》，胡希伟选注，辽宁人民出版社1994年版，第1—6页。

② 参看《中山大学学报》编委会：《孙中山年谱》，大东图书公司1980年版，第54页。《我国宪法宜驾乎欧美之上》，《论三民主义与五权宪法》，黄彦编著，广东人民出版社2008年版，第36页。

此意义上，"中体西用"论是在传统文化中心地位逐步丧失时，站在民族甚至于"国家"立场所进行的文化政策的重要调适：既承认中国文化在"器""用""末"层面的不足，又希望以一种恰当的方式消除文化碰撞时产生的多样对立，既包括情绪和情感色彩上的冲突，也包括民族和文化特质层面的壁垒。由此，将中西学看成是有着明确内涵的不同体系，以中学的价值观念为导向，随着时势变化而调整"西用"层次内涵的行为，更乐意被我们称为拯救文化自信和自尊的自卫行为。从时间跨度来看，"中学为体、西学为用"的文化主张，是官僚士大夫从洋务运动到辛亥革命整整半个世纪的集体共识。它是民族自救观念的一种，也是特定历史时期的一种价值取向。同时，作为一种文化模式，它跨越了要不要改革的疑惑，进入到如何改革以保持中学优越感的探寻高度，意在维护多民族国家统一体的功能。

## 一、冯桂芬《校邠庐抗议》："以中国之伦常名教为原本，辅以诸国富强之术"

晚清民初的中国，呈现出官场腐败、思想窒息、士人沉寂、文化空疏之状，预示着旧社会秩序正走向腐朽与穷途，反而观之，这也正是被压抑的文化生命力开始苏醒、孕育生机的新契机。以"自强"挽救王朝气数的动机，激发了诸多觉醒之士的斗志与勇气。冯桂芬就是"自强"呐喊阵营中最为瞩目的人物，其著《校邠庐抗议》一书提出了社会变革的一系列方案，在近代文化新旧递嬗的进程中留下了不可磨灭的影响。

冯桂芬（1809—1874），又名仪凤，字林一，又字梦奈，号景亭，江苏吴县人。道光进士，授翰林院编修。道光十二年，林则徐任江苏巡抚，召冯桂芬入巡抚衙门，校《北直水利书》，誉以"国士"之称。

之后又相继被曾国藩、李鸿章招入幕府任职，深受二人嘉许。其人"好学深思，博通今古，喜为经世之学。综其所长，于盐政、漕务，尤为洞悉源流。惟持论务求刻核，不无偏倚。洋务机要，研究亦深"①。

《校邠庐抗议》成书于咸丰十一年（1861）十月，初稿抄本既成，即在士大夫中广泛流传。"校邠庐"是其上海住处名，"抗议"二字取位卑言高之意，二词相合，即指以策论形式建言献策。此著最早发表于光绪二年刻本《显志堂稿》卷十、卷十一，共计22篇。光绪九年（1883）在天津广仁堂以刻本正式刊行，删去《显志堂》本卷十之《均赋议》《借兵俄法议》两篇，又新增若干篇，最终成稿为上卷22篇，下卷20篇，附录12篇。全书针砭晚清时弊，主张社会变革，探求自强之道，内容涉及汰冗员、变科举、改会试、兴水利、易吏胥、改科举、减兵额、采西学、制洋器等多个方面，"靡不极虑专精，务欲推究其本原，洞澈其微奥，隐然负拨乱澄清之志"②。彼时，正值第二次鸦片战争结束和太平天国运动后期，对外如何御敌，对内如何恢复封建秩序，是冯桂芬最为关注的问题。时人吴云称其"著抗议四十篇，关系民生国命，而旁及于西人格致之学"，并溢美此作有"抱负之宏与学术之邃"，又赞其情绪之满与决心之大，"顾先生悲悯在抱，愤时嫉俗之心，时流露于笔墨间，故立言不免稍激"③。

《校邠庐抗议》中最为新颖、先进，也即最能体现晚清进步内容的思想，体现为冯桂芬肯定地认为西方已经在制器层面超越中国，并主张对其进行学习。他指出，"如算学、重学、视学、光学、化学等皆得

---

① 李鸿章：《复保冯桂芬片》（同治四年七月二十二日），《李鸿章全集》第2册，顾廷龙、戴逸主编，安徽教育出版社2008年版，第180页。

② 吴云：《〈显志堂稿〉序》，《显志堂稿》，冯桂芬著，台湾文海出版社1980年影印本，第7—8页。

③ 吴云：《〈显志堂稿〉序》，《显志堂稿》，冯桂芬著，台湾文海出版社1980年影印本，第1页。

格物至理，舆地书备列百国山川厄塞、风土物产，多中人所不及"①，并在《制洋器议》《采西学议》《善驭夷议》三篇策论中提出了"采西学"、"制洋器"等主张。在其中，冯桂芬批判了魏源"以夷制夷"思想的不合时宜，称"魏氏源论驭夷，其曰'以夷攻夷，以夷款夷'。无论语言文字之不通，往来聘问之不习，忽欲以疏间亲，万不可行"②。但魏源的"师夷"思想却极受其推崇，不仅肯定"独'师夷长技以制夷'一语为得之"③，还将之发扬为"采西学"、"制洋器"等具体主张。在他看来，魏源所论"夷之长技三，一战舰，二火器，三养兵练兵之法"④，皆需国人以实事求是的态度重新加以认识，让更多的人透过纱窗看晓雾，打破中学无人能及的巨大谎言。

西方传来的"奇技淫巧"迅速地影响了鸦片战争后涌出的一代如冯桂芬、容闳等出类拔萃之辈。对于在内忧外患的处境中寻求现实出路的他们来说，"采西学"成为极富吸引力的救世良方。可以说，被西器西技之实效所唤起的一批传统文人，几乎在一夜之间纷纷变成了主张采西学者。面对晚清千疮百孔的社会现实，他们纷纷从西学中寻找突破口，探寻泱泱大中华何以积弱如此的原因。冯桂芬重点提及了两个方面：其一，吏治腐败所致。国多冗员，人浮于事，行政效率低下，以致政见上下不通，君民相隔。冯桂芬由此认为，裁剪官员、精简人事，是事关国家存亡的重大课题。他指出，"世之盛衰在吏治，治之隆污在人才"⑤，建议淘汰冗余官员。这一点得到了时人的广泛认同，

① 冯桂芬：《采西学议》，《校邠庐抗议》，上海书店出版社2002年版，第55页。(本节所引此书只标注页码)
② 冯桂芬：《制洋器议》，《校邠庐抗议》，第49页。
③ 冯桂芬：《制洋器议》，《校邠庐抗议》，第49页。
④ 魏源：《筹海篇三·议战》，《海国图志》第1册，岳麓书社2011年版，第39页。
⑤ 冯桂芬：《自序》，《校邠庐抗议》，第1页。

如："汰冗员议可行……数语扼要，洞中时弊"①；"此条可速行。臣谨
案，汰冗员正所以节糜费，即以其费并为廉俸，一举两得之道业"②；
"我朝设官于古为多，时移势易，不无冗散，方今度支奇绌，汰无用之
官，节有用之费，诚为当务之急"③。其二，科举取士所致。晚清科场
黑暗，种种流弊，触目皆是。士人迷恋科举之途，"日日习常蹈故，事
事牵义拘文"④，以科举取士作为出人头地的唯一桥梁，并因此视科学
技艺为末艺，多"不屑为"。冯桂芬极为痛恨这一现象，严厉痛斥八股
取士带来的巨大危害，言其有悖于"国家进贤将以治国安民"的初衷，
由此主张"博采舆论，简其尤列入荐牍"，并强调"荐举之权，用众不
独"的原则⑤。针对冯桂芬提出的《变科举议》，时人也进行了肯定性
的回应。如："谨按明经取士古之法也，惟时事多艰，需才孔亟，自应
变通科举"⑥；"可行，有当再商者。科举之制迭奉上谕改试策论，旧
时八股空疏庸滥之锢习，一扫而空，冯议已见施行"⑦。

认识与承认现实，是提倡"采西学"、"制西器"的前提。"夫世变
代嬗，质趋文，拙趋巧，其势然也"⑧，变革原有社会制度存在的种种

① 《校邠庐抗议》徐致靖签，《清廷签议〈校邠庐抗议〉档案汇编》第10册，中国历史第一档案
馆编，线装书局2008年版，第4552页。

② 《校邠庐抗议》杨深秀签，《清廷签议〈校邠庐抗议〉档案汇编》第19册，中国历史第一档案
馆编，线装书局2008年版，第8192页。

③ 《校邠庐抗议》熙元签，《清廷签议〈校邠庐抗议〉档案汇编》第11册，中国历史第一档案馆
编，线装书局2008年版，第4773页。

④ 朱采：《清芬阁集》卷二，《中国近代史料丛刊》第28辑，沈云龙主编，云海出版社
1973年版，第30页。

⑤ 冯桂芬：《变科举议》，《校邠庐抗议》，第37页。

⑥ 《校邠庐抗议》怀塔布签，《清廷签议〈校邠庐抗议〉档案汇编》第10册，中国历史第一档案
馆编，线装书局2008年版，第4336页。

⑦ 《校邠庐抗议》徐致靖签，《清廷签议〈校邠庐抗议〉档案汇编》第10册，中国历史第一档案
馆编，线装书局2008年版，第4567页。

⑧ 冯桂芬：《制洋器议》，《校邠庐抗议》，第50页。

弊端，破除中西之见、古今之见，是时势所需。冯桂芬《采西学议》一经提出后，几乎得到了同时代人的全部支持，即使是公认为保守派的人士例如崇礼、怀塔布等人，也对采西学表示出一定的认可。维新派人士更是积极表示赞同，如李鸿章、曾国藩等人，在此基础上又加以发挥，其进步性远远超出了冯桂芬的视野。"采西学"之目的性十分明确，其宗旨为"以中国之伦常名教为原本，辅以诸国富强之术"，主张凡能为我所用，讲求实效者，皆可习之，一切努力皆为"自强"。目睹了甲午战争的惨败，尤其是受到了近邻日本因"采西学"而成功蜕变的刺激，冯桂芬由衷慨叹："自强之道，诚不可须臾缓矣。"又强调说："不自强而有事，危道也；不自强而无事，幸也，而不能久幸也。"[1]在他看来，学习西方的自然科学知识和工艺技术，可为民族自强找到一个中西学对接的入口。

"自强"是消解民族耻辱的唯一途径，也是拯救民族文化自信的唯一桥梁。"如耻之，莫如自强。夫所谓不如，实不如也……以今论之，约有数端：人无弃材不如夷，地无遗利不如夷，君民不隔不如夷，名实必符不如夷。……至于军旅之事，船坚炮利不如夷，有进无退不如夷。"[2]因有"六不如夷"之处，故有师夷之必要性。但与魏源"师夷"观不同的是，冯桂芬认为"采西学"之"师"，不是简单的表面效仿，也不是照猫画虎，而是要以自造、自修为目的，所谓"始则师而法之，继则比而齐之，终则驾而上之。自强之道，实在乎是"[3]。依他之见，"自强"的关键字是"自"，必以"驾而上"为最终目的。其重要性无可比拟，原因在于"借兵雇船皆暂也，非常也；目前固无隙，故可暂也，日后岂能必无隙？故不可常也。终以自造、自修、自用之为无弊

---

① 冯桂芬：《善驭夷议》，《校邠庐抗议》，第53—54页。

② 冯桂芬：《制洋器议》，《校邠庐抗议》，第48—49页。

③ 冯桂芬：《制洋器议》，《校邠庐抗议》，第50页。

也"①。在他看来，在中西暂时相安之时，更应该不失时机地推进自强之道。据此，冯桂芬又列举了一些落后国家经由学习西方科技知识而发生翻天覆地之变的事实来论证"自强"之必要，如称"前年西夷突入日本国都，求通市，许之，未几，日本亦驾火轮船十数遍历西洋，报聘各国，多所要约。诸国知其意，亦许之"。又称"安南（越南）、暹罗（泰国）等国，近来皆能仿造西洋船炮"，因此由衷感叹："独我大国，将纳污含垢以终古哉？"②

探求"自强"之途径，冯桂芬又着重强调了两个方面：其一，处理好"鉴诸国"与"求诸己"之关系。冯桂芬明确地指出："愚以为在今日又宜曰'鉴诸国'，诸国同时并域，独能自致富强，岂非相类而易行之尤大彰明较著者？"③又另加附注，称："法苟不善，虽古先吾斥之；法苟善，虽蛮貊吾师之。"④故而，其闻西人用地动新术与天密合，认为"可资以授时"；了解到西方农业、织具多用机器可事半功倍，认为"是可资以治生"，等等。一言概之，凡能讲求实效之"奇技淫巧"都在可学之范围。但要注意的是，制西器也好，采西学也好，均为驭夷之策，一则不可急于求成，二则不能违背伦常纲纪之理，如此，"鉴诸国"才不是停留于走马观花的形式，才能为"求诸己"提供实际效用，达到"自强"之目的。其二，要客观看待科考与技艺之间的正确关系。轻视技艺，是处于内忧外患困境中的国人亟待更新的文化观念。冯桂芬认为，诸国富强之术已经在实践层面证明了它的成功性，由此可以在坚持"伦常名教"的前提下，大力鼓励和支持其开展。例如，他建议在通商口岸设立船炮局，招聘内地善运思者也即心灵手巧之人，

① 冯桂芬：《制洋器议》，《校邠庐抗议》，第51页。

② 冯桂芬：《制洋器议》，《校邠庐抗议》，第50页。

③ 冯桂芬：《采西学议》，《校邠庐抗议》，第57页。

④ 冯桂芬：《收贫民议》，《校邠庐抗议》，第75页。

聘请夷人为他们传授技巧，并依照学习成果给予科举应试之待遇，如"工成与夷制无辨者，赏给举人一体会试；出夷制之上者赏给进士一体殿试。廪其匠倍蓰，勿令他适"①。此外，冯桂芬还强烈建议要培养技艺方面的专门人才，尤其是外交翻译人才，认为这样才可"得西人之要领而驭之，绥靖边陲之原本实在于是"②。具体地说，他建议选取14岁以下且有资质的孩童入学培养，由学校聘请西人教习外语，并对学生按期进行考察。三年学习期满，通过考查的优秀学生可在通商大臣、督抚衙门处获取官职，还可担任翻译官。唯其如此，遇有中外交涉之事时，才有专业人才进行处理与应对。

值得注意的是，冯桂芬习惯于一事一议，也即一篇针对一个问题进行论证，例如《变科举议》谈科举问题，《汰冗员议》谈吏治问题，《采西学议》谈学习西方问题，等等。但整体观之，这些问题又不是孤立地就事论事，而是相互联系在一起形成一个完整的体系。在关于中学与西学的关系问题上，《制洋器议》《采西学议》《善驭夷议》三篇文论即构成一个因果逻辑：从制西器延伸至采一切富强之术，达到驭夷之目的，最终促成民族自强。既然如此万事俱备，那么值得继续追问的问题还有，"采西学"能否通过努力到达成功彼岸呢？冯桂芬给出的回答是极其自信的："夫九州之大，亿万众之心思材力，殚精竭虑于一器，而谓竟无能之者，吾谁欺？"③并给出了理由："中国多秀民，必有出于夷而转胜于夷者。"④言语中透露出的不仅是对国人之聪明智巧的肯定，也蕴含着浓浓的爱国与救世情怀。说到底，在冯桂芬的文化主

---

① 冯桂芬：《制洋器议》，《校邠庐抗议》，第50页。

② 冯桂芬：《上海设立同文馆议》，《洋务运动时期教育》，高时良、黄仁贤编，上海教育出版社2007年版，第8页。

③ 冯桂芬：《制洋器议》，《校邠庐抗议》，第49页。

④ 冯桂芬：《采西学议》，《校邠庐抗议》，第56页。

张中，始终贯彻着"以中国之伦常名教为原本，辅以诸国富强之术"
的文化宗旨，如其《自序》所言："桂芬读书十年，在外涉猎于艰难情
伪者三十年，间有私议，不能无参以杂家，佐以私臆，甚且羼以夷说，
而要以不畔于三代圣人之法为宗旨。"①

本与辅的文化主张，"自是名儒之论"②，既将西学列入救国良方，
又坚持伦常纲纪居其上，因此被认为是"中体西用"论的最初表达形
式。在此意义上，冯桂芬上承林则徐、魏源，下启洋务派和维新派，
被推崇为兼具"从头说"、"照着说"和"接着说"三种特质的伟大思
想家③。就启蒙意义而言，冯桂芬对中西学关系的界定，对封建顽固
派、洋务派和维新派都有所启发。如王韬主张广开言路以上传下达，
郑观应重视商战，等等，都受到了其思想的影响。最重要的意义是，
原本与辅术的思想界定了整个近代时期"采西学"的主旨。朝野上下
皆谨慎地致力于维护中学的文化地位，拯救摇摇欲坠的民族自信心和
自尊心，使其不至于被汹涌澎湃的西学潮流所取代、所吞噬。位高权
重者，尤其将此作为自己的文化使命，如"曾文正、李文忠、张文襄
之徒，位尊望重，纲纪人伦，若谓：彼之所有，枪炮、工艺、制造而
已；政法、伦理以及一切形而上学，世界各国，莫我比伦"④。

以影响而论，一开全面"采西学"之风气，是冯桂芬本辅思想文
化主张产生的最大价值。翁同龢读过此著后，将其推荐给光绪皇帝。
光绪皇帝大为触动，又将此书下发给文武百官，令他们对其发表意见，
意在通过这些意见推行变法维新。彼时，京城有523人参加了对《校邠

---

① 冯桂芬：《自序》，《校邠庐抗议》，第2页。

② 曾国藩：《李少荃拟派常胜军增援金陵》，《曾国藩日记》，江河心等编译，京华出版社
2000年版，第1064页。

③ 熊月之：《冯桂芬评传》，南京大学出版社2014年版，第13—14页。

④ 远生：《新旧思想之冲突》，《东方杂志》1916年第13卷第2期。

庐抗议》一书的签注工作，上至大学士、尚书、侍郎等高级官员，下至编修、御史、郎中、主事等中低级官员，纷纷广开言路，最终汇集成为《〈校邠庐抗议〉签议集》一书。对于冯桂芬倡导的"采西学议"，尤其是原本与辅术之宗旨，有识之士皆表示出赞同之意。可略举几例：礼部尚书怀塔布认为："谨按西人政治可学者多，然必以中国之伦常名教为原本。"[1]翰林院侍读学士儒林也认为："西学之采已有年矣，所议凡有益于国计民生皆是，奇技淫巧不与等语，甚属可取。"[2]内阁学士阔普通武则表示："西学务择其有益国家者，不在语言文字之末。"[3]礼部侍郎徐致靖亦称："可行。西学之有益于国计民生者，非惟采之，直将师之。我中国圣贤正谊明道之教，大本大原乌可移易。由圣教以贯通时务，诚今日论学之要也。"[4]甲午战后，洋务派人士又在冯桂芬思想的影响下，成为最自觉承担时代使命的社会力量。这一时期，兴起了许多新的文化活动，如兴办学堂、组织学会、创办报刊、翻译西书、刊行新书等，吸引了各类社会阶层参与进来，体现在实践层面，可谓"家家言时务，人人谈西学"[5]。同治二年正月，李鸿章采纳了冯桂芬在上海设立同文馆的建议，向同治皇帝上呈《请设外国语言文字学馆折》，得到批准。同文馆的开办章程亦由冯桂芬拟定，设定"以中国之伦常名教为原本，辅以诸国富强之术"为指导思想，由此开

---

① 《校邠庐抗议》怀塔布签，《清廷签议〈校邠庐抗议〉档案汇编》第10册，中国历史第一档案馆编，线装书局2008年版，第4369页。

② 《校邠庐抗议》儒林签，《清廷签议〈校邠庐抗议〉档案汇编》第2册，中国历史第一档案馆编，线装书局2008年版，第736页。

③ 《校邠庐抗议》阔普通武签，《清廷签议〈校邠庐抗议〉档案汇编》第10册，中国历史第一档案馆编，线装书局2008年版，第4477页。

④ 《校邠庐抗议》徐致靖签，《清廷签议〈校邠庐抗议〉档案汇编》第11册，中国历史第一档案馆编，线装书局2008年版，第4575页。

⑤ 欧榘甲：《论政变为中国不亡之关系》，《中国近代史资料丛刊·戊戌变法》第3册，中国史学会主编，上海人民出版社1957年版，第156页。

启了近代史上轰轰烈烈的文化蜕变之序幕。

## 二、张之洞《劝学篇》："旧学为体，新学为用"

张之洞被认为是主张"中体西用"文化模式的体系建构者，其作《劝学篇》也被称为呈现"中体西用"思想的代表作。

张之洞（1837—1909），字孝达，号香涛，又号抱冰老人，直隶南皮（今河北南皮县）人，是洋务派的典型代表人物。自冯桂芬萌芽"中体西用"思想大约三十年后，张之洞《劝学篇》问世。在此之前，沈毓桂以笔名南溪赘叟在《万国公报》上发表《救时策》一文，提出了"中西学问本自互有得失。为华人计，宜以中学为体，西学为用"①的文化方针，为张之洞进行全面阐述奠定了理论基础。

《劝学篇》全书约四万余字，分内、外篇，详尽完整地阐述了"中体西用"文化观的思想内涵。其中内篇九篇，外篇十五篇，致力于解答在新旧时代的岔路口中国向何处去、中西文化关系如何协调的问题。1895年，甲午战败让洋务派惨淡经营数十载的洋务成果付之一炬。1900年，义和团运动又爆发于民族矛盾的激化之时。庚子国难以及洋务失败的结局，让晚年张之洞面对这一现实，开始更深层次地思考与重构中西文化之关系。一方面，他深感外患日亟，而士大夫顽固益深，另一方面，他也目睹维新运动高涨后"金壬伺隙，邪说遂张"，由是"乃著《劝学篇》上下卷以辟之"②。在此"庚子之役，为自有国家以

---

① 南溪赘叟：《救时策》，《万国公报》1895年第75期。

② 张之洞：《抱冰堂弟子记》（节录），《戊戌变法文献汇编》第4册，台北鼎文书局1973年版，第230页。

来未有之奇变"①的当下，张之洞既表现出作为"儒臣"对于维新党主张君主立宪的愤怒和反对，同时又作为洋务代表饱含着保名教、护"中体"于不坠的忠贞与热情。在守旧、维新两派的对立冲突中，这种既包容又批评的文化态度成为介于"变"与"不变"之间的一种文化调和。鉴于中国旧的文化模式已经难于应对新时代的挑战，张之洞由是主张保留传统文化模式的主体地位，同时有选择性地撷取西方近代文化加以补救，建构一种"旧学为体，新学为用"的文化模式。

对所劝之"学"，张之洞有明确定义："'四书五经'、中国史事、政书、地图为旧学；西政、西艺、西史为新学，旧学为体，新学为用，不使偏废。"②此中寄予了张之洞自己强烈的文化诉求：其一，匡扶旧学以卫"道"："今日学者，必先通经以明我中国先圣、先师立教之旨，考史以识我中国历代之治乱、九州之风土，涉猎子、集以通我中国之学术文章。"③其二，取撷新学以为"用"，"择西学之可以补吾阙者用之，西政之可以起吾疾者取之"④。其三，以儒臣角色捍卫"中体"，以洋务实践彰显"西用"，既反对不加变通地恪守旧学之"聋瞽"，亦反对不加辨别地力倡西学之"失心"，倡导调和中西，折中新旧。概而述之，如其所言："以中学为体，西学为用，既免迂陋无用之讥，亦杜离经畔道之弊。"⑤

多重的文化诉求，促成《劝学篇》构建了一个比较完整的"中体

---

① 赵声伯：《庚子纪事长札》，《近代史资料文库》第6卷，庄建平主编，上海书店出版社2009年版，第152页。

② 张之洞：《劝学篇·外篇·设学第三》，《劝学篇 辅轩语》（大字版），孙甲智点校，中国盲文出版社2014年版，第62页。（本节下引同书仅标注页码）

③ 张之洞：《劝学篇·内篇·循序第七》，《劝学篇 辅轩语》（大字版），第36页。

④ 张之洞：《劝学篇·内篇·循序第七》，《劝学篇 辅轩语》（大字版），第36页。

⑤ 张之洞：《两湖经心两书院改照学堂办法片》，《洋务运动时期教育》，高时良、黄仁贤编，上海教育出版社2007年版，第822页。

西用"的理论体系。这个理论体系包含着多重内容：

其一，民族危机刺激下的卫"道"意识。本着一种坚贞的爱国热情，张之洞举起民族与祖宗之法为重的大旗，一再强调自己的救世主张："吾闻欲救今日之世变者，其说有三：一曰保国家，一曰保圣教，一曰保华种，夫三事一贯而已矣。"①在他看来，传统文化是中华种族认同的保障。"五伦之要，百行之原，相传数千年，更无异义。圣人所以为圣人，中国所以为中国，实在于此。"②中国士人若不通中学，就如同"无辔之骑，无舵之舟"，失却了身为中国人的根基。在列强竞相划分势力范围已成定局之时，西学不可不讲，但"讲西学必先通中学，乃不忘其祖也"③。于是，维护纲常名教必须要牢牢把握"圣教"的真谛，也即确定"'三纲'为中国神圣相传之至教，礼政之原本，人禽之大防，以保教也"④。换而言之，儒学作为"圣教"的真精神，就是以君主制、父权制和夫权制为主的纲常伦理。具体地说，道德上指儒家的纲常伦理，政治上指封建专制政权，修身上指仁礼兼备的人文品格。这也是张之洞倡导保"教"的真正内容。

张之洞认为，首先，"浅陋之讲章、腐败之时文、禅寂之性理、杂博之考据、浮诞之词章，非孔门之学"⑤，至于宋代的道学、远绍汉代古文经学学风的乾嘉考据学和颇多"非常可怪之论"的今文经学，全都偏离了儒学的真正精神，故而在弘扬保"教"时需要仔细加以甄别。其次，更需要引起注意的是，维新派要求引入的人权和民主制度等，更是大悖孔学本旨，称之为"乱臣贼子"精神也不为过。维持君主制

---

① 张之洞：《劝学篇·内篇·同心第一》，《劝学篇　輶轩语》（大字版），第8页。
② 张之洞：《劝学篇·内篇·明纲第三》，《劝学篇　輶轩语》（大字版），第19-20页。
③ 张之洞：《劝学篇·序》，《劝学篇　輶轩语》（大字版），第3页。
④ 张之洞：《劝学篇·序》，《劝学篇　輶轩语》（大字版），第3页。
⑤ 张之洞：《劝学篇·内篇·循序第七》，《劝学篇　輶轩语》（大字版），第35页。

的政治伦理秩序，势必会产生与人权的对立，"故知君臣之纲，则民权之说不可行也；知父子之纲，则父子同罪、免丧废祀之说不可行也；知夫妇之纲，则男女平权之说不可行也"①。再者，为维护民族尊严，也要谨慎"全盘西化"的文化倾向。张之洞看到，"大率近日风气，其赞羡西学者，自视中国朝政民风无一是处，殆不足比于人数，自视其高、曾、祖、父，亦无不可鄙贱者"②，由此表达出强烈的愤怒之情，因其忧虑三纲一旦溃决，则中华将不复为中华。在《劝学篇》中，张之洞历数了鸦片战争以来国人处理中西关系的三类态度："自塞"，即"不察其是非损益，而概屏之"；"自欺"，也即赞同"西学中源"，"概取经典所言而傅会之，以为此皆中学所已有"；"自扰"，即"溺于西法者，甚或取中西之学而糅杂之，以为中西无别"③。他将这三类态度产生的原因归结为："综此三弊，皆由不观其通。"④所谓"旧者不知通，新者不知本"⑤，因此必须妥善安置旧学和新学的各自位置。对于"自塞"和"自欺"者，张之洞严厉抨击了他们对新学的忽视或轻视。同时，他又站在传统文化的立场，非难崇尚"全盘西化"和"糅杂中西"的"自扰"者，试图以"孔孟之道"对其加以纠偏，彰显出力显开通、调适新旧而固守传统政制的良苦用心。

《劝学篇》出版后，张之洞的拳拳卫道之心，既安抚了守旧派，又激励了维新派，因此大受两派人士欢迎，得以在社会思潮中大行其道。就连光绪帝也赞其"持论平正通达，于学术、人心大有裨益"⑥，谕令

---

① 张之洞：《劝学篇·内篇·明纲第三》，《劝学篇 辀轩语》（大字版），第120页。

② 张之洞：《劝学篇·外篇·益智第一》，《劝学篇 辀轩语》（大字版），第57页。

③ 张之洞：《劝学篇·外篇·会通第十三》，《劝学篇 辀轩语》（大字版），第107-108页。

④ 张之洞：《劝学篇·外篇·会通第十三》，《劝学篇 辀轩语》（大字版），第108页。

⑤ 张之洞：《劝学篇·序》，《劝学篇 辀轩语》（大字版），第2页。

⑥ 张之洞：《劝学篇·上谕》，《张之洞全集》第12册，苑书义等主编，河北人民出版社1998年版，第9703页。

军机处将之颁发给各省督抚、学政，令其读之、学习之。在整个晚清时期，张之洞捍卫中体的精神和影响一直处于延伸状态中。最能为此提供佐证的是，清末施行的"新政"精神就是在此基础上进行的损益和发展。光绪二十六年，慈禧太后借光绪帝的名义颁发了施行"新政"的上谕：

> 著军机大臣，大学士，六部九卿，出使各国大臣，各省督抚，各就现在情形，参酌中西政要，举凡朝章国故，吏治民生，学校科举，军政财政，当因当革，当省当并，或取诸人，或求诸己，如何而国势始兴，如何而人才始出，如何而度支始裕，如何而武备始修，各举所知，各抒所见，通限两个月内详悉条议以闻①。

张之洞就此"新政"既表达出赞同之热情，但也对"如何实施新政"保持了谨慎对待的态度。由他主笔拟定的《江楚会奏变法三折》，以"育才新学""整顿中法""吸收西法"为中心内容，规划了清末新政改革的基本框架。论实质，其中体现出的变革精神仍是"中体西用"模式的延续②。

其二，强烈的卫"道"行动中贯穿着西"用"意识。"旧学为体，新学为用"之文化策略所涉及的另一重要话题，回答的是如何引入西学这一问题。张之洞认为，"夫不可变者，伦纪也，非法制也；圣道也，非器械也；心术也，非工艺也"③，也即纲常伦理、治国原则以及人文精神不可变，而一切西学均可学，并要尽快付诸实施。

———————

① 《光绪二十六年（1900）十二月丁未上谕》，《〈清实录〉科举史料汇编》，王炜编校，武汉大学出版社2009年版，第1074页。

② 参看刘坤一、张之洞：《江楚会奏变法三折》影印版，《近代资料丛刊续编》第48辑，文化出版社1977年版。

③ 张之洞：《劝学篇·外篇·变法第七》，《劝学篇　辀轩语》（大字版），第73页。

首先，须将"今胜于古"的逻辑限制在法制、器械和工艺的范围内，隔绝它对伦纪、圣道和心术的侵扰。如此，既能避免"体"的受损，亦可维持"用"面向"西学"的开放性，正所谓"求仁"不变，"求智"可变。"学校、地理、度支、赋税、武备、律例、劝工、通商，西政也；算、绘、矿、医、声、光、化、电，西艺也。"①此中，"（西政之刑狱，立法最善。西艺之医，最于兵事有益，习武备者必宜讲求。）才识远大而年长者宜西政，心思精敏而年少者宜西艺"②。在张之洞看来，中学与西学的关系应是油与水的关系，各司其职，互不越界。因此，他强烈反对"西学"渗入国人的伦理观念与政治理想体系内，目的是为了保证传统"政教"体系的无上性。

其次，西"用"为保"中"服务。"保"字之意，意蕴深长，意味着要在一个渐进的引入进程中逐步实施西用之变革，以保障一个本就苟延残喘的封建王朝得以在动荡中平稳过渡。也就是说，当主张可以更新的西学之"用"否定并威胁到中"体"的时候，推崇洋务的意识也要从变转化为不变。无论顽固派以旧卫旧，还是洋务派以新卫旧，均只能在"用"之层面加以策略调整，而不能上升至中西"体"之争。一个显著的例子是，出于维护现行政体的需要，张之洞在定义西政、西艺可用之时，有意规避了议院的内容。

再次，在针对引入西学还是东洋学之内容的问题上，张之洞并不否定西学作为补充中体的重要作用，但却将"东学"作为取法对象，置于优先位置。也正是在此意义上，《劝学篇》也被某些日本学者称为"留学日本的宣言书"③。在此书的影响下，清末十年，留日"大潮"

① 张之洞：《劝学篇·外篇·设学第三》，《劝学篇 辅轩语》（大字版），第62页。
② 张之洞：《劝学篇·外篇·设学第三》，《劝学篇 辅轩语》（大字版），第62页。
③ 参看〔日〕实藤惠秀：《中国人留学日本史》，谭汝谦、林启彦译，生活·读书·新知三联书店1984年版，第23页。

也热闹非凡地拉开了帷幕。至1905年年底，中国赴日留学的人数约达上万，已经蔚成一股强大的留学风气。

如何能使西学为中学所用？张之洞提出了两种解决方案。

第一种策略，是试图让西学沾染上中体之色彩。为避免议院制等西体传入中国，张之洞尽力解读西方的政治、法律精神实与中国三纲所通，将三纲界定为"中外大同"之立国和教化之本。在他看来，"凡此皆圣经之奥义，而可以通西法之要指"①，于是以西学之"用"对应中学经典中的"义"，论证三纲与西方礼制相通。他还指出："然则西政西学，果其有益于中国，无损于圣教者，虽于古无征，为之固亦不嫌。况揆之经典，灼然可据者哉！"②意在表明"知西学之精意通于中学，以晓固蔽"③的道理，并以此作为论据，批判国人学习西方"饮食服玩、闺门习尚"等不良风气之弊端。这类言辞出自张之洞之口，目的只有一个，也即旨在警醒废弃三纲的危害："中无此政，西无此教，所谓非驴非马，吾恐地球万国将众恶而共弃之也。"④

第二种策略，是主张以西学扩充中体。张之洞将扩充精神概括为五知：知耻，知惧，知变，知要，知本。"中学考古非要，致用为要。西学亦有别，西艺非要，西政为要。"⑤这一认知建立在他自己的洋务实践基础之上。作为名声昭著的清流派人物，张之洞在出任封疆大吏后，面对错综复杂的现实，践行了走出困境必须改革的主张。例如，他在抚晋时开办洋务局等机构，在督粤时又兴办兵工厂、制造兵船等，在湖广总督任上大刀阔斧地推行新政，创办汉阳铁厂、兵工厂等大型

---

① 张之洞：《劝学篇·外篇·会通第十三》，《劝学篇　輶轩语》（大字版），第106页。
② 张之洞：《劝学篇·外篇·会通第十三》，《劝学篇　輶轩语》（大字版），第107页。
③ 张之洞：《劝学篇·序》，《劝学篇　輶轩语》（大字版），第4页。
④ 张之洞：《劝学篇·内篇·明纲第三》，《劝学篇　輶轩语》（大字版），第22页。
⑤ 张之洞：《劝学篇·序》，《劝学篇　輶轩语》（大字版），第5页。

企业，并设立织布、纺纱、缫丝、制麻四局，又兴办两湖书院等各类学堂，同时主持卢汉等铁路的修筑，派遣学生到日本等国留学，编练湖北新军，支持《时务报》等报纸的创办发行，资助上海等地学者翻译西方学术著作，处理棘手的两湖教案问题，推广种植美国棉花等新事物，主张稳妥地变革科举制度等，这些实践活动都成了以西用扩充中体之策略信手拈来的例证①。

其三，卫"道"中蕴含着传统的人格塑造意识。张之洞盛赞"孔子集千圣，等百王，参天地，赞化育"之神圣，故而提出了"中学为内学，西学为外学；中学治身心，西学应世事"②的具体主张。"中学为内学，西学为外学"印证"内篇务本，以正人心；外篇务通，以开风气"③之初衷；"中学治身心，西学应世事"，前者指向道德品格的修养，后者指向应对社会事务的知识技能，"具体到人格模式，就是以中国传统的道德理想为主体，辅之以西方近代的知识理性，充之以耻弱图强的进取精神"④。

首先，因时制宜地处理"博"与"约"的关系，以保全作为民族文化主导的儒学精神。千余年来，以儒学为主导内容形成的文化体系既丰富又博深，很显然，三纲五常或许在其中能够称为文化体系的精华，但肯定并不能代表文化的全部内容。张之洞客观地指出这一现实，称"今日四部之书汗牛充栋，老死不能遍观而尽识"，且歧见纷纭之处众多，由此在"不讲新学则势不行，兼讲旧学则力不给"的现状下，"今欲存中学，必自守约始"⑤。何以守约？在他看来，"设一易简之策"

---

① 参看秦进才：《〈劝学篇〉与"中体西用"思想的传播》，《河北师范大学学报》2014年第3期。

② 张之洞：《劝学篇·外篇·会通第十三》，《劝学篇 輶轩语》（大字版），第108页。

③ 张之洞：《劝学篇·序》，《劝学篇 輶轩语》（大字版），第3页。

④ 尚明：《中国近代人学与文化哲学史》，人民出版社2007年版，第2-3页。

⑤ 张之洞：《劝学篇·内篇·守约第八》，《劝学篇 輶轩语》（大字版），第37-38页。

以挽救中学，消除"畏难不学者"之疑惑大有必要。为此，他主张施行"以约存博"之方案，也即设计一套以"中学"为初始根基，进而"讲求时政，广究西法"的治学和教育方针，以使得儒学"庶几其不亡乎"。以修习儒经而论，张之洞主张"经学通大义"，也即以"提要钩元"的方法治经学，从而开启学习者的"性识"，培养其"本根"，以造就众多"切于治身心、治天下者"，更乐观地说，"则终身可无离经畔道之患"，民族精神也因此能够得以保全。以意义而论，张之洞认为，"守约"一则可以保持儒学的主体地位，一则也可通经致用。在民族危亡之际，提倡"守约"精神，重提通经致用，配合"广究西法"之实践，既可扩大国人的视野，改正传统文化中不合时宜之弊端，又能彰显保存民族传统文化的良苦用心。

其次，引西学以益智，意在改善国人的知识结构和精神面貌。张之洞认为，"古来世运之明晦，人才之盛衰，其表在政，其里在学"①，由此将改善国民品格和知识结构视作改善国运的根本大计。在其所提出的改革主张中，呼唤人才是中心主题之一。尤其是经历了庚子之变后，更多的人也看到了这一点。在张之洞看来，培养人才之举措重点有以下三个方面：一、鉴于西国之强，强在学校，故而认为西方先进的文化教育"宜择善而从"，倡导普及新式教育，以更新改善国人的知识结构。在张之洞的设想中，未来国人的理想人格模式，是有"仁"有"智"有"勇"三者兼具：道德品格取儒家之"仁"，知识结构取西学科技之"智"，心理素质充之以耻辱图强之"勇"，也就是说，倡导好学、力行、知耻之自强之道，造就既仁且智且勇的新国人。二、主张"变法必自变科举始"，提出在废除科举制之弊端的基础上，培养务实求新之新人。张之洞认为，科举取士所带来的危害主要在于滋养了国

---

① 张之洞：《劝学篇·序》，《劝学篇　辖轩语》（大字版），第3页。

人的两大消极心理：一个是"妄"，即狂妄自大；一个是"苟"，即苟且偷安。在世界奋进向上的大背景下，独我国民"守其傲堕，安其偷苟"，势必造成"积文成虚，积虚成弱"的国势和民风。他毫不客气地指出了国人身上"陋""拙""缓""暇""废"等"国民性"的表现①，并认为科举制在考核内容上的导向严重阻碍了社会的进步，"故人才益乏，无能为国家扶危御侮"②。这一点也为时人所响应。1906年，清末推行新政以变革教育制度为重要内容，其中《学部奏请宣示教育宗旨折》就重述了这一现状："中国之大病：曰私、曰弱、曰虚，必因其病之所在而拔其根株，作其新机，则非尚公尚武尚实不可也。"③在张之洞看来，道家中的无为思想是造成中华不振，削弱儒家精神的罪魁祸首，由此他痛斥其"以避事为老成，以偷惰为息民，以不除弊为养元气"的危害，并以此为对照，倡导"尊尊而亲亲，先富而后教，有文而备武，因时而制宜"的儒学精神④。三、开启民智，为民族自强奠定群众基础。张之洞指出，"自强生于力，力生于智，智生于学"⑤，智的重要性溢于言表。这一认识无愧于远见卓识，大有"知识就是力量"的意味。既然民智主要来自学，而学的范围又涉及士、农、工、商、兵等多学科、多领域之中，故而国人需要摈弃视西方知识为"奇技淫巧"之偏见，认识到"此教养富强之实政也，非所谓奇技淫巧也"⑥的真理。"大抵国之智者，势虽弱，敌不能灭其国；民之智者，国虽危，人不能残其

---

① 张之洞：《劝学篇·内篇·去毒第九》，《劝学篇　辌轩语》（大字版），第23—24页。

② 张之洞：《劝学篇·外篇·变科举第八》，《劝学篇　辌轩语》（大字版），第77页。

③ 《学部奏请宣示教育宗旨折》，《中国近代学制史料》第2辑上册，朱有瓛主编，华东师范大学出版社1987年版，第153页。

④ 张之洞：《劝学篇·内篇·循序第七》，《劝学篇　辌轩语》（大字版），第35—36页。

⑤ 张之洞：《劝学篇·外篇·益智第一》，《劝学篇　辌轩语》（大字版），第52页。

⑥ 张之洞：《劝学篇·外篇·益智第一》，《劝学篇　辌轩语》（大字版），第54页。

种。"①在张之洞看来，国人若得文化教育之普及，则进可强国，退亦可保国不亡，文化不灭。

张之洞在寻找何谓"中体西用"思想之时，也同步形成了完整体系。最显著的特征表现为，在其纷繁复杂的多重内容中，寄托着他多重的文化诉求。这是思想在理论和实践层面的综合与总结。事实上，只要中西文化的交流碰撞还存在，关于它们关系的讨论就会继续下去，不同的人产生不同的理解模式，不同的理解模式又会拓展新的阐释空间。面对世界化、全球化的洪流，我们必然要坚持民族文化的地位，既要关注它合理融入世界文明的模式，又要肯定它作为传统文明的现代价值。在世界文明的丛林法则中，唯有自强才能维护民族文化的荣光，这或许是张之洞誓死捍卫中学传统留给我们的启示。

---

① 张之洞：《劝学篇·外篇·益智第一》，《劝学篇　辁轩语》（大字版），第54页。

第六章

走向复兴：

近代文化民族主义的吐故纳新及脉络

　　"中国近百年来的危机，根本上是一个文化的危机。"①自徐光启遭逢利玛窦以来，中国文化的危机就已经在事实上拉开了帷幕。为破解文化危机开出"药方"，近代学人怀着寻找一条新的文化之路的情怀，聚焦于中西文化之间的关系，围绕中西文化之异同、中西文化孰优孰劣、如何学习并吸收西方文化以及如何传承与发扬传统文化等几个主题，就如何看待文化复兴，恢复文化自信等中心问题，开展了探讨与争鸣。屈辱的近代史虽让国人感受到义愤与失落，但也赋予了国人打开新视界、更新世界观的动力，认识到在生死存亡的民族危难时刻，选择何种文化模式来维护传统文化的不坠地位，以应对社会现实的严峻挑战，是一个事关民族未来和文化走向的重要议题。

　　那么，何谓文化模式？简而言之："每一个民族都有自己独特的文化，这种文化犹如一个人的思想和行为模式，多少具有一致性；每一种文化内部又有其特殊的目标，而这种目标是其他社会所没有的。所以不同的社会有不同的文化模式。"②在19世纪资本主义文化传入之前，以"华夏文化"为代表的儒学文明，是处于封建王朝统治下的中国所尊奉的文化模式，千百年来一直居于世界文化前沿的领先地位。自汉以来形成的华夏中心文化，影响并深刻地改变了周边国家，甚至成为它们建制规范与文化准则上的榜样与楷模。在这种文化优越感的支配下，因儒学文明也即"中国的拒绝主义政策在很大程度上植根于中国作为中央帝国的自我形象和坚信中国的文化优越于所有其他文化的信念"③，故而对其他文化明显地表现出一种拒绝态度。然而，历史

---

① 贺麟：《儒家思想的新开展》，《思想与时代》1941年第1期。

② 李述一、姚休：《当代新观念要览》，杭州大学出版社1993年版，第279页。原观点参看〔美〕露丝·本尼迪克：《文化模式》，第二章"文化的差异"，何锡章、黄欢译，华夏出版社1987年版。

③ 〔美〕塞缪尔·亨廷顿：《文明的冲突与世界秩序的重建》（修订版），周琪等译，新华出版社2010年版，第52页。

的车轮始终滚滚向前。历史在变，历史观和历史文化中心也都在发生相应的变化。一般来说，历史尽管属于过去时，但它也通过各种方法途径与现实发生关系而转换成为进行时。历史观的变化因此被认为是中国现代思想转变的核心，也被认为是撬动整个中国文化结构性变革的杠杆支点。它不是我们怎样看待历史的问题，而是我们怎样看待世界的问题。

"文化模式并不是一成不变的，而是随着历史的发展，科学的进步及外来文化的传播和影响不断发展、变化的。"[①]在西方文化的冲击下，鸦片战争后的中国文化被卷入与西方异质文化的博弈旋涡之中，亘古如斯的"天"与"道"被一往无前的历史"进化"所取代，由此整个传统文化的思想架构、社会组织、行为法则也不得不循其导向而重加建构[②]。更重要的是，当中西交流进入前所未有的高潮时，西方文化以强大的技术、军事力量等作为后盾，也迅速扩张到中国这片古老的国土。在民族存亡之际，文化传统中可变且常变之"法"与"器"也即"文化模式"，或称各种文化力量由是粉墨登场，顽固派的、洋务派的、改良派的、革命派的文化主张纷纷在历史舞台上亮相，在彼此的交锋中各持己见，因回应之不同而呈现出多元化的特征。

不可否认，在近代，传统文化模式的改变是源于应对西方文化挑战的一种被迫回应，但也不得不承认，此番被迫并非等同于被动，即便存在一些被动的成分，其中也蕴含着争取向传统文化寻求理论依据的主动性。不同于之前在传统中求变，这一次的应对方略是在传统之外寻求文化变革的契机。无论就主动性还是就自觉性来说，都表现出空前的高涨。又因在变革之初就有西方现成范本作为参考，故而近代

---

① 司马云杰：《文化社会学》，河南人民出版社2016年版，第179页。

② 参看王东杰：《历史·声音·学问：近代中国文化的脉延与异变》，东方出版社2018年版，第2页。

文化变革的任务与目标也随之确定下来。庚子事变之后，中国的民族危机已至空前的存亡关头，半殖民地半封建中国的近代进化之路愈加艰难，但"爱国心"的要求和情怀却使得国人从未放弃民族复兴尤其是文化复兴的希望。作为这种矛盾交织的文化心态的反映，中西、新旧文化的纠葛关系及其探讨，成为近代文化演进始终无法回避的问题。

它同时关注两个方面的内容：一方面，就文化主张的倡导方向来说，近代文化显然有别于传统文化之旧方式、旧思维、旧内涵，而是以"新"为方向，朝着革"旧"这一目的前行的。需要强调的一点是，此"新"即指以西方文化为尺度来衡量文化之优劣。新和旧、中与西之间的互动与相互影响，从根本上来说，与其说是一种博弈与对抗，不如说是一种历史进化的趋势。一方面，就文化主张关注主题的嬗变特点来说，尚"新"既被认为是对时代"事实"的回应，也被认为是更新传统之"价值"的反馈。着眼于救亡图存和民族复兴而展开的文化批判，视传统文化中脱离现实以及僵化停滞的弊端为"退化"，由此认为需要另辟新途寻求进步的思路。

从晚清到民初，知识分子针对"事实"与"价值"分离的弊端，力主改革、反思与创新，最终形成了几个共识：一、中国传统文化已经随着其所依托的儒学整体构架的崩裂而分裂为无数思想和组织的碎片①；二、近代文化史上连绵不断的各种辩论、争鸣、冲突甚至斗争，都与如何诠释传统文化新价值观的内涵并将其变现，回答中国文化何处去的问题相关；三、传统文化所蕴藏的丰富内容，在文化转型期发挥着至关重要的作用。在西方文化的刺激下，其内在动力也因冲击而

---

① 〔美〕林毓生：《中国意识的危机——"五四"时期激烈的反传统主义》，穆善培译，贵州人民出版社1988年版，第17—25页。

被重新激活，展示出突破自身困境的可能性。概而言之，无论文化主张如何形色多样，在近代文化思想史上，一边断裂一边接续，一边批判一边复兴的文化现象却是任何人都无法忽略的事实存在。近代文化的蜕变之路，从本质上而言，既不是复古也不是排外，而是"复兴"。换而言之，忠诚于本民族的传统文化，尤其是在文化危机之时，致力于通过复兴或创造性重建本民族文化来抵御外来异质文化的入侵，以复兴民族文化来实现复兴民族国家的重任之思想、之行为，都归属于"文化民族主义"范畴。

"中国文化民族主义"一词，于古无征。它是近代中国民族危机与文化危机这一"双重危机"的产物，是近代仁人志士在寻求救亡图存路径过程中所着力论说的一个概念。作为民族主义的范式之一，它不仅被认为是近代中国最重要的文化意识，也反映了在欧风美雨浸染下中国国民价值观念、道德理想、知识结构、精神风貌、生活方式和人格素质的更新与重构。

## 第一节　近代文化民族主义的形成与流变

面对日益深重的民族危机，如何实现国家独立和民族解放，是每一个中华儿女时刻拷问自己的问题。在尽力解答这一困惑的过程中，形成了一个重要主题，且始终贯穿在近代各种思潮中，那就是民族主义。一般来说，民族主义有两种范式，一种是政治民族主义，另一种是文化民族主义。前者强调民权论，后者强调民族精神和文化传统的重要性，两者都对国家民族的优越性有着坚定的信仰，并缘此而生对于民族的忠诚与挚爱。"从普遍的意义上说，所谓文化民族主义，实为民族主义在文化问题上的集中表现。它坚信民族固有文化的优越性，认同文化传统，并要求从文化上将民族统一起来。"①更广义地说，凡从思想文化入手来思考、探寻中国问题的解决和民族国家的复兴者及其行为，均可列入文化民族主义的范畴。

文化民族主义在近代中国出现，实有原委。其一，鸦片战争爆发后，作为东方文明古国的大清王朝，在遭遇西方资本主义武力侵略的同时，也经历了文化上的侵略，致使长期以来形成的文化优越感一落千丈。东西方文化在激烈的碰撞中，虽然也有着交汇、交流的一面，事实上却无法掩盖西方列强借助文化手段来达成政治军事侵略的目的。"我必设法教化，导之以规矩"②的意图，彰显了西方人试图以价值观念和行为方式强加于中国人的文化侵略之野心。作为一种时代回应，近代中国的文化民族主义勃兴于此时，目的在于保全民族文化，是合乎逻辑的。其二，在倡导民族救亡的时代背景下，国人面临着反帝反封建的双重任务，尤以反帝为主。在借助西方之"用"以推动民族文化发展之时，势必会造成对传统文化的破坏与冲击。为使得中华民族认同不被削弱甚至消解，强调文化传统，维护民族文化的地位，不仅是时代需求使然，也是国人特别是民族资产阶级无可推卸的文化选择。可以看到，在近代中国，更确切地说，在甲午战后，随着西方文化势不可当地全方位登陆中土，在剧烈的文化冲撞中，中国传统文化遭受了史无前例的挑战，面临着衰亡的危局。历来以悠久文化自豪的国人为延续文化传统而生成了近代强烈的文化民族主义，亦是势所必然。

中国近代文化民族主义既是传统文化民族主义思想的近代转型，

---

① 郑师渠：《近代中国的文化民族主义》，《历史研究》1995年第5期。

② 〔美〕兰比尔·沃拉：《中国：前现代化的阵痛——1800年至今的历史回顾》，廖七一等译，辽宁人民出版社1989年版，第185页。

又是西方近代民族主义思想在中国的引进，因其二者的并行不悖，故而也体现出文化内容上的结合性。

其一，延续了传统的民族主义文化思想。"固有的华夷观念成为近代民族主义思想直接的理论来源之一"①，它们分别是"华夏中心"观，"华尊夷卑"观以及建立在二者基础之上的"夷夏之辨"文化传统。中华文化源远流长，这一点正是文化民族主义引以为傲的文化立足点。当本民族文化受到外来文化的威胁（无论是潜在的还是实际存在的）、发生认同危机之时，在民族危机忧患意识的激发下，沉淀于中华民族成员心理深层的"中华优越意识"就会被激活和引发，并迅速转化为一种极力抵御、消解外来文化影响以维护本土文化独立性的强烈责任感。受到的外部冲击愈严峻，国人所产生的抵御、自卫心理就愈强烈。如费正清所言："在他们的20世纪的革命中，他们对自身文化或'文化素养'的世代相传的自豪感已经激起了一股新的'文化民族主义'，这在将来很可能会胜过那发生在欧洲的单纯政治上的民族主义。"②

其二，文化救国是近代文化民族主义的救亡主题。与西方近代民族主义相比，中国的近代文化民族主义显然具有由外部压力激发的"反应性"特点。这也是弱势国家在应对强势国家的进攻之时所采取的消极防御方式，一是表现为极端的排外，也即极力主张反对外来文化的引入，维护民族文化的自尊与自立，重点关注避免本土文化陷入冲击境地的独立性问题；二是表现为温和的保守，也即在引进西方文化的同时，始终维护和坚持本土文化的价值观，确立中学居于西学之上的主导地位。中国近代文化民族主义形成与发展的历史过程，与中国

---

① 焦润明：《论中国近代民族主义》，《社会科学辑刊》1996年第4期。

② 〔美〕费正清：《美国与中国》（第四版），张理京译，商务印书馆1987年版，第74页。

社会由传统向现代过渡的进程紧密相连，可以说，中国近代化的转型阶段决定了文化民族主义的主题。只要中国的近代化进程没有完结，救亡就始终是文化民族主义的灵魂。随着华夏中心梦的破灭，在洋务运动失败、甲午战争的刺激下，文化民族主义正式形成。在吸纳国家、主权等"民主"概念之时，1898年，康有为等在北京成立保国会，提出了"保国""保种""保教"的口号，被认为是文化民族主义肇始的标志。通过对传统文化的反省，维新派人士开始认识到，民族危机既是政治危机，也是文化危机，说到底，因传统文化已经严重脱离近代社会的时代现实，故而从思想文化上寻求民族落后的原因，是解决民族危机的不二法门。近代各种文化思潮和文化论争此起彼伏，即是源于文化危机的推动。戊戌变法的失败宣告了制度救国的无望，同时也提供了从精神层面开辟新的救国道路的契机。先进的知识分子代表，敏锐地将目光投向制度背后的思想文化领域，认识到变革必须触及伦理道德等思想文化堡垒的必要性。也就是说，当传统文化的思想价值体系已然无法适应近代社会多变的现实状况之时，反思传统文化的弊端，更新和变革其思想和价值观念，就成为迫在眉睫的文化救亡之主题。

其三，务实的文化民族主义是主流形态。判断一个人是否是文化民族主义者，要看其出发点是否为了谋求强国富民的出路。只要答案是肯定的，那么无论是西化派还是文化保守主义者，或后来的马克思主义者，在本质上都是文化民族主义者①。从整个近代文化的近代转型轨迹来看，反对民族压迫的急切与爱国主义的热情始终结合在一起。对于近代启蒙思想家而言，国富民强始终排在民族复兴目标的首位。中国知识分子无论服膺于何种文化思潮，在某种程度上都具有重视文

---

① 参看郑大华：《中国近代民族主义的来源、演变及其他》，《史学月刊》2006年第6期。

化复兴和思想独立的爱国情结和民族自觉意识。一方面有着不可动摇的"当知中国者，中国人之中国也"①的文化认同感，另一方面也有着积极进取的引西学为"我"所用的务实目的，也即："试图通过引进西方文化以重塑传统文化，构建起全新的思想价值观念，并以此来塑造国人，进而实现人的近代化。从这个意义上说，文化救国论就是文化民族主义者提出的思想主张。"②

"中国文化由于它的深厚传统和辉煌发展滋养了一种坚固的文化民族主义，从而决定了它对外来文化的真正吸收需要一个较为长期的过程，并且不可能轻易放弃文化的主体性。"③正因为如此，文化民族主义与传统文化之间产生了千丝万缕的天然联系。由于两者间的交集点和契合点最多，文化民族主义也经常被误解为文化保守主义甚至文化顽固主义。显而易见，文化民族主义涵盖了文化保守主义，但并不等同于文化保守主义。如我们所知，即使是在社会变化最为显著的甲午战后，国人的文化心理结构基本上依然是儒家的，其中守旧、本土化、非理性的一面被扩大，成为抵抗西方文化冲击的思想工具。也就是说，文化保守主义是伴随着文化民族主义发展起来的，以文化民族主义的基本立场和民族情结作为理论出发点，它关注的是本土文化的延续性问题，强调从传统文化到现代文化的承续和创造性转换。在维护民族文化立场方面，不可否认，文化保守主义的理论贡献，无论是它无原则地坚持民族自尊的精神主旨，还是落实于对传统文化进行挖掘和整理的实践行为，均高扬民族主义旗帜，为文化民族主义的推进发挥了重要的历史作用。鉴于文化保守主义拥有坚定的民族立场，故而试图

---

① 邹容：《革命之教育》，《中国近代教育史资料汇编·教育思想》，璩鑫圭、童富勇编，上海教育出版社2007年版，第622页。

② 刘胜梅：《近代中国文化民族主义的兴起及其思想基础》，《原道》2015年第28辑。

③ 陈来：《中国近代思想的回顾与前瞻》，《天津社会科学》1989年第5期。

将其从本民族的生命史里抽离是万万不可能的，尽管它也具有开放性的一面，并未完全隔离与西方文化的联系。以雄厚的传统文化作为基础，又以近代民族主义作为理论依托，在文化保守主义的深层，因此也无可置疑地隐含着一种关于传统文化的自觉意识，以及对民族文化认同的本能情感，在面对民族危机尤其是面对传统文化失去优势之时，它就会喷薄而出。一旦不加约束，就会成为排斥一切外来文化冲击的文化顽固主义。这既是文化保守主义遭受负面评价最为集中的内容，也是文化保守主义与文化民族主义产生区别的地方。概而言之，文化民族主义包括了文化保守主义的成分，但在内容上却远远超越了文化保守主义的自我压制和故步自封，换而言之，"文化民族主义可以体现为民众情绪、思想观念、理论学说、价值体系、社会运动，而文化保守主义一般只会以社会心理、思想观念、理论学说、价值体系的形式出现"①。

综观近代以来有关文化民族主义的各种争鸣、讨论，实际上都是围绕民族认同感、自豪感和民族自信心展开的。它是一个历史的范畴，在不同的历史时期，因不同的文化人物和不同的文化思潮，文化民族主义的内容和价值也往往会有很大的差异。自清末以来，以阶段性的发展形态进行划分，近代中国的文化民族主义大致可以分为以下几个阶段：戊戌时期是文化民族主义初露头角的阶段，主题集中表现为"保教"；辛亥革命时期是文化民族主义的自觉时期，因相信文化危机是近代中国更本质、更深刻的危机，故而倡导国人要以"存学"为己任；五四前后则是"国粹"学说风行的时期，中国文化的自创性问题第一次被响亮地提出来，主题在于极力维护民族文化的自信，反对妄

---

① 何晓明：《近代中国文化民族主义与文化保守主义的关系》，《新视野》2007年第4期。

自菲薄①。更确切地说，"19世纪末，康有为、梁启超等资产阶级维新派为排拒西方基督教在中国的渗透而倡导'保教'，这是近代文化民族主义发展的第一个形态。……20世纪初年，以国粹派为代表的一批资产阶级知识分子提出'爱国存学'，这是近代文化民族主义思潮发展的第二个形态。……五四前后，东方文化派的出现以及'中国文化复兴''拯救西方'等口号的提出，是近代文化民族主义思潮发展变化的第三个形态"②。当然，也有其他划分法，例如认为清末民初是中国近代文化民族主义的形成阶段，五四时期是发展阶段，"九一八"以后是高涨阶段③。整体来看，划分阶段都以文化民族主义的立场作为标准，大体上区分不大。自19世纪中叶以来，近代文化民族主义志在维护民族的文化认同和加强国人自信力，因而反对醉心"西化"的文化思潮，力倡从"保教"到"存学"到"复兴文化"。这一演变轨迹也反映出近代文化民族主义艰难的"抗争"历程。辛亥革命后，欧战的惨绝人寰集中暴露出西方资本主义文明的弊端，加之杜威、罗素等西方学者自西入华寻求文明救赎对于国人的精神鼓舞，使得文化民族主义的代表人物例如杜亚泉、梁启超、梁漱溟等人，提出了不仅要复兴中国文化，而且要使之助益世界文明的宏愿。例如梁启超要求青年人"立正，开步走"，以中国文明去救助陷于物质破产、哀哀欲绝的欧洲民族。梁漱溟提出世界文化发展"三种路向"说，断言全世界必将走上中国的路向，实现"东方化"，可以说是近代文化民族主义发展到巅峰的标志。

文化民族主义既具有积极作用，也难以掩盖其消极影响，是一把名副其实的双刃剑，这是学术界形成的基本共识。到底是积极作用还是

---

① 参看郑师渠：《近代中国的文化民族主义》，《历史研究》1995年第5期。

② 杨思信：《近代文化民族主义论略》，《青海师范大学学报》2002年第2期。

③ 参看郑大华：《论中国近代民族主义的理论建构及其过程》，《华东师范大学学报》2010年第5期。

消极影响更大一些，很难形成公认的定论。仅就推动文化复兴和促进民族独立而言，中国近代文化民族主义的贡献和积极作用显然更为突出。具体来说，首先，它是对民族传统文化的坚定维护，促进了爱国精神的觉醒。其次，它提倡民族精神，高扬爱国主义，对于克服国人的民族自卑感，增强民族凝聚力和向心力，重建民族的文化自信心，有着不可磨灭的激励作用与推动意义。

当然，若维护民族文化的自尊心走向极端，也会产生狭隘的民族意识，往往滋生出强烈的排外主义，而不利于民族文化融入世界文明体系。此外，作为对西方理性主义文化的效仿式回应，文化民族主义也因此被认为是防御性的倒退力量，或者说被认为是后进社会在面对科学上更先进的文化时，用之弥补心理上的自卑和落后感的武器。五四时期，"全盘西化"思潮对传统民族文化批判的基本偏失即在于此。一方面，"全盘西化"思潮把狭隘功利主义引入文化领域，并将之作为评判文化价值的标准，一切偏离富国强兵目标的人文价值均遭到它的排斥；另一方面，它也忽视传统文明的发展连续性，将传统人文价值当成与现代科学价值完全对立的内容而不加分辨地予以抛弃。这些都是在具体分析文化民族主义影响之时需要引起重视和加以仔细分辨的地方。再者，发展民族新文化，也要承认文化具有"类"也即文化模式的差异。理解中西文化是互相平行的两种独立文化，才是中国文化获得独立价值之处。作为"静"的文明和作为"动"的文明，体现的是世界文化的多样性，而不是区分孰优孰劣的文化标准。唯有本着中国文化的民族精神，以实现"吾人的理想生活"，才是文化民族主义重塑与改造民族文化的发展方向。

# 第二节　"三保"之识：
## 激发传统文化活力的维新派文化民族主义观

甲午中日战争之后，亡国之忧如乌云一样笼罩在国人心头，上自皇帝下至平民，皆涕泗横集。《马关条约》的签订，更加剧了这种民族惨痛："几罄中国之膏血，国体之得失无论矣。"①痛定思痛后，国人也开始反思自身，"一战而人皆醒矣，一战而人皆明矣，一战而人皆通矣，一战而人皆悟矣"②，主动探索救国之道。维新变法运动是以轰轰烈烈地在晚清大地上演。清廷决心"痛除积弊"，是以颁发新政。上导之，下行之，士人群体迅速集结起来，成为承担挽救民族重任的主导者。商讨对策自不必言，在行动上他们也体现出积极主动的一面。潜藏在心底的民族认同情感此时被彻底激发出来，成为救亡图存的勇气与动力。以公车上书为契机，维新人士开始着手推动政治变革和文化变革在承继洋务的"自强"氛围中继续前行。

对民族危机的理解是复杂的，守旧者认为这是一场来自外来民族的侵略危机，改革者则认为它是一场亟需变革自身的内部危机。处于危机意识中的各流各派，虽并未丧失对传统文化的热情与信念，但依据当时的实际情况，危机意识的强烈程度，决定了立场担当者对自身文明的反思乃至质疑的深浅程度与优先顺序。对危机的全面刻画，以康有为提出的"保国、保种、保教"主张最具概括力。这个概括首次将保国、保种、保教并列在一起，来概括应对世变必须直面的真问题，包含了对一个文明的整体性理解：国家、人民与教化。"保国、保种、

---

① 张謇：《张謇日记》，李明勋、尤世玮主编，上海辞书出版社2017年版，第389页。

② 何启、胡礼垣：《新政始基》，《新政真诠——何启胡礼垣集》，辽宁人民出版社1994年版，第183页。

保教”的危机意识虽然在当时已成士大夫阶层的共识，但就理解“保”之关系而言，却存在极大的差异，决定了他们在思想发展层面的不同方向①。在这条思想谱系的脉络上，可以找到三个最具代表性的重要人物，分别是张之洞、康有为和严复，证据来自他们各自的论著和实践。1898年，康有为组织创立保国会，其《章程》明确提出以“保国、保种、保教”作为宗旨。5月，张之洞《劝学篇》发表，称“吾闻欲救今日之世变者，其说有三：一曰保国家，一曰保圣教，一曰保华种”②，以“三保”作为主要论题。6月，严复在《国闻报》发表《有如三保》《保教余义》《保种余义》等文章。早于他们之前，1896年梁启超已在《时务报》发表《论不变法之害》一文，明确提及：“变亦变，不变亦变。变而变者，变之权操诸己，可以保国，可以保种，可以保教。不变而变者，变之权让诸人，束缚之，驰骤之。”③虽然重点不在论述“三保”之法，但亦反映了当时关心世变的士大夫不约而同所具有的危机意识。

提出“保国、保种、保教”的要求，实际上意味着“国”“种”“教”在现实层面都已经出现了危机，需要有识之士挺身而出，有意“保”之。显而易见，这种民族危机的源头来自西方列强的武力侵略，由帝国主义世界性的殖民运动所导致。国人基于生存感受得出的结论，远比那些所谓的空头呐喊来得更直接、更深刻。在经历了多次大规模的变革尝试之后，很多人由此在认知上形成了所谓的变革模式：“变技、变政、变教”。这个模式与历史事实是十分契合的，即洋务运动变技，戊戌变法变制度，五四运动变教，契合了梁启超在《五十年中国

① 参看唐文明：《儒教文明的危机意识与保守主题的展开》，《清华大学学报》2017年第2期。
② 张之洞：《劝学篇·内篇·同心第一》，《劝学篇 輶轩语》（大字版），第8页。
③ 梁启超：《论不变法之害（变法通义一）》，《时务报》1896年第2期。

进化概论》中提出的近代变革运动三个不足之论：先从器物上感觉不足，再从制度上感觉不足，最后上升为从文化上感觉不足①。从变革结果来看，变技失败了，变政也未取得理想效果，唯有变教可作为当下"吾人最后之觉悟"的希望寄托。此中蕴含着的一个暗含判断是：由变技到变政再到变教，是一个在认识上趋于深刻，方向上趋于正确的一个演变过程。重要的是，变革模式最终要经由变"教"达成保"教"之目的。

变"教"是否真能解决变技、变政所解决不了的问题？这也是戊戌以来，维新人士围绕变法自强这个中心孜孜不倦地予以探索和求解的对象。何谓"教"？广义上说，就是陈独秀所说的"吾人最后之觉悟"——文化；狭义上讲，指的是以孔学为儒学正宗的文化传统。"保教"之意，也就是要维护传统固有价值观的稳定性、延续性，建立一种关于传统固有价值观的正当合法性。按照洛克的理论，这种正当性只能通过对社会固有价值观的认同皈依来获得或建立。也就是说，唯有建立正当性，才能使社会固有价值观具备一种集体意识的认同。

将"保教"当成首要任务来看待，建立在衡量"国""种""教"三者之间的关系之上。张之洞、康有为和严复，各有其文化立场与文化目的，因此在主次关系的理解上也形成了差异。

在陈述"三保"的次序时，张之洞将之表述为："一曰保国家，一曰保圣教，一曰保华种"，又强调"保国、保教、保种合为一心，是谓同心。保种必先保教，保教必先保国"②，确定了"保国、保教、保种"的先后顺序。作为晚清"儒臣"的代表人物，这个排序显然也彰显了他的身份与立场。"国"，此处指大清王朝，以"保国家"为首，

---

① 参看梁启超：《五十年中国进化概论》，《梁启超全集》第7册，北京出版社1999年版，第4030-4031页。

② 张之洞：《劝学篇·内篇·同心第一》，《劝学篇　辒轩语》（大字版），第8页。

也即强调首先要维护封建王朝统治的基础，再来谈及维护三纲五常的价值观和维护大清子民的利益。在张之洞看来，以保国为重心，才能一并解决保教与保种问题。在变与不变之间，他划出了一个清晰的界限：以"保国"为前提，西艺、西政方可作为可变之"用"被引入，也就是说，西艺、西政绝对不能动摇君主权威和背离三纲五常。在这个三方关系中，"教"的重要性体现为：它对于"国"具有直接的、构成性的意义，对于"种"又有着实际性的功用意义。从文明的高度肯定儒门教化的作用，是张之洞"保种必先保教"对夷夏之辨的一种处境化延伸。正是因为"教"的原因，"种"才被界定为"皆三皇五帝声教之所及，神明胄裔种族之所分"①，而非一个简单的生物学概念或一个普通的历史学概念。也是在这个意义上，张之洞指明要坚定以儒教作为文明标准的信念，如此"保种"才不是生存斗争，而是文明的保存。这显然是在当时的民族存亡关头为回应西方挑战而选择坚守儒教文明的一种保守方案。

更激进的康有为提出了不一样的看法，也即将主张顺序置换成"保国、保种、保教"。作为维新派的代表人物，康有为很早就接受了一些来自西方的观念，例如以社会进化为底色的历史目的论，以人人平等为前提的社会契约论等。因此，对于"国"，康有为认为从君主制到民主制的进化是历史的必然。既然是必然的历史演进过程，那么政治改革就应当向前看，至少需要考虑如何才能从君主制进化到君民共主制。这个看法与张之洞的思想具有截然不同的立场：君主的正当性不再像传统观念那样被认为是天经地义，而是基于社会契约论才能得到合理的认可。因此，康有为以进化观念为前提，主张改造国家概念，走上近代意义上的保国之路。在"保种"议题上，康有为走得更远，

---

① 张之洞：《劝学篇·内篇·知类第四》，《劝学篇　辎轩语》（大字版），第23页。

提出了改良人种的想法，称"故欲致诸种人于大同，首在迁地而居之，次在杂婚而化之，末在饮食、运动以养之"①，主张从迁地、杂婚和改食三个方面改"种"以保"种"。以其所见，与其强调"保"，不如主张"改"。尤其是在"教"的问题上，唯有重新解释孔教的教义，将来自近代西方的观念全部纳入其中，才能达到以古通今、以中化西的目的，实现改教以保教，且以保教带动保国与保种之目的。虽与张之洞一样重视三"保"的统一性，但康有为强调的是三者相对独立的一面。

1895年上半年，严复在天津的《直报》相继发表《论世变之亟》《原强》《辟韩》《原强续篇》《救亡决论》等5篇文章，集中论述了自强救亡何以"三保"的问题。在他的洞察中，保种是第一位的，然后是保国，最后才是保教②，这一点与张之洞、康有为的主张显然有所不同。这个提法有着独特的理由。按严复的逻辑，以进化论论之，种族之间的生存竞争是人类生活的根本问题所在，既然如此，那么国家之间的生存竞争即是种族竞争的表象。同样，教化之间如果也存在生存竞争的话，也必然从属于种族之间的生存竞争。因此，严复认为，保国与保教，只能由保种问题派生出来。国家与教化，都是种族为了求生存而发展出来的生活形式，更直白地说，是种族为了赢得生存竞争而发明出来的工具或技巧。有鉴于此，严复的"三保"方案并没有保教的地位，因其认为"教不可保，而亦不必保"。在《有如三保》和《保教余义》两文中，严复着重阐发了这个观点，给出的理由在于：其一，既然三千年教泽"衍成今日之世道"，那么此教不保也罢；其二，既然种族之间的生存竞争才是根本，保教则有可能成为保种、保国的阻碍，那么同样此教不保也罢。

---

① 康有为：《去种界同人类》，《大同书》，上海古籍出版社2014年版，第94页。

② 严复：《有如三保》，《论世变之亟——严复集》，胡伟希选注，辽宁人民出版社1994年版，第101页。

仔细琢磨以上三种不同的"三保"态度就会明白，无论强调何种保卫为先，首先透露出来的是思想者各自的文化立场，其次是各自的主张弊端：

> "保种"派无视生命有赖文化以实现其意志，无视文化对于族群认同和个体认同的意义，——激进主义和文化虚无主义如此；"保教"派无视生命作为文化的动力源与评价者的地位，——顽固派如此；"保国"派无视文化乃其合法性的定义者，其构建的目的就是为了实现"公义"，——"反动派"如此。他们似乎都没有认真思考过这"三保"之间的理论上的关系，没有意识到现实中"三保"实际是相互作用的，而仅仅是看到了自己这一"保"的特殊性、重要性，只看到别人那一"保"与自己这一"保"相冲突的一面①。

虽然如此，在民族危机的困境和无奈中，所有的思想流派对于儒教文明的坚定信念，却表现出毫无异议的共同认可。他们是一群思想者，均有救亡、自强与复兴的宏愿，不管出自哪门哪派，只要求能通过自我的阐述及实践达到目的。因此，即便是极端反传统，也能在宣扬"救国爱国"的基础上，与传统守旧、保守主义等思潮绾合在一起，共同联合成一个有机的整体。陈独秀就留下了关于这一点的一段论述：

> 爱国！爱国！这种声浪，近年以来几乎吹满了我们中国的各种社会，就是腐败官僚、蛮横军人，口头上也常常挂着爱国的字样，就是卖国党也不敢公然说出不必爱国的话。自从山东问题发

---

① 陈明：《保国、保种与保教：近代文化问题与当代思想分野》，《学海》2008年第5期。

生，爱国的声浪更陡然高起十万八千丈，似乎"爱国"这两字，
竟是天经地义，不容讨论的了①。

将爱国当作一面旗帜，一种手段，且在救国的目标下，维新派提出的
"保国""保种""保教"这一思想体系，呈现出了内容层次上的复
合性。

首先，确认了文化救国的时代主题。当维新人士意识到要从文化
层面开展救国这一问题的时候，其对传统文化弊端的反思和改造也就
随之浮出了水面。在维新人士看来，甲午战后的文化危机是封建社会
的本质危机和生存危机的综合。在民族生死存亡的关口，也即生存问
题的紧迫性被凸显后，关于文化的本质问题就有可能需要暂时让位。
正是在这个意义上，我们看到了严复的思想为后来文化民族主义的发
展夯实了理论路基。然而，从整体来看，文化本质的危机无疑始终严
重于民族生存的危机，因其涉及文化发展的终极方向，事关社会固定
价值观的存亡。身为儒教文明的承担者，晚清中国在面对西方文明带
来的强大挑战下陷入了一场自我评估的艰难氛围之中。对于儒教文明
的自我更新而言，晚清中国的危机无疑也是儒教文明的危机。战场频
频败北后，每每割地赔款，有如刀刀见血。西化论者、自由主义者认
为这是文明输入过程中的正常表象，并以此作为反抗传统文明弊端的
必备理由。事实上并非如此。如果说生存问题的优先性和紧迫性将从
根本上动摇中国人原有的文明信念，产生与儒教本质的疏离，那么，
即便民族能在危机中侥幸得以生存，却也撼动了民族认同的文化根基。
由此，保障文化的教化自觉，始终具有重要的意义。克服近代剧变的
文化危机，唯有通过不断的自我改造和艰难更新，重新回归与强调自

---

① 陈独秀：《我们究竟应当不应当爱国》，《每周评论》1919年第25期。

身的文明认同，才能最终与西方文明并驾齐驱。这样，短暂的生存优先就成为了确定文化认同过程中的一个步骤、阶段，最终也将带着新的活力和问题再次回归传统文明的本质。就此而言，张之洞、康有为强烈的保教意识就是晚清思想留给我们的一笔极其重要的精神遗产。尤其是康有为，在重视儒教的超越性基础上，他构想了孔教这个超越"国""种"层面的独立教化存在形态。视教化为文明的内核，那么它所具有的普遍价值也就不可能也不应当局限于某个具体的国家。因此"教"与"国"分离又各自重建也即"两轮并驰"的思路，为此后的保教者提供了新的启发意义。早期放弃"保教"的严复，在晚年不仅发起和组织孔教公会，还提倡读经，主张在学校设经学一科，也受到了康有为思想的影响与启发。

其次，以"改"为"保"之途径，让儒教重新焕发生命力。洋务运动宣告失败之后，墨守"中体西用"的原则也被认为过于保守，无异于"盗西法之虚声而沿中土之实弊"[1]，因其并不能扭转传统文化日渐式微的现状。政治环境的改变，一步一步将知识分子挤压到转变观念的思想边缘。在一个大家过去熟悉的规范与秩序都跌到粉碎的时代，想要寻求突破，唯有改变旧有制度和旧文化，建造一个新的文化体系。"变者，天下之公理也"[2]，唯此才是真正实现民族独立和文化复兴的动力源泉。

恢复儒学本真面目，是"改教"内容之一。这里所指的儒学真面目，偏重于真正的孔学精神，尤以秦以前的孔学价值观作为判别标准。维新时期的士人皆以此为矢的，认为儒教发展到当下，除了披着孔学的外衣，其他如内容、主张、价值标准等都已经面目全非。以纲常伦

---

① 严复：《救亡决论》，《论世变之亟——严复集》，胡希伟选注，辽宁人民出版社1994年版，第65页。

② 梁启超：《论不变法之害》，《梁启超全集》第1册，北京出版社1999年版，第14页。

理为主的封建礼教几乎成了儒学的代名词，不仅于育人无用，对治国
更是一种无形的思想障碍。这也成为他们激烈批判和倡导改革传统文
化的理由。其一，指斥那些坚持狭隘民族本位的守旧陋儒贬低了圣人
之道。伦常是中学传统文化所独有吗？显然不是。西学若无伦常，按
照陋儒的逻辑，也就不可能发展到如此强大，国家也不会治理得远出
中国之上。反而推之，孔圣人若以伦常设教，也就多此一举了。实际
上，西方文明不仅有伦常可寻，而且从实际效用来看，还是中国衰世
所不能及的，例如"大公至正"的民主观念就远超自秦以来国人信奉
不疑的"尊君卑臣"之道。另外，西方在财产继承、婚姻关系、教育
体制等方面的规范设定，也都是封建伦常中尊卑观所远不能及的。在
此意义上，西方文明之治甚至能够比附于中国三代之理想政治。故而，
要使儒学重新焕发生命力，其出路即在于"势不得不酌取西法，以补吾
中国古法之亡"，或者说，"不忍尽弃圣人之道，思以卫而存之也"①，
也即维护圣人之道，要以取法西学为桥梁。其二，批判孔学沦落为名教
的现实，认为将孔学之要目归结为三纲五常之名，无可置疑地丧失了
"仁"的本来意旨。谭嗣同指出，晚清中国给国人套上的紧箍咒，就是
将国人的行为规范死死地限制在名为三纲五常实为上下尊卑的"名教"
框架之内。所谓"名"，包括了忠、孝、廉、节一切内容，名目繁多，
但均毫无例外地在道德上单向度地要求位卑者向位高者屈服。"君以名
桎臣，官以名轭民，父以名压子，夫以名困妻，兄弟朋友各挟一名以
相抗拒，而仁尚有少存焉者得乎？"②出于维护专制体制之目的，可以
"广立名为箝制之器"，扭曲真实现实，由此淹没了孔学的真正精神。
"三纲之慑人，足以破其胆，而杀其灵魂"③，唯有回归"仁"之本来

---

① 谭嗣同：《报贝元征》，《谭嗣同集》，岳麓书社2012年版，第214页。

② 谭嗣同：《仁学》，吴海兰评注，华夏出版社2002年版，第23页。

③ 谭嗣同：《仁学》，吴海兰评注，华夏出版社2002年版，第124页。

面目，据"仁"发论，才可真正发展和延续传统文化的精神。

变革民族精神，是"改教"内容之二。晚清之际，部分国人仍未能从"天朝上国"的迷雾中找到方向，动辄以伦常自居自耀，并以此轻视外来者。在救亡图存的关口，如此执着于好古，必定势不可当地成为泥古之流。出于维护民族文化本位而强烈排斥新文化的保守派，打出了"翼教"旗帜，同时著书立说对其进行宣扬，例如张之洞《劝学篇》、苏舆所编《翼教丛编》等。与此形成观点对立的是维新派，双方就是否需要重构新学与圣道问题展开了论争，焦点集中在三个方面：其一，选择维护君主专制与效仿立宪政体之争。与保守派担心政体改革将导致变夏为夷（例如"不十年而二十三行省变为盗贼渊薮矣，……不十年而四万万之种夷于禽兽矣，……不十年而阴阳倒置夫妇道苦矣"[1]）的后果不一样，维新派如康有为则称"夫中国大病，首在壅塞，气郁生疾，咽塞致死"[2]，指出君主专制观念中君贵民轻的恶习导致了上下交流之阻，故而从理论层面论述君主立宪政体的优越性。其二，维护纲常名教与宣扬民权平等之争。在保守派看来，纲常名教乃为中华民族精神的高度概括，万古不可变更。"倡平等堕纲常也，伸民权无君上也"[3]，一旦引入价值观完全相反的西学，势必会扰乱圣人之道。若失去伦理关系的约束，轻则打乱社会秩序，重则出现乱臣贼子，因无君无父而国将不国。维新人士则基于人权、平等自由的立场来看待纲常伦理在桎梏人心方面的弊端，提出了如"冲决网罗"等革新弊端的主张。其三，改革科举制度和废弃八股取士之争。保守人士

---

① 王仁俊：《王干臣吏部〈实学平议〉》，《近代中国史料丛刊》第65辑《翼教丛编》（影印版），叶德辉编，文海出版社1973年版，第131—132页。

② 康有为：《上清帝第二书》，《康有为散文》，乔继堂选编，上海科学技术文献出版社2013年版，第141页。

③ 苏舆：《翼教丛编序》，《翼教丛编》，光绪二十四年八月武昌重刻本。

认为，废除历史悠久的八股取士制度，将削弱儒教的思想统治地位，甚至于会有动摇社会根基的危险。维新派却指出，长期以来的八股取士制度因遵循代圣人立言的规范而形成了僵化思维，因脱离实际而无法选拔出具有真才实学的人才。这一批判最终获得了多数人的支持，包括了统治者本身的认可。1898年6月23日，光绪帝下诏废除八股取士制度，改试时务策论，并施行保荐人才制度，迈出了改革科举制度的步伐。三次论争交锋之后，本着应对现实挑战的目的，维新人士指出危机之时的当务之急，便是要更新民族品格，改造道德价值观念，以变革民族精神。在此意义上，古今中外，其意一也。"孔曰'改过'，佛曰'忏悔'，耶曰'认罪'，新之谓也。孔曰'不已'，佛曰'精进'，耶曰'上帝国近尔矣'，新而又新之谓也"①，强调的都是"改"弊产生的精神上的提升意义。塑造理想的民族品格，在维新人士看来，即是一种摆脱纲常伦理的压制而实现人的精神自由，破除惰性而因时通变，抛弃苟合而造就是非分明的新风尚。既包括方法论的更新，例如借助今文经学宣扬变法、援墨入儒、援西入儒等，又包括价值观的提炼，例如弘扬舍己救世的侠义精神、合"仁爱"与"兼爱"于一体的博爱精神等。谭嗣同是其中赫赫有名的代表人物，其称"周秦学者必曰孔墨，孔墨诚仁之一宗也"，又坚信"由是益轻其生命，以为块然躯壳，除利人之外，复何足惜。深念高望，私怀墨子摩顶放踵之志"②，最终求仁得仁，为推崇变法慷慨就义。

再次，儒学各派各显神通，助阵孔学复兴。道德内省，是儒家文化中的重要传统之一。早期维新派如曾国藩、李鸿章、郑观应等人最为肯定"克己慎独""主敬存诚""居敬穷理"等传统道德观，在道德

---

① 谭嗣同：《仁学》，吴海兰评注，华夏出版社2002年版，第58页。

② 谭嗣同：《〈仁学〉自序》，《仁学》，吴海兰评注，华夏出版社2002年版，第1页。

内省上最能体现用功之处。同时，为避免说大话、讲空话的迂腐与不切实际，内省之时，他们又注重实践效用，讲求经世之学。例如曾国藩就在义理、考据、词章之外加上了经济之学，称其为孔学内容之一，所谓"经济之学，在孔门为政事之科"[1]，且"经济之学，即在义理之中"，故而"自内焉者言之，舍礼而无所谓道德；自外焉者言之，舍礼无所谓政事"[2]。换而言之，以儒学之"礼"来统率道德和事功，才能体现孔学的真正精神，维护封建专制的统治秩序。再者，对于今文经学一派而言，龚自珍、魏源等人借经学以言政，并利用它来抨击腐败的社会现实，主张依现实需要进行"变法""更古"。康有为等人沿此思路，提出了"托古改制"的主张。此外，20世纪初，古文经学在章太炎、刘师培等人的发扬下再度复兴，依托顾炎武的"经世致用"传统来宣传民族主义思想。例如，以"论治"为目的，孙诒让组织了"兴儒会"，并提出了"以尊孔振儒为名，以保华攘夷为实"[3]的主张，表露出经世以挽救民族危亡的爱国热情。刘师培也指出，"欲考古代之史实，以证中国典制之起源，观人群进化之次第，不得不取资于经"[4]，认为传承古文经学的传统也是保教的方法之一。

需要强调的是，各流派所做出的复兴孔学之努力，并不是为了认证何为进步思潮，而是源于"时势"所需：直面三千年变局的现实，迎接其挑战，从孔学遗产中寻求救国的思想武器。整体而言，儒学无论哪个流派，均倾向于"经世致用"，包括常被诟病为空疏的宋学和琐

---

[1] 曾国藩：《"四学十书"为修养之基》，《曾国藩日记类钞》，安徽人民出版社2013年版，第24页。

[2] 曾国藩：《笔记二十七则·卷二·礼》，《曾国藩文集》第4册，九州图书出版社1999年版，第332页。

[3] 孙诒让：《兴儒会略例并序》，《光不灭：文学中的孙诒让》附录《孙诒让文选》，程德培主编，上海书店出版社2018年版，第409页。

[4] 刘师培：《论孔子无改制之事》，《国粹学报》1906年第2卷第11期。

碎的汉学。在传统文化的土壤中长出救国救民的大树，这是文化复古论者的思路；在国难的步步深重中，对民族文化进行重塑与改造，这是文化改良主义的主张。即便五四盛行反传统思潮，也从反面真实地反映了一个事实，那就是在确认固有的传统文化对于民族复兴无所贡献反而造成阻碍之时，对其进行激烈否定，正是基于强烈要求复兴民族国家的危机意识。总结性地说："倭仁这样的顽固派，张之洞这样的洋务派，谭嗣同以及陈独秀、鲁迅、胡适等这些自由派或全盘西化派，他们都有一个'保'字在里面，都是要肯定这个民族，要自我肯定，希望这个生命有很好的展现。区别只是在解决问题的时候，以哪个最为重要、最为关键，就是说价值排序不同。"①一语概之，只有深刻地解答现实问题，恢复儒者参与、投入的传统，重建有吸引力的精神人格，才能恢复儒学的感召力，完成"保国、保种、保教"的任务。

## 一、康有为：定孔教为国教

从百日维新到五四前后，是中国身处半殖民地半封建社会的谷底期。伴随急剧动荡的历史转型，中国大地出现了无法回避的信仰问题、道德问题和心灵秩序问题。信仰问题作为文化危机的本源，在晚清民初格外凸显。道德、礼俗的破弃，国家整体精神命脉的流失，使得国人对清王朝的现状流露出整体性的失望，焦虑与忧患也由此成为甲午战后思想界的普遍情绪，尤其对"中学为体"洋务纲领的可靠性以及儒家价值体系的普遍性表现出深刻的怀疑与反思。与现实相对应，这一时期的思想观念变动也最为纷繁，加之思想观念又连接着整个社会体系中的制度问题、经济问题，因此导致关于国家民族的话语重塑方

---

① 陈明：《保国、保种与保教：近代文化问题与当代思想分野》，《学海》2008年第5期。

案频出。具体地说，为回答时代赋予的现实课题，思索建构怎样的信仰，思想文化界提出了"精神救国论""道德救国论""宗教救国论"等各种解决方案。在此一语境下，由康有为倡导的"定孔教为国教"运动也应时而生。

康有为（1858—1927），原名祖诒，字广厦，号长素，又号更甡，广东南海人，是近代著名的政治家，也是最具时代意识的思想家之一。身处晚清文明危机之下，既深受传统文化的熏陶，又历经了欧风美雨的洗礼，康有为因此同时具备了两种深厚的文化素养，打开了试图融合中西文化的思想视界。"定孔教为国教"即是其思想体系中最为重要的一个部分，充分体现了康有为援西以入夏，重建民族文化信仰的抱负与热情。

"仆之急急以强国为事者，亦以卫教也"①，康有为打出"保教""卫教"的旗号，旨在创立"孔教"，将孔子奉为教主，并从宗教意义上去解释、推行孔学。尊孔在中国社会有长期传统，国人常称孔子为"至圣先师""文宣王"，并将其思想作为社会的伦理原则来信守。然而将孔学作为一种宗教信仰来推崇，使之与佛教、基督教诸教并称的第一人，当属康有为。其所称"孔教"，主要指的是将孔子的教诲和以孔学为原则的伦理教化宗教化，但内容仍强调以人伦教化为主。

康有为为何热衷于创立孔教？

从思想根源来看，其要有三。其一，与康有为的传统文化积淀有关。自小接受尊孔读经教育的经历，深深烙印在康有为思想体系的成型过程中。出生于"世以理学传家"的家庭，在浓厚的文化氛围浸染下，康有为少时所读孔孟之书已内化成尊孔意识，贯穿于其一生思想

---

① 康有为：《答朱蓉生书》，《康有为遗稿（戊戌变法前后）》上卷，上海人民出版社1986年版，第233页。

之内。试图借助宗教力量进一步崇奉孔学，是其尊孔思想的延伸和发展。其二，与康有为所受今文经学的影响有关。今文经学自董仲舒杂入阴阳五行、谶纬等学说神化孔子之后，就增加了神秘色彩。光绪十四年（1888），刚过而立之年的康有为上清帝万言书，希冀依靠皇帝维新变法，救亡图存。遭到失败后，他始"明今学之正"①，由此抛弃早年所从古文经学，转而利用今文经学中的神学色彩及材料，为其维新变法理论寻求理论根据。例如称孔子乃"黑帝降精"，"合鬼神山川、公侯庶人、昆虫草木一统于其教"②等。冯友兰评康有为此举"绝不是偶然"，即因为其"在今文学派中找到了充分的材料，足以把儒家建成符合宗教本意的有组织的宗教"③。其三，与康有为受到的宗教思想影响有关。晚清时期，纲纪式微，人心茫然，不知以何种精神力量加以凝聚。为了拯救人心以应对社会上的道德和信仰失落问题，众多知识分子试图从宗教例如佛教、基督教中寻求方案。"近日风俗人心之坏，更宜讲求挽救之方。盖风俗弊坏，由于无教"④，甲午战后，与儒家意识形态话语危机的认同相关，清末出现了"宗教热"。"宗教一事，乃成一如火如荼之问题"⑤，尤其是学佛成为一时风尚。"晚清思想家有一伏流，曰佛学"⑥，至民国初年，参与者众。此一现象出现的主要原因，在于思想家们看到了佛教的教旨教义在凝聚人心方面产生的重大

---

① 康有为：《康南海自订年谱》（影印版），《近代中国史料丛刊》第2辑，文海出版社1973年版，第19页。

② 康有为：《〈孔子改制考〉叙》，《孔子改制考》（上），吉林出版股份有限公司2017年版，第1页。

③ 冯友兰：《中国哲学简史·孔教运动》，《三松堂全集》第6卷，河南人民出版社2000年版，第272页。

④ 康有为：《上清帝第二书》，《康有为诗文选》，戴逸主编，巴蜀书社2011年版，第130页。

⑤ 马相伯：《宗教在良心》，《马相伯先生文集》，方豪编，上智编译馆1947年版，第29页。

⑥ 梁启超：《清代学术概论》，四川人民出版社2018年版，第83页。

影响，以及呈现出的"无用而为大用"的社会功能。除幼年曾受孔学影响之外，康有为亦"屏居西樵，潜心佛藏，大彻大悟；出游后，又读耶氏之书，故宗教思想特盛，常毅然以绍述诸圣、普度众生为己任"[1]。从佛教凝聚人心的力量，以及基督教的规则、仪式礼节中受到启发，康有为因而产生了模仿宗教建立孔教的想法，有意建立"一个基督教化的儒教"。

此外，康有为本人的主观意图也促成了他的"创教""保教"行为，主要体现于两个方面：一是为了抵制西方基督教势力的在华扩张渗透。鸦片战争后，西方传教士络绎不绝地大批来华，凭借坚船利炮的威胁以及不平等条约规定的保护，大肆扩张在华的基督教势力。由于中西文化的本质差异，也由于基督教的传教行为与武力侵略相绾结，故而酿成了一次次的社会冲突，甚至于上升为彼时严重的政治和外交问题。这一现象受到了以康有为为代表的维新人士的关注，同时也给他们带来了忧虑。为了抑制基督教迅速在华扩张这一局势，并寻求解决之策，康有为提出了创立"孔教"以与基督教相抗衡的主张。论目的，即是为了凝聚国人之心、之力，共抗时艰，共图救亡。他的一段话表意十分明白："臣实见数十年来，天主、耶稣各教横行，中土士民为其所诱者日多一日，寻至挟教力，以割吾地，弱吾国，其患不可胜言，皆由吾士民不知自尊其教，徒借孔子为干禄之具。故圣教微，而外教得而乘之，木腐生蠹，滋为可惧，故胪举历代帝王儒生所以尊孔子者，以告天下。"[2]二是为了"托古改制"的需要。从上书光绪帝到维新失败这一段时期，是康有为一生思想最为活跃的阶段。被梁启超比喻为"飓风"和"大地震"的《新学伪经考》和《孔子改制考》即

---

① 梁启超：《南海康先生传》，《梁启超传记五种》，百花文艺出版社2009年版，第290页。

② 康有为：《恭谢天恩，并陈编纂群书，以助变法，请及时发愤，速筹全局，以免胁制而图保存折》，《康有为早期遗稿述评》，黄明同等主编，中山大学出版社1988年版，第318页。

问世于此时。《新学伪经考》确立了孔学的真正精神，《孔子改制考》则是将孔学宗教化的集中体现。在此书中，为了论证孔子改制，康有为极力推孔子为万圣教主，并称这一做法有名有实："孔子有归往之实，即有王之实，有王之实而有王之名，乃其固然。"①为了"改制"，即需"托古"以正名，而"托古"是比打着孔子旗号更能激励人心的方法。提升孔子的地位，以便于使国人信服和顶礼膜拜，是康有为宣传变法思想的重要方法，目的即是"博征往籍，发明孔子变法大义，使守旧者无所借口，庶于变法自强，能正其本，区区之意，窃在于是"②。

实践总是思想的最好体现。在著书立说之外，康有为又通过创办、成立学会，"讲中外之故，救中国之法"③。1891年，康有为已经明确将孔学视为一种宗教，称："日夜穷孔子之学，乃得非常异义，而后知孔子为创教之圣，立人伦，创井田，发三统，明文质，道尧舜，演阴阳，精微深博，无所不包。仆今发明之，使孔子之道有不借国力而可传者。但能发敷教之义，宣扬布护，可使混一地球（非宣扬则亦不能，故今最要是敷教之义）。"④1895年，上海强学会成立，康有为以"保教"作为号召口号，阐明"凡吾神明之胄，衣冠之族，思保其教，思保其类，以免为象驼牛马之受槛絷刲割，岂无同心乎？抑其甘沦异类耶？"⑤之缘由。在《章程》中，他强调设立强学会之目的，即是为了

---

① 康有为：《孔子为制法之王考》，《孔子改制考》（上），吉林出版股份有限公司2017年版，第199页。

② 康有为：《恭谢天恩，并陈编纂群书，以助变法，请及时发愤，速筹全局，以免胁制而图保存折》，《康有为早期遗稿述评》，黄明同等主编，中山大学出版社1988年版，第317页。

③ 康有为：《长兴学记·按》，《康有为全集》第1集，上海古籍出版社1987年版，第546页。

④ 康有为：《答朱蓉生书》，《康有为遗稿（戊戌变法前后）》上卷，上海人民出版社1986年版，第233—234页。

⑤ 康有为：《上海强学会后序》，《强学报》1895年第1期。

"以广见闻，而开风气，上以广先圣孔子之教，下以成国家有用之才"①。1897年，康有为又在广西组织圣学会，同样拟定其学会宗旨为"尊孔教救中国"，也即"专以发明圣道，仁吾同类，合官绅士庶而讲求之，以文会友，用广大孔子之教为主"②。1898年，康有为等第二次上书光绪皇帝，再次请求依据儒家学说建立宗教，尊孔子为教主，以抵制耶稣教入侵，重建民族自信和民族精神，达到"保国、保种、保教"之目的。受其影响，福建举人林旭等在上书折中，重点强调了"保教"与"保国"之关系："教者，国所与立。故彼族利之人民土地，则思以其教易人之教，教存则国存。"③康有为则在此基础上提议："今宜改礼部为教部，以发明孔子之道为主。日讲君臣、父子之义，忠爱之道，定集会教徒，讲说教义，结教会之例，定两教之律，及判讼之例，庶几吾教明，而教案易办也。"④这一倡导开孔教会以保孔学地位的方案先河，是康有为"维人心而励忠义"的思想体现。尽管这一主张最后并未能够被采纳和推行，但却引起了重大的社会反响，对维新运动的开展起到了积极的推动作用⑤。

将儒教立为宗教之一，让儒教从现世的贫弱中解脱出来，既是康有为提出的一种摆脱社会现实困境的尝试，也是他不满于"中体西用"缺失变革彻底性而进一步在宗教视野下的推进与应用。1912年，康有为在上海成立"孔教会"，正式拉开了国教运动的帷幕。经袁世凯北洋

① 康有为：《上海强学会章程》，《强学报》1895年第1期。

② 康有为：《两粤广仁善堂圣学会缘起》，《时务报》1897年第30期。

③ 林旭等：《为圣像被毁，圣教可忧，请饬总理衙门责问德人公呈》，《辛亥革命史事长编》第2册，严昌洪主编，武汉出版社2011年版，第45页。

④ 康有为：《日本变政考》卷四按语，《康有为早期遗稿述评》，黄明同、吴熙钊主编，中山大学出版社1988年版，第136页。

⑤ 参看赵春晨：《论戊戌时期康有为的"创教""保教"主张》，《汕头大学学报》1989年第3期。

政府的保护与推波助澜，这一运动很快便在半殖民地半封建的中国蔓
延开来。严复、梁启超等时代的启蒙者后来也参与其中，足见它所产
生的巨大影响力。孔教会从宗教视野切入维新变法，旨在进行话语重
建，"一则欲以宗教挽回人心，二则欲以保存东方固有之文明"①，如康
有为所述："万国自小蛮夷，莫不有教。嗟乎！天下岂有无教而可为国
者哉？"②在此意义上，康有为、陈焕章等人扮演的是既保留儒学教化
主旨又使其发生变化的时代使者角色。

那么，接下来的问题是，康有为是如何将孔教上升为国教高度的？

康有为的思想体系前后经历了三个阶段，可以概括为：早期尊周
公，崇《周礼》，推崇君权独尊思想；中期借孔子改制立"孔教"，尊
《公羊》，创立公羊三世说；晚年归宿大同，撰《大同书》以宣扬新道
德进化论。如上所述，中期思想是康有为思想体系中关于维新变法思
想的集中体现，也是其最具社会影响力的思想。《新学伪经考》和《孔
子改制考》"'两考'一破一立。破是为追究造成中国衰落的根由所进
行的历史反思与批判；立则是为挽救近代中国的危机所寻求的中国富
强的药方"③。从这两本代表性的著作中，可以窥见康有为立孔教为国
教的思想逻辑。

首先，基于一种理性自觉，康有为在《孔子改制考》《新学伪经
考》中对古文经学体系进行了梳理和厘正。孔子殁后，儒学一分为八，
是以孔学并不等同于儒学。但由于在整个封建王朝时代，社会整体形
态未变，儒家形态的变化也仅仅表现为自身形式的调适，并不涉及发
生民族危机的问题。甲午战后，面对外来文化的冲击和挑战，儒学跌
落神坛，徘徊在生死存亡的边缘，已经不是依靠自身调适就能够解决

---

① 张东荪：《余之孔教观》，《庸言》1913年第1卷第15期。

② 康有为：《孔教会序》，《宗圣汇志》1913年第1卷第1期。

③ 黄开国：《康有为思想发展的三阶段》，《河北师范大学学报》2020年第4期。

的问题，而是亟须在儒家体系之外寻求救弊之方法。康有为认识到帖括之学和考据学无以达成救国济世之用，不能在救亡时刻振作民族精神，医治社会疾病，由此主张跳出旧文化思维，向传统复归，尊孔述孟。

康有为认为，因国人所尊奉的孔子经典之释义与阐释皆出自汉代刘歆之手，后世所谓的"汉学"皆承此赝伪之作而来，在学术上"夺孔子之经以与周公"，从而弱化了孔子的地位，使得"公羊之学废，改制之义湮，三世之说微，太平之治，大同之乐，暗而不明，郁而不发"①，在政治上也带来了"任奄寺，广女色，人主奢纵，权臣篡盗，是尝累毒生民、覆宗社者矣"②的消极影响。唯有剔除这些附会孔子的赝伪之作，才能恢复孔学和圣人之道的真面目。换而言之，古文经学赋予儒家经典的合法性被康有为所否定，而代之以今文经学。"孔子大义之学，全在今学"，故而需要"去古学之伪，而求之今文学"③。何为真正的不加穿凿附会之意的孔学？经过考证，康有为只承认《诗》《书》《礼》《乐》《易》《春秋》之"六艺"为孔子所作，指出："孔子之为教主，为神明圣王，何在？曰：在'六经'。'六经'皆孔子所作也，汉以前之说莫不然也。学者知'六经'为孔子所作，然后孔子之为大圣，为教主，范围万世而独称尊者，乃可明也。"④一方面，称孔子作"六经"，康有为有意重新确立孔子之道，突出了其"拨乱世，致

① 康有为：《〈孔子改制考〉叙》，《孔子改制考》（上），吉林出版股份有限公司2017年版，第2页。

② 康有为：《新学伪经考》，吉林出版股份有限公司2016年版，第2页。

③ 康有为：《礼运注叙》，《宗圣汇志》1913年第1卷第5期。

④ 康有为：《六经皆孔子改制所作考》，《孔子改制考》（下），吉林出版股份有限公司2017年版，第256页。

太平"①的社会功用；另一方面，提升孔子的独尊地位，也为康有为倡
导改制立法找到了理论支撑。

　　真正的孔学以"六经"为载体，在康有为看来，其中占据核心地
位的是《春秋》。"《春秋》所以宜独尊者，为孔子改制之迹在也。"②
在周王朝日渐衰亡之时，孔子作《春秋》，"受命"改制，意在改变
"衰周之弊"。康有为"托古"孔子的意图因此表现得十分明确，即，
借孔子作《春秋》之名为宣扬维新改制树立名号。康有为自述理由，
曰："布衣改制，事大骇人，故不如与之先王，既不惊人，自可避
祸。"③意即，托孔以改制，既是为了在特殊的时代背景下借用孔子的
影响力宣扬变法思想，也是为了震慑和警醒那些守旧腐儒不可继续故
步自封，不思改进。非托孔不足以立言、广说和成大事，皆因"中国
重君权，尊国制，猝言变革，人必骇怪，故必先言孔子改制，以为大
圣人有此微言大义，然后能持其说"④。如马克思所说："一切已死的
先辈们的传统，像梦魇一样纠缠着活人的头脑。……恰好在这种革命
危机时代，他们战战兢兢地请出亡灵来为他们效劳，借用它们的名字、
战斗口号和衣服，以便穿着这种久受崇敬的服装，用这种借来的语言，
演出世界历史的新的一幕。"⑤

　　康有为继续指出，《春秋》虽有《公羊传》《穀梁传》《左传》之

--------

① 康有为：《六经皆孔子改制所作考》，《孔子改制考》（下），吉林出版股份有限公司2017
年版，第256页。

② 康有为：《桂学答问》，《变法以致升平——康有为文选》，谢遐龄编选，上海远东出版社
1997年版，第151页。

③ 康有为：《孔子改制托古考》，《孔子改制考》（下），吉林出版股份有限公司2017年版，
第283页。

④ 皮锡瑞：《师伏堂未刊日记（1898年5月26日）》，《湖南维新运动史料》，尹飞舟编，岳
麓书社2013年版，第743页。

⑤ 〔德〕马克思：《路易·波拿巴的雾月十八日》，《马克思恩格斯选集》第1卷，人民出版
社1995年版，第585页。

分，但唯有《公羊传》独得圣学之精义，承传《春秋》之经脉。在发掘《公羊传》之重要性的路径上，董仲舒因肯定孔子改制的价值意义，而被康有为视为孔学的正宗传人，阐释《公羊传》的标杆。按其所述，"《春秋》之意，全在口说。口说莫如《公羊》，《公羊》莫如董子"①。意在表明，学《春秋》不知孔子改制义，就失去了《春秋》本身的价值和意义。如同孔子假托尧舜文王以宣传政治理想一样，康有为假托孔子以宣扬变法思想也由此具有了合理性。学《公羊传》亦如是，"读《公羊》先信改制，不信改制则《公羊》一书无用之书也"②。这也为康有为进行维新变法，洞察中国传统政治之得失，探寻西方"治乱强弱"之因找到了理论依据。一言蔽之，为发现"圣道"，提升"孔学"地位，康有为修筑了一条从"六经"到《春秋》再到《公羊传》的阐释路径。

其次，基于一种时代意识，康有为将孔学宗教化，论证儒学为孔子所创立的一种宗教，而不是一般的思想学说。为恢复孔子的教主地位，重新发明孔教教旨、教义，康有为对公羊学进行了改造，以此阐述"教化"的重要性，并将"教化"归结于类似"宗教"的作用，继而将其转化为政治行为的方案。在西方，宗教或可归于国家意志体现的目的，在近代中国，更具体地说，在以康有为、谭嗣同等为代表的维新知识分子这里，宗教仅是一种关于国家治理和话语建构的手段。康有为主张将原本不是宗教的儒学变成宗教，即是主张化用基督教教会的形式，高举宗教的旗帜以弘扬孔学，但意味深长的是，此举又并不以宗教本身为依归，对于维新之辈而言，毋宁是将儒学从现实的衰

---

① 康有为：《孔子改制考二》，《康有为全集》第2集《万木草堂口说》，姜义华、吴根梁编，上海古籍出版社1990年版，第295页。

② 康有为：《讲公羊》，《康有为全集》第2集《南海师承记》卷二，姜义华、吴根梁编，上海古籍出版社1995年版，第585页。

颓中解救出来的方法之一。定孔教为国教，实则是借着宗教的名义，宣扬作为"国魂"的孔子精神。康有为肯定"国魂"作为精神凝聚力的作用，认为孔子精神是中华民族得以延续不息的载体，有之则国存，无之则国亡。保存中华民族的"国魂"意义巨大，"能为万里一统之大国"，"能为四万万之人同居之大族"，"能保五千年之文明"[①]。也就是说，保存以孔学为核心的礼教、国粹，能够在文化冲突中捍卫民族文化在本土的主导位置，至少能够让国人不会在精神上沦为西方文明的奴隶。很显然，这是一种朝向传统文化的精神回归。更重要的是，这一回归又赫然与道学家的阐释有异。康有为在其中加入了自由、平等、博爱的内容，旨在使得国民渐渐明白平等、民主之理，渐备博爱、公心之德，"庶几人心有归，风俗有向，道德有定，教化有准，然后政治乃可次第而措施"[②]。经过其改造后的孔教内容，保留下来的并非"三纲五常"的封建伦理，而是融合了西方政治思想和人文精神的文化模式。

用传统的今文经学来容纳西方近代文化，以旧文化宣扬新思想，是康有为阐释并改造孔学内容的方法之一。在宣扬变法及维新失败后流亡日本之时，康有为内观中国局势，外察日本改革成效，意识到学习西方能挽狂澜于大厦将倾，由此视西方科学技术以及人文精神为挽救社会危局的救世良方。其一，康有为有意将西方政治中的进化论、民主制度等与儒家经典联系起来，以此作为论证中国可以构建君主立宪政体的理论支撑。在重新解读《论语》《孟子》《中庸》及《礼记》中的《礼运》篇的基础上，他构建了一个融合政治、思想和社会现实于一体的完整学术体系。例如，在阐述其三世进化说时，他沿用的就

---

① 康有为：《〈中国学会报〉题词》，《孔教会杂志》1913年第1卷第2期。

② 康有为：《以孔教为国教配天议》，《变法以致升平——康有为文选》，谢遐龄编选，上海远东出版社1997年版，第571页。

是这一思路："孔子之为《春秋》，张为三世：据乱世则内其国而外诸夏，升平世则内诸夏而外夷狄，太平世则远近大小若一，盖推进化之理而为之。"①意即，人类始初生活在乱世，那时"文教未明"，君主专制的实行恰逢其时；之后社会进入升平世，人类"渐有文教"，由此实行君主立宪制；此后社会步入太平世，"文教全备"，民主共和制由此正当时。这一阐述方式凸显了康有为结合经世思想和时代特色的理论特点。其二，康有为援西入儒，将西方的政治和人文精神引入其孔学体系之中，提出了近代中国需要直面并解决的若干问题，开启了新的思想启蒙时代。例如，援天道以论人道。在《大同书成题词》中，康有为提出"人道只求乐，天心惟有仁"②，且"若名之曰人，性必不远。故孔子曰：'性相近也'。……夫'相近'则'平等'之谓，故有性无学"③，认为人权天然平等是孔学之"仁"的精华。此外，他还发挥西政中"天下为公"之论，认为其与孔学"大同"之说无异："公者，人人如一之谓，无贵贱之分，无贫富之等，无人种之殊，无男女之异。分等殊异，此狭隘之小道也；平等公同，此广大之道也。"④为辟除夷夏之分的狭隘民族观念，康有为还认为要将孔学中的仁爱心扩展到"四夷"，直至遍及全人类，因"人道之仁爱，人道之文明，人道之进化，至于太平大同，皆从此出"⑤。继而，他进一步推断"爱及四夷，是太平一统之大道，后世专言攘夷者，未知此也"⑥，认为如此或

---

① 康有为：《论语注》卷二，中华书局1984年版，第28页。
② 康有为：《大同书成题词（三首）》，《康有为诗文选》，戴逸主编，巴蜀书社2011年版，第75页。
③ 康有为：《长兴学记》，《变法以致升平——康有为文选》，谢遐龄编选，上海远东出版社1997年版，第122页。
④ 康有为：《礼运注》，《变法以致升平——康有为文选》，谢遐龄编选，上海远东出版社1997年版，第172页。
⑤ 康有为：《〈孟子微〉总论》，《康有为文集》，线装书局2009年版，第297页。
⑥ 康有为：《君等》，《春秋董氏学》，广西师范大学出版社2016年版，第360页。

可挖掘对抗西方文明的有效方法。

　　事实上，康有为援西入夏的救国主张并未达成目的，加之其所具有的明显功利性，因此也受到了众多批判。有人称此举为"孔学其表，西学其里"，如叶德辉所斥："康有为隐以改复原教之路得自命，欲删定六经，而先作《伪经考》，欲搅乱朝政，而又作《改制考》，其貌则孔也，其心则夷也。"[1]梁启超也认为立孔教仅是一时的权宜之计，因时促而力薄，远逊于基督教的渗透力度，如其所言："耶教之入我国数百年矣，而上流人士从之者稀，其力之必不足以易我国明矣，而畏之如虎，何为者也？至各国政府与乡里莠民之利用此教以侵我主权，挠我政治，此又必非开孔子会、倡言保教之遂能抵抗也。"[2]通俗地说，如果说洋务时期的张之洞意在为年老失修的儒学圣像整旧如新，在破旧之处糊上西学的泥巴，使其重新光鲜起来，但内在仍是圣像原身；康有为则是破旧塑新，首先将儒学这尊圣像全部敲碎，再将之与西泥混合在一起，重新塑造一个新的圣像。虽然圣像的名号不变，但内在已非原本圣像本身。这也解释了"中体西用"说与"即中即西"说何以有别。再者，康有为将孔学宗教化这一点也广受诟病。严复称"教"不必保，黄遵宪也称宗教化乃创"教"之谬，皆因宗教色彩极易造成狭隘的门户之见，在民族危机之时，极不利于团结广大群众。不仅康门弟子对此说持有怀疑态度，帝党和洋务派更是将之视作王朝之痈疽。翁同龢、张之洞等人对康有为打出孔子旗号以缓和顽固派对维新运动的反对态度这一举措极为不满，痛恨康有为利用和亵渎了圣人之道，甚至于请求"皇上当斩康有为、梁启超以塞邪慝之门，而后天下人心

---

　　①　叶德辉：《与刘先瑞、黄郁文两生书》，《湖南维新运动史料》，尹飞舟编，岳麓书社2013年版，第862页。

　　②　梁启超：《保教非所以尊孔论》，《梁启超全集》第2册，北京出版社1999年版，第767页。

自靖，国家自安"①。的确，中国原本就是宗教观念意识淡薄的国家，尤其是面对呼唤民主、科学和思想解放的世界潮流之时，寄希望于借助宗教之力达到变革中国固有传统的目标，显然是不合时宜也自不量力的。维新派变革主张的提出，显露出了脱离时代的缺陷。即使他们所借助的对象是先圣孔子，也同样因不切实际而无力应对社会现实。这也表明，由孔教运动引发的思考，非单纯的复兴途径问题，亦非纯粹的信仰问题，而是涉及国家重塑的话语重建问题②。

## 二、严复："合群进化"，自强保种

到底何种社会力量在决定国家强弱中发挥关键作用，成为甲午战后清末思想界的重要议题。争论的焦点最终集中在探讨"国家"和"国民"的关系上。思想家至少在一个意见上形成了共识：散漫性是造成中国积弱的一个重要原因。从纵向之"国"与"民"的关系角度看，上作而下不应，君倡而无群合，是故虽有善政，莫之能行。从横向的"民"与"民"的关系角度看，人各顾私，损彼而利己，无"合独而成群"的团结意识。民族构成"群"的集中体现，"群"又将"国"的独立作为重要内容，因此，解决民族危机需要民族自强，而自强首先得保卫自己的种族不灭亡，要使种族不灭亡则要建立国人的"合群"意识。在彼时先进的知识分子代表维新派看来，若想摆脱听人驱使、任人宰割的沦亡之险，就要"保人民种类之自立"。反而言之，身处民族危机之时，若全族人民"各有爱国之心"，且"同力合志，联一气而御

---

① 曾廉：《应诏上封事》，《湖南维新运动史料》，尹飞舟编，岳麓书社2013年版，第153页。

② 参看薛玉琴、刘正伟：《国教运动与近代话语转向》，《中国社会科学》2020年第5期。

外仇"，民族就有复兴的希望①。

考察当时思想界最重要的人物在这个方面的论述，我们可以窥见相关讨论的基本面貌。

康有为很早就发现"合群"之于保国、保教的重要性，有意识地提出了"合群"主张。早在甲午战争之前，他就开始探讨"生物之源，人群之合"的道理。1890年，康有为在第一次公车上书失败之后，基于立孔教为国教之意图，开始将孔学内容与"国家"概念联系在一起，称"孔子改制之意，仁道合群之原"，向弟子阐述其意并广以宣扬②。梁启超在《康有为传》中曾提及，1891年康有为在广州长兴里万木草堂聚徒讲学之时，已经将群学加入其经世之学列表中。在论述强学会成立缘由时，康有为如此进行概述："思开风气，开知识，非合大群不可，且必合大群而后力厚也，合群非开会不可。"③在康有为的影响下，梁启超也积极宣传"群"学，并以其文化先锋的影响力发挥了重要作用。提及"合群"之效，他指出"以物竞天择之公理衡之，则其合群之力愈坚而大者，愈能占优胜权于世界上"④，并认为只有讲求"合群之道"，"常肯绌小群而就大群"，也即优先顾及"大群"的利益，国家才能形成强大有力的群体以抵御外侮。在康、梁等人的影响下，甲午战后，"合群"思想在中国大地上传播开来。其中最具代表性的主张，是严复提出的"合群进化"思想。

① 参看严复：《原强》（修订稿），《论世变之亟——严复集》，胡伟希选注，辽宁人民出版社1994年版，第42页。

② 参看康有为：《康有为生平及著作年表》，《康有为经典文存》，洪治纲主编，上海大学出版社2003年版，第303页。原文：（1890年）4月，陈千秋来从学，告以孔子改制之意，仁道合群之原，破弃考据旧学之无用，人自猿猴变出等观点。

③ 康有为：《康南海自编年谱》，《戊戌时期教育》，陈元晖主编，上海教育出版社2007年版，第137页。

④ 梁启超：《十种德性相反相成义》，《梁启超全集》第1册，北京出版社1997年版，第429页。

　　严复（1854—1921），字几道，福建侯官（今福建闽侯县）人，近代著名的维新派思想家。他自幼学习西学，14岁即入福州船政学堂学习，长于从西方近代学术的视角来审视中国社会濒临灭亡的原因。"合群进化"思想就是他在审视过程中提出的危机应对方案，侧重于从社会学的角度进行系统阐述。

　　首先，何谓"群"？

　　"群"的思想发端于荀子。"人能群，彼不能群"，这是人与动物之间的根本区分，故而"人生不能无群"①，否则"离居不相待则穷"②。通俗地说，"群"意即"合群"，指团结合作。这一思想尽管一直保留在儒家学说中，但直到近代才被重视和应用。有学者指出，晚清"群"概念的流行与中国面对的迫切的、全面的改革任务相关，也即与恢复文化的活力和国家机制的良好运转相关③。

　　近代对"群"的界定有多重说法，大致说来，可以分为：种族之群、宇宙之法则、秩序与制度之群以及政治组织和社会团体之群。无论是哪种类型，"群"在维新派的思想中都有着重要地位。如梁启超所言，"群"是"天下之公理"，规定的是人与自然、社会、国家和个人以及彼此交叉关系的普遍法则。从进化论视角观之，"群"也是社会进化的重要特征。从学术角度观之，各种不同的知识门类都不过是"群术"。因此，维新派研究和阐述"群"，寻求的即是"合群"之术，意即要使民德相合，"会同志之力"，"合大群而力厚"④。在他们的理论阐述中，"合群"之义可以被归纳为几个层面的内容综合：一是政治整

---

　　① 荀况：《荀子·王制篇第九》，《荀子》（二十卷），杨倞注，清抱经堂丛书本。

　　② 荀况：《荀子·富国篇第十》，《荀子》（二十卷），杨倞注，清抱经堂丛书本。

　　③ 参看汪晖：《现代中国思想的兴起》（下），生活·读书·新知三联书店2003年版，第887页。

　　④ 康有为：《康南海自编年谱》，《近代中国史料丛刊》第2辑，第34页。

合问题。"合"在此处以动词释义，"凝聚"之意，即，将处于分散状态的个人或集体以某一标准集合在一起，成为一个具有凝聚向心力的政治实体。在晚清维新期间，这个凝聚标准是文化，并建立在以进化论为基础的社会功能理论之上。二是政治参与问题。维新派认为，封建纲常礼教所内含的等级秩序将人以尊卑上下、亲疏远近的标准进行划分，使得人被君威和权威所主宰，出现了政治上"服一王之制"，思想文化上"守一先生之言"的社会现象①。不仅培育了愚忠之国民，也使得自私自利的观念成为不良传统。在维新派思想中，它被认为是造成中国积弱的原因之一。在这样的"群"中，君是主体，"合群"不过是君主御民之术的一种。然而，以近代西方所定义的"群"之观念来看，"合群"即是一种公理制度。"群"成为一种公事，需要由"民"通过各种各样的形式参与其中。除设议院以彰显民主之外，还要引导学会和士绅阶层参与进来。三是民族国家建构的问题。以民族救亡为前提，在保国、保种及合群思想的影响下，近代知识分子将民族矛盾的中心从满汉冲突转移到中外冲突上来。满与汉不再是冲突双方，而是一种合群关系。在民族危机面前，适者生存，"天演之事，将使能群者存，不群者灭，善群者存，不善群者灭"②。如果不能"群"，国家和民族就要灭亡。本着这一精神，维新派因此倡导国家应该效仿西方，"立裁满汉之名，行同民之实"③，合力群心而成一个新的民族国家。

严复论"群"，大体也是这一整体思路的延伸。在论文《原强》、译著《群学肄言》《群己权界论》《天演论》等书中，他对群的概念、含义、内容、地位等做了大量的分析和阐述，尤以《群己权界论》的

---

① 参看梁启超：《致康有为书》，《梁启超文集》，北京燕山出版社1997年版，第700页。

② 〔英〕赫胥黎：《天演论》，严复译，贵州教育出版社2014年版，第45页。

③ 康有为：《为请君民合治，满汉不分，以定国是而一人心，强中国折》，《戊戌变法文献资料系日》，清华大学历史系编，上海书店出版社1998年版，第897页。

阐述最为集中。"今夫士之为学，岂徒以弋利禄、钓声誉而已，固将于正德、利用、厚生三者之业有一合焉。群学者，将以明治乱盛衰之由，而于厚生之事操其本耳。"①整体而言，严复的思想可以被认为是以"群学"为中心建立起来的、以"群"的等级关系为基础的结构功能系统。

其一，一般说来，"群"的概念有几种不同分类。一是指广义的人类社会。"盖人之所以为人者，以其能群也。第深思其所以能群，则其理见矣。"②以自然进化论作为依据，严复认为"群学"之"群"指的是有别于"生学"之"生"的概念，也即有别于生物群体的广义人类社会。二是指国群，也就是通常被称为国家意义上的人类社会。三是指与国家分立的市民社会，是一个社会秩序中的非政治领域。四是指政治国家，也即在与市民社会构成政治二分的基础上，政治国家被认为是国民权力最集中的体现。

《群己权界论》中所阐述的"群"主要指向后三个分类。"国群"之说代表着严复论说"合群"思想的立意宗旨。从此一层面进行阐述，严复意在有效地"裁抑治权之暴横"，基于认为实现民族解放与实现个体自由同等重要的预设，主张"使小己与国群，各事其所有事，则二者权力之分界，亦易明也"③。在这个意义上，严复也将"国群"视为文明之义，认为它既是一种现实的伦理价值观念的彰显，同时也代表着一种基本的政治原则和政治主张。荀子思想中"群"与"君"相结合的思想，在严复的思想中已经转化为"群"与"国"的结合。将国

---

① 严复：《译〈群学肄言〉自序》，《论世变之亟——严复集》，胡伟希选注，辽宁人民出版社1994年版，第122页。

② 〔英〕赫胥黎：《天演论》，严复译，贵州教育出版社2014年版，第49页。

③ 〔英〕约翰·穆勒：《论自由·论国群小己权限之分界》，《天演论 论自由》，严复译，江西教育出版社2018年版，第169页。

家视为"积民而成"，严复在此重新厘定了统治者与国民的关系。"市民社会"之说主要在社会舆论批评层面展开。严复认为，纲常伦理并不能站在强势立场，以自己作为尺度来衡量个体思想言行是否合乎规则，也即不能以此作为价值标准将与众不同、特立独行的人或行为视为异端，否则就是社会治权的暴横。以特点而论，市民社会之"群"具有典型的民间性、自治性和志愿性。至于"政治国家"之"群"，实则指的就是政府。严复指出，政府不是权力的所有者，而是治理国民的代行机构。以君主为首的封建朝廷与国民之间，实则是一种"通工易事"的契约关系，统治者执掌的不过是国家的某一个具体权力。基于这一认识，严复建议要将原来封建社会各项为皇帝一人操守的大权逐渐分解在不同的机构中，论最佳选择，即是按照西方的模式设立议会。

其二，"群"对于自强保种的重要性体现。严复认为，"能群""善群"是人类超越生物界的优胜之处。正是植根于这一特性，人类才能建立互通有无的经济生活和社会规范体系。赫胥黎物竞天择的天演规律主张"任人为治"——通过社会规范来制约人们危害社会的竞争行为，强调去除社会对人的束缚，主张通过自由竞争而实现自由，进而结合成具有"合力"的社会群体。严复极为肯定这种"善群进种之至术"，认为这一思想是国家强盛、种族进化的要旨。他将赫胥黎的思想概述为"尚力为天行，尚德为人治，争且乱则天胜，安且治则人胜"①，认为灌注在其中的人的主观能动性，十分注重"自强保种"之功能，而这对于当时正处于内忧外患的脆弱中国而言，有着重要的理论指导实践的意义。依严复所论，国家和国家之间通过"物竞天择"展开竞争，因此需要团结全体国民群策群力以增强竞争力，实现"能

---

① 〔英〕赫胥黎：《天演论》，严复译，贵州教育出版社2014年版，第100页。

群"之效用；国家内部尽管也不可避免地存在着竞争，但可发挥"善相感通之德"，最大程度地以道德制约为准则进行，以不危害社会的自由竞争实现"善群"之效用。由此，他认为在保障社会共同利益的前提下，实现自由、平等可极大促进社会的"合群进化"。"以自由为体，以民主为用"的西方模式可以促使民众"各殚智虑""争驰并进"地开展竞争，从而推动社会进步，最终实现国家独立、民族复兴①。

强调发挥竞争的主观能动性，实则也是对不思进取之思想传统的反对。针对文化顽固派逆来顺受、否定进取图强的观点，严复表达出了强烈的愤怒之情。一则辩驳了将自由误认为无限制的为所欲为的看法，二则批判了"争者，人道之大患"的愚民主张，三则表达了对国人以毫无地位可言的奴隶身份碰撞西方文化极大可能造成"无以遗种"后果的忧虑。在他看来，物竞天择是无情的普遍法则，在时代滚滚向前的车轮中，停步或倒退，抱着"不事事而听其自至"的态度而实现立足于列强争霸的世界之宏愿，无异于天方夜谭。

其次，何以"合群"？

维新派对"群"进行阐述，其核心主要在于寻求"合群"。百日维新时期，重"群"思想将"合群"作为思考解决中国政治问题的基础。严复看到，自儒家定于一尊以来，近代以前，国人将天下和国家概念混为一谈，也没有形成对国家和朝廷概念的区分，反倒具有根深蒂固的"夷夏之别"思维。在不停被灌输的君权神授、尊卑贵贱的观念中，国人并不重视自己的自由和权力，也不关注国家大事和世界局势，亦无意论证君主与国民之间的民主关系。由此，在近代世界大变革面前，一切与自由、民主相悖的言论和观念，例如"不在其位，不谋其

---

① 参看严复：《原强》，《论世变之亟——严复集》，胡伟希选注，辽宁人民出版社1994年版，第16页。

政"①，"位卑而言高，罪也"②等，都以一种巨大的惰性姿态成为中国社会进步的思想阻碍。为救亡图存，严复因此提出"合群"思想，主张通过以下方式解决国人一盘散沙的思想状态。

其一，将"群"学作为众多学科的首要学科。受到斯宾塞社会学思想的影响，严复建议将各科知识都归入"群学"体系之中："群学之目，如政治，如刑名，如理财，如史学，皆治事者所当有事也。"③并在译文《国计学甲部》（残稿）中案曰："彼谓凡学之言人伦者，虽时主偏端，然无可分之理，宜取一切，统于名词，谓曰群学。"④借荀子的同名之书来为自己翻译的斯宾塞著作命名（《斯宾塞尔劝学篇》，后改名《群学肄言》），也明白地彰显了严复的治"群学"宗旨："《劝学篇》者，勉人治群学之书也。"此处之"学"包括了几乎所有的自然科学知识，"大抵欲达所见，则其人于算学、格致、天文、地理、动植、官骸诸学"⑤。在《原强》中，严复也早已指出，欲治群学，必先有事于数、名、力、质、天、地、人诸学，并认为这些学科即西学之枢纽，故而成为其重"学"的核心内容，同时彰显它在本土思想资源中的理论依据。"严子所译著，大半言群治，而是书实为先导。"⑥对于以求中国之"治"为目的严复而言，"群学"的地位不仅是其治学核心，而且还勾勒了"夫唯此数学者明，而后有以事群学，群学治，而

---

① 陈祥道：《论语・泰伯第八》，《论语全解》卷四，清文渊阁四库全书本。

② 《孟子・万章章句下》，《孟子》（十四卷），赵岐注，四部丛刊景宋大字本。

③ 严复：《西学通门径功用说》，《国闻报汇编》1903年上卷。

④ 严复：《"国计学甲部"（残稿）按语》，《严复集》第4册，王栻主编，中华书局1986年版，第847页。

⑤ 严复：《严复致汪康年》，《戊戌变法文献资料系日》，清华大学历史系编，上海书店出版社1998年版，第724页。

⑥ 高凤谦：《订正〈群学肄言〉序》，《群学肄言》，〔英〕赫伯特・斯宾塞著，严复译，北京时代华文书局2014年版，第17页。

后能修齐治平，用以持世保民以日进于郅治馨香之极盛也"①的美好蓝图。这也意味着，严复向西方寻求的不止是自强的表象，而且还有表象背后的源头——自然科学甚至是社会科学："故学问之事，以群学为要归。"②由此也构成了对儒家道统与治统典范性的挑战。

其二，重视文化传统的作用。如其他群学家一样，严复也认为文化是群体连接的纽带。"没有一定的群体为表现形式，文化也就成为虚无。文化中积累起来的历史、传统、思维、语言以及集体的无意识通过世世代代的传递已经深入到了人们心灵之中，成为组织和动员民众的重要力量。"③继承重视伦理的文化传统，特别是儒家的思想文化主张，是维新派"合群"思想的重要内容之一。也是在这个意义上，康有为提出"保教"思想，号召以孔学精神影响国人生活。梁启超在《清议报》发表《少年中国说》一文，亦意在"激民气之暗潮"，激发国人将自己的前途命运与国家命运紧密联系起来。其中蕴含的责任意识和使命担当精神，无疑也是文化传统精神的延伸。需要指出的是，面对文化传统，维新派并非固守，而是吸收新的思想文化对其加以改造，以维护文化在民族和国家整合中的作用。他们认识到，顽固派死守文化传统，不对其进行一丝一毫的应时变通，以及激进派彻底否定文化传统，采用全面西化的方式改造"群性"的做法，均不能适应当下的时代背景，亦不能真正达到"合独而群"的目的，反而会在思想上带来分裂。在严复看来，儒家经典及其精神体现可为现代学术寻求思想言说上的合法性，例如强调《中庸》《大学》的"格致"之义，即

---

① 严复：《原强》，《论世变之亟——严复集》，胡伟希选注，辽宁人民出版社1994年版，第10页。

② 严复：《原强》（修订稿），《论世变之亟——严复集》，胡伟希选注，辽宁人民出版社1994年版，第24页。

③ 常士闾：《从隆君到重群——以清末维新派思想为例》，《河北师范大学学报》2012年第1期。

是为"群学"知识分类寻求理论依据。饶有意味的是，严复长于发现
文化误区，如"八股"取士体制的僵化、"无用""无实"的虚浮学风
等，致力于从批判层面推动文化传统趋利避害。

其三，注入自由、平等与权利的西学内容。严复论"合群"，与中
国传统的"群"治思想有异。在传统观念中，由于受到纲常伦理等级
观的影响，作为个体的地位与权利总是受到"礼"的制约，除了特权
和身份等级的存在，并无平等、自由的空间。维新变法之后，"群"之
说外被西方思想深刻影响，内为救国、保种之目的所驱动，提出了人
人平等与自由的要求。严复即力主"自由"，依他之见，近世国人唯有
获得"自由"也就是人权，才可摆脱封建礼教的禁锢，提升人格素养，
助力民族复兴。他所认为的"自由"，内容上包括言论自由、人人平
等、人身不受侵犯、财产不受侵犯、尚贤、隆民、以公治天下等。从
自由出发，维新派认为封建礼教违背了人"欲"，禁锢了人的精神自
由，导致国人难以发挥"合群"之效用。在救亡压倒启蒙这一时代课
题下，必须将个人与群体、自由与国家相结合，方可收获"公"大于
"私"以及"自强保种"的作用。在关于自由的认识上，严复强调了群
对于己的重要性，指出："特观吾国今处之形，则小己自由，尚非所
急，而所以祛异族之侵横，求有立于天地之间，斯真刻不容缓之事。
故所急者，乃国群自由，非小己自由也。"①不同于康有为、梁启超等
更多地从"旧制"中去寻找适合于新环境的政治制度，严复更愿意从
西方体制学说中去寻找变革传统社会政治的根据，认为应该通过"立
宪之君"与"立宪之民"的共同努力，建立基于人权自由的民主政治。
但无论是康、梁还是严复，均一致同意"改制"的必要性和重要性：
一是认为传统的君主专制制度不能挽救民族危机，所以应该改君主专

---

① 严复：《〈法意〉又案》，《法意》，〔法〕孟德斯鸠著，严复译，商务印书馆1981年版，第360页。

制为君主立宪制或民主共和制，此为改制之根本；二是主张顺应历史变革潮流，开设议会，并将其作为"合群"的重要组织途径。采取非革命而是改革的改制主张，显然具有一定的妥协性：维新派改制主要通过发扬儒家思想中的"中庸"精神来实现"合群"，既想"安内"，又试图"攘外"，既有意维护封建君主和官僚的体面，也想为近代国民争取一个参与保种课题的空间，由此，"群"以一种"旧瓶装新酒"的方式与"国"和"种"形成了契合关系。

其四，关键问题是要更新民众素质。严复认为，民力、民智、民德是国家盛衰的关键，也是"自强保种"的前提。他说："盖生民之大要三，而强弱存亡莫不视此：一曰血气体力之强，二曰聪明智虑之强，三曰德行仁义之强。是以西洋观化言治之家，莫不以民力、民智、民德三者断民种之高下，未有三者备而民生不优，亦未有三者备而国威不奋者也。"[1]进化论规则体现在国与国之间的关系上，就是优胜劣汰，实质即指"民种"的优胜劣汰事关国家与民族的存亡。他强调民力、民智、民德是"自强之本"："国之贫富强弱治乱者，其民力、民智、民德三者之征验也，必三者既立而后其政治从之。于是一政之举，一令之施，合于其智、德、力者存；违于其智、德、力者废。"[2]在此基础上，严复提出了改造国人素质以升华"人种"之构想："一曰鼓民力，二曰开民智，三曰新民德。"[3]"鼓民力"，指不但要使民众在体魄上"体气强健"，也要在意志方面有"骁猛坚毅之气"。"开民智"，指破除"读书穷理"的学风，学习西方"贵自得""喜善疑"的治学态

① 严复：《原强》（修订稿），《论世变之亟——严复集》，胡伟希选注，辽宁人民出版社1994年版，第25页。

② 严复：《原强》（修订稿），《论世变之亟——严复集》，胡伟希选注，辽宁人民出版社1994年版，第33页。

③ 严复：《原强》（修订稿），《论世变之亟——严复集》，胡伟希选注，辽宁人民出版社1994年版，第36页。

度，并广泛学习西方的自然科学知识以更新知识结构。在严复看来，"新民德之事，尤为三者之最难"，因破除卑躬屈膝的奴颜态度要以自由平等精神为底气，以短短一时所识来指斥两千年的传统，显然并不是一件容易的事。但事实是，唯有以自由、平等和民主作为理论之基，民众才会在一个共同的目标上建立深厚的爱国热情，才会"赴公战如私仇"，在国家危难之时而慷慨挺身。故而，严复以尚公、尚武、尚实作为标准，号召培育德、体、智全面发展的新国民。1905年，严复与孙中山曾有过一次关于中国前途的对话。他认为中国的改革必须要首先通过教育以更新国民素质，而不是先推行政治改革，因而强调"为今之计，惟急从教育上着手，庶几逐渐更新乎"①。

严复提出的"合群"观点，作为一种思想武器，在动员和启发民众联合共抵外辱，挽救民族危亡方面发挥了积极作用。半殖民地半封建中国必须集结集体的力量才能驱逐帝国主义，建立自己的独立国家。在这个意义上，"合群"思想体现出来的这种爱国集体主义精神，在中国近代和现代历史上无疑具有重要的价值。当然，"合群"思想所具有的妥协和改良特征，也决定了它作为改革方式的不彻底性。封建势力得以反向借助这种"合群"的外衣，来延缓自己的生命周期。民国初期中国出现的军阀割据状态就是例证之一。这也提醒后来的改革者，要警惕在封建主义力量没有得到彻底的批判之时反而化身为封建因素的保护伞之现象出现。

① 罗耀九：《严复年谱新编》，鹭江出版社2004年版，第202页。

## 第三节 "存学"之见：
## 保存传统文化精粹的国粹派文化民族主义观

    维新变法之后，在动荡不安的社会背景下，出自爱国热忱，一股以"研究国学，保存国粹"为宗旨的社会思潮出现并风行，力图发扬中国传统文化精神，以拯救国家于危难。1904年冬，在黄节、邓实、刘师培、章太炎等人的倡导下，"国学保存会"在上海成立。1905年，《国粹学报》创刊，作为复兴古学以救国的思想阵地，并配合以国粹学堂、国粹图书馆进行发扬传播，成为这股国粹主义思潮的标志。晚清国粹派的代表人物一身二任，既是"资产阶级革命派的一翼"，又是"一批精通国学的学者"①。因集革命派与学者于一身，故而他们既擅长从传统的历史与文化中寻找革命依据，又本着学者之本能重视民族传统文化的传承。以经史之学为文化理论基石，国粹派的思想重点由维新派宣扬的立"教"转向存"学"，开始全面关注民族文化的独立自存问题。其中以邓实、刘师培、马叙伦等为代表的南社派成员是关注史学变革的重要力量。

    "国粹"一词舶自日本。日本国粹运动的主要领导者之一——三宅雪岭指出，"国粹"即指"一种无形的精神，一个国家特有的财产，一种无法为其他国家模仿的特性"②，认为"国粹"之内涵主要在精神层面——一种民族特性或民族精神，强调立足民族文化本位，以本民族的思维模式对西方文化进行创造性地转化和吸收。以目的论，在于一方面将国人从"醉心欧化"的泥潭中拉出，另一方面也吸引更多的国

---

① 郑师渠：《晚清国粹派文化思想研究》，北京师范大学出版社1997年版，第1页。
② 转引自傅乐诗：《近代中国思想人物论·保守主义》，时报文化出版事业有限公司1982年版，第95页。

人参与国粹运动的过程，以期在国内外良好的环境氛围下，逐渐引导
国人恢复对本民族文化的推崇与热爱。可以看出，日本开展国粹运动
的初衷，也被认为是用西方的文化思想来补救传统文化的衰落，以此
矫正欧化之极端，激发国人的爱国主义热情。从效用来看，经过多重
努力，日本的民族主义情绪被极大地调动，不仅国力迅速增强，爱国
主义热情也随之高涨。

与日本相似的是，近代中国在洞开国门后，同样经历了西艺——
西政——西方文化的西化过程。戊戌变法后，文化层面的西化已经达
到全面铺开的状态，以至于"今之见晓识时之士，谋所以救中夏之道，
莫不同声而出于一途，曰欧化也"①。以崇洋媚外为特征的欧化主义，
异常猛烈地攻击传统文化中以"三纲五常"为核心的文化内容和文化
价值观，认为凡传统"种种者当在淘汰之列"，否定经籍的权威性，甚
至对整个传统文化都加以全盘否认："数千年老大帝国之国粹，犹数百
年陈尸枯骨之骨髓，虽欲保存，其奈臭味污秽，令人掩鼻作呕何，徒
增阻力于青年之吸受新理新学也。"②然而，反观西法传入中国三十年
以来，取得的效果并不令人乐观，可谓"卒莫收其效，且更敝焉"③。
西法不仅未能救国救民，改变民族危难现状，反而使得处于风雨飘摇
中的封建王朝遭受到西方列强更为强横的践踏和欺凌。处于同样的时
代背景，遭遇同样的文化危机，中日在变革之由上因此呈现出清晰可
见的相似性。有鉴于此，受到日本国粹运动的启发，近代知识分子纷
纷提出了效仿日本，以日本作为理论范式而寻求解决国内文化危机乃
至民族危机的要求与建议。《马关条约》签订后，以张之洞为首的洋务
派积极鼓吹向日本学习，列举了诸如"路近省费"、"文相近"、"风俗

---

① 许守微：《论国粹无阻于欧化》，《国粹学报》1905年第1卷第7期。

② 良丞（李石曾）：《好古》，《新世纪》1907年第24期。

③ 许守微：《论国粹无阻于欧化》，《国粹学报》1905年第1卷第7期。

相近"、"精简西学"等众多理由，并拟定了派遣留学生留学日本的计划，得到了朝野上下的一致响应。与此同时，日本官方也做出了积极回应，例如成立"东亚同文会"，创办《同文互报》等，表现出有意促成两国之间加强交流与沟通的"友好"气氛。由此，通过各种途径引进和推动国粹主义在中国进行传播，成为国内有识之士的共同目的。1898年，梁启超《国学报》创刊，提出了"以保国粹为主义"的主张。1902年，黄节在《政艺通报》发表《国粹保存主义》一文，成为向国人介绍日本国粹思想的第一人。此后，"保存国粹"作为一种旨在存"学"之社会思潮，迅速发展壮大起来。

对于"国粹"的基本内涵，各位代表人物均有创见：

释迦氏论民族独立，先以研求国粹为主，国粹以历史为主。自余学术，皆普通之技，惟国粹则为特别[1]。（章太炎）

国粹者，一国精神之所寄也。其为学本之历史，因乎政俗，齐乎人心之所同，而实为立国之根本源泉也。是故，国粹存则其国存，国粹亡则其国亡[2]。（许守微）

夫国粹者，国家特别之精神也。……是故本我国之所有，而适宜焉者，国粹也。取外国之宜于我国，而吾足以行焉者，亦国粹也[3]。（黄节）

---

[1] 章太炎：《印度人之论国粹》，《国学初萌》，贺昌盛主编，浙江教育出版社2014年版，第115页。

[2] 许守微：《论国粹无阻于欧化》，《国粹学报》1905年第1卷第7期。

[3] 黄纯熙：《国粹保存主义》，《政艺通报》1902年第22期。

所谓国粹主义者，以保存神、儒、佛之粹美为主义者也①。

（宋恕）

综合以上诸人对"国粹"的理解，可以将其基本内涵概括为：本民族的特性、民族精神和国民性。就内容而言，这一点与日本的国粹理念具有契合之处，但不同之处也非常明显：不同于日本国粹运动广泛涉及文化、政治、经济、外交等领域，清末国粹运动仅仅只在学术文化领域展开，是一场定向的思想文化运动。

如果将清末的"国粹"运动看成对日本"富强"之术的一场"效仿"——用"国粹主义"的旗号和保存民族传统文化的原则展开自救，那么自救所需要的则是对中国传统文化的推崇与回归，将被轻视甚至放弃的传统文化精神由"式微"状态扭转至"重振"状态。由此可见，对于晚清国粹派而言，作为救亡图存的文化力量，就是要抗衡欧化主义，重拾对传统学术文化的情感，也即弘扬"吾爱文明，吾尤爱东洋之文明；吾爱东洋之文明，吾尤爱东洋祖国之文明"②的文化认知与爱国热情。

在回答"国粹的世界何处求"这一问题之前，还需要追问"为什么要主张保存国粹"。我们知道，近代知识分子一代一代前赴后继所进行的变革努力，都是为了达成救亡图存的目的。但为何"保存国粹"的思潮兴起于维新之后，并提出了如此具体化的主张？"国粹派主张保存国粹也是受了欧洲文艺复兴、日本国粹主义思想的影响和海外汉学

---

① 宋恕：《上东抚请奏创粹化学堂议》，《国学初萌》，贺昌盛主编，浙江教育出版社2014年版，第65页。

② 邓实：《东西洋二大文明》，《近代中国史料丛刊续编》第27辑《政艺丛书》，文海出版社1976年版，第186页。

发展的刺激。"①不止如此，除了以日本作为效仿榜样，以及看到了近三十年来西学在引入层面的不足，还有某些重要的原因值得引起重视。

其一，民族危机和文化危机有着一致性。要想在激烈的民族竞争中取胜，不仅在于提升国力，还在于弘扬民族自立的"元气"，也即本民族的独特文化。文化不灭，民族才得以长存，反之亦然。如我们所知，古代中国只有传统民族主义，也即注重"华夷之辩"，重视儒家学说中的"春秋大义"：一是种族的区隔，所谓"非我族类，其心必异"②；一是文化的区隔，所谓"诸侯用夷礼则夷之，进于中国则中国之"③。受到汉族文化中心观的熏陶，加上进化论的影响，在晚清国粹派看来，从"王朝国家"过渡到"民族国家"既是天演过程，亦是时代所需。既然要回归真正意义上的民族传统文化，就要推翻清朝专制统治，恢复汉族中心主义的文化观。故而，"虽注重旧学，而实寓种族革命思想"④，出于排满革命的需要，国粹思想因此作为回应成为广泛传播的原因之一。

其二，西方资本主义的种种弊端促使"保存国粹"思潮获得了时代机遇。国粹派成员大多都拥有海外留学的经历，对因缺乏道德观引导而产生的物欲横流现象也普遍深有感触。西方文明呈现出的种种弊端，尤其是思想道德的滑坡带来了种种文明危机，在他们看来，唯有以中国传统文化的道德价值进行抵御并加以矫正，方能为迷失方向的西方文明提供一个扭转价值观念的机会。民族的生存和竞争尽管是无法避免的时代课题，但以国家为本位也是民族主义的必然结论。如梁

---

① 汤黎：《革命与学术：〈国粹学报〉的救国理念》，《华中国学》2017年春之卷。

② 《左传·成公四年》，《四书五经》（下），陈戍国点校，岳麓书社2014年版，第900页。

③ 韩愈：《原道》，《国学治要》（子部集部），张文治编，北京理工大学出版社2014年版，第1352页。

④ 戈公振：《中国报学史》，三联书店1955年版，第131页。

启超所言："民族主义者何？各地同种族、同言语、同宗教、同习俗之人，相视如同胞，务独立自治，组织完备之政府，以谋公益而御他族是也。"①如果为了生存而悖于现实，选择走不适合中国发展的西方自强道路，就将导致脱轨民族主义方向，不但不能解决民族解放问题，反而会加速民族走向覆灭，是谓"胡乱跟人，非但无益，并且有害"②。

其三，海外汉学的发展动态也刺激了"保存国粹"思潮的发展。19世纪末，在中国人认为文化处处不如人，有意将祖宗的古籍经典弃若敝屣之时，西方和日本汉学家却在积极搜罗其中的文化精华，"彼东西重译之国，其学士大夫，转以阐明中学为专门"③，进行专门的中学研究。此时提出"国粹保存主义"，对中西文化进行取长补短，"知其宜而交通调和之，知其不宜，则守其所自有之宜，以求其所未有之宜，而保存之"④，即源自"夫粹者，人人之所欲也。我不保存之，则人将攘夺之，还以我之粹而攻我之不粹，则国不成其为国矣"⑤的重要动因。

晚清国粹派孜孜不倦地为"保存国粹"寻求各种理论的、现实的理由，并因此意识到要想革除数千年来的文化弊端，就必须"大采西政西艺之良者"⑥，仅仅在"用"之层面进行修修补补可谓于事无补。"中法"和"西法"史无前例地进行碰撞，也前所未有地彼此影响，彼

---

① 梁启超：《论新民为今日中国第一急务》，《新民丛报》1900年汇编1第1期。

② 章太炎：《论教育的根本要从自国自心发出来》，《章太炎全集·演讲集》（上），章念驰编订，上海人民出版社2015年版，第112页。

③ 邓实：《拟设国粹学堂启》，《国粹学报》1907年第3卷第1期。

④ 黄纯熙：《国粹保存主义》，《政艺通报》1902年第22期。

⑤ 黄纯熙：《国粹保存主义》，《政艺通报》1902年第22期。

⑥ 邓实：《西政西艺丛钞总叙》，《光绪壬寅（廿八年）政艺丛书》（下篇），文海出版社1976年版，第659页。

时已无所谓新学、旧学之分，若能集二者之长，势必可以创造出最有魅力的优秀文化。正因为抱有如此想法，为沟通中西，甚至交融中西，晚清国粹派提出了以新法复兴古学的文化主张，并付诸实践。同时，他们也发现，西方尽管强盛，但也同样存在很大的缺陷，在采用其"富强"之术时，就更不应该遗忘甚至丢弃本国文化传统。如果说15世纪是欧洲文艺的复兴时期，那么进入20世纪，则是亚洲古学复兴的大好时机。邓实分别于1902年、1905年创设《政艺通报》和《国粹学报》，作为"国学保存会"的官方思想阵地。两大报刊彼此呼应，不遗余力地传播对国家有实用的学问，以感发国人的文化自信心和爱国心，对民众产生了重大的影响。此外，国粹派众人也积极开办图书馆、建立藏书楼等，例如国学会藏书楼就收集有五六万卷藏书，为积极推行国学普及工作做好了现实准备。

再回到"国粹世界何处求"这个问题上来。实际上，这里的"何处求"也是晚清国粹派针对怎样保存国粹这个问题做出的回答。

其一，强调复兴民族传统文化的迫切性和重要性。基于一种古学式微的现实，"今后生小子，入学肄业，辄束书不观，日惟鹜于功令利禄之途，卤莽灭裂，浅尝辄止，致士风日趋于浅陋，毋有好古博学，通今知时，而务为特立有用之学者"①，国粹派对此有着强烈的忧虑之心："乃华夏之民，则数典忘祖，语及雅记故书，至并绝域之民而不若，夫亦可耻之甚矣。"②一则因为时人重名利，疏于读书，或者读书有如囫囵吞枣，不思深理，长此以往，读书人终将失却钻研民族学问之心；二则数典忘祖之后，民族传统文化将有被外来文化所吞噬的现实危险。由此，晚清国粹派决定倡导保存祖宗遗产，进行国学研究，

① 邓实：《拟设国粹学堂启》，《国粹学报》1907年第3卷第1期。
② 邓实：《拟设国粹学堂启》，《国粹学报》1907年第3卷第1期。

并认为这不仅是知识分子的文化责任，也是文化自觉的重要表现，如邓实所论："故吾人今日对于祖国之责任，惟当研求古学，刷垢磨光，钩玄提要，以发见种种之新事理，而大增吾神州古代文学之声价，是则吾学者之光也。"①复兴传统文化的必要性也由此得到了彰显："夫国于天地，必有与立。学也者，政教礼俗之所出也。"同时保存国学的重要性也被揭示："是则学亡之国，其国必亡，欲谋保国，必先保学。"②

1902年，黄节在《政艺通报》发表《国粹保存主义》一文，率先对中国的国粹理论进行建构。在他看来，所谓"国粹"，既是"发现于国体，输入于国界，蕴藏于国民之原质，具一种独立思想者"，亦是"有优美而无粗粝，有壮旺而无稚弱，有开通而无锢蔽，为人群进化之脑髓者"。综合观之，它指出了一种贯注于"国体"、"国界"、"国民"而又优美、旺盛、开放、进步、独立的民族精神，其内容来自两个方面：一方面是"特别之精神"，来源于本国土地、人民、宗教、政治、风俗、气质、习惯等的内部调和；一方面来源于与外来文化的"交通调和"，也即"守其所自有之宜"，同时"求其所未有之宜"③。

同时，以黄节为代表的革命派又将"国魂"与一国之学相提并论，将维新派"鼓民力，开民智，新民德"的保种口号改造为"国魂陶铸"，大力宣扬独特、健全、进取、自信的民族精神。姚光指出："国于天地必有与立，国魂是也。"并强调："学术者一国精神之所寄，故学术即一国之国魂也。……故一国必自有其学术……我族之能久存于世，因有国学；而国学之盛衰，与国势之强弱，世运之隆替，有极大

---

① 邓实：《古学复兴论》，《国粹学报》1905年第1卷第9期。

② 邓实：《拟设国粹学堂启》，《国粹学报》1907年第3卷第1期。

③ 此段引文参看黄纯熙：《国粹保存主义》，《政艺通报》1902年第22期。

之关系，是以欲保国，必先保学。"①

学存则国存，国存则国魂不灭。一时间，各大报刊尽见各种"中国魂"、"黄帝魂"、"民族魂"等"魂"字类政论文，成功将"魂"之铸造打造成为"20世纪之一大问题"。"然则国魂果何所寄？曰：寄于国学。欲存国魂，必自存国学始。"②

不仅如此，晚清国粹派还将爱国存"学"之重要性与反专制、反君权联系在一起，将其从民族精神推进到民主革命的政治领域。欧美称国魂有贸易魂、宗教魂、武士魂、平民魂四种，但中国魂又有自己的民族特色。"于此四者之外，别求一物焉，为吾国民之特质，吾历史之骨干者，字以中国魂，其物维何？曰'民族主义'是也。"③将国粹主义与民族主义相结合，尤为注重孙中山所提出的"驱除鞑虏，恢复中华"之民族精神，是革命派文化民族主义的重要特征。具体表现为，通过提倡国学来宣传民族主义，主张以汉族的优秀文化和历史及其勇于反抗侵略的爱国精神作为载体，激发国民的爱国精神，从而引导他们投入反满革命。晚清国粹派对内反清，对外则坚决批判推崇帝国主义文化、宣传中国文化落后、鼓吹"全盘西化"的错误思想倾向。再者，他们还认为，国粹者，必有其不粹也，因此要加以区分对待，以期达成保国保种的救亡目的。国粹派视经史之学为其文化理论的源头，这一点可从《国学保存会简章》中获得印证："本会志在收罗遗籍，其有古人已毁板之书，或尚有板而不多见之书，或写定未刊之书，或久佚之书，海内君子如有以上各书，皆可投寄本会，经同人审定，重版

---

① 姚光：《国学保存论》，《国学的盛宴》，高敬编，新世界出版社2016年版，第293-294页。

② 高旭：《南社启》，《国学的盛宴》，高敬编，新世界出版社2016年版，第132页。

③ 佚名：《中国魂》，《国民日报汇编》1904年第1期。

印行。"①对此，黄节还表达出挖掘国"粹"的决心："乃取官书正史而读之，手之所披，目之所接，人兽错出，其为籍道而降者，又寙乱十九。风雨如晦，鸡鸣不已。"②

可以说，"保存国粹"思潮之举，几乎步步前行都会受到来自四面八方的阻力。一方面，在彼时风头正劲的欧化思潮前主张保存"国粹"，无异于为自己树立了一面排外守旧的旗帜；另一方面，在传统文化与西学之间进行权衡选择，旨在重建中国文化的思路，也无异于盲人摸象，难以把握文化交流的全貌。在夹缝中倡导保存传统文化遗产的晚清国粹派，虽然并未能够找到一条现成的国学保存之路，但却清晰地确立了国粹（国家之特别精神）——国学（民族民主革命之学）——立国之学（与种族共存亡之学）的保存逻辑。从文化史的意义层面来看，倡导保存国粹的思潮形成大大促进了近代知识分子民族文化保护意识的觉醒。

其二，强调传统文化的重要性，而不是文化传统的重要性。传统文化专指古学，重要内容指的是保存各种文化遗产和校勘各种文献典籍。在《国粹学报》第9期，邓实提出了"古学复兴论"，主张广泛征集、收购历代珍贵古籍以复兴古学。除了以报刊形式发布征集令，国学保存会的会员还会身体力行地对古籍真伪进行访察、考证，并亲自示范编撰古籍。例如，邓实亲自访察到了岳飞的画像、《满江红》真迹和亲笔书信等，刘师培曾花大力气编撰《劝各省州县编辑书籍志启》，以详细的凡例示范如何进行古籍的编撰和保存。在"保存国粹"的号召下，复兴古学被认为是中国的文艺复兴，其重要性、必要性都得到了提升。注重古籍的推广与流传，晚清国粹派意在证明并宣传古学即

---

① 邓实：《国学保存会简章》，《国粹学报》1905年第1期。
② 黄节：《〈黄史〉总叙》，《国粹学报》1905年第1卷第1期。

"粹"，是完美之学，是立国之本，并在此基础上号召建立民族自信，坚定中国传统文化并不比西方文化逊色的信念。如鲁迅所说，晚清国粹派的目的和行为皆是为了"光复旧物"①。亦如《国粹学报》所云："夫天下之理，穷则必通。士生今日，不能藉西学证明中学而徒炫皙种之长，是犹有良田而不知辟，徒咎年凶，有甘泉而不知疏，徒虞水竭。"②在此意义上，"保存国粹"的文化活动，注重的是从考据层面对古籍的价值和重要性进行肯定，积极推动中国传统学术文化的近代转型。

落实在实践层面，其要旨分为两端：其一，开办了国学保存会、国学保存会藏书楼、国粹学堂、国粹图书馆等机构，借此保存了大量文献典籍，为文化遗产的保护做出了巨大的贡献。延续张之洞建立存古学堂和古学院的办学思路，国学保存会"以研求国学保存国粹"为宗旨，与其对传统文化的守成形成互补，有力地推动了传统文化的传承。可以说，在胡适提出整理国故之前，晚清国粹派成员就已经开始了推动国学转型的工作，其意义和影响力均不可小觑。其二，保存古籍并普及古学。晚清国粹派不仅以集体名义创办《政艺通报》《国粹学报》等报刊，编写《国学教科书》《各省乡土教科书》等著作，刊印《国粹丛书》《国粹丛编》《神州国光集》等书籍，一定程度上扭转"全盘欧化"的错误倾向，还不遗余力地以个人名义为传播国学遗产发光发热。以学者身份发表文章，撰写著作，国粹派成员取得了丰富的学术研究成果，如章太炎所撰《国故论衡》《经的大意》《诸子学略说》《齐物论释》等，刘师培所著《中国历史教科书》《孔学真论》《黄帝纪念论》《国学发微》《两汉学术发微论》等，邓实所写《史学通论》《古

---

① 参看鲁迅：《随感录三十五》，《鲁迅文集·杂文卷》（上），华中科技大学出版社2014年版，第85页。

② 《国粹学报发刊辞》，《国粹学报》1905年第1卷第1期。

学复兴论》《国学真论》《国学通论》，以及黄节所论《国粹保存主义》
《国粹学报序》，等等，几乎形成了一个完整的推广和传播网络："学术
之兴，有倡导之者，必有左右翼赞之者，乃能师师相续，赓续于无穷，
而不为异说詈言所夺。……设立国粹学堂，以教授国学……使学术文
章，浸复乎古，则二十世纪为中国古学复兴时代，盖无难矣。"①对传
统文化的保存工作进行了有力的推动。

　　复兴古学以抵制欧化主义的趋势刺激了晚清中国知识分子对自身
传统文化独特价值的认同与尊重。其重要意义体现于，促成了对传统
文化的理性思考，批判了"维今之人，不尚有旧，自外域之学输入，
举世风靡，既见彼学足以致富强，遂诮国学而无用"②之思想偏颇，同
时也推进了传统学术体系的近代转型，"于泰西学术其有新理精识，足
以证明中学者，皆从阐发③。晚清国粹派十分强调保存"国粹"的质
量，并主张以"本国之粹"与"外国之粹"相互生发，反对将"国粹"
之学理解为属于旧时代的僵死学术。在这批人的努力下，研究"国学"
的视野与境界也得到了推动。王国维说，"一学既兴，他学自从之，此
由学问之事，本无中西"④，将"国学"归入超越国界、种界、新旧的
科学范畴，为整理国故运动奠定了理论基础。"保存国粹"思潮也启示
后来者，应积极回应西方文化的冲击，要以开放、包容的姿态推动传
统文化与西方文化进行对话交流，择取并吸收西方文化中的优秀部分
使其本土化，最终实现中国传统文化的现代转型。

　　晚清国粹派所表现出来的爱国保种之热情值得发扬，保存文化遗
产之初衷值得肯定，抵制欧化思潮的前沿目光也令人心生敬意。同时，

---

① 邓实：《拟设国粹学堂启》，《国粹学报》1907年第3卷第1期。

② 邓实：《拟设国粹学堂启》，《国粹学报》1907年第3卷第1期。

③ 《国粹学报发刊辞》，《国粹学报》1905年第1期。

④ 王国维：《〈国学丛刊〉序》，《人间词话》，安徽文艺出版社2015年版，第171页。

在西学东渐的时代背景下，加之自身海外留学经历的历练，他们对外来文明的高度包容态度同样让人敬佩。遗憾的是，以新法复兴古学的途径，犹如在时代铺就的西学大道上逆行，有悖于现实而无法具有广阔发展的空间，同时又因此举考据烦冗，一般人"既不能了解，亦无兴趣"①，最终只能"很自然地发出一种没气力的反动的运动来"②。在东方文化派和新儒家兴起后，晚清国粹派很快便退出了历史的舞台。

## 一、章太炎："用国粹激动种性，增进爱国的热肠"

章太炎（1869—1936），初名学乘，字枚叔，后改名炳麟，号太炎，浙江余杭人，近代著名的国学大师、思想家，被誉为"宣传民族革命的前锋，提倡传统国学的后殿"③。

从清末的章太炎身上可以看到当时"保存国粹"思想的两种特质。一是重估中国传统文化之"粹"所在，越过清朝官方之正统认定，将大量明末清初之际的历史及经籍文献当作"粹"进行复活保存。例如，国粹保存会官方刊行的《国粹丛书》中，收集的"国粹"包括三类在当时官方禁止刊行的书籍：标举人性之作、提倡经世致用之作以及明或明末清初之作。二是热忱追求所谓中国古代真正的理想，意图重塑理想中的历史文化传统。在清末关于保存国粹的思想建构中，古学也即"过去"的传统文化扮演着一个重要的角色：一则，国粹是汉族历史记忆的复返；二则，这些历史记忆被赋予了政治意义。章太炎的"国粹"思想即体现出既相对于满族又相对于西说的双重意义。在他的理论构想中，既借复古以倡导重回尚未独尊儒术的先秦传统，又使之

---

① 吴宓：《吴宓自编年谱》，生活·读书·新知三联书店1995年版，第79页。

② 胡适：《〈国学季刊〉发刊宣言》，《北京大学日刊》1923年3月12日。

③ 冯友兰：《中国现代哲学史》，广东人民出版社1999年，第22页。

发挥"用国粹激动种性，增进爱国的热肠"①的激励作用。

在章太炎的认知体系中，关于"国粹"，其中一个重要部分即贮存在历史、小学、典章制度的记载之中，包括"语言文字"、"典章制度"和"人物事迹"三大类内容，是属于汉族文化的历史记忆。"为甚提倡国粹？不是要人尊信孔教，只是要人爱惜我们汉种的历史。"②在他看来，历史记载是用来划分不同种群界域的重要标准，一旦成为一群人共同的记忆，便可作为激励种族自觉的依据，因其即使再拙劣、朴陋，也都会让子孙后代铭记在心，世代沿袭。这部分内容繁多，小学、历史、均田制、刑名法律等都包括其中。尤其是小学和历史更为珍贵，代表了绵延近两千年来的汉族传统文化，"此二者中国独有之学，非共同之学"③。章太炎指出："国于天地，必有与立，非独政教饬治而已，所以卫国性、类种族者，惟语言历史为亟"④，点明了语言和历史具有的"卫国性"、"类种族"作用。作为光复会的创立与参与人之一，章太炎的意图非常明确，也就是首先承认语言和历史之可贵，因为二者是汉族先民世代累积的遗产，故而不可切断，其次是表明它们与种性之间的密切关系，认为对其进行学习，至少会让国人生发一种文化自觉心，体悟到汉族文化的特殊性，借此激励使用同一语言并拥有共同汉族灵魂的群体团结在一起，反清反帝，最终能够建造一个新社会。

"以国粹激动种性"的认知，将章太炎打造成了一个奇特的思想复

---

① 章太炎：《东京留学生欢迎会演说辞》，《章太炎的白话文》，陈平原选编，贵州教育出版社2001年版，第112页。

② 章太炎：《东京留学生欢迎会演说辞》，《章太炎的白话文》，陈平原选编，贵州教育出版社2001年版，第115页。

③ 张庸：《章太炎先生答问》，《近代史资料文库》第7卷，庄建平主编，上海书店出版社2009年版，第198页。

④ 章太炎：《重刊〈古韵标准〉序》，《太炎文录初编》，徐复点校，上海人民出版社2014年版，第209页。

合体。一方面，他有着炽热、充沛的复古热情，认为大部分的汉学考订工作是襄助民族革命的重要手段，并指出汉学家的文学复古实践梳理了历史上种性迁化的脉络，有助于区分"犬""羊"。在他看来，古学复兴并非全为"粹"。对待"国粹"，不应该分好坏，也不应该进行是非评判，因其都只是文化历史记忆的一部分，或者说是一种可供重新审视、为我所用的思想资源。凡"过去"了的材料，充其量只能算作是中性的一段珍贵资源的保存，无关乎人道损益，故而应"舍是非而征事迹"①，以激发民族情感为旨归。另一方面，章太炎身上也有着身为革命派的反传统因子。他虽不满意古学传统在清朝的式微，但也不排斥甚至于强调学习西方最为"科学"、"进步"的主义，也即向往更为纯粹的传统文化。对章太炎而言，倡导复古主义并不意味着一定要与革新相敌对。经典若对时代境况漠不关心，就将走入困境。事实上，复古与守旧并不等同。倡导复古与不维新、不守旧并不构成冲突，因为复古中还蕴藏着改变当前传统的一股动能。章太炎曾指出"复古"即"褆新"，例如其对道德社会的追求，标榜的一个重要精神便是"复古"，这也导引着他走上了对传统文化的各项弊端进行批判的道路。其中的一个表现是，章太炎将对中国细民百姓道德素质的不满与同情投射到佛教的理想中，主张"用宗教发起信心，增进国民的道德"②，在革命的意义上，它也被认为是社会重组文化方案的一种。

章太炎主张，"以国粹激动种性"要依据五大内容来进行：

其一，重建"反清"言论的价值体系。"异种乱华"是章太炎平生第一恨事，其一生致力于排满，花费了大量精力宣扬反清思想。关于

① 章太炎：《印度人之论国粹》，《国学初萌》，贺昌盛主编，浙江教育出版社2014年版，第115页。

② 章太炎：《东京留学生欢迎会演说辞》，《章太炎的白话文》，陈平原选编，贵州教育出版社2001年版，第112页。

章太炎不满于在封建体制内走改革路子的原因，可谓充满了复杂性：

> 太炎后来成为反满革命最坚强的倡导者，实是三种力量混合
> 而造成的：第一是清代历史中一股不与现实政权合作的潜流，第
> 二是历史记忆的复活，第三是中国在现代世界的挫折。……总
> 之，历史记忆的复活使得人们把'国'与当今的朝廷分开，最终
> 拒绝止于体制内变革。……这些复合的因素，相当程度地影响了
> 后来国家建构的基本蓝图，也使得晚清知识分子最后选择以拒斥
> 清朝皇帝作为进一步政治变革的前提①。

首要被确认的是，章太炎拒绝不谈反帝而主张进行政治革命的任何
行为。

1910年，章太炎在《国故论衡》中指出了整理国粹的两个重要面
向——革命和文化保存，并认为这两个面向在整理过程中是同时进行
的。将历史作为革命的载体，又将民族的历史限定在"汉族"的历史
范围之内，章太炎首开借国粹反帝制之先河，将"国粹"变成了刺向
大清王朝统治的思想利刃。如他所言，了解了汉族的文化历史，就能
在满清统治的黑暗社会中激发蕴藏于内心的爱国爱种热情，同时感悟
这种热情带来的激励作用：

> 第一要在感情，没有感情，任凭你有百千万亿的拿破仑、华
> 盛顿，总是人各一心，不能团结。……要成就这感情，有两件事
> 是最重要的：第一，是用宗教发起信心，增进国民的道德；第

---

① 王汎森：《清末的历史记忆与国家建构——以章太炎为例》，《中国近代思想与学术的系
谱》，上海三联书店2018年版，第123—125页。

二，是用国粹激动种性，增进爱国的热肠①。

这里的感情显然不是针对当朝清廷而发，而是另有所指。章太炎说：

> 国粹尽亡，不知百年以前事，人与犬马当何异哉？人无自
> 觉，即为他人陵轹，无以自生；民族无自觉，即为他民族陵轹，
> 无以自存。然则扞弹国粹者，正使人为异种役耳②。

短短几句话表达出来的意思十分明白："使人知前事"者即为国粹，因其能使人生发抵制"异种之役"的文化自觉。实际上，章太炎所言"国粹"，就是指汉族生活传统的复活。"一言以蔽之，国粹的进路是感情，目的是革命。"③他曾举例论证自家所传承的"深衣"传统，阐述了着深衣入仕、穿深衣下葬的象征意义，意在表达对当朝统治的拒绝态度。在古代，深衣是士以上的常服，士人殁后也着此服下葬，但这一礼制在清代被废除，以清代章服替而代之。章太炎以此为例，实则暗含了他对不忘汉族之本源这一传统的坚持。

其二，以爱国主义为动机号召种族大团结。章太炎认为，受到家族宗法势力的约束、等级森严的阶级区分、"三纲五常"的束缚、政府与民意上下不通等多方因素之压制，社会各阶层被分解为众多组织群体，导致整体力量被粉碎。在今有强敌入侵之时，完成拯救中国的要旨，是必须重新聚合四分五裂的社会力量。在他看来，首要破除的便

---

① 章太炎：《东京留学生欢迎会演说辞》，《章太炎的白话文》，陈平原选编，贵州教育出版社2001年版，第112页。

② 章太炎：《印度人之论国粹》，《国学初萌》，贺昌盛主编，浙江教育出版社2014年版，第115页。

③ 张吕坤：《章太炎国粹主义发微》，《中国图书评论》2020年第4期。

是宗族制，认为"今外有强敌以乘吾隙，思同德协力以格拒之，推其本原，则曰以四百兆人为一族，而无问其氏姓世系"①，就可建成一个基于爱国动机而不论人员身份的新社会。这也表明，在爱国救国的共同目标下，无数的手段都可用来作为通往目的地的"交通工具"。它也契合了民国初年思想界广泛流传的一种乐观主义基调：一切皆可重新铸造。也即，在一切皆未成定数的社会，为了建造一个新的非专制社会，传统的礼教纲常关系均可在爱国的前提下进行变更。章太炎即是如此认为：高举爱国热情的民族主义旗帜，就可使得国民超越血缘结构团结在一起。也就是说，从爱国热情出发的普遍爱能够取代具有等差的爱，成为众人团结的一大情感基石。这一思路也影响了清末民初的很多思想家，导致"毁家兴学"成为彼时一个重要的政论主题。例如，清末无政府主义者刘师复等人认为"毁家"是建造一个新社会的前提，由此曾一度宣扬要废除婚姻制度；汉一亦称"盖家也者，为万恶之首……则欲开社会革命之幕者，必自破家始"②；"毁家斗士"巴金创作了"毁家"名作三部曲《家》《春》《秋》等。

不仅如此，章太炎的革命经历更可证明他一心以"国粹"作为武器进行文化革命的思想重心。以深厚的国学根底为依托，章太炎主持并担任主笔的《民报》在当时产生了深远的影响，以至于留日学生"受章氏之感动，激于种族之观念，皆归于民族旗帜之下，风起云涌，各自发行杂志，宣传种族学说，以为革命之武器"③。他自己的革命历程也颇为曲折多变，先是跟随维新派倡导改良主义，后转向孙中山的暴力革命，之后又与孙传芳等军阀纠缠在一起。但在经历反反复复的

---

① 章太炎：《〈社会通诠〉商兑》，《太炎文录初编》，徐复点校，上海人民出版社2014年版，第348页。

② 汉一：《毁家论》，《天义》1907年第4期。

③ 胡朴安：《二十年学术与政治之关系》，《东方杂志》1924年第21卷第1期。

革命之后，章太炎最终选定了以"国粹"作为手段的文化救国方案，并表达出试图尽力复活国粹的决心：

麟以寡昧款启之身，荐更忧患，学殖荒芜，无可自意，内省素心，惟能坚守旧文，不惑时论，期以故训声均，拥护民德，远不负德清师，近不负先生，虽并世目为顽固，所不辞矣①。

正是这种执着之心和付出的努力，强化了章太炎救国方案中的文化内核，也让他成为晚清国粹运动的领袖人物。以理性视角观之，章太炎推崇国粹保存主义，就民主主义的发展而言，不是简单的进步或倒退问题，而是一种致力于保存文化的爱国热情，一种坚持民族文化主体性的立场选择。很显然，章太炎既想以保存国粹反欧化主义，又试图通过此举厘清中西文化之间的关系，目的即是为了激励国人树立民族自豪感和民族自信心，防止从文化上陷入虚无主义，造成亡学亡国亡种的危险。

其三，把握"国粹"之长，有效增进爱国的热肠。章太炎明确反对"中体西用"说，称"断不可学《格致古微》的口吻，说别国的好学说，中国古来都现成有的。要知道凡事不可弃己所长，也不可攘人之善"②。但他赞成比较中西文化的短长。出于理智的思考，章太炎指出中国传统文化有着自己的独特之长，认为了解并维护传统文化是培养民族爱国心的根本途径。对于传统文化的重要作用，他也概述性地加以表明："故仆以为民族主义，如稼穑然，要以史籍所载人物制度、

---

① 章太炎：《与孙仲容书》，《太炎文录初编》，徐复点校，上海人民出版社2014年版，第165页。

② 章太炎：《论教育的根本要从自国自心发出来》，《章太炎全集·演讲集》（上），章念驰编订，上海人民出版社2015年版，第121页。

地理风俗之类，为之灌溉，则蔚然以兴矣。不然，徒知主义之可贵，而不知民族之可爱，吾恐其渐就萎黄也。"[1]

章太炎对自己定义的三类"国粹"之长作出了解说。在"国学讲习会"进行授课时，其所讲内容有三：中国语言文字制作之原，典章制度所以设施之旨趣，古来人物事迹之可为法式者。关于"语言文字"之长，他强调："若是提倡小学，能够达到文学复古的时候，这爱国保种的力量，不由你不伟大的。"[2]关于"典章制度"之长，他认为是其中所蕴含着的平等、大同之精神特质，因其"合于社会主义"，故而有必要复古保存。例如均田制度保证了人与人之间的贫富不均不至于太过于悬殊，又例如古代法律制度虽近于酷烈，但却具有相对平等的实质精神，尤其是在处罚层面基本上定义了不论贫富、贵贱一视同仁的原则。科场选拔人才亦是如此，虽然难以避免某些黑暗现象，但也从整体上给予了下层人民读书可带来名利双收的希望，几乎称得上是人人均拥有做官的机会。关于"人物事迹"之长，章太炎也指出，"古事古迹，都可以动人爱国的心思"[3]，认为历史上涌现出来的优秀文臣武将，其人其事均可用来激发后来者的爱国热情，为之增加拯救民族的勇气和力量。更重要的是，史志中蕴含的这种热情与力量还可作为文化遗产和民族精神被后来者加以吸收和延续，因为"历史上之陈迹即为爱国心之源泉，致用时之棋谱。其系于一国之兴亡为用尤巨"[4]。

---

① 章太炎：《答铁铮》，《太炎文录初编》，徐复点校，上海人民出版社2014年版，第388页。

② 章太炎：《东京留学生欢迎会演说辞》，《章太炎的白话文》，陈平原选编，贵州教育出版社2001年版，第116页。

③ 章太炎：《东京留学生欢迎会演说辞》，《章太炎的白话文》，陈平原选编，贵州教育出版社2001年版，第118页。

④ 章太炎：《论今日切要之学》，《精读章太炎》，刘琅主编，鹭江出版社2007年版，第304页。

　　其四，增进国民道德是重中之重。在内忧外患的夹击下，章太炎提出了自己的独特救国方剂——宣传佛教以增进国民道德，施行国粹教育以激励爱国精神。晚清民初之时，对民族出路的困惑以及既不满意旧中国，但也不满意打破中国旧传统的新东西之两难，犹如一个思想"铁笼"，给知识分子带来了极大的压迫感。他们极想获得救赎，并且期待能一次性解决所有的困境。佛学被认为是一个很好的选择，因其主张消弭国家、阶级、组织、文明之间的区别，许诺一个天下普同的世界，由此吸引了许多士大夫加入其中。1904—1906年，章太炎因"《苏报》案"入狱，其间开始钻研佛典，对无国家、无社会、无人类、无众生、无世界的"五无"境界表现出强烈的兴趣，并将它作为自己推行国粹教育的一个有效途径。

　　"吾于是知道德衰亡，诚亡国灭种之根极也"①，在章太炎看来，中国问题的病根在于道德的颓丧，由此极力提倡超越个人功利而以拯救社会为己任的责任感。戊戌变法何以如此昙花一现？他将原因归结于戊戌党人中有道德者太少，称"无道德者之不能革命，较然明矣"，又推而论之曰："戊戌之变，戊戌党人之不道德致之也。"②章太炎认为，保天下者理应首先保持道德，发扬顾炎武"保天下者，匹夫之贱，与有责焉耳矣"③的精神，从三方面提升品格：第一，国人应将"今之革命非为一己而为中国，中国为人人所共有，则战死亦为人人所当

　　① 章太炎：《革命道德说》，《太炎文录初编》，徐复点校，上海人民出版社2014年版，第285页。

　　② 章太炎：《革命道德说》，《太炎文录初编》，徐复点校，上海人民出版社2014年版，第288页。

　　③ 顾炎武：《日知录·正始》，《日知录集释》，黄汝成集释，栾保群、吕宗力校点，花山文艺出版社1990年版，第589页。

有"①的认知当成最基本的道德信念。第二，国人需将"知耻"、"厚重"、"耿介"、"必信"四种信念作为振兴道德的必然要素加以体悟。"道德者，不必甚深言之，但使确固坚厉，重然诺，轻死生，则可矣。"②如此"举此四者"，即可造就舍生取义的道德意志，免除华夏子孙沦为亡国奴的危险。第三，国人最应激发舍身殉道的热情。国人的劣根性之一，被章太炎认为是易于苟且偷安，缺乏为追求理想而奋不顾身的执着精神。革命恰恰需要这种炽热与坚持，而佛教又恰好满足这一需求，对于讲求舍身殉道，它是"最可用的"。

增进国民道德，为什么不是孔教、基督教而是佛教最为可用？章太炎阐释了两大理由：一是佛教入中国时间长，从文化心理上更容易被国人所接受；二是佛教中轻名利重众生平等的精神，主张自我觉悟的意旨，在价值取向上与近代民权思想最为相符。基于"要以上不失真，下有益于生民之道德为其准的"③之要求，佛教既"于概念中立'真如'名，不立神名"，又启发人们天然的善心以去掉"畏死心"、"拜金心"、"奴隶心"、"退屈心"等，最符合增进国民道德的要求。至于为什么不能倡导以孔学提升道德心，他也指出，"孔教"之"极坏"内容，就是使得国民畏缩心极大，又不脱富贵利禄的思想。一旦功利心太过于强烈，就无法培养"不顾利害，蹈死如饴"的道德精神。1906年，章太炎发表《诸子学略说》一文，称"儒家湛心利禄"，哗众取宠，开了见风使舵，重成败轻是非的风气，是典型的无原则的功利主义。此外，儒学虽标榜中庸，但实无异于"国愿"，"矫言伪行，以

① 章太炎：《革命道德说》，《太炎文录初编》，徐复点校，上海人民出版社2014年版，第287页。

② 章太炎：《革命道德说》，《太炎文录初编》，徐复点校，上海人民出版社2014年版，第285页。

③ 章太炎：《建立宗教论》，《民报》1906年第6期。

迷惑天下之主"，故而"用儒家之道德，故艰苦卓厉者绝无，而冒没奔竞者皆是"①。基督教也不可用，因其仅适合于刚入文明之"野蛮人"，对于已被文明浸染了数千年的国人来说，信奉基督教则会使其"退入野蛮"状态，加上其教义中"谬妄可笑"之处极多，故而于中国有损无益。

章太炎还指出，自己提倡佛学，目的并不是要与其他宗教争夺话语权，也不是为了向国人灌输佛教思想，试图取儒学而代之，唯一的出发点在于，鼓励国民树立不顾利害的道德精神和自尊自立的信念，促使"姬汉遗民，趣于自觉"②。他也补充说明，国人须得有信仰，但为了复兴民族，又不必在信仰问题上强求同一，而要号召国人抛开信仰分歧而团结奋斗，即便是稍有信仰，也总强过无信仰、无执持的不思进取。如其所说，革命事业的大碍是常有"怯懦者"、"浮华者"、"猥贱者"、"诈伪者"，唯有佛教精神能"以勇猛无畏治懦弱心，以头陀净行治浮华心，以唯我独尊治猥贱心，以力戒诳语治诈伪心"③。由此，章太炎不遗余力地倡导佛学舍身度人的道德精神，期冀国人能以之作为楷模培养自身的道德信仰，剔除国民品格中热衷于功利的弊端，如其所说，"用宗教发起信心，增进国民的道德"④。

其五，维持"依自不依他"的独立性以激励种性。章太炎断定："然所以维持道德者，纯在依自，不在依他。"⑤他将这种"依自不依他"的基于意志自由之独立精神称为"自尊无畏"，认为它是改变国民

---

① 章太炎：《诸子学略说》，《国粹学报（分类合订本）》1906年第2卷第4期。

② 章太炎：《答梦庵》，《民报》1908年第21期。

③ 章太炎：《建立宗教论》，《民报》1906年第6期。

④ 章太炎：《东京留学生欢迎会演说辞》，《章太炎的白话文》，陈平原选编，贵州教育出版社2001年版，第112页。

⑤ 章太炎：《答铁铮》，《太炎文录初编》，徐复点校，上海人民出版社2014年版，第387页。

风貌和品格的"根性"。章太炎将世界文化分为两类：一类是依靠模仿学习他国文化的文化，称之为"仪刑者"，如日本、东胡、吐蕃等；一类是有自己体系并可扩充发展的文化，称为"因任者"，如中国、印度、希腊等国的文化。在分类基础上，他指出，讲求传统文化的独立性，必不可盲从其他文化，也即，要先建立自己的思想体系，而后再谈对外来文化的吸收。尤其在民族艰难危机之时，更要"自责其心，不依他力"①。他自己虽也主张吸收佛学精神，但却是经过了悉心选择的吸收，例如尊禅宗而弃净土宗和密宗。章太炎还将中国传统文化划分为"客观之学"和"主观之学"，认为前者指经学、考据学、历史学等，后者指"要在寻求义理，不在考迹异同"的诸子之学。他所倡导的三大国粹内容，以此作为标准，也都属于"客观之学"，因此被其毫不犹豫地用来作为"增进爱国热肠"的成分②。

客观来看，虽然章太炎自谓其提倡佛教的初衷是为了激发国人投身于革命，但因佛学精神中始终贯穿着虚幻观，这也让他陷入了佛学陷阱，误导了他关于道德评判标准的设定。五四以后，章太炎也发觉自己在激发爱国热情上走得过远，以至于矫枉过正。他很是后悔早年对孔子和儒家进行过如此诋毁，于是又转身走回提倡尊孔读经的道路上来。在自选《章氏文丛》时，他一度将早年所撰写的诋毁文章删除，晚年更是倡导通过读经以增进爱国热肠，著《论读经有利而无弊》等篇以明其志。章太炎最为注重儒学的内在精神，也即"修己之道"，认为若要发扬祖德、巩固国本，则必须要读史、知传统，因其可使吾国民族之精神乃固。他还指出，在时代潮流的驱使下，读经的重要性更强于过往。中国人所面对的西方文化"千百倍于往日"，若国人此时一

---

① 章太炎：《答铁铮》，《太炎文录初编》，徐复点校，上海人民出版社2014年版，第387页。

② 章太炎：《诸子学略说》，《国粹学报》（分类合订本）1906年第2卷第4期。

心向西，被欧美所同化必会导致民族大义被丢弃，从而沦为其他文化的文化奴隶。由此他认为，保持文化传统的特色，就要培养国人明辨夷夏的民族观念，采取合理的文化制度以保存"国粹"，深入孔学的伦理精神层面以增强爱国心。一语概之，坚持"国性"，就要坚持以儒学为主体的传统文化①。

不同于康有为托古以改制，借改制之名以促成中国文化的现代化，章太炎主张复兴国学则源于保种所需，也即在国门全面开放之际，呼吁保存中国的文化精神和民族意识，不使国人沦为文化奴隶。1908年，章太炎在《〈国粹学报〉祝词》中抨击"新学"效法日本的主张，认为这是极为不妥的耻辱行为，所谓"自弃其重，而倚于人，君子耻之焉"，又列举"六君子"之实践，来论证中国未来的出路在于采择优秀传统文化，"始反本以言国粹"②。虽然其主张最终未能提供一个具体模式，但作为一种文化视角，为后来者思索如何实现文化的自觉、自信和自强提供了经验借鉴。在此意义上，章太炎无愧于提出中国特色文化模式的先驱人物之一。

## 二、辜鸿铭："中国人的精神"走出去

在中国近代史上，堪称"奇异"矛盾体者，几乎无人能出"怪儒"、"怪杰"辜鸿铭其右。

辜鸿铭（1857—1928），名汤生，字鸿铭，号汉滨读易者，祖籍福建惠安县，出生于马来西亚槟榔屿的一个"贵族"之家。父亲辜紫云

---

① 参看章太炎：《论读经有利而无弊》，《章太炎全集·演讲集》（下），章念驰编订，上海人民出版社2015年版，第566—568页。

② 章太炎：《〈国粹学报〉祝词》，《太炎文录初编》，徐复点校，上海人民出版社2014年版，第213页。

供职于牛汝莪橡胶园，母亲是西洋人。他幼年时进入蒙馆学习，就表现出极高的学习天赋，不仅聪明伶俐，而且记忆力惊人。蒙馆既开设英文课，也学习《四书》《五经》，这为辜鸿铭后来成为儒学大师打下了良好的基础。10岁时，他又跟随父亲的雇主也是他的义父——橡胶园主布朗，前往英国苏格兰的爱丁堡，并在爱丁堡继续接受教育。在爱丁堡大学就读后，辜鸿铭学习和掌握了系统、完整的文科课程，包括拉丁语、希腊语、数学、玄学、伦理学、自然哲学、修辞学和英国文学等。继取得学士学位后，他又师从卡莱尔，于1877年荣获爱丁堡大学文学院文学硕士学位。此后，他又遍游德、法、意、奥等国，并曾在德国莱比锡大学、法国巴黎大学等著名学府留学，获得哲、理、工、神等多个学位。丰富的游学经历，不仅让他通晓英、德、法、希腊、日、马来语等多种语言，也让他对欧洲的政治、经济、文化思想以及人情风俗等也有了深入的了解。

1878年结束留学后，辜鸿铭重返槟榔屿工作。恰在此时，他与学贯中西的大学者马建忠（1844—1900）相遇于新加坡，两人一见如故，相谈甚欢。马建忠对辜鸿铭的才学大加赞赏，向他谈起了祖国传统文化的历史悠久和博大精深，且劝他归国效力。这次经历给了辜鸿铭极为深刻的印象，也给他带来了极大的精神震撼。说它是辜鸿铭人生经历和思想转折上的里程碑，也丝毫不为过。迨至晚年，辜鸿铭回忆起此次相逢，还由衷感叹："在新加坡与马建忠的会晤，是我一生中最重要的经历，正是马建忠，使我改变成为一个真正的中国人。"[1]1882年，他来到香港，不久又迁居上海，潜心研究中国文化。早在巴黎大学留学期间，辜鸿铭就已经对中国文化典籍表现出浓厚的兴趣。1884年，经人举荐进入张之洞幕府担任幕僚后，更是穷四书五经之奥，兼

---

[1] 　转引自孔庆茂：《辜鸿铭评传》（第2版），百花洲文艺出版社2010年版，第47页。

涉群籍，直至对中国文化臻至"痴迷"化境。由于有着独特的教育和人生经历，各种经验、体悟以及思潮影响均在他身上留下了痕迹。最特别之处在于，辜鸿铭虽然接受过系统的西方高等教育，精通西方文化，但西方文化并非他的推广对象，正好相反，他对西方文化极为不满。其对中国文明的推崇即建立在对西方文明的批判之上，最终使得他在身份上发生了转变，即从"身穿官袍的牛津先生"变成了"清室遗民"。

在传统儒学已经式微，西学已然勃兴的情况下，一个精通西学之人服膺于儒学并身体力行，甚至爱屋及乌地在大清灭亡后仍以长辫示人，唯有堪比泰戈尔的爱国热情以及确认"华夏中心"的文化自信观可以对其行为进行解释。熟悉他的汪凤瀛曾如此评价："以君之识议或不无偏激，而其心，则纯乎爱国，其志，则急于匡时，不可以世俗之见求之者也。"[①]辜鸿铭之所以回归祖国和折向传统，除了华侨的爱国情结之外，还受到了多重因素的影响，例如西方浪漫主义特别是卡莱尔思想，18世纪启蒙思想，个人偏激的性格等。当然，所有这一切因素只是为其文化活动确立了基本导向。直至归国后，因受张之洞及其幕僚的影响，辜鸿铭推崇传统文明的文化保守思想才最终定型。实际上，称之为保守还远远不够概括他的推崇程度，确切地说，称其为文化保守主义的极端者更为贴切，因辜氏根本不容许任何人有任何质疑儒学价值的想法，更不用说对儒学提出非议和进行反对了。有人据此称其顽固不化，但他却不以为然：

> 我的许多外国朋友笑话我，认为我对满人朝廷愚忠，但我的

---

① 汪凤瀛:《辜鸿铭先生六十寿序》,《史料与阐释·辜鸿铭专辑》(2012卷合刊本)，陈思和、王德威主编，复旦大学出版社2014年版，第9页。

忠诚不仅是对我世代受恩于它的王朝的忠诚，在这种情况下也是

对中国政教的忠诚，对中国文明目标的忠诚①。

此话不假。辜鸿铭坚持中国社会是以儒家的仁义道德所建构起来的。美国人博大、质朴而无深奥，英国人深奥、质朴而无博大，德国人深奥、博大而无质朴，唯有中国人深奥、博大、质朴三者兼备，还独有一份"灵敏"之心②。由此，其服膺儒学如痴如醉之态，推崇中华文明之程度，已近乎"痴狂"。罗振玉赠他以"醇儒"雅称，可谓恰如其分。

中国文化精神之要义——道德，构成了辜鸿铭宣扬传统文明、批判西方文明，并主张以道德拯救西方文明弊端的基石。

其一，以西之矛攻西之盾，辜鸿铭意在利用"道德力"剿伐西学之武力主义、军国主义和金钱主义，对西方文明进行道德批判。

基于对中国文明的强烈认同感，辜鸿铭对西方物质文明的价值取向缺失表现出鲜明的鄙视态度。特殊的成长和教育经历，决定了他对西方文化的熟悉程度，其中也包括了对西方文明弊端的了解。越了解即越能抓其痛处，对辜鸿铭而言，对西方文明的熟知正是他刺向西方文明缺陷的尖刀。19世纪以后，西方逐渐放弃了文化价值在整个社会秩序中的主导作用，变成了利益至上的金钱传声筒。作为见证社会思想变迁的亲历者之一，辜鸿铭认为亟需更新一种文化价值观以对抗西方现代性的扩张力量。

西方社会以物质文明作为文明标准的行为，首先受到了辜鸿铭的斥责。他指出：

---

① 辜鸿铭：《中国牛津运动故事·雅各宾主义的中国——一个中国官员致一个德国牧师的信》，《辜鸿铭文集》（上），黄兴涛等译，海南出版社1996年版，第290-291页。

② 辜鸿铭：《〈中国人的精神〉序言》，《中国人的精神》，北京联合出版公司2013年版，第3页。

> 欧洲人，尤其是讲求实惠的英国人，他们习惯把现代政治学家所说的"生活水平"看作是衡量一个民族的道德文化或文明的标准。在他们眼里，中国和东方民族的实际生活无疑是十分低劣和难如人意的。然而，生活水平本身却不是一个民族文明的标尺①。

从原因来看，其一，他认为西方社会将金钱置于首位的做法将导致物欲泛滥的后果，最终因破坏文明公德而引起社会秩序大乱。严复曾提及辜鸿铭对西学的厌弃："生平极恨西学，以为专言功利，致人类涂炭。"②不仅对欧洲物质文明传入中国极力反对，更欲反道而行，试图以中国文明来纠正西方之弊。在他看来，若以追求物质文明至上作为近代中国人的精神向导，不仅仅是对中国传统文明的一种破坏，更是一种侮辱。中国传统文明的魅力正在于确立了具有道德约束力的精神价值，从而使得社会具有了保持稳定的道德基础。作为一种"良民宗教"，它更"赞赏、尊崇和畏惧道德力量，而不是物质力量"③，较之西方，更有利于维护国家和社会的良好秩序。从这个想法出发，辜鸿铭不厌其烦地强调中国文明优越于西方物质文明，因其可以帮助西方人找到失去已久的道德力量："我要唤起欧美人民注意的是，值此文明濒临破产的关头，在中国这儿却存有一笔无法估价的、迄今为止毋庸置疑的文明财富。"④其二，辜鸿铭认为，20世纪初的中西文明冲突，实则体现的是一种物质与精神文化之争。第一次世界大战的爆发之由，

---

① 辜鸿铭：《尊王篇·文明与无政府状态或远东问题中的道德难题》，《辜鸿铭文集》（上），黄兴涛等译，海南出版社1996年版，第171页。

② 孙应祥：《严复年谱》，福建人民出版社2003年版，第447页。

③ 辜鸿铭：《尊王篇·序言》，《辜鸿铭文集》（上），黄兴涛等译，海南出版社1996年版，第36页。本节所引《辜鸿铭文集》均依此版本。

④ 辜鸿铭：《中国人的精神·导论》，《辜鸿铭文集》（下），第24页。

在他看来，是尊奉物质文明的"暴民"因崇拜"武力"所致。大战结束后，欧洲人在精神上遭受到了显而易见的严重创伤，由是纷纷推崇物质文化以外的道德文化用以疗伤。辜鸿铭也提出了自己的见解："如果欧洲人民欲摆脱军警，那么摆在他们面前的选择，要么就是重新招回教士以唤起人们对上帝的敬畏，要么就是去寻找另一种别的东西，像敬畏上帝和畏惧法律一样，帮助其维持社会秩序。"①"另一种别的东西"，依他之见，即是中国文化精神。他强烈建议欧洲人效仿先人习孔学之例，以"仁学"和"礼义"治国，以期消弭社会上的暴虐之气。

　　在其不懈的努力宣扬之下，中国文化精神作为一种救赎方案在西方也产生了一定的影响。尤其是在德国，反响更为热烈。证据之一是，在战后欧洲各国所出版的各类文学、文化、艺术、政治、哲学等书籍中，亚洲文化包括中国文化定会在其中占据一席之位。证据之二还表现为，辜鸿铭的影响力已经得到了欧洲人的关注。德国文化学者如凯瑟琳等纷纷盛赞东方精神文明，德国青年团体也竞相尊奉孔子、老子等，视其为道德之师。在欧洲人对西方文化所推崇的民主、自由、平等精神感到怀疑之时，辜鸿铭宣扬的中国道德力恰逢其时地迎合了他们厌战且希望获得救赎的心理，因此也顺利地走入了欧洲文化视野。

　　其次，西方汉学家的传教行为，以及他们对中国传统文明价值的解读误区，也是辜鸿铭着力批判之处。辜鸿铭早年所从事的"奇异"行为之一，就是热衷于抨击西方在华传教士的传教行为。他以自身的经历作为抨击之举的最好注解，指出："对于任何一个完全了解欧洲这种为了智识启蒙而斗争历史的人来说，这些在欧洲焚烧和残害科学家的教中人，却在中国把自己装扮成为科学和智识事业的斗士，这看起

---

① 辜鸿铭：《中国人的精神·导论》，《辜鸿铭文集》（下），第23页。

来该是多么奇怪和荒唐可笑。"①又一针见血地揭示掩盖于传教士行为之后的实质："在中国的整个传教事业，难道不只是一个为那些从欧美来的失业的专职人员提供福利的巨大的慈善计划吗?"②同时，他对传教士或者称为汉学家英译中籍的不专业状态也表达出自己的不满，甚至是不屑。在1884年发表的《中国学》一文中，辜鸿铭不无遗憾地指出，传教士如理雅各等翻译中国经典古籍的工作不过是应时之需，虽然数量惊人，但都未能把握中国文化的精神要旨。在他看来，正是这些传教士和汉学家歪曲了儒家经典的原义，糟蹋了中国文化，才导致西方人对中国人和中国文明产生种种偏见。最令他不能容忍的是，某些汉学家动辄批评中国人，或性格，或生活，或精神，但"实际上并不真正懂得中国人和中国语言"③，都是毫无说服力的强辩，或者是建立在西方文明标准上的有失公平的评判。略举一例：美国传教士阿瑟·史密斯所著《中国人的性格》（1892）一书，主要论析中国人的性格，有褒有贬，但总体基调是消极的，谈及了诸如好面子、保守、排外、安于现状等缺陷。因与晚清民初时倡导的改造国民性思潮主题相一致，这本书曾在中国引起一时轰动，国人纷纷以其所论作为自省标准。辜鸿铭却对此极为愤懑，毫不留情地嘲弄了史密斯的用心险恶——试图证明西方人"确实比中国人优越得多"，并一反史密斯的灰暗基调，以一问一答的形式进行辩论还击，将谴责矛头直接指向西方殖民政策及物欲文明。问答共计十三条，例如：

① 辜鸿铭：《尊王篇·为吾国吾民争辩：现代传教士与最近骚乱关系论》，《辜鸿铭文集》（上），第44页。

② 辜鸿铭：《尊王篇·为吾国吾民争辩：现代传教士与最近骚乱关系论》，《辜鸿铭文集》（上），第46页。

③ 辜鸿铭：《中国人的精神·序言》，《辜鸿铭文集》（下），第6页。

1.　——人主要目的是什么？

　　人最主要的目标是给大英帝国增光。

2.　——你信上帝吗？

　　是的，当我去教堂的时候。

3.　——但你不在教堂时，你信仰什么呢？

　　我相信利益，什么东西能给我带来报酬。

4.　——什么是合理的信念？

　　相信人人为己。

5.　——工作的合理理由是什么？

　　把钱装入你的腰包。

　　…………

11.　——上帝为什么创造四亿中国人？

　　为了英国发展贸易。

12.　——你是怎么做祈祷的？

　　感谢主！我们与邪恶的俄国人和残暴的德国人不一样，
他们想瓜分中国。

13.　——在中国，谁是最伟大的盎格鲁·撒克逊的理念传
播者？

　　莫理循博士，《泰晤士报》驻北京记者①。

从西方人的不良意图、不真诚的信仰、金钱至上、利己主义到殖民侵
略心态等，辜鸿铭都以诙谐的语气进行了嘲讽，归根结底一句话，即
"中国的约翰·史密斯们都想成为凌驾于别人之上的优越者"②。选用

---

① 辜鸿铭：《约翰·史密斯在中国》，《中国人的精神》，北京联合出版公司2013年版，第
86-87页。以下所引《中国人的精神》均依此版本。

② 辜鸿铭：《约翰·史密斯在中国》，《中国人的精神》，第85页。

屈原式的问答艺术来进行反驳，一则表露了其国学功底，彰显了他对中国文学经典的熟悉，也体现了他高超的讽刺艺术；二则也表达了他抵制西方物质文明的强硬态度，尤其是对西方传教士所带有的文明优劣预设的不满。不仅如此，在《中国人的精神》一书中，他接连以专章《一个伟大的汉学家》和《中国学者》继续对包括英国汉学家贾尔斯在内的涉及英、法、德、美等国共计二十位汉学家极尽嘲讽，认为这些"汉学家"过高地估计了自己的成绩，"如同巨人肩上的侏儒，会误认为自己比巨人还要高大"①。在后人的评价中，这些"对西方汉学的不懈的、尖锐的批评，大多实事求是，有的放矢，尤其是对其文化优越感和偏见的批评充满了弱小民族反抗文化歧视的民族正气"②。

辜鸿铭确实对自己的批判意图未有丝毫遮掩。在《中国人的精神》绪论中，他选用了歌德的两行诗句作为全书题词："只有正直和忠诚，才能使他们（乌合之众）全部恢复人性！"③毫无疑问，这是辜氏意图表达自己着力宣扬这两种力量的心声。在他看来，儒家学说的魅力正表现于这两种力量之中，义和礼正是孔子赋予我们中国人民良民宗教的精华，"这种良民宗教的最高责任，就是忠诚的责任"④。作为道德感化的重要媒介，它理所当然地应该成为救助欧洲文化关于利己、侵略、报酬至上等弊端之良方。如其所说，"真正的中国人有着成年人的智能和纯真的赤子之心，中国人的精神是心灵与理智完美集合的产物"⑤，作为一种"富于想象的理性"，它体现的正是欧洲西方文化所亟需的一种心灵状态和灵魂趋向，一种心境。因而，在当时知识分子

---

① 〔日〕诸桥辙次：《〈中国人的精神〉日译本序言》，《辜鸿铭文集》（下），第161页。

② 黄兴涛：《文化怪杰辜鸿铭》，中华书局1995年版，第60页。

③ 辜鸿铭：《良民的信仰》，《中国人的精神》（英汉对照版），李晨曦译，上海三联书店2010年版，第1页。

④ 辜鸿铭：《中国人的精神·导论》，《辜鸿铭文集》（下），第26页。

⑤ 辜鸿铭：《中国人的精神》，《辜鸿铭文集》（下），第66页。

纷纷鼓吹富国强兵以救亡图存的时候，辜鸿铭却独出机杼地指出，中国的当务之急并不在于寻求富国强兵之术，而是应该思索如何才能使中国发挥传统"君子之国"的文化优势。"以小人之道谋国，虽强不久；以君子之道治国，虽弱不亡"①，西方文明在战后的价值失落给中国带来的启示在于，中国人不仅需要坚守儒学中的道德原则，还要将儒学原则转化为一种基本的生活艺术："目前所恃以御侮而救亡者，独有以德服人之一理而已。"②实践证明，中国人所奋力推举的西方之"用"，恰恰是造成西方文明衰落的原因。故而，划分"体用"不能作为解决中国传统文化走向衰落的方案，国民需要努力做到的是，应以"东方道德"代替西方"科学"并使之成为一个普遍性原则，抵制西方文明在中国的无限制扩张之势。

其二，向西方扩展本土文明，辜鸿铭意在尽己之力促成中学顺利西渐。

辜鸿铭坚信，儒学精神拥有一种有效的道德力量，能够制止例如欧战这样人类迄今为止最为残暴的战争。他指出，"我们东方人的文明理想是一种朴素的生活以及崇高的思想……我们东方人虽然过着一种近乎原始的朴素的物质生活，但是却使自己的文明提升到了西方人原先达到过的文明最高峰"③，认为若要洗涤战后的精神创伤，"将在中国这儿，找到解决战后文明难题的钥匙。……因为他拥有欧洲文明战后重建新文明的奥秘。而这种新文明的奥秘就是我所谓的良民宗教"④。

---

① 辜鸿铭：《义利辨》，《辜鸿铭文集》(下)，第228页。
② 辜鸿铭：《义利辨》，《辜鸿铭文集》(下)，第229页。
③ 辜鸿铭：《何谓文化教养》，《辜鸿铭：国学要义》，当代世界出版社2017年版，第178-179页。
④ 辜鸿铭：《中国人的精神·导论》，《辜鸿铭文集》(下)，第25-26页。

为了反击来自西方的偏见，极力维护中国文明的尊严，辜鸿铭一心想将中国传统文化精神传递出去，使之走入欧洲并在西土扩大它的影响力，甚至不惜带着自大自负自欺的偏激之心。他的努力主要表现在三个方面：

一、致力于用英文写作向西方宣扬孔孟之道。辜鸿铭影响力最大的一本书，即以"汉滨读易者"之名写成的 *The Spirit of the Chinese People*（《中国人的精神》，又名《春秋大义》）。这是辜鸿铭向西方宣传中国传统文化的代表作，"本书的内容，是试图阐明中国人的精神，并揭示中国文明的价值"[①]，鼓吹中国文化救西论，即"把欧洲文明从毁灭中拯救出来"[②]。该书1915年在北京首次出版，并很快由德国学者施密茨（Oscar. A. H. Schmitz）译成德文传至西方，并引起了轰动。此外，辜鸿铭还常在英文报刊上发表文章，《字林西报》（又名《华北日报》，*North China Daily News*）、《日本邮报》（*Japan Weekly Mail*）、《北京日报》（*Beijing Daily News*）、《密勒氏远东评论》（*Millard's Review of the Far East*）、《华北正报》（*North China Standard*）、《泰晤士报》（*The Times*）等英文报刊都是他批判西方、阐扬"周孔之道"的阵地。与同时代的严复、林纾等翻译者将西方文化介绍给中国以推动西学东渐而启蒙国人不同的是，辜鸿铭是致力于将中国传统文化介绍给西方，或著或译，意在纠正传教士、汉学家以及一般西方人对中国人、中国文化的误解，增进西方对中国的了解和认识，扩大中国传统文化精神的影响力，维护中华民族的尊严。就现实效果而言，辜鸿铭在西方获得了极高的声誉和不可小觑的影响，远远超出他在中国国内的瞩目度。在欧洲，"辜鸿铭的译著备受他们的青睐，人们争相把他的英文作品译

---

① 辜鸿铭：《中国人的精神·序言》，《辜鸿铭文集》（下），第5页。

② 辜鸿铭：《中国人的精神·序言》，《辜鸿铭文集》（下），第8页。

成德文，计有：纳尔逊（Nelson）译的《哀诉之音》；特茨米兹（Oscar
A. H. Tchmitz）译的《中华民族之精神》；卫礼贤译的一本文集《中国
对于欧洲思想之抵抗》"①。此外，辜鸿铭同样用英文写作且成书于
1900年的《尊王篇》也被欧洲学者竞相阅读并大量发行；《中国牛津运
动故事》更是在德国引起了巨大反响，例如学者卫礼贤（Richard
Wilhelm）就将其从英文译成德文，题作《为中国反对欧洲观念而辩
护：批判论文》，并将之作为古廷根大学哲学系全体师生的必读书目。

二、致力于英译儒经，向西方传播中国文化。为建构中国的西方
形象，辜鸿铭认为自己有责任将儒家思想原汁原味地介绍给西方人，
以便他们更好地了解中国文化精神。由此，他也扮演了翻译儒家经典
的翻译家角色。他采取释译的原则，即用想象诠释儒家精神和审美趣
味，先后将中国的经典古籍如《论语》（1898）、《中庸》（1906）等译
成英文。王国维称此译法是"全以西洋之形而上学释此书"②，认为辜
氏运用了他在西方所学的知识，力求西方人能够进行准确理解。此外，
辜鸿铭在翻译之时又力求文辞准确，语言优美，且富有哲理性，也即，
"不只是忠实地翻译它，而且是一种创作型的翻译，古代经典的光透过
一种深的了然的哲学的注入。他事实上扮演了东方观念与西方观念的
电镀匠"③，因此不仅在晚清民初的中国获得了声誉，也在欧洲引起了
极大反响。如罗振玉所言："日以欧文倡导纲常名教以发蒙振愚，每一
文出，各国争相移译。于时欧人鉴于战祸，又习闻君之言，始恍然于
富强之不足以图治，而三千年之东方文化乃骎骎有西被之势。"④在英

---

①　李道振：《辜鸿铭与东学西渐》，《福建师范大学学报》1996年第2期。

②　王国维：《书辜氏汤生英译〈中庸〉后》，《国学初萌》，贺昌盛主编，浙江教育出版社2014
年版，第191页。

③　林语堂：《大旅行的开始》，《辜鸿铭：东西之中》，唐利群著，辽宁人民出版社2015年
版，第134页。

④　罗振玉：《〈读易草堂文集〉序》，《辜鸿铭文集》（下），第212页。

译儒经之时，辜鸿铭特别强调其中的道德思想，尤其是"大学之道，在明明德"的精神，并告诫说"赚钱和从事中国语言、中国文学的研究是不可兼得的"①，希冀传达出一种"不忮不求，淡泊明志；庸言庸行，平易近人"之儒学至高境界②。

三、借助"理论旅行"的思维模式便于西方人更易理解中国文化。爱德华·赛义德曾以"理论旅行"之说来描述一个观念或一种理论从此时此地向彼时彼地进行运动的现象。辜鸿铭的东学西渐思路即是如此。仔细分析他的著作传播轨迹即可发现，辜鸿铭不仅习惯于在西学内部的思路里对西学文明之弊进行反思，也长于以文明比较的方式，将当时所谓的中西文化冲突还原为类似现代性对西方古典文明的挑战和冲突，以便于西方人以自己熟知的理解方式来增进对中国文明的理解③。例如，他考虑到欧洲人思考问题的角度，将中国的清流运动对应于英国浪漫派发起的牛津运动，称之为"中国的牛津运动"。如此，"它从一地向另一地的移动，反而加强了自身的力量，变成了批判西方现代观念的有力武器"④。实际上，这是因为辜鸿铭虽不在乎中国读者是否理解牛津运动，但十分在意英国人是否能够懂得他所说的中国清流运动⑤。更通俗地说，辜鸿铭擅长利用自己对西方文化熟知的优势，将东方哲学变成西方浪漫派改装易服寄居的巢穴，以使他们能够更乐意接受其以中国道德拯救西方文明于崩溃的文化主张。

---

① 辜鸿铭：《告准备研究中国文化的欧美人》，《辜鸿铭讲国学》，吉林人民出版社2009年版，第97页。

② 辜鸿铭：《辜鸿铭讲论语》，天津社会科学院出版社2014年版，第154页。

③ 参见王炎：《丑而可观辜鸿铭》，《旷世怪杰——名人笔下的辜鸿铭 辜鸿铭笔下的名人》，黄兴涛编，东方出版中心1998年版，第226页。

④ 杨念群：《"辜鸿铭现象"的起源与阐释：虚拟的想象抑或历史的真实》，《浙江社会科学》2001年第2期。

⑤ 参见朱维铮：《辜鸿铭和他的〈清流传〉》，《旷世怪杰——名人笔下的辜鸿铭 辜鸿铭笔下的名人》，黄兴涛编，东方出版中心1998年，第252-267页。

其三，化身为孔孟的卫道士，辜鸿铭意在强烈反对盲目学西的拿来主义。

作为文化极端保守主义的代表人物，辜鸿铭认为，辛亥革命后传统文化被弃若敝屣，社会呈现出四分五裂、国不成国之失序状态，无法剔除新文化运动推波助澜的作用。由此，他强烈反对胡适的文学革命主张。在《归国留学生与文学革命》一文中，他将文言文比作"烤鸡"，将白话文比作"果酱和面包"，称"在世界各地，面包和果酱的消费比烤鸡大得多也是事实，然而，我们却不能因此就认为烤鸡不如面包和果酱味道鲜美或富于营养，而都应该只去吃面包和果酱"①。意在表明不能将文言文一棍子拍死，应保留文言文的应用范畴。而且，辜鸿铭还自信地认为，文言文不仅不能被"革命"，反而还要极力提倡，因其并非死语言，而是有着悠久的洗练历史，"要写出创造性的文学作品，文言或古典中国语文比口头语文或白话要强得多"②。1917年7月，应蔡元培之聘，辜鸿铭在北京大学讲授英国古典文学，但在课堂上，他却常常借题发挥，见缝插针地宣讲中国传统文化。凡英国作家作品，他都要在中国作家作品中找出对应篇目，例如将弥尔顿的长诗《利西达斯》（*Lycidas*）比作西洋的"离骚"，又例如将中国的杜甫称之为"中国的华兹华斯"，既帮助学生理解中国古典文学作品在西方文化中的对应地位，又给学生树立中华文明并不逊色于世界各种文明的信念。

辜鸿铭还指出了另一个反对理由——西式教育弊大于利。他说：

---

① 辜鸿铭：《归国留学生与文学革命——读写能力和教育》，《辜鸿铭文集》（下），第171-172页。

② 辜鸿铭：《归国留学生与文学革命——读写能力和教育》，《辜鸿铭文集》（下），第171页。

我认为，我们所有的人，包括外国人、军事家、政治家，尤其是我们那些回国的留学生们，现在在中国还能有这样好过的日子，不该抱怨什么，而应该为中国四亿人口中90%不识字这件事每天感谢神。

…………

的确，在堕落、退化的文明时代，正如在我们的现实生活中一样，就"教育"这个词的真正意义而言，一个人越变得有文化或学问，他所受的教育就越少，就越缺乏与之相称的道德①。

虽然辜鸿铭并不反对通过教育将不识字者变为识字者，但也区分了"识字"与"教养"的不同。在他看来，"受教育"不一定体现为"有教养"，尤其是清末民初，"受教育"即意味着国人要接受"新学"及"民权"等西学观念，由此极有可能使他们变成"随心所欲"不择手段的道德缺失者。他认为，中国之所以能够在晚清民初之时，受到内忧外患的夹击还能大体保持稳定的社会局势，或者说大清还能称为大清，正是因为那90%的不识字者凭借着传统的道德力也即个人的遵纪守法所维系。假如这些人也跟欧化主义者一样，将儒教的道德规范弃如敝屣，动辄聚集闹事、示威游行，那么可以想象社会该变成何种混乱状态。在考虑到道德制约力的效果层面，辜鸿铭义正词严地警醒新文化运动者说：

提起"生活之道"，我想对胡适博士及其他文学革命者说的是，在现今被引进中国的新式欧洲现代文学中，在诸如海克尔、莫泊桑和王尔德这些作家的作品中，他们并没有被带进活文学；

---

① 辜鸿铭：《归国留学生与文学革命——读写能力和教育》，《辜鸿铭文集》（下），第172-173页。

　　他们被带进的是一种使人变成道德矮子的文学。事实上，这种文
学所载的不是生活之道，而是死亡之道，如同罗斯金所说的，是
一种永久死亡之道①。

严肃地指出了维系传统道德价值观的重要性。

　　基于以上三个认识，概而言之，辜鸿铭对中国传统文化中的道德
权威进行了肯定，并认为它是最好的解救西方文明之弊的良方。如其
所说，"著名的儒教，能够取代宗教，能够使人们甚至使大众不再需要
宗教"②，这就是来自孔孟之学的教诲——"君子之道"，也即"名分
大义——荣誉和责任的重大原则，或者荣誉的法典"③。"孔子的君子
之道不是别的，正是一种廉耻感。"④廉耻感是什么呢？正是道德所带
来的行为约束力。故而，辜鸿铭对它进行了真诚的赞颂与推崇："如果
一个社会、一个人丧失了廉耻感，政治没有了道德，那么我敢说这个
社会最终是无法维持下去的。"⑤

　　在辜鸿铭的启示下，清末很多知识分子在反思大清之亡的原因时，
也将是否能够丢弃传统文化纳入反思范畴。如唐文治就认为废经行为
是导致大清灭亡的原因之一。林纾也有如此响应："吾清之亡，亡于废
经。悲哉斯言！废经固足亡清，病在执政之亲贵。少年狂谬，剽窃西
人皮毛，锄本根而灌枝叶，亡之病坐此耳。"⑥就连新文化运动的发动
者之一——胡适也对此心怀隐忧："今日之大患正因为五六十年来，离

①　辜鸿铭：《反对中国文学革命》，《辜鸿铭文集》（下），第169页。
②　辜鸿铭：《中国人的精神》，《辜鸿铭文集》（下），第52页。
③　辜鸿铭：《辜鸿铭讲论语》，天津社会科学院出版社2014年版，第110页。
④　辜鸿铭：《中国人的精神》，《辜鸿铭文集》（下），第58页。
⑤　辜鸿铭：《中国人的精神》，《辜鸿铭文集》（下），第47页。
⑥　林纾：《与唐蔚芝侍郎书》，《林纾研究资料》，薛绥之、张俊才编，知识产权出版社2010
年版，第77页。

心力超过于向心力，分崩之势远过于统一之势。"①原因或在于革命将儒家伦理连根拔出。尽管文化革命者谈论的是新、旧制度，文化保守者谈论的是"无治"和"良治"，不是同一层面的问题，但无论要达成哪一类效果，均取决于民众是否具有廉耻感，而廉耻感显然属于中国传统文化的道德范畴。

辜鸿铭曾对英国作家毛姆自诩，称自己是"老大中华的末了的一个代表"②，此言不虚。辜氏认为估量文化的价值不在于物欲的获得，而在于人类灵魂的质量，故而以道德之力呼唤失去的人文理想，这一点在当今社会仍具有重大的文化意义。但以发展的眼光视之，与其说他热爱的是彼时现实的中国，不如说是他所臆想的理想文化与国度。以构想中的儒家文化标准去否定一切西方文明价值，也同样是一种极端的文化倾向，既不切合文化交流的现实，亦不值得提倡。

## 第四节　"复兴"之思：
## 面向未来的东方文化派文化民族主义观

20世纪初，无论东方还是西方都面临着各自"重新估定一切价值"的大变革时代。第一次世界大战的爆发，开启了西方人质疑理性价值的帷幕，进入重新审视自身文明的反思阶段。在中国，中华民国的建立，宣告了清朝封建专制统治时代的结束。中国历史翻开了新的一页，意味着矢志不渝的国人离追求实现中华民族伟大复兴的中国梦又近了

---

① 胡适：《统一的路》，《独立评论》1932年第28期。

② 〔英〕毛姆：《辜鸿铭访问记》，《辜鸿铭文集》（下），第598页。

一步。

《辛丑条约》签订后，西方列强的侵华策略也随着战争的结束而更换了方向，由炮舰转而诉诸文化。在西方文化思潮的"狂轰滥炸"下，中国也出现了与当年德意志民族同样的民族文化危机。国家形式的消亡也许并不意味着民族灭亡，但如果文化一旦泯灭，民族也就失去了立命根基，将真正走向灭亡。因此，挽救民族自身的传统价值，既是解决中国近代以来民族问题的桥梁，也是其旨归。文化民族主义作为一种近代民族意识的自觉表达，关乎民族的存续和发展，甚至被赋予了"启蒙"与"救亡"并行的双重神圣使命。一战后，随着国际国内形势的新变化，这样一种文化自觉又增添了新的内容。经过了晚清时期的被动"艰难抗争"后，近代文化民族主义的基本态势也发生了新的变化。

表现之一是，高扬"东方化"和"新孔学"旗帜，主张基于伦理逻辑进行文化救国，光大中国传统伦理文化。辛亥革命虽推翻了帝制，但却并未改善社会乱象，这一点在共和初年时体现尤甚。精英知识分子由此认识到，中国社会不仅需要政治改革，更需要进行文化革新。"鼓吹东亚大陆之文明"的《东方杂志》积极呼应这种时代要求，在主编杜亚泉的有意引导下，自1911年全面改版后，由原先"选报"性质的资料汇编类刊物转型为大型文化时政类刊物，开始深入探讨政治改革后关于思想道德等的文化建设问题。这就像是开动了一个机括，提醒辛亥革命后的国人去理性思考"中华文化何去何从"这一根本的时代命题。传统文明应该如何看待和发展自身？受到这一问题意识影响的人，纷纷试图去论证以中华传统文明救西方文明之弊的可能性和必要性，以及急于去争论是否需要和保存中国传统文明。

表现之二是，高举"重新认识中西文化"的旗帜，警醒国人从盲从西方文明的迷梦中惊醒，重新确认传统文明的特质与价值。20世纪20年代，梁启超《欧游心影录》和梁漱溟《东西文化及哲学》的出版印证了这一新的变化。书中所揭橥的"中国文化复兴"这一命题奠定了国人肯定传统文化价值或者称为中国传统文化本位的理论基础，也极大地激发了国人对中华文化复兴的信心。直到今天，我们还可以感受到它所带来的震撼力。在以二梁等人为代表的"东方文化派"的推动下，国人一反消沉萎靡之态，转而积极地挖掘内心深处顽强的寻根意识，以西方近代文明前途的阴影重重为契机，思索并努力找寻"中国文化向何处去"这一时代命题的答案。甲午战争以来，针对民族存亡和文化发展的问题，具有敏感意识的知识分子提出过许多实践性的方案问题。但不可避免的是，由于无法脱离各自的文化立场差异，造成了尖锐对立的郢书燕说现象。在探寻中国文化出路之时，他们容易受到自身文化体验和智识经验的影响，提出诸如"传统文化缺少什么"以及"何以传统文化未能发生类似现象"这类问题，并得出各自不同的文化见解。这类问题看似分散杂乱，但实际上背后又共同体现着传统与近代、中与西异质的对立思维，即有意识地以西方文化的标准来考量传统文化的现代价值。典型且影响巨大的文化思潮，是帝制被推翻后由新文化派提出的以"打倒孔家店"为口号的新文化运动。代表人物陈独秀提出，文化要与民主共和的政治体制相匹配，就必须彻底摒弃建立在封建帝制基础上的传统文化，发展以民主与科学为指导精神的现代文化。在彼时反传统思潮盛行的时代环境下，许多文化流派都受到了新文化派思路的影响，在崇西与反西的立场之间摇摆不定。与新文化派一样，东方文化派也提出了传统文化在共和体制的时代氛围里"缺少什么"的命题，同样彰显了关切社会现实的动机与目标。但与新文化派显著不同的是，东方文化派并不赞同激进地对传统文化的去留进行"一刀切"，而是提出用"文化调和论"来解决中国文化建设中存在的难题。

　　所谓"东方文化派"，是20世纪初期崛起于中国学界的一个独树一帜的文化学派。这一概念产生于五四前后的中西文化论战之中。瞿秋白最先在《东方文化与世界革命》一文中使用"东方文化派"一词，指称那些竭力拥护"宗法社会的文化"的人①。之后，邓中夏又将这批人划分为三种类型：梁启超一系，梁漱溟一系，章士钊一系②。这也成为"东方文化派"思潮的范围划分依据。具体地说，"东方文化派"即指反对西化、提倡东方文化，主张新旧调和与中西调和的部分文化保守主义者之集合，是一个群体符号。其代表人物主要有《东方杂志》主编杜亚泉及其后继者钱智修，有访欧回国不久即发表《欧游心影录》的梁启超，有第一次对中、西、印三方文化及其哲学进行系统比较的梁漱溟，有自称"一东方文化之信徒"的陈嘉异，有标榜"昌明旧学，融化新知"的东南大学教授吴宓、梅光迪等人，有挑起科玄之争的张君劢以及主张"以农救国"的《甲寅》主编章士钊，等等③。需要指出的是，这些人并没有形成统一的组织，虽然都被称为"东方文化派"，但就文化观点而言，实则彼此之间并不完全相同，而是处于一种求同存异、和而不同的状态。从1915年到1925年这十年，也即所谓的五四前后，是东方文化派最为活跃的时期，在价值取向上，基于同样的目的，呈现出大体相似的理论风貌：为探索"文化救国"的路径，强调文化发展和转型的延续性，在强大的西潮冲击下致力于保存民族最根本的命脉和立国之本，主张在有选择的基础上保存传统文化，肯定民族文化的固有价值，

---

　　① 屈维它（瞿秋白）：《东方文化与世界革命》，《新青年》1923年第1期。

　　② 参看邓中夏：《中国现在的思想界》，《中国现代思想史资料简编》第2卷，浙江人民出版社1972年版，第173—174页。

　　③ 参看郑大华：《论"东方文化派"》，《社会科学战线》1993年第4期。

同时反思、借鉴西方近代工业文明成果，以调和中西、融合新旧的方式建立"新文化"，一则挽救民族危机，一则使之助益世界。

就东方文化派的特征而言，第一，几乎全体成员都接受了新式教育，其中大多数人还留过学，其思想虽不同于出口必言孔孟的"老古董"，但仍以中国传统文化为基石；第二，他们提倡以西方的学理而非传统理论来维护传统文化价值，具有融通中西的原创性思想特点，在思想界产生了很大的影响力；第三，他们虽然都反对西化，但主张却不尽相同，在高擎孔学的旗帜下，又各生扬"孔"方法。显然，东方文化派既承续了"天下士"以民族存亡为己任的遗风，又试图融汇中西，其出现无疑是当时中国与欧美之间社会文化思潮急剧变化与互动的产物，尤其与国人对新文化运动及欧战的反思密切相关。与新文化派一样，东方文化派同样希望找到辛亥革命失败之因，并予以反思。在国内，他们看到了社会道德的普遍失范，以及西学输入后的"人心不古"；放眼国外，他们也看到了中国儒家文化救助"理性危机"的独特价值，相信未来"新文明之太阳，既自矇眬之东方，渐渐而升"[1]。

以《东方杂志》《甲寅》等刊物作为思想阵地，东方文化派在风雷激荡的20世纪初一直秉承"中国民族再兴之新生命"[2]的宗旨。这也是它反击"西潮"和探寻中国民族文化复兴之路最为集中的思想主题。其中"东方文化救世论"又占据着核心内容的重要地位。

何以提出以东方文化救世？或者说东方文化何以能够救世？欧战爆发以后出现了一种反思西方文化危机的世界性思潮，如何以东方文化来补救西方文明之弊端，是一个刻不容缓的时代命题。立足于传统文化之长，东方文化派诸人纷纷建言献策，各显神通，从"中国文化

---

[1]　君实：《新欧洲文明思潮之归趋及基础》，《东方杂志》1919年第16卷第5期。

[2]　陈嘉异：《东方文化与吾人之大任篇》，《东方杂志》1921年第18卷第1期。

独创"说、"中国精神文明"说、"世界文化三路向"说三个方面着力
揭示了对构建民族新文化问题的重视与建树。

　　首先，从文化起源问题论证了中国传统文化的独创性。19世纪末，
法国学者拉克伯里以近代近东地区的考古挖掘成果为基础，提出了中
国文明源于两河流域古巴比伦文明的论断。后来这一结论经日本学者
出版的《中国文明史》一书传入中国，成为新文化派信奉"西方文明
中心论"的重要事实依据。在西方学者的鼓吹下，醉心欧化主义的新
文化派由是奉泰西文明为东方文明之母，认为除西方以外的各种文明
都将被淘汰。不满于民族文化传统价值被抹杀，也不满于欧化主义导
致的道德滑坡，东方文化派愤然展开反击。彼时的文化刊物如《学衡》
《东方杂志》《地学杂志》等相继刊登反击西化主义的理论文章，指斥
"西来说"的毫无根据，同时致力于论证中国文化绝非外来，而是源于
本土有着独立地位的文化体系。梁启超指出，世界文明的五大发源
地——埃及、小亚细亚、希腊、印度、中国，其中前四大发源地彼此
之间都呈现出相互交通的情势，因而文明形态也互相影响，具有"自
己的实兼有外来的"融合特征，唯有中国独树一帜，因山海阻隔而自
成独立文明发源之地。陈嘉异也驳斥"西来说"有违事实："吾族建国
华夏，实为绝早，纵令西来，亦远在有史以前。而有史以后之文化，
则固自伏羲神农黄帝以来，列祖列宗所披荆斩棘积铢累寸而手创，决
非受任何外族之影响而始生者，则实一不可诬之事实也。"①愤然之情
跃然纸上。

　　不仅是地理，在语言文字方面，东方文化派也认为中国传统文化
有着独创性。近代西方人贬抑中国文化，其中也包括了贬抑古汉语在
内，认为中国人缺乏理性、易于误解以及安守现状的性格形成，均与

---

① 陈嘉异：《东方文化与吾人之大任》，《东方杂志》1921年第18卷第1期。

落后的语言结构有关。一些欧化主义者因此也鹦鹉学舌，主张取消中国语言文字而改行以拼音为形态的国际语。这一主张遭到了国粹派的强烈反对，例如章太炎就撰写了《驳中国用万国新语说》一文[①]，强调汉字是沟通国人情感，维系民族精神的纽带，是极其宝贵的国粹。这一思路也在东方文化派的主张中得到了延伸。陈嘉异在《东方文化与吾人之大任》一文中就明确指出东方文化不同于西方文化的传承因素，"为独立的创造的"，并将文字语言的独特性视为东方文化的优越性之一。在另一个代表人物章士钊看来，"文以载道"的传统也极其重要，认为高深的道理唯有文言才能表达其中的万千沟壑，因此对"近年士习日非，文辞鄙俚，国家未灭，文字先亡"[②]的社会现象进行痛斥。

如果简要地进行归纳，可以发现东方文化派论证中国传统文化独创性的意义，一是旨在否定"中国文化西来说"，强调中西文化之间并无直接的源流关系；二是意在否定当时盛行国内的"西方文明中心论"，为凸显中国文化的独立价值寻求现实依据。既然中国文化完全是在中国本土由中华民族所独立创造的，与西方文明形成了不同的起源，属于两大各自独立发展的文化体系，那么发展民族新文化的时代课题也就十分必要。事实上，东方文化派所论证的文化独创性这一观点，其科学性与前瞻性已被新中国成立以来的考古学所证明[③]。

其次，从中国文化的类型问题上论证了中国精神文明的优越性。19世纪末20世纪初，"西方文明中心论"在中国本土盛行一时，醉心欧化主义者常以优劣作为判断标准来指称西方文明与中国文明。陈独秀作为

---

① 章太炎：《驳中国用万国新语说》，《民报》1908年第21期。

② 章士钊：《东西文化及其哲学——答梁漱溟》，《章士钊全集》第5卷，章含之、白吉庵主编，文汇出版社2000年版，第86页。

③ 参看杨思信：《东方文化派的中国文化观及其特色》，《兰州铁道学院学报》2002年第5期。

新文化派的代表人物之一，极力推崇西方文明之长。在《东西民族根本思想之差异》一文中，他以东西文化进行比照，重在赞扬西洋民族品性，并以此作为评判尺度批评东洋民族"尚安息"，"恶斗死"，"以君子始，以小人终"以及在生存竞争中呈现出"劣等"禀赋的种种不足，认为这些特点因"具如斯卑劣无耻之根性，尚有何等颜面，高谈礼教文明而不羞愧"①，故"欲图根本之救亡，所需乎国民性质行为之改善"②。此言一出，如石投湖，激起了维护传统文化的知识分子的强烈愤怒，一时之间，反对者蜂拥而上。

1916年，杜亚泉以"伧父"为笔名在《东方杂志》发表了一系列论述东西文化差异的论文，矛头直指西洋文明进入中国后所导致的价值迷失。在《静的文明与动的文明》一文中，他强调，东西方文明"乃性质之异，而非程度之差。而吾国固有之文明，正足以救西洋文明之弊，济西洋文明之穷者。西洋文明浓郁如酒，吾国文明淡泊如水；西洋文明腴美如肉，吾国文明粗粝如蔬。而中酒与肉之毒者，则当以水及蔬疗之也"③，在比较两大文明的基础上指出了东方文明的优越性。1919年，梁启超远赴一战结束后的欧洲大地，以亲眼所见之战后境况作为现实依据，驳斥了西方物质文明的"无上光辉"之论。这也成为他思想转折旅程上的重要一站。战后历经浩劫的欧洲大地满目疮痍，让一直主张学习西方的梁启超唏嘘不已，弥漫在文化学者身上的悲观气氛更是令他吃惊。回国不久，他就发表了著名的《欧游心影录》，主张有保留地学习西方文化，同时大声呼吁向西方输出中国的精神文明。这是梁氏扭转自己以往思想的一个新高度，认为西方精神文明的巨大缺陷给人类带来的是灾难，而不是幸福感。而战后一些西方

---

① 陈独秀：《东西民族根本思想之差异》，《青年杂志》1915年第1卷第4期。

② 陈独秀：《我之爱国主义》，《新青年》1916年第2卷第2期。

③ 伧父：《静的文明与动的文明》，《东方杂志》1916年第13卷第10期。

人对中国文明的期待，也给他注入了兴奋剂："我们可爱的青年啊！立正！开步走！大海对岸那边有好几万万人，愁着物质文明破产，哀哀欲绝地喊救命，等着你来超拔他哩。我们在天的祖宗三大圣和许多前辈，眼巴巴盼望你完成他的事业，正在拿他的精神来加佑你哩。"①1921年，梁漱溟《东西文化及其哲学》出版，更进一步从理论上论证了中国传统文化价值的优越性。同样在比较的视野下，他意在驳斥新文化派对西方文明的过度崇拜，同时也是针对当时文化学者的迷茫心态而发，认为西方文化固然发展了高度的物质文明，但在精神文明方面却始终推崇"理智的"、"有我的"价值观，实则"不过是希伯来那点东西"。若与中国文明讲究情感、舍己等因素相对照，显然建筑在人际情感关系基础上的中国"精神文明"要胜过建立在功利基础上的西方"物质文明"，所以发扬这种优胜之处不失为趋利避害的选择。此后，梅光迪也站在西方反思现代性的新人文主义立场，批判新文化人的"野蛮的实用主义"倾向，以此反衬并肯定中国传统文化价值与时代思潮的契合②。

与此同时，欧战的爆发也从世界形势的角度给予了观察中国传统精神文明价值的时代契机。这一场规模巨大的世界性战争，不仅令欧洲经济遭受巨创，也令欧洲人在心理上陷入了前所未有的惶恐与绝望。自文艺复兴以来，西方人一直以"理性"文化为傲，认为日益精进的以科学为核心、以征服自然与追求效率为目标的理性价值造就了辉煌的物质文明。然而，这一骄傲却被战后的"理性危机"冲击粉碎。在反思"西方的没落"现实之同时，欧洲人也寄希望于重建失却的精神家园，认为只有消除物质主义与功利主义的痼疾，重新发扬精神文明，

---

① 梁启超：《欧游心影录·中国人对于世界文明之大责任》，《梁启超全集》第5册，北京出版社1999年版，第2987页。

② 参看梅光迪：《评提倡新文化者》，《学衡》1922年第1期。

追求道德境界，才能使得西方文明走出物欲横流、尔虞我诈的困境。反省现代性的思潮于是应时而生。这一开端肇始于尼采，主张要以非理性的浪漫主义扭转理性危机。以白璧德为首的新人文主义以及以柏格森为首的生命哲学流派，也同时提出了各自的拯救思想。反省思潮的兴起，意味着"一种新的世界观开始形成"，并"使欧洲意识产生了巨变"①。不仅如此，西方思想界的反省思潮也深深影响到中国文化思潮的走向。一是鼓舞了中国文化保守主义者的激情和斗志，为其找到了增进民族文化自信的外因支撑，由此保守主义者强调传统文化在精神层面的优越性，并主张以之补充西方精神文明的缺乏。二是使国人意识到要超越"西方文明中心"论，就要会通东西方的智慧，取长补短，以精神文明为导向来救治畸形的现代社会。

第三，从文化发展的未来方向论证了中国传统文化价值与时代主题的一致性。这一独特贡献主要来自梁漱溟在其代表性著作《东西文化及其哲学》中提出的著名"文化三路向说"。如梁氏所论，文化不过是一个民族的"生活样法"，而生活则是由无穷无尽的意欲所组成的。以态度作为划分标准，人的意欲主要分为向前、自为调和持中、反身向后三种，在此基础上，又进而产生了人生的三种路向：第一种是"奋力取得所要求的东西，设法满足他的要求，换一句话说就是奋斗的态度"，西方文化是这一路向的典型代表。作为"生活的样式"之一，它取得了辉煌的物质成就，但它在形而上学和人生观上具有重大缺陷。第二种是"遇到问题不去解决，就是在这种境地上求我求己的满足……并不想奋斗的改造局面，而是回想的随遇而安"，中国的儒家文化即是这一路向的典型代表。中国人在自我满足和与世无争中得到精

---

① 参看〔美〕马文·佩里：《西方文明史》（下），胡万里等译，商务印书馆1993年版，第291页。

神上的幸福感，但在物质享受上远远比不上西方。第三种是"遇到问题他就想根本取消这种问题或要求"，印度文化即是其中的典型代表。这种可有可无的无所谓态度恰好是宗教思想的温床，因此佛教在印度得到了充分的发展，但同样与此相适应的是，如此生活态度也导致了印度的物质生活条件极差，甚至远逊于中国。基于比较的文化逻辑，在系统探讨了三种文化差异后，梁漱溟摸索出中国文化建设的三原则——排斥印度文化；对西方文化要"根本改过"；对中国文化则进行批判性的发展。最合其意的方法，莫过于中国接下来应走"孔家的路"。西方文化的缺陷出现并引发恐慌性的学者反思，标志着它已经走到物欲文明的尽头，中华民族若要在此时代环境中"走出去"，拓宽自己的文化道路，还是需要以自身的文化传统作为路基。梁漱溟的构想比大多数文化保守主义者来得更加长远，不仅声称要传承并弘扬孔学精神，并呼吁要把东洋、西洋人都引到至善至美的孔子之路来："我又看着西洋人可怜，他们当此物质的疲敝，要想得精神的恢复，而他们所谓精神又不过是希伯来那点东西，左冲右突，不出此圈，真是所谓未闻大道，我不应当导他们于孔子这一条路来吗!"①

　　宣扬以中国文化"拯救西方"并视中国文化为世界文化的未来，是东方文化派文化观中最具启发性的内容。在其思维模式中，欧战爆发的惨烈后果既使西方文明"暴其破绽"，同时也证明了它并非是人类的"模范文明"。因此，以西方为轴心的旧的文明传播模式和物质至上时代逐渐而成过去式，而以东方为轴心的新的文明传播模式和道德时代正在缓缓开启大门。故而，无论梁漱溟主张全世界都走"第二路的路向"，还是梁启超强调"中国人对于世界文明之大责任"，其目的都

---

① 梁漱溟：《〈东西文化及其哲学〉自序》，《梁漱溟全集》第1卷，山东人民出版社2008年版，第543页。

是为了宣扬并输出中国文明，以之"拯救"身处物质文明破产危境而
哀哀欲绝的西方人。如陈嘉异所断定，中国传统精神文明的价值，在
于它具有超越地域界限的普适性，也即："吾族之传统道德，实世界道
德、人类道德，而非国家道德。故将来之世界文化，必为吾东方文化。
此等精神所缔造而成，则可断言。故余以为东方文化，实非仅东方国
家之文化，乃一未来之世界文化也。"①

### 一、东方文化派：主张"文化调和"，倡导"文化复兴"

首先，"文化调和论"是东方文化派的特色理论主张。

思虑如何改造民族文化的问题，东方文化派揭橥"重新认识中西
文化"的旗帜，寄希望于"固有文明的调整"，多层次、多角度地对两
种文化从整体上进行重新阐释，形成了一些富有特色的理论。显然，
凭借思想主张结成阵营的东方文化派，依据的是文化立场而非政治
立场。

近代八十年，面对西潮冲击，在重建文化模式之时，知识分子一
直面临着中西文化孰"体"孰"用"的选择困境。选择"调和"还是
"替换"，成为中国文化近代转型进程中的重要问题。20世纪初的现实
境况始终在提醒知识分子：反传统的思潮冲击仍具有持续性的影响力，
但中国也需要某种程度的西化。最终选择以"文化调和者"的身份出
现，"一面迎新，一面复旧"，东方文化派在两个方向上提出了"折中
新旧，调和中西"的思想主张：一方面积极学习和研究西方文化，宣
扬中西调和；另一方面又大力提倡保存和弘扬中国传统文化，主张新
旧调和。在东西文化的名目下，新旧东西之间的关联互动，的确充满

---

① 陈嘉异：《东方文化与吾人之大任》，《东方杂志》1921年第18卷第1期。

了矛盾性的微妙，但从整体来看，东方文化派诸人也有共通之处：站在道德救国的文化立场，反对将东西文化的差异视为"古今之别"，反对将东西文化的类型之别视为新旧之别，也反对新文化派"破旧立新"或"弃旧图新"的主张。在与西化派关于东西文化优劣差异和新旧文化关系的论争中，东方文化派竭尽全力地找寻着中国的文化出路。

"文化调和论"的内容之一是主张"调和新旧"。

综合性地看，东方文化派以"调和新旧"回答西潮冲击，其主张具有一种时代迫切性，将其认为对西学挑战最好的回应都注入调和的框架之中。首先，确定了"新"与"旧"的概念归属于一个历史范畴，是谓"昨日为新，今日则旧"①。以进化论视角观之，文化演进是一个由新而旧，由旧而新的嬗递过程，要将新、旧截然分开几乎是不可能的。杜亚泉称这一过程为"接续主义"："盖接续云者，以旧业与新业相接续之谓。"②也即"新旧不过时期之代谢，方式之迁换，苟其质量之不变，自无地位之轩轾"③，新旧是连续不断的传递过程。推而论之，无旧之基础就无新之发展，同样，无新之演进也就无旧之延续，故而，新与旧之间并无质的规定，而仅有程度的区分④。其次，肯定了旧作为"固有之文化"的重要价值。被称为"旧"的传统文化，毋庸置疑是中华民族之先民世代积累的文化硕果，代表着本民族的优秀文化传统，因此对于"保存固有之文明"，应该持一种"积极之肯定对答"的态度，而不是弃之如稻草⑤。更进一步，民族的固有文化亦是新文化之基，唯有保存传统文化，才能对其进行改造、延续与更新，如

---

① 吴宓：《论新文化运动》，《学衡》1922年第4期。
② 伧父：《接续主义》，《东方杂志》1914年第11卷第1期。
③ 邵祖平：《论新旧道德与文艺》，《学衡》1922年第7期。
④ 参看伧父：《再论新旧思想之冲突》，《东方杂志》1916年第13卷第4期。
⑤ 公展：《余之孔教观》，《墨海》1913年第1期。

吴宓所言："今欲造成新文化，则当先通知旧有之文化。"①由此可见，东方文化派对保存传统文化的论述与推崇，在很大程度上揭示了文化的继承性和民族性特征。再者，强调了守旧与立新并不冲突："旧者根基也。不有旧，决不有新。不善于保旧，决不能迎新。不迎新之弊，止于不进化。"②既然旧文化是新文化之基，那么循序渐进地对旧文化进行改良以"折中新旧"，就成为一个合乎逻辑的发展走向。

梁启超称得上是提倡"调和新旧"的前驱。早在《新民说》中，他就指明了保存一国之"保守"的必要性，认为一国国民"独具之特质"当"保存之而勿失坠"，而保存之法，乃以日新全其旧，进而使之"发达"，提出了以新全旧的文化模式③。1911年春，《东方杂志》在主编杜亚泉的推动下全面改版，思想宗旨也由最初"启导国民，联络东亚"这一具有维新启蒙性质的政治主张深化为"鼓吹东亚大陆之文明"的社会文化观念，并据此源源不断地刊载了众多相关文章，成为东方文化派主张"文化调和论"的思想阵地。因循"时势"，杜亚泉本人也作出了积极尝试，撰写了多篇文章发表个人见解。1913年，以"高劳"为笔名，杜亚泉在《现代文明之弱点》一文中，初步阐明了文化的民族性问题和文明调和之必要意义。简言之，社会上的各类意气纷争，也即"故吾国现象，非无文明之为患，乃不能适用文明之为患；亦非输入新文明之为患，乃不能调和旧文明之为患"，因此他积极主张"融合新旧"，"利用此输入之文明，以形成吾国独立之文明"④。这一观点实则涉及是否需要延承中国固有文明传统的问题。

---

① 吴宓：《论新文化运动》，《学衡》1922年第4期。

② 章行严（章士钊）：《新时代之青年：章行严在寰球中国学生会之演说》，《东方杂志》1919年第11期。

③ 参看梁启超：《新民说·释新民之义》，《新民丛报》汇编卷1902年。

④ 高劳：《现代文明之弱点》，《东方杂志》1913年第9卷第11期。

世界各国，虽于国民性之陶铸极为尽力，而常有急进与保守之二派，互相对峙，各保平衡。吾国将来，新旧两党，各各进步，则其结果，亦必为急进与保守之二派，惟此二派之知识情感，当较之今日之新旧两派大为接近耳①。

在杜亚泉看来，在固有传统文明系统内，虽然思想冲突一直存在，但以内容而论，则必然要与时代主题相融合，也就是说，思想冲突的双方也即急进与保守主义所关注的对象将与时代同行。在此意义上，新旧调和意味着从传统到将来的一种延续。政治革命完成后，势必会有思想文化上的新旧争夺。而新、旧认识的分歧，即在于断定固有文明和民主共和是否可以共存。在杜亚泉看来，民本思想古已有之，先秦孟子"民贵君轻"的观念就是一个证明。因此就传承而言，固有传统文明与当下的民主共和思想并不存在冲突问题，二者可以调和共存。同时，他又补充说明调和新旧需要处理好两大关系：其一，新与旧以文化态度来衡量，即是一种开进与保守的关系，也即新、旧概念只有时间上的相对意义，例如"吾人之所谓我，即现在之我与过去之我及将来之我相接续而成者"②。在思考保守与开进关系的基础上，杜亚泉提出"接续主义"一说，以此作为调和新旧文化的准则。所谓接续，就是让开进与保守相辅相成，互为支撑。有保守而无开进，"谓之顽固而已"，而有开进而无保守，则国家基础"必为之动摇"③。故而，"能节斯健，惟调乃强"④。其二，旧与新若以地理概念作为区分尺度，则

---

① 伧父：《再论新旧思想之冲突》，《东方杂志》1916年第13卷第4期。

② 伧父：《接续主义》，《东方杂志》1914年第11卷第1期。

③ 伧父：《接续主义》，《东方杂志》1914年第11卷第1期。

④ 伧父：《力之调节》，《东方杂志》1916年第13卷第6期。

需要处理好固有文明与西洋文明之间的关系。依据"今日固以权利竞争为新文明，而以正义人道为旧文明也"①之标准，杜亚泉指出，不仅新旧文明可以接续，中西文明也可以互鉴，尤其有必要承认不同的文明形态之间存在着对话、通约与互补的可能。其称："吾国民之所谓新思想者，岂能脱离其固有之东洋思想，惟吸收几分之西洋思想而已。而所谓旧思想者，又岂能全然墨守其固有之东洋思想，以排斥西洋思想？"②又建议："现时代之新思想，对于固有文明，乃主张科学的刷新，并不主张顽固的保守；对于西洋文明，亦主张相当的吸收，惟不主张完全的仿效而已。"③在折衷意义上，调和论与顽固守旧及欧化主义的最大不同，体现为并不使用征服或替代的方式来看待文明之间的关系。

1916年，《东方杂志》又刊载了黄远生《新旧思想之冲突》一文，对"文化调和论"进一步作出了前瞻性的诠释。作为一名记者，黄氏敏锐地洞察到"自西方文化输入以来，新旧之冲突，莫甚于今日"之现实，通过指出一系列新旧思想的二元对立现象，批评了"吾国今日犹能闭关自守"的保守局面，言语间透露出对西方文化能以希腊和基督思想进行新旧调和的欣羡④。五四新文化运动以后，"东西文化论战"进入"关于新旧文化能否调和"的第二阶段，由东西文明优劣之比较转向重新讨论新旧文明之辩证关系。在不少新文化派人眼中，"新"就是"西"，"旧"就是"中"，新旧问题实则也是中西问题的转换，或者说，新旧与中西在很多时候是一对交叉使用甚至互相替代的概念。从崇西抑中出发，他们认为新旧文化绝无调和可能，因此强烈反对折中

---

① 伧父：《大战终结后国人之觉悟如何》，《东方杂志》1919年第16卷第1期。
② 伧父：《再论新旧思想之冲突》，《东方杂志》1916年第13卷第4期。
③ 伧父：《新旧思想之折衷》，《东方杂志》1919年第16卷第9期。
④ 远生：《新旧思想之冲突》，《东方杂志》1916年第13卷第2期。

"新""旧"。东方文化派对新文化派这一主张极为不满，截然对立地提出，必须以保存传统文化为主体，发展民族新文化，由此在与之相反的文化方向力寻出路。他们将文化的民族性和传承性提升到极为重要的高度，共同主张反对全盘西化。章士钊提出的"犬牙交错"说在其中非常具有代表性。在他看来，文化新旧交替的正常状态是犬牙交错，有如双石投水后形成的圆波相连，而非简单的鳞次栉比。事实上，新旧文化的关系确实不是以新替旧可以概括殆尽。新旧错综观念的提出，实则从一种历史事实出发，目的是为了给中国文化的渐进改良提供一个思路。

"文化调和论"的内容之二是主张"调和中西"。

杜亚泉指出，新旧二字因时代不同，所指对象以及所具意义也有所不同。戊戌时宜效法西学为新，固守传统为旧；民国时则以创造未来文明者为新，维持现代文明者为旧。而未来文明之创造，不能视西洋文明为独有内容，中国既为人类之一部分，对世界未来之文明也应该有所努力，有所贡献。以要旨而论，在于"一面尽力输入西洋学说，使其融合于吾固有文明之中"①。杜亚泉是较梁启超更早对等级式文明论提出反思的中国知识分子。主张重新审视西方文明，改变从前对西方文明盲目信服的态度，更重要的是，强调立足本土自觉，在中西调和的理论基石上再造战后新文明，是杜亚泉立于比较视角建构中西文明调和观的重要内容。

杜亚泉有一个最重要的逻辑，即中西调和是一种时代趋势。也就是说，在时代背景的限定下，它是一种不可逆转的潮流。原因有二：其一，中西文明互有优劣，有必要取长补短。值得注意的是，对于中西文明弊端的揭示，以欧战为分界线，杜亚泉的侧重点又有所不同。

---

① 伧父：《迷乱之现代人心》，《东方杂志》1918年第15卷第4期。

一战前，中国文明的弊端被其着重加以强调，以此说明西学在文化调和论中的重要位置，即，杜亚泉认为西方文明的价值主要体现于"以补吾所未备"。一战后，杜亚泉则转向于对中国文明之长进行赞颂，认为东西文明尽管都不能称之为模范文明，但在价值层面，"吾社会中固有之道德观念，为最纯粹最中正者"①，因此断言："然则今后之道德当若何？曰：变其不合时势者一二端可已。变者十一，不变者仍十九也。"②不仅如此，杜亚泉还郑重地强调："吾以为中国道德之大体，当然可以不变，不特今日不变，即再历千百年而亦可以不变。"③其二，中西文明只有性质差异，而无程度之别，"统整"二者，可建成理想文明。这一点与陈独秀所论形成了截然对立。在《东西民族根本思想之差异》中，陈独秀认为东西文明迥然相异，无可调和，且西方文明的今天就是东洋文明的明天，因此对于传统文明的出路问题，国人唯一可资努力之处，即在于要以西方现代文明为蓝本来设计传统文明的文化出路。杜亚泉对此一说法并不赞同。理由有二：一、他认为中西文明的典型特征可以用"静""动"之分来加以提炼。欧战的爆发已经暴露出"动"之文明的弊端，因此"当两文明接触之时，固不必排斥欧风，侈谈国粹，以与社会之潮流相逆，第其间所宜审慎者，则凡社会之中，不可不以静为基础"④，换而言之，在中西文明碰撞的过程中，一则必须对"动"之文明的负面影响心怀警惕，二则又要坚持以"静"之文明为基础，无需妄自菲薄。二、杜亚泉认为"文明互有根柢"，指出"中国社会与欧美社会，文明之根柢既不相同，则生活之方法亦自然各异。与其违理性以仿效他社会之文明，不如循理性以行，随时势

---

① 伧父：《战后东西文明之调和》，《东方杂志》1917年第14卷第4期。

② 高劳：《国民今后之道德》，《东方杂志》1913年第10卷第5期。

③ 高劳：《国民今后之道德》，《东方杂志》1913年第10卷第5期。

④ 伧父：《静的文明与动的文明》，《东方杂志》1916年第13卷第10期。

而加以调节之为愈也"①，意在说明中西文明之间不是不加区别地效仿，而是应该随时势进行互相调和的关系。面对不同的文化阶段，调和的内容也应该有所调整。在他看来，西方文明的传入，很大程度上导致了人心的迷乱，一旦对传统文化进行全盘否定，压制甚至颠覆固有文化传统中的价值道德观，则必然使得"国是"丧失，国将不国。依其所言，中国道德之大体乃为"国是"，"为东洋文明之中心者"。当中国文明的优越性在西方物质文明面前显露出来，则意味着"吾国道德，实无根本改革之必要"②，只需要在其中加入一些西学内容进行点缀。换而言之，作为解决当下"迷乱"人心问题的一把钥匙，坚守中国传统文明，应"取他人之所长，以补吾人之所短，可也；乞他人所余，而弃吾之所有，不可也"③，也即寻求文化出路的重点，在于取长补短地发展中国固有的传统文明。打铁还需自身硬，"吾人今日在迷途中之救济，绝不能希望于自外输入之西洋文明，而当希望于己国固有之文明，此为吾人所身心不疑者"④。

在回应时代要求的维度上，杜亚泉无愧是一名清楚解答现代危机症结的新式知识分子。其见解也成为东方文化派思考中国文化出路的指导纲领。陈嘉异接力补充："吾民族之可宝贵者，乃此所以形成东方文化之精神（原理），而非其所演之事迹"，中国人应该"以极精锐之别择力，极深到之吸收力融合西方文化之精英"，并"一一抉择阐发，为统系之说明，使人咸知东方文化之真面目究竟安在"，同时"尽量灌输东方文化之精蕴于欧美人士，以为文化之交换"，则"将见所抉择、所消化之西方文化之菁英，必有与东方文化之菁英相接相契者，则虽

① 伧父：《推测中国社会将来之变迁》，《东方杂志》1918年第15卷第1期。
② 高劳：《国民今后之道德》，《东方杂志》1913年第10卷第5期。
③ 高劳：《现代文明之弱点》，《东方杂志》1912年第9卷第11期。
④ 伧父：《迷乱之现代人心》，《东方杂志》1918年第15卷第4期。

不亟亟谋两文化之调和，而自有彼此莫逆而笑、相见一堂之一日"①。
他们的主张均表明：虽反对全盘西化，但接纳西方新文化的传播，前
提在于"批评地把中国原来态度重新拿出来"②。具体体现在两个方
面：其一，倡导有选择性地吸收西方文明之长，也即，"则现时代之新
思想，对于固有文明，乃主张科学的刷新，并不主张顽固的保守，对
于西洋文明，亦主张相当的吸收，惟不主张完全的仿效而已"③。中西
文化各有优点，"按此，则今欲造成中国之新文化，自当兼取中西文明
之精华，而熔铸之、贯通之。吾国古今之学术、德教、文艺、典章，
皆当研究之、保存之、昌明之、发挥而光大之。而西洋古今之学术、
德教、文艺、典章，亦当研究之、吸取之、译述之、了解而受用
之"④。其二，主张用中国文化救济西方文化。"西洋之断片的文明，
如满地散钱，以吾固有文明为绳索，一以贯之"⑤，认为中国式的道德
价值观是拯救西方功利主义弊端的一剂良方。概而言之，以中国传统
文化为根本，取长补短、融会中西，是东方文化派在中西文化问题上
的基本观点，"如是则国粹不失，欧化亦成。所谓造成新文化，融合东
西两大文明之奇功，或可企致"⑥。在此意义上，东方文化派并不像很
多人认知的那样是"抱残守缺"型的文化保守主义者，反而是一种朝
向未来敞开怀抱的世界主义者。它也给当今的文化建设提供了一个重
要启示：在新世纪倡导文化自信的时代，同样需要正确处理文化的一
元与多元、时代性与民族性的关系，走融合创新之路，才能使得民族

---

① 　陈嘉异：《东方文化与吾人之大任》（续），《东方杂志》1921年第18卷第2期。

② 　梁漱溟：《世界未来之文化与我们今日应持的态度》，《现代新儒家文论点评》，侯敏主
编，暨南大学出版社2016年版，第4页。

③ 　伧父：《新旧思想之折衷》，《东方杂志》1919年第16卷第9期。

④ 　吴宓：《论新文化运动》，《学衡》1922年第4期。

⑤ 　伧父：《迷乱之现代人心》，《东方杂志》1918年第15卷第4期。

⑥ 　吴宓：《论新文化运动：节录留美学生季报》，《学衡》1922年第4期。

的也成为世界的。

再者，"文化复兴论"彰显了东方文化派理论的前瞻性。

清末民初是民族复兴思想的孕育或萌发阶段，从孙中山的"振兴中华"口号，到梁启超的"少年中国"说，再到国粹派的"古学复兴"主张，虽然并未明确地使用"民族复兴"这一概念，但实际上这些主张中都包含有民族复兴的思想内容。五四时期进入民族复兴思想的发展阶段，革命派人物如王光祈提出了"中华民族复兴运动"的思想，李大钊亦力倡"新中华之觉醒，新中华民族主义之勃兴"①，孙中山也主张"要恢复民族的地位，便先要恢复民族的精神"②等，均表现出一种主动抗争的文化发展态势。呼应并推进这一态势的还有"东方文化派"，如梁漱溟、梁启超等人，不仅理直气壮地提出了提高民族自信力以复兴东方文化的思想，而且还大力倡导以东方文明拯救西方文化危机乃至助益世界。值得注意的是，五四时期有关复兴思想的提出，意味着自鸦片战争以来文化危机意识在内涵和方向上发生了转换。如果说在此之前，民族救亡运动是以追求西学和否定中学为取向的话，那么东方文化派"复兴"主张的提出，则将救亡转向了重新审视中西文化关系，以恢复民族文化自信力并谋求民族文化复兴的方向上来。从心态角度视之，知识分子藏于内心的危机意识并未减弱，但紧张和焦虑情绪已经明显舒缓，面对"学亡则国亡，国亡则亡族"类似"危言"，能够更理性更乐观地进行关系辩证和学理探讨。

如何才能提高文化自信力呢？拒绝西化思潮的泛滥是增进国人民族文化自信心的前提之一。五四新文化运动前后，在陈独秀、胡适等知名文化学者的倡导下，全盘西化思潮已渐成思想界的主流气候。这

---

① 李大钊：《新中华民族主义》，《李大钊全集》第2卷，朱文通等整理，河北教育出版社1999年版，第494页。

② 孙中山：《三民主义》，九州出版社2012年版，第55页。

一激进主义主张对学术文化所产生的影响细致且深微，无疑是一场学术重建运动，提出了如何在衰败的历史中开启新局的问题。新派人物认为，过去两千年的政治因太过黑暗而不具备现代指导意义，理应果断扬弃。东方文化派对此问题的响应却恰好相反，对新文化派的疑古风气多有批判。"我民族国家之前途，仍将于我先民文化所贻自身内部获得其生机"①，强调民族复兴是内蕴的，与传统有着丝丝入扣的逻辑关联。这也成为东方文化派崛起的一大内因，出发点在于指责西化派"彼等以推翻古人与一切固有制度为职志，诬本国无文化，旧文学为死文学，放言高论，以骇众而眩俗。然夷考其实，乃为最下乘之模仿家"②，认为新文化派一味崇西将因无视本国现实而导致民族迷失自身。东方文化派指出，如果将彻底西化作为文化发展的方向，一则将形成完全盲从的病态式文化认同，抹杀中国传统文化的民族性；二则也将使得复杂的文化转型问题简约化，原本在本质上归属于民族文化自身发展的问题，若取"他人文化以代之"，则"事至简也"③。鉴于以上认知，东方文化派因此标举尊重、延续民族文化传统的重要性，一是积极阐发了中国固有文化价值及其复兴的必然性，与新文化运动的西化取向呈公然对立之势；二是主张有选择性地融通中西，取西之长而补中之短，以发展民族新文化。按照逻辑推论，如果承认新文化运动主张全盘西化所具有的理论缺陷，那么就不能不肯定东方文化派对其进行批评的合理性。事实上，无论哪个民族，凡事关文化的发展，尤其是建构与创造民族新文化，势必无法脱离文明发展的历史传承。

---

① 钱穆：《国史大纲·引论》，《历史学基础文献选读》，包伟民编选，浙江大学出版社2007年版，第95页。

② 梅光迪：《评提倡新文化者》，《梅光迪文录》，罗岗、陈春艳编，辽宁教育出版社2000年版，第3页。

③ 梅光迪：《评提倡新文化者》，《梅光迪文录》，罗岗、陈春艳编，辽宁教育出版社2000年版，第3页。

新文化运动重视文化发展的时代性固然合理，但若将其建立在忽视文化的传承性和民族性之基础上，则必然会葬送文化自身的民族属性，不仅不能缓解民族危机，反而会加速民族国家特别是民族文化的消亡，从而激发国人更为强烈的忧患意识与自卑心态。基于这一认知，东方文化派由此树立了发扬文化传统的文化保守主义旗帜，坚定中国文化的发展应遵循自己的进路和规律，在固有传统的基础上寻求前行的道路。

以坚守固有传统为本位，表明东方文化派也是文化保守主义阵营的一员。但与近代早期文化保守主义重弹"用夏变夷"的老调有所不同，东方文化派主张发扬民族文化传统乃是顺应"时势"，事出有"因"。这个"因"来自外部之需，也即受到了欧战后在世界范围内兴起的"东方文化热"和"文明对话"两股时代潮流的影响。反思欧战作为一个时代文化主题，急遽地改变了西方文明的"光辉"形象，转而既热切地呼唤新文明的产生，也积极地预测着能够带来和平的新文明形态。西方人寻求解决自身文化问题的自省思潮，以及尝试主张以东方文明解救文化危机的建议，鼓舞了中国文化保守主义者的激情，也为国人恢复对传统文化的信心找到了新的事实支撑。东方文化派据此提出以东方文明拯救西方的思想主张，实际上也是对此反省潮流的一种感悟与应对。唤醒和培养国人对民族文化自信力的新觉悟，被认为是复兴民族文化的关键。一方面，"所谓民族自信心，并不是民族的夸大或虚骄。……有自信心的人就是不否认事实的人。自己知道自己的短处，而自己并不护短；知道自己的弱点，而却想出法子来补救它"[1]，意即国人应该理性面对当下事实，既不逃避缺点，亦不夸大难处；另一方面，"所谓新文明者，必并育而不相害，并行而不相悖，且

---

① 张纯明：《民族自信心的复兴》，《大公报》1936年12月13日。

有牢笼世界鼓舞人心之能力，始有新文明之价值焉"①，也即国人不能固步自封，既要坚持传统文化本位，亦要有选择性地汲取世界文明成果，在此认知上展望"世界未来文化就是中国文化的复兴"②。

在一个转型时代，国人接二连三地遭遇到各种经济的、政治的以及文化的危机，面对落后挨打的惨烈现实，民族自信心也遭到重创，可谓丧失殆尽。正在这个民族存亡关头，欧战爆发，恰好给不堪重荷的古老民族带来了一个喘息契机，让国人在惨淡求生中重新找到了奋发向上的刺激点。站在时代前沿的知识分子由此不吝热情地广为宣扬东方道德救世论。

一是顺应西方导向潮流，希望借此重塑中国文明形象。知识界对中国文明的重释，重点放在弘扬和光大中国所固有的崇公、尚礼、贵和的伦理文化。主张"拯救西方"的东方文化派，借机提出"中国文化的复兴"这一口号，引导国人正视文明对话的时代思潮，积极向世界尤其是西方世界输出中国传统文化的真意，坚信中国的伦理文化具有永恒的普遍性价值，可以矫正西方文明因道德无力而导致的功利主义倾向。就连醉心于欧化的胡适也看到了这一点："近几年来，欧洲大战的影响使一部分的西洋人对于近世科学的文化起一种厌倦的反感，所以我们时时听见西洋学者有崇拜东方的精神文明的议论。这种议论，本来只是一时的病态的心理，却正投合了东方民族的夸大狂。"③当然，较之西化派的冷漠与嘲讽心态，东方文化派对世界思潮的发展趋势表现出高人一等的敏感意识与体悟能力，也体现出更为乐观的接受态度。在东方派成员的著作中，经常可见"东西文化对流""文化交换"和"文化互助"此类字眼，显然表现出这一流派应对时代挑战与变故的一

---

① 萧公弼：《大战争后之新文明》，《学生》1916年第3卷第10期。

② 梁漱溟：《东西文化及其哲学》，商务印书馆2010年版，第202页。

③ 胡适：《我们对于西洋近代文明的态度》，《东方杂志》1926年第23卷第17期。

种文化自觉。

二是主张以旧道德之"体"纳西方新道德之"用",以回答"中国文化向何处去"这个自鸦片战争以来一直萦绕于国人心头的问题。东方文化派成员多数留学于西方,受到西方自省文化思潮如克鲁泡特金的"互助论"、白璧德的新人文主义和柏格森的生命哲学等的影响,主张调和以儒学为代表的中国传统道德精神与西方以科学和物质文明为代表的理性精神,旨在希望通过"以洋释儒",重构中国伦理道德思想以整饬人心,最终提升文化自信力,圆梦文化复兴。在东方文化派看来,西方文明偏重物质文明,而东方文明则偏重精神文明,结合东方德性与西方理性,则可使中西融合,达成双方的互补调和。虽标榜融通中西,然而以实质而论,东方文化派的理论天平仍然明显地偏向于中学,强调"若真中国的文艺复兴,应当是中国自己人生态度的复兴"①。他们津津乐道中国道德为世界文化的模范,主张以其"拯救"西方物质文化带来的种种精神危机。同时本着进一步完善传统道德体系的目的,他们也认为道德之"体"实不能变,但其"用"可与时俱进。杜亚泉将道德之体归为"仁",将道德规范视为"用",并称:"道德有体有用,体不可变,而用不能不变。"②钱智修也支持这一说法,称中国旧伦理、旧道德之"体"不可动摇,所谓"廉耻二字尽之矣",但其他之"用",可以也应该变③。梁漱溟则开"以洋释儒"之风气,运用西方哲学中的意欲、直觉、生命等重要概念来诠释孔孟的道德伦理学说,并认定中国的现代化与传统伦理道德不可分割,只有从传统文化中寻到"根",才能在未来文化世界中占有一席之地。陈嘉异更进

---

① 梁漱溟:《东西文化及其哲学》,《梁漱溟全集》第1卷,山东人民出版社2005年版,第539页。

② 高劳:《国民今后之道德》,《东方杂志》1913年第10卷第5期。

③ 参看钱智修:《消极道德论》,《东方杂志》1913年第10卷第4期。

一步放眼未来，以更加开放的眼光预测未来世界必是中国文化的复兴：
"东方文化（此亦单就中国言），在有调节民族精神与时代精神之优越
性，而尤以民族精神为其根柢，最能运用发展者也。……东方文化
（此略兼印度言）在有由国家主义而达世界主义之优越性，而尤以世界
主义为其归宿，故东方文化则可为将来之世界文化也。"①

　　在近代，"中国文化复兴"本身就是一个有着重要现实意义的积极
命题，令人兴奋并激发奋进动力。直到今天，中华文化复兴仍是我们
孜孜以求和不懈奋斗的目标。东方文化派提出"中国文化复兴"，其根
本命意本在于借文化复兴以推动民族的整体复兴。例如陈嘉异就体认
自己提倡东方文化并非是提倡"国故"，而是意在唤醒"实含有'中国
民族之精神'，或'中国民族再兴之新生命'之义蕴"②。民族复兴的
最终归属虽在于振兴民族经济与政治，但是，只有从文化传统中汲取
丰富的智慧和精神力量，才能为推动民族复兴进行思想护航。既主张
立足于民族文化传统以区别"他者"和建构自我认同，但也主张传统
文化应随时代变化而进行创造性转化——取长补短，融合新旧，东方
文化派的这种寻根意识与积极寻求发展民族新文化道路的态度，应该
是值得充分肯定的。与"全盘西化"的激进主义相比，这种温和缓进
的态度，算得上是一种针对"过分"倾向的矫正。再者，东方文化派
执著于中国文化复兴，收获了如梁漱溟《东西文化及其哲学》、柳诒徵
《中国文化史》，及梁启超、吴宓、缪凤林、陈寅恪等人的诸多相关研
究成果。在东方文化派的启发和影响下，现代新儒家诸人承其理论余
绪，进一步阐发了中国文化的独特性，有力地推进了中国学术文化的
现代化进程。

---

① 陈嘉异：《东方文化与吾人之大任》，《东方杂志》1921年第18卷第1期。

② 陈嘉异：《东方文化与吾人之大任》，《东方杂志》1921年第18卷第1期。

　　当然，这种复活文化自信力的思想主张以及文化行为，产生的也并非全是积极影响。事实上，过于浓厚的民族主义情绪与欧战后西方文化危机已有所呈现的事实，使得东方文化派过分相信传统道德的救世力量，以至于在亢奋心态下常常丧失应有的超然和理性心态，由此深陷于民族文化自恋的泥潭而不能自拔。客观地说，东方文化派的"复兴"主张，虽然以美好憧憬迎合并满足了国人再创文化辉煌的心态，然而这一理想化的"许诺"方案，实则一是有意淡化了中西文化质的差异，二是并未摆脱"扬中抑西"的思维定势，因此不仅极易导致盲目虚骄，而且也降低并钝化了对封建旧文化进行及时批判的紧迫感，最终导致难以与封建守旧或称糟粕思想划清界限。时人常在这两个方面讥讽他们是传统文化的"夸大狂"，确实不是空穴来风。

　　另一个关键的问题还在于，东方文化派虽然对战后世界文化思潮的变动表现出敏锐的时代洞察力，但同时也存在着严重的误读。其一是将欧战的爆发与物质文明的发达联系在一起，认为它由精神文明的缺乏所导致。那么，曾经被讴歌赞美的西方文化是否真正走到了尽头？答案显然是否定的。战后西方的文化思潮整体上的确呈现出"求变"的发展态势，但不可忽略的是，西方各种反思大战与文化调整政策的实施，并未从根本上改变西方业已建立起来的社会制度和物质文明型式，相反使之更趋稳固。东方文化派认为大战宣判了西方文明的没落，急于表达以东方文明解救西方文化危机的心态，憧憬"世界未来文化就是中国文化的复兴"[1]，不免太过于急促了。其二是对中国传统文化缺少必要的时代反思，其中传统的道德精神作为宗法社会的产物，并未能够在转型时代得到相应的转化，但却被夸大成为一种普世价值。陈嘉异对传统道德的极度礼赞即是一例。他说："故凡吾族所有之德目，如

----

① 梁漱溟：《东西文化及其哲学》，商务印书馆2011年版，第202页。

'仁爱'等名词，以及'四海一家''民胞物与'之语，无不含有极普遍、极博大之精神。质而言之，吾族之传统道德，实世界道德，人类道德，而非仅国家道德。"①一个普遍存在的思维逻辑形成于东方文化派诸人的头脑中，即，视中国传统文化为人类正义、人道、和平、自由及互助精神的化身。然而，正是对中国传统文化价值估计的有失偏颇，才使得东方文化派最终蹈入了"以中国文化拯救西方"的自恋式迷雾中。

## 二、梁启超："淬厉其所本有而新之"

"国性"是近代文化思想中至关重要的内容之一，也是民族主义知识分子倾力以求的目标。在宣扬并光大"国性"内容与目标之奥义的队伍中，梁启超是至为关键的灵魂人物。站在中西古今的交汇点上，他目光如炬地重新审读传统，义无反顾地倡导"国性"，责无旁贷地赋予国家一种内在的"精神"。这一行为既反映了传统文化与民族主义结合的现实需要，也表明了传统确乎蕴藏着可资现代转化的文化因子。

梁启超（1873—1929），字卓如，号任公，又号饮冰室主人，广东新会人，近代著名思想家。"这位旧时代的士大夫、新时代的启蒙者展现了从政论家到政治家、从报人到学者的多变与善变"②，因其思想主张常因时势变化而发生转折，而得章士钊趣称为"知更鸟"③。尽管梁启超一生身份更迭多变，但其论政从教的初衷——"淬厉其所本有而新之"，却始终如一。

---

①　陈嘉异：《东方文化与吾人之大任》，《东方杂志》1921年第18卷第1期。

②　田雷：《梁启超"国性"论探析——以〈大中华〉发刊辞为例》，《北京印刷学院学报》2012年第3期。

③　参看杨念群：《梧桐三味》，《书生襟抱本无垠》，段吉福编，四川人民出版社1998年版，第161页。

"淬厉其所本有而新之"此说，出自梁启超《新民说》："新民云者，非欲吾民尽弃其旧以从人也。新之义有二：一曰淬厉其所本有而新之；二曰采补其所本无而新之。二者缺一，时乃无功。"①通俗论之，其意有二：第一，国人不能全盘丢弃传统而盲目仿效他人；第二，要对传统（"本有"）进行革新，既锤炼传统精华，又以时代精神补充之，双管齐下，才能培养并锻造"救国"新民。

其一，"本有"者何在？

回首近代中国的历史，伴随着"救亡图强"目标的展开，关于富强与复兴的问题就一直困扰着致力于以变革求民族生存的知识分子。从富国强兵的诉求中寻求民族出路，其目标是生存竞争、优胜劣汰的霸业，还是文明示范、天下归仁的王道？梁启超在总结前人论断的基础上，基于对中国存亡问题及国民责任的深沉思考，针对建立一个什么样的理想国家之目标，站在面向未来的立场，提出了维持中华"国性"的见解。

首先，"本有"从"旧"中来，意即传统文化。梁启超将其作为一个术语，意在说明并区分传统文化不同于外来文化的民族性特点。换言之，梁启超所称"本有"，即指称国家所独有的一种内在"精神"。因其表现形式为法律、主权与文化，因此又被称为"元气""灵魂"与"国性"。以广义论之，其名称有三：一则，国家"精神"就是"元气"。"元气"概念最早出现于《国民十大元气论》（1899），梁启超自问自答曰："所谓精神者何？即国民之元气是矣。"②又说："国所与立者何？曰民而已。民所以立者何？曰气而已。"③还说："宪法者何物

---

① 梁启超：《新民说·释新民之义》，《梁启超全集》第2册，北京出版社1999年版，第657页。以下所引《梁启超全集》均依此版本。

② 梁启超：《国民十大元气论·叙论》，《梁启超全集》第1册，第267页。

③ 梁启超：《国民十大元气论·叙论》，《梁启超全集》第1册，第267页。

也？立万世不易之宪典。……西语原字为 the constitution，译意犹言元气也，盖谓宪法者，一国之元气也。"①可见，元气即是法律。二则，国家"精神"也是主权。梁启超认为："主权者，则于国家成立之始，同时而存在者也。"在对外层面，主权即法律，即"主权之表示于外者谓之法"②。在土地、人民、权力"三者结合为一，字曰国家"③的界定中，梁启超认为主权最为重要，是为"国魂"。三则，国家"精神"指"国性"。国性作为一种无形精神的存在，无实体形态可指，但在"具象的事物"层面却有针对对象，即"一曰国语，二曰国教，三曰国俗，三者合而国性仿佛可得见矣"④。综合此三项所论，可知梁启超所说"国性"即是文化。

元气、国魂与国性，虽表述不同，但实质上是同一内容。梁启超、严复以及其他同时代人，多少都受到了斯宾塞"社会有机体论"的影响，意图有意识地建构一个现代国家的概念，一方面反思旧传统势力的冥顽，另一方面又希望经由爱国心的号召通过各种方法将国人凝聚为一体。在发现来自西方的技术理性来势汹汹地不断摧毁中国传统文明之时，忧虑国将不国的危险又促使他们纷纷转向了文化民族主义，在承认世界文化多样性的思维模式中，提出并强调中国文明的历史特殊性。可以说，使得"国家精神"、"国民"、"爱国心"等概念和思想深入大众之心的民族主义代表，当属梁启超。以其所见，"民族主义之根柢源泉"就是历代传承下来的民族"独具之特质"，"独有之精神"。对于这种"高尚完美"的精神品性，国人应该"保存之而勿失坠"，而非"弃其本而慕其末"。故而，梁启超态度鲜明地反对国人盲目取法西

---

① 梁启超：《立宪法议》，《梁启超全集》第1册，第405页。
② 梁启超：《管子之法治主义》，《梁启超全集》第3册，第1865页。
③ 梁启超：《宪政浅说》，《梁启超全集》第3册，第2055页。
④ 梁启超：《国性篇》，《梁启超全集》第5册，第2554页。

方，一语中的地指出："今论者于政治、学术、技艺，皆莫不知取人长以补我短矣，而不知民德、民智、民力实为政治、学术、技艺之大原。"①

维新运动以来，朝野上下皆言新学新政，其结果却并未匹配最初寄托于新政的美好期待。国人不仅对以西学救国之路充满了失望，甚至导致了全社会在寻求民族出路的方向上表现出浓厚的迷茫、沮丧与厌倦感。不忍亲见帝国成为一具即将被蛀空的躯壳，梁启超力图寻找一个解决方案，恢复"国性"即是他的答案。思想方面，为了振奋人心、实现救亡，梁启超提出必须"淬厉本有"，尤其主张激发文化传统的重要性，"激励其爱国之心，团结其合群之力，以应今日之时势而立于万国者"②。治术方面，为了救弊文化精神的"流失"现象，梁启超即主张以"国性"为精神旗帜对国门内部的涣散人心进行"整合"。"人人知有身不知有群，则其群忽涣落摧坏，而终被灭于他群，理势之所必至也"③，故而"救亡"旗下，凝聚人心至关重要。在《国性篇》中，他郑重地提及主张恢复"国性"之因："吾数千年传来国性之基础，岌岌乎若将摇落焉。此吾所为栗然惧也。一言蔽之，则全国离心力发动太剧，而向心力几不足以相维。"④在梁氏看来，"我国民志气之消沉，至今日而极矣"⑤，国人在"救亡"中挣扎前行，一路经历了"惩守旧而谈变法"至"惩专制而倡立宪"至"君主革矣"至"乱党平矣"的变革阶段，却似乎仍未找到前行的路标。晚清民初之中国，外有列强虎视眈眈，意图推进文化侵略的步伐；内亦有血性而偏诐焉者、

---

① 梁启超：《新民说·释新民之义》，《梁启超全集》第2册，第658页。
② 梁启超：《中国之旧史》，《梁启超全集》第2册，第739页。
③ 梁启超：《中国积弱溯源论》，《梁启超全集》第1册，第417页。
④ 梁启超：《国性篇》，《梁启超全集》第5册，第2555页。
⑤ 梁启超：《中国之前途，国民之自觉心，本报之天职》，《大中华》1915年第1卷第1期。

狼戾而黠焉者、善柔而黠焉者、志行纯洁之士、谨饬者、持诡激之论者等六种"亡国心理"的推波助澜，以至于"二十年来经历内界之挫踬，外界之刺激，而中国必亡之想象，乃愈演而愈深，驯至盘踞人人心中而不能自拔"①。察觉到此一现象，梁启超通过中西文化对比，意在使国人感知到传统文化在文明博弈中的消极面貌，据此激发国人的"爱国"热情，彰显维护"国性"的紧迫感。

"国性"之词由此广为流传，在一定程度上成为文明冲突背景下中国"本有"文化之代名词。正如亨廷顿所指出，20世纪后半叶以来的政治变化表现为，这个新世界的基本冲突来源将存在于不同文化的民族与群体之间，也即文明的冲突将控制世界政治，不同文化之间的裂纹线将会成为未来的战争线②。欧战的爆发作为一个既存实例，印证了要在世界性的文化竞争中求得一席之地就需重新审视民族传统的道理。新文化运动后，国内思想界的文化立场已明显地发生了转向，由注重批判传统到反全盘西化，从质疑传统到淬厉传统。在继树立改造"国民性"旗帜后，梁启超继而提出了恢复"国性"的口号，呼应了这一转向潮流，也意味着其思想重心从国民性批判转移到了护持中华"国性"的层面。

其二，何谓"国性"？

梁启超是揭橥"中华民族"概念的第一人，也是最早站在"民族主义"立场阐释"国性"论的先驱人物。其"国性"论发端于《庸言·国性篇》，成型于《大中华》发刊辞，并贯穿于他参政议政、"报馆生涯"的始终。梁氏所倡"国性"论旨在弘扬民族文化，驳斥"亡国心理"，树立国民的文化"自觉心"，以期在民初政治纷争的乱局中

① 梁启超：《大中华发刊辞》，《梁启超全集》第5册，第2824页。

② 参看〔美〕塞缪尔·亨廷顿：《文明的冲突与世界秩序的重建》，新疆人民出版社2003年版。

为国民及民族前途拨云见日。

1912年，梁启超结束了长达14年的海外流亡生活，从日本返回国内。同年12月，他在天津创办《庸言》半月刊，首刊即重点推出《国性篇》一文，倡言弘扬"国性"的重要意义。1915年，《大中华》在上海出版，梁启超为之撰写发刊辞，题名《中国之前途，国民之自觉心，本报之天职》，拟定办刊宗旨为："尽其力所能逮，日有所贡献，以赞助我国民从事个人事业、社会事业者于万一。"①也即"以养成国民世界知识，增进国民人格，研究事理真相，以为朝野上下之南针为宗旨。其特色注重社会教育，论述世界之大势，战争之因果，及吾国将来之地位，与夫国民之天职"②。从分析国人对于时局失望的现象入手，发刊辞将失望归因于国人"亡国"心理的存在，认为国民志气消沉，滋生"亡国之自觉心"，进而针对"亡国自觉心"提出"国性论"，致力于宣扬中国传统文化尤其是传统道德之结晶对于重聚国民"爱国心"的现实意义与理论价值。因《大中华》的存在及其所产生的媒介效应，梁启超倡导的"国性"论，作为改造国民思想的利器，一直在持续性地发挥着影响力。

梁启超并不是在孤军奋战。在同一动机和对象层面，1913年，严复就已指出："大凡一国存立，必以其国性为之基。国性国各不同，而皆成于特别之教化，往往经数千年之渐摩浸渍，而后大著。"③1914年起，《甲寅》杂志已开始讨论"国本"问题，孔教被视为国之本，也被认为是国家作为政治共同体的基本原则、义理和规范。梁启超之师康有为也说："凡为国者，必有以自立也。其自立之道，自其政治教化风

---

① 梁启超：《中国之前途，国民之自觉心，本报之天职》，《大中华》1915年第1卷第1期。
② 戈公振：《中国报学史》，上海书店1990年版，第193页。
③ 严复：《读经当积极提倡》，《严复集》第2册，王栻主编，中华书局1986年版，第330页。

俗，深入其人民之心，化成其神思，融洽其肌肤，铸冶其群俗，久而固结，习而相忘，谓之国魂。"①认为民国以来，熔铸于国人心中的传统精神皆随革命而去，由此抨击凡欧美政治教化风俗不问是非皆服而从之的社会怪相，极力提倡立孔教为国教，以此重新招回国魂。这也给了梁启超极大的理论启发，成为他论述"国性"的一大理论来源。不仅如此，承梁启超之后，同样肯定"国性"价值的还有章太炎、杜亚泉、钱基博等一批爱国知识分子。譬如，章太炎在《救学弊论》中提及保存"国性"的意义："夫国无论文野，要能守其国性，则可以不殆。"②杜亚泉也称赞"国是"浸染的力量，认为"国是""即全国之人，皆以为是者之谓"，"乃经无数先民之经营缔造而成，此实先民精神上之产物，为吾国文化之结晶体"③，是一个共同体得以维系的核心价值。梁济亦称："何谓国性，曰：如正义，如真诚，如良心，如公道，皆国性也。换言之，即天理民彝为圣道所以出者，是吾国固有之性，皆立国之根本也。"④钱基博所论则更为具体："国学之一名词，质言其义曰'国性之自觉'云尔！国于天地，必有与立。而人心风俗之所系，尤必先立乎其大，深造而自有得，相以维持于不敝。"⑤按其所指，"学"是觉悟，"国学"就是"孔孟之教，即我国人民数千年沦肌浃髓之精神教育也"⑥，也就是"国性的自觉"，更具体地说，是对中华民族固有的根、魂、精神等特质有认知自觉。从今天的视角来看，

① 康有为：《中国颠危误在全法欧美而尽弃国粹说》，《不忍》1913年第6期。

② 章太炎：《救学弊论》，《铎报》1924年第2期。

③ 伧父：《迷乱之现代人心》，《东方杂志》1918年第15卷第4期。

④ 梁济：《留示儿女书》，《中国遗书精选》，周武编，华东师范大学出版社1994年版，第426页。

⑤ 钱基博：《今日之国学论》，《大家国学》钱基博卷，傅宏星编，天津人民出版社2007年版，第22页。

⑥ 钱基博：《〈论语〉〈孟子〉约纂》，《钱基博学术论著选》，曹毓英选编，华中师范大学出版社1997年版，第347页。

这一自觉仍然具有极大的启发意义。

以上种种言论，均为梁启超论述"国性"这一时代主题留下了互文性的理论见证。国性也好，国本或者国是也罢，这类问题最后都将追问到文明的问题。"德必有本，何新非旧？德贵时中，何旧非新？"①显然"德"是"国性"之魂。"君主制非吾国国性，吾所谓基础摇动者，不指此"②，也即帝制不属于"国性"之范畴。1915年8月，梁启超在《大中华》发表《异哉所谓国体问题者》一文，从宪法的层面论述了共和国体不容颠覆的政治主张，强调的正是"只问政体，不问国体"这一点③。

从梁启超的一些论述中，可以窥见"国性"概念之全貌：

> 凡一国之能立于世界，必有其国民独具之特质，上自道德法律，下至风俗习惯、文学美术，皆有一种独立之精神，祖父传之，子孙继之，然后群乃积，国乃成。斯实民族主义之根柢源泉也④。

> 国于天地，必有与立。国之所以与立者何？吾无以名之，名之曰国性。国之有性，如人之有性然。人性不同，乃如其面，虽极相近而终不能以相易也。失其本性，斯失其所以为人矣。惟国亦然，缘性之殊，乃各自为国以立于大地。苟本无国性者，则自始不能以立国；国性未成熟具足，虽立焉而国不固。立国以后而国性流转丧失，则国亡矣。能合国性相近之数国，冶一炉而铸

---

① 梁启超：《中国道德之大原》，《庸言》1912年第1卷第2期。
② 梁启超：《国性篇》，《梁启超全集》第5册，第2554页。
③ 参看梁启超：《异哉所谓国体问题者》，《东方杂志》1912年第12卷第10期。
④ 梁启超：《释新民之义》，《梁启超全集》第2册，第657页。

之，吻合无间，以成一大国性，则合群小国而为大国也；能以己
国之国性加于他国，使与我同化，则灭人国以增益吾国也。国性
分裂，则国亦随以分裂。一地域或一部分之人失其国性，则国家
丧其一地域，或一部分之人，而国以削焉①。

国性果何物耶？……就其具象的事项言之，则一曰国语，二
曰国教，三曰国俗，三者合而国性仿佛可得见矣。

国性可助长而不可改造也，可改良而不可蔑弃也。盖国性之
为物，必涵濡数百年，而长养于不识不知之间，虽有神圣奇哲，
欲悬一理而咄嗟创造之，终不克致，譬犹贲获虽勇，曾不能自举
其躯也。故所有事者，惟淬厉其良而助长之已耳。国性有瘰败
者，有不适时势者，匡救而改良之宜也，如人性然，变化气质，
刚克柔克，凡自爱自治者固尔也②。

国之成立，恃有国性。国性消失，则为自亡。剥夺人国之国
性，则为亡人国。国之亡也，舍此二者无他途矣。国性之为物，
耳不可得而闻，目不可得而见，其具象之约略可指者，则语言文
字思想宗教习俗，以次衍为礼文法律，有以沟通全国人之德慧术
智，使之相喻而相发，有以网维全国人之情感爱欲，使之相亲而
相扶③。

以上几段文字清晰地勾描了关于"国性"的概貌：一、在基础定
义层面，国性即指国家精神，是一个民族在共同经历的漫长的社会生

① 梁启超：《国性篇》，《梁启超全集》第5册，第2555页。
② 梁启超：《国性篇》，《梁启超全集》第5册，第2554-2555页。
③ 梁启超：《中国之前途，国民之自觉心，本报之天职》，《大中华》1915年第1卷第1期。

活中逐渐形成的精神传统。它涵濡数百年，长养于潜移默化之间，绵延连续，未曾中断。严格地说，国性是民族得以自立自存的根本性质，不可以被创制、被毁弃，但可以被改良，更需发扬光大。二、在基本内涵层面，国性包括国语、国教、国俗三方面的内容，语言、文字、思想、宗教、习俗等都从属于其中范畴。三、在显著特征层面，国性是一种无意识认知，耳不可得而闻，目不可得而见，在源远流长中积淀而成，并作为一种无形精神而长存于国人之心。四、在价值意义层面，小而言之，国性作为一个民族国家所特有的历史文化传统，其民族性是激励国人团结友爱、相亲相扶的精神桥梁，也是国家认同意识的理论基础；大而论之，国性与国家存亡息息相关，听任国性消失，则国将不存，是为自亡，若剥夺他人之国性，则为亡人之国。五、在态度处理层面，对于国性中的优良传统，要"淬厉其良而助长之"，不断加以继承发扬；而对于那些被证实是糟粕类的不合时宜的内容，则要"匡救而改良之"，选择性地进行趋利避害。

其三，何以淬厉"国性"？

淬厉者，磨炼也，比喻奋力提升。梁启超以"淬厉"之法来对待传统，表明他已经辩证地看到了传统本身所具有的两面性：积极的、优良的道德精神以及消极的、窳败的礼教禁锢，是以主张锻造前者，剔除后者。

首先，从历史教训中知悉维持"国性"的重要性。关于重要性的结论来自两种截然不同的认知方向：第一，失败的经验从负面现象生发出一种启示。在梁启超看来，"东西古今已亡之国"皆因"国性"缺失而致，具体又有四种表现区分：一是本无国性而取亡，如印度。二是国性尚未成熟，而猝遇强敌，中道夭于非命。尚未成熟国性者如越南、朝鲜，中途夭折者如土耳其、奥地利。三是有国性而自摧毁之者，如罗马。四是国性已成熟不自摧毁而卒见亡者，如加尔达额（迦太基）一国①。列举此四种表现，旨在以此作为历史借鉴，提醒国人重视延续"国性"的意义，万不可蹈袭以上四种覆辙。第二，强调以自信心态来对"国性"加以积极肯定。梁启超认为，中国之国性并不从属于四种"国性"缺失之范畴，虽有下落滑坡，但并未消失殆尽。因此，对于"国性"传承，他始终怀有一种坚定的信念，认为"祖宗所留贻我之国性，成之固难，毁之亦不易"，并自信地强调："吾就主观方面，吾敢断言吾国之永远不亡；吾就客观方面，吾敢断言吾国之现在不亡。"②更有甚者，梁启超还十分相信在世界文化的交流与联姻中，中国的文化精神足可发挥浸染世界、同化天下的能力："我国先哲言政治，皆以'天下'为对象，此百家所同也。'天下'云者，即人类全体之谓，当时所谓全体者未必即为全体，固无待言，但其觳的常向于其所及知之人类全体以行，而不以一部分自画。此即世界主义之真精神也。"③为论证国性"同化他人之力甚强"，他又例举"匈奴、鲜卑、氐、羌、契丹、女真、蒙古、满洲，皆其前车矣"，以此驳斥"亡国之自觉心"渐长的悲观态度，鼓励国人不可妄自菲薄，而要集众人之力，"抟捖四万万人为一浑合有机体"，在人心凝结中提高文化自信心。其中的一个重要表现是，梁启超十分重视左派王学中有关不畏一切、独来独往的精神，尤为欣赏其中讲"立志"、讲"良知"的内容，并极力主张将这些旧道德转换为爱国合群的思想，使之普遍化，从而拔国人出政治泥潭④。

---

① 参看梁启超：《中国之前途，国民之自觉心，本报之天职》，《大中华》1915年第1卷第1期。

② 梁启超：《中国之前途，国民之自觉心，本报之天职》，《大中华》1915年第1卷第1期。

③ 梁启超：《统一运动》，《梁启超全集》第6册，第3679页。

④ 参看梁启超：《中国之前途，国民之自觉心，本报之天职》，《大中华》1915年第1卷第1期。

其次，从思维上与复古主义区别开来。"淬厉"一词，体现的是类似传统儒家"温故知新"的观点。淬厉以开新，实则就是要求处理好传统与现代的关系，强调文化复兴不是文化复古。事实上，提倡维护"国性"的确引发了部分知识分子的攻击。"国性"与"国粹"在一定程度上有所重合，因具有复古主义的危险，从而引发了新文化派的强烈反对。如前文所述，"国粹派"实则有丰厚的封建思想遗留，例如显著地因循守旧。辛亥革命后，很大一部分人将"国粹"认定为过去之不可更改之传统，表达出强烈反对"全盘西化"之决心，并退回顽固派阵营。在新文化运动的突进中，新旧文化再一次对垒，重新激战。如李大钊所说："新的嫌旧的妨阻，旧的嫌新的危险。"①梁启超倡导维护"国性"，既然与孔学相关，则势必会被认为有尊孔复古的成分，受到资产阶级民主主义的批判。蓝公武就对"国性"之定义有所质疑："然所谓国性者，又空泛而至难解者也。……故即集博学好古之士于一堂，而叩其所谓国性者，亦必纷纭异说，莫知适从。……况其所举以为国性者，果为国性与否，又非吾人所可置信者耶？"②吴贯因也对维护"国性"之动机表示否定："吾深察现在之国情，保全国性之说，特旧人物借以为排斥新人物之口实。"③

梁启超所论，以其开创的现代"国家"意识为基础，与复古主义有着截然不同的文化倾向。海外新思想传入国土后，部分崇西国人认为本土文化在挑战中走向衰颓是其完成现代化转型的必要阶段，由此夸大"破坏力"对于瓦解传统的重要性。这也成为"国粹派"崛起的理论依据之一。梁启超对"破坏"一说却有不同看法，从两个方面提出了自己的见解：一是反对对传统进行"一切破坏"的激进主张。他

---

① 李大钊：《新的！旧的！》，《新青年》1918年第4卷第5期。

② 蓝公武：《辟近日复古之谬》，《大中华杂志》1915年第1卷第1期。

③ 吴贯因：《说国性》，《大中华杂志》1915年第1卷第3期。

认为，"破坏"并不能去除妨碍中国发展的弊病，"故一切破坏之言，流弊千百，而收效卒不得一"①，也即不能从根本上解决问题，就不能收到"破坏"成效。更进一步，若主张对传统进行"一切破坏"，则意味着破坏整个现存社会的规章、制度，那么也同样将失去民族文化原有的本来面貌。以生病下药为例，梁启超论述了"对症下药"的必要性与重要性："若无论其受病不受病之部位，而一切针灸之、攻泄之"②，则无异于"自杀"。因此，他也强调，践行保全"国性"精神必得区别什么是需要破坏的，什么是非但不能破坏反而需要扶持的，就像找寻人之"元神真火"一样，需要挖掘出文化传统中真正的"国性"。二是认为国家的"民族心理"是民族进化的原动力，不仅不可破坏，反而需要重铸与发扬。在梁启超看来，目前中国社会得以维持存在，凭借的就是"吾祖宗遗传固有之旧道德而已"，如果不管不顾地对其施行"一切破坏"之举，势必最终将使国人失却民族文化认同意识，沦为野蛮民族的成员。"破坏"可以在破除弊端方面尽力尽为，但在此之前必须先要进行道德"建设"，也即引入西方文化中适合于培养新国民素质的现代道德内容来进行补充。即使如此，梁启超还特意强调，在"采补"行为未能完善旧道德之前，当务之急是要杜绝一切破坏"国性"的行为。

再次，提倡通过文学革命来保全并传播"国性"。梁启超视文学为提升国民素质的重要媒介，认为文学可以承载发扬"国性"的职能，因此将文学的启蒙价值放置于保全"国性"的中心位置上。这一点与新文化运动的目标是并行不悖的。以塞尔维亚亡国700年后又重新复国的例子作为借鉴与证据，梁启超强调了文学记忆潜藏的"国性"浸染

---

① 梁启超：《论私德》，《梁启超全集》第1册，第719页。
② 梁启超：《论私德》，《梁启超全集》第1册，第719页。

力。这一点可以从其归纳的原因得到说明："知其人尊尚其先民之文学也至深厚，因文学而忆记其先烈，而想慕之，而讴歌之，而似续之，不复其初焉而不止也。"①

文学何以能够具有如此力量？梁启超认为，文学是本国传统资源和历史经验的重要积累，"大抵文学之事，必经国家百数十年之平和发育，然后所积受者厚，而大家乃能出乎其间"②，因此是培养文化认同意识不可或缺的重要思想工具。第一，文学与国家兴亡关系紧密。在《丽韩十家文钞序》（1914）中，梁启超探讨了文学与辨认、塑造及提升"国民性"的密切联系。其称"夫国之存亡，非谓夫社稷宗庙之兴废也，非谓夫正朔服色之存替也，盖有所谓国民性者"，肯定了"国民性"是国家存亡的思想基石，继而又指明，"国民性以何道而嗣续？以何道而传播？以何道而发扬？则文学实传其薪火而管其枢机，明乎此义，然后知古人所谓文章为经国大业、不朽盛世者，殊非夸也"，认可文学在造就"经国大业"中作为"传其薪火而管其枢机"之媒介桥梁不可或缺的重要性③。第二，文学的感染力与造就"新民"密不可分。在《论小说与群治之关系》（1902）中，梁启超又论述了文学对于改造"国民性"的重要性，称"欲新一国之民，不可不先新一国之小说"，由此倡导"小说革命"。同时，又认为"盖欲改造国民之品质，则诗歌音乐为精神教育之一要件"④，而继续将革命范畴延伸至"诗界"、"文界"中。换而言之，小说、诗歌、音乐等文学形态皆具有"熏"、"浸"、"刺"、"提"的"熏染感化之力"，"且集合焉以成为未来之群众

---

① 梁启超：《丽韩十家文钞序》，《梁启超全集》第5册，第2677页。

② 梁启超：《秋蟪吟馆诗钞序》，《梁启超全集》第5册，第2820页。

③ 梁启超：《丽韩十家文钞序》，《梁启超全集》第5册，第2677页。

④ 梁启超：《诗话、诗词集·七十七》，《梁启超全集》第9册，第5333页。

心理"①，因此将在社会功用上发挥巨大的教育作用。元明以后，大多数国人的思想意识多半来自小说、诗歌等文学作品，不仅受其引导，而且在作品的广为传播中形成文化认同。在肯定文学的启蒙价值即"改良群治"、"新民"后，梁启超更加突出了文学的教育价值即道德宣扬、价值塑造、文化认同等。将文学关怀纳入思想启蒙中，使得文化与启蒙能够相辅相成，共同完善国民教育思想，是梁启超主张"文学革命"的出发点，也是目的。梁启超将文学作为一种教育手段，将其中所体现出来的"国民性"积极因素创造性地转化为民族精神的重要内容。第三，以开放的心态展望文学革命的未来，主张借鉴西方文化形态作为开辟文学新境的途径。梁启超指出，"今后西洋之文学美术，行将尽量收入，我国民于最近之将来，必有多数之天才家出焉，采纳之而傅益以己之遗产，创成新派，与其他之学术相联络呼应，为趣味极丰富之民众的文化运动"②，对"采补"之术寄予厚望。显然，梁启超承认中西文化之间的差异，但并未走向否定西方文学或者传统文化的某一个极端，而是在平等对待中西二者的基础上，以差异取代对立，突破了以西抑中或以中抑西的二元对立的思想模式，既强调一种世界主义的开放心态，又坚定文化认同的重要意义。

最后，"采补"何以能够作为"淬厉"国性的重要补充方式？

"采补"者，采纳并补充也。在梁启超的思想体系中，主要内容有三：

第一，改良甚至剔除国性中的某些弊端极为必要。梁启超强调，首先要从去除奴性心理开始。如李大钊所批判的，国人在批判文化传统弊端的道路上走得太远，甚至于出现了奴颜婢膝之丑态："在政治上

① 梁启超：《告小说家》，《梁启超全集》第5册，第2747页。
② 梁启超：《清代学术概论》，四川人民出版社2018年版，第135页。

相见，就想引政治以外的势力；在学术上相遇，就想引学术以外的势力。我尝追究这个原因，知道病全在惰性太深，奴性太深，总是不肯用自己的理性，维持自己的生存，总想用个巧法，走个捷径，靠他人的势力，摧除对面的存立。这种靠人不靠己，信力不信理的民族性，真正可耻！真正可羞！"①惰性与奴性所带来的思想危害，不仅仅为李大钊所痛恨，而且受到了当时觉醒之士的普遍抨击。梁启超即是其中显赫一员。针对国人长期以来的奴性表现，他提醒并呼吁四种"勿为"：一是"勿为古人之奴隶"。古人传以传统，对其加以继承是理所当然，但重要的是不能全信传统，而要在精神上以平等的态度对待古人："勿为中国旧学之奴隶……我有耳目，我物我格；我有心思，我理我穷。"②换句话说："其于古人也，吾时而师之，时而友之，时而敌之，无容心焉，以公理为衡而已。自由何如也！"③二是"勿为世俗之奴隶"。从俗心理极易导致不辨好坏、不加区分地"俯仰随人"，有如戏猴学人、百犬吠声，毫无个性之美，而近代中国亟需并呼唤的是拥有"灵台昭然"独立人格之新民。三是"勿为境遇之奴隶"。长期以来，封建礼教对国人思想的禁锢，导致了他们逆来顺受，任由境遇支配的性格，使得他们成为"天行之奴隶"。"天下善言命者，莫中国人若，而一国之人，奄奄待死矣"④，因此必须改变国人甘为命运奴隶的心理态度。四是"勿为情欲之奴隶"。"甚矣情欲之毒人深也"，一旦人"心"被本能欲望之"形"所支配，"有过人之才，有过人之欲，而无过人之道德心以自主之，则其才正为其欲之奴隶，曾几何时，而销磨

---

① 守常：《新旧思潮之激战》，《每周评论》1919年第12期。
② 梁启超：《近世文明初祖二大家之学说·合论》，《梁启超全集》第2册，第1035页。
③ 梁启超：《论自由》，《梁启超全集》第2册，第679页。
④ 梁启超：《论自由》，《梁启超全集》第2册，第680页。

尽矣"①。故而，国人应以道德来约束己欲，并且要自愿自主地从奴性禁锢中脱身。概而言之，对于辛亥革命后知识界在学术上依赖古人，在政治上依赖西方的现象，梁启超给予了批判，也提出了建议。他力赞培根和笛卡尔独立自由的治学精神："常有一种自由独立、不傍门户、不拾唾余的气概"，主张"第一，勿为中国旧学之奴隶；第二，勿为西人新学之奴隶"②，主动积极地去认知并改变有行为自由而无精神自由的现状。其言："野蛮时代，个人之自由胜，而团体之自由亡；文明时代，团体之自由强，而个人之自由减"③，强调团体是个人生存和自由的保障，可在精神上提供抵御外敌侵略、压迫、掠夺的思想长城。换言之，开启现代意义上的精神自由，是救国的必由之路。

第二，正确处理"国性"与现代中国之关系。1900年，梁启超《少年中国说》发表，文中洋溢着激情澎湃的文化复兴之宏愿。立足中国发展的未来蓝图，一个想象中的"现代中国"在梁启超的思想体系中得以构建。在文中，梁启超提出了有名的国犹人说，以"少年中国"之称谓来回应日本人袭用西方人蔑视中国的"老大帝国"说。立于备受西方推崇的"国家"概念之视角，他意气风发地指出："故吾得一言以断之曰：欧洲列邦在今日为壮年国，而我中国在今日为少年国。"④盖因中国过去并不曾有国家，而只有朝廷，也即有家族、酋长、诸侯以及一王专制之帝国，而缺少现代国家之政体元素。在现代国家的意义上，实为有国之名而无国之形。然而，今始一旦萌芽，意义必非凡："天地大矣，前途辽矣。美哉我少年中国乎！"⑤按照一般逻辑，老年人

---

① 梁启超：《论自由》，《梁启超全集》第2册，第680页。
② 梁启超：《近世文明初祖二大家之学说·合论》，《梁启超全集》第2册，第1035页。
③ 梁启超：《论自由》，《梁启超全集》第2册，第678页。
④ 梁启超：《少年中国说》，《梁启超全集》第1册，第410页。
⑤ 梁启超：《少年中国说》，《梁启超全集》第1册，第410页。

常思既往，少年人常展未来，老年人常生留恋心，易于保守，少年则生希望心，趋于进取。既然中国是为"少年中国"，则必将有向远大前途进取的希望。由此，梁启超以"少年中国"作为其宣扬保全并发展"国性"的一面旗帜，启迪中国青年一代为复兴国运、开创"旧邦新命"而努力奋斗。很显然，这一远见卓识具有进化的、世界的视野，高瞻远瞩地揭示了华夏必将走向世界的历史趋势。

不仅如此，梁启超还倡导中国青年一代要以"爱国"为动力，唤醒文化自觉意识，担负"中国人对于世界文明之大责任"。一方面，国民要充分发展个性的"尽性主义"。"这尽性主义，是要把各人的天赋良能发挥到十分圆满。就私人而论，必须如此，才不至成为天地间一赘疣，人人可以自立，不必累人，也不必仰人鼻息。就社会国家而论，必须如此，然后人人各用其所长，自动地创造进化，合起来便成强固的国家、进步的社会。"①另一方面，又要顺应时势，将"尽性主义"加以约束："我们的爱国，一面不能知有国家不知有个人，一面不能知有国家不知有世界。我们是要托庇在这国家底下，将国内各个人的天赋能力尽量发挥，向世界人类全体文明大大的有所贡献。将来各国的趋势，都是如此。"②同时不可忽略的是，发挥"爱国心"也要避免走向褊狭。对于孔教精神未来命运的把握，梁启超认为："中国文化，以儒家道术为中心……吾人至少应当把儒家道术细细研究，重新估价。……我们很公平地先看他好处是什么，缺点是什么。有好处把他发扬，有缺点把他修正。"③一要发扬其中思想自由和博大能容的精神，广泛接纳包括佛教、耶稣教中优秀的道德精华及"古希腊、近世欧美

---

① 梁启超：《欧游心影录·尽性主义》，《梁启超全集》第5册，第2980页。

② 梁启超：《欧游心影录·世界主义的国家》，《梁启超全集》第5册，第2978页。

③ 梁启超：《为什么要研究儒家哲学》，《梁启超谈儒学》，华中师范大学出版社2010年版，第9—10页。

诸哲之学说"，肯定其中所蕴含着的永恒真理——"孔教者，悬日月，塞天地，而万古不能灭者也"①。尤其关于人格教养的内容，非但"无可亡之理"，而且还要坚信它将具备一种普遍价值而走向世界。如其所言："启超确信我国儒家之人生哲学，为陶养人格至善之鹄，全世界无论何国、无论何派之学说，未见其比，在今日有发挥光大之必要。"②二要对其中有关时代局限的成分进行修正，吸纳顺应时代潮流的"民主""科学"精神，以继续发扬光大儒家哲学精神，如此，"吾敢断言曰：世界若无政治、无教育、无哲学，则孔教亡；苟有此三者，孔教之光大，正未艾也"③。

第三，主张以中西文明之融合创造新文明。梁启超认为，"一切学说，都可以分为两类，一种含有时代性，一种不含时代性"④，对于不含有时代性的学术文化内容，也要考察它在时代背景下的意义价值，例如"儒家道术，偏重士大夫个人修养，表面看去，范围似窄，其实不然"，它与现代科学却是一种可以并行不悖的关系。儒学以人为本，重视生活实践，实际上已经"比较近于科学精神，至少可以说不违反科学精神。所以我们尽管在儒家哲学上力下工夫，仍然不算逆潮流、背时代"⑤，因此梁启超提醒说："儒家道术，大部分不含时代性，不可以为时代古、思想旧而抛弃之。"⑥反而观之，倡导儒学也并不意味

---

① 梁启超：《保教非所以尊孔论·论孔教无可亡之理》，《梁启超全集》第2册，第769页。

② 梁启超：《为创立文化书院事求助于国中同志》，《梁启超选集》，李华兴、吴嘉勋编，上海人民出版社1984年版，第826页。

③ 梁启超：《保教非所以尊孔论·论孔教无可亡之理》，《梁启超全集》第2册，第769页。

④ 梁启超：《为什么要研究儒家哲学》，《梁启超谈儒学》，华中师范大学出版社2010年版，第10页。

⑤ 梁启超：《为什么要研究儒家哲学》，《梁启超谈儒学》，华中师范大学出版社2010年版，第12、13页。

⑥ 梁启超：《为什么要研究儒家哲学》，《梁启超谈儒学》，华中师范大学出版社2010年版，第11页。

着要轻视和反对科学。若将科学看成是低层次的学问并轻视它，或者将科学的定义看得太呆、太窄，认为科学仅仅是科学成果而不适用于社会学领域如政治学、经济学、社会学等，就将切断儒学发展的未来道路。事实上，国民性中关于笼统、武断、虚伪、因袭、散失等种种病症，都需要用"科学"的良药来进行治疗。再者，梁启超还认为，面向未来的"世界之中国"时代，必将是一个中西文明会合交融的时代。民族主义具有族群认同、文化认同、政治认同三种元素，以此为理论基础，他将有记载以来的中国历史分为上世、中世、近世三个时代。其中，近世史自乾隆末年始，已经延续至今日。在梁启超看来，这一阶段可称之为"世界之中国"时代，在族群认同层面，即中国与西人交涉竞争之时代；在政治层面，也是君主专制政体淹没而国民立宪政体兴起之时代；在文化层面，亦是中国融入现代世界而进行文明转型的时代。世界文明史进程使梁启超认识到，文明是多元文化的融合发展，绝对不能闭门造车，独自美丽。中华文化的复兴，需要融入这一世界洪流，方能追寻会通中西而创造新文明的伟大理想。由此，梁启超总结了著名的文化复兴四步论："第一步，要人人存一个尊重爱护本国文化的诚意；第二步，要用那西洋人研究学问的方法去研究他，得他的真相；第三步，把自己的文化综合起来，还拿别人的补助他，叫他起一种化合作用，成了一个新文化系统；第四步，把这新系统往外扩充，叫人类全体都得着他好处。"①

---

① 梁启超：《欧游心影录·中国人对于世界文明之大责任》，《梁启超全集》第5册，第2987页。

# 近代文化自信
# 的意义

在历史的长河里，1840—1919的近代八十年，不过是其中转瞬即逝的一朵浪花。然而，在这看似短暂的弹指一挥间，中国大地却发生了史无前例的沧桑巨变。一波波汹涌而至的思想浪潮，绘就了一幕幕风云涌动、波谲云诡的历史画卷，直至掀起社会转型期的惊涛巨澜，推动中国历史改换既往轨道，朝向近代化的目标蹒跚迈进。

一

中国文化的近代化进程由西方侵略的步伐所激发，是在民族存亡压力下寻求文化出路的一个结果。一般认为，中国的近代化是在效仿西方文化和辨认中西文化的不同过程中，不断否定又不断重新审视并调适自身文化传统的产物。与西方文化的近代化进程相比，它不是直线前进的模式，也不是自然蜕变的主动选择，而体现为在曲折迂回的反复探索中寻求出路，也体现为在被动承受中渐进地接纳另一种先进文化的灌注浸染。

西方文化的近代化，是基于工业化革命所内生的一种自然现象，已经经历了一系列的思想革新和范式转型，呈现出与社会变革相契合的成熟形态。橘生淮南则为橘，生于淮北则为枳，不同的文化土壤将培育不同的文化形态。当西方文化来势汹汹地登陆中国大地，切入中国传统文化发展的内在脉络，就必然要经过中国文化传统的过滤，以儒学体系为基线，量"中"裁衣，按"儒"而改，以一种类似于中国文化中属于"道"与"用"的面貌，为儒学之"体"注入活力。西学作为"用"被中国传统文化所接受，一方面表现为称为传统文化之

"体"的东西在不断减少，"用"的范围相应地在不断扩充；另一方面，西方之"用"又被限定在"体"允许的范围之内，隔膜化地、粗浅地被当做一种文化资源而被"拿来"为"中"所用。伴随着"借法自强"、"救亡图存"目标的推进，西学入中后，原有体系被切割为一个个具体的部分，渐次地被应用到变革与补充中国传统文化的内容中，由此也渐进地被纳入中学体系内。事实上，西方文化是契合西方社会和历史长期演进的一种生活方式与现象，原本就不是预期而设用来解决国家和民族生存发展的一种工具。近代国人却将其作为普适性标准来衡量自身文化传统之优劣，更将之当成是民族危难之际的救世良方，显然是一种认知与实践方向上的偏离。在此意义上，先抛却这一客观误区不论，从主观选择上它已透露出一个令人深思的现象和问题：西学既为中国近代思想文化的启蒙之师，但缘何中国的近代化思潮从萌生开始就并非完全服膺西方，而是在被动转型中坚持着自己的选择？

　　矛盾的复杂性，即在于发展中的某种倾向往往包孕或掩盖着另一种倾向。鸦片战争后，面对西方的武力侵略，落后挨打不是国人的选择，而是处境。国人无法选择更改战争的结局，也无力选择改变"天朝上国"大厦已倾的现实，能选择的只剩下在这个处境中做什么来保全生存的最大可能性。在压力与机遇的矛盾中，压力即使占据上风，也无法全部掩盖机遇的存在。"天行健，君子以自强不息"，对于近代国人而言，回避压力不是面对挑战的态度。梳理整个近代国人的应对行为便可发现：有关"救亡"、"自强"、"复兴"的探索成为中国近代思想界反复体认的主题。如果定义鸦片战争以来出现的文化新动向，那么无论如何也回避不了这样一种现象：国人把握时代转型契机，主动选择将"中华认同"与民族觉醒作为时代标志性的关键词来对待。这也表明，近代国人深切关注着近代化进程带来的机遇和挑战，在整装上阵的踽踽前行中，凸显出强烈的、明确的民族认同意识，以期在驾驭充满矛盾、变数的工业文明浪潮中找寻自己的位置，拓展自己的发展空间。

从这种使命来看，民族文化认同意识的凸显，意味着要以既具特色而又具开放性的民族精神作为中华文化的旗帜和灵魂。换言之，在这种涉及生存与毁灭的危机征兆中，文化认同成为回应西方文化冲击的路径选择，其实质可以理解为一种本土文化自觉过程。无论形形色色的文化思潮如何起伏，近代文化所期待与追求的启蒙精神都不可能是西方中心式的，而必然是批判性的、反思性的，建立在坚守传统文化中心主义的基础之上。它必然地指向一种信仰——通过文化反思而重新开启民族生存可能性的大门，因此在传承意义上，这一信仰很难不被称为对传统文化的自信与坚守。

二

如果将前面几章分别叙述的文化现象合成一个有机整体，从"近代文化自信的文化体验"层面获得认知的整合，那么，"究竟什么是近代文化自信"的问题也就能够勾勒出一个大致轮廓来，而这个研究近代文化自信的问题，也可以获得较为明晰的学术和思想意义。

将近代国人的文化认同意识解说成在社会转型期得到强化的文化情结，或者是由文化转型而得到启迪的一种执着的期望"文化复兴"的思想倾向，就近代社会而言，大多数国人尤其是知识分子，则更容易成为坚定的文化保守主义者。在近代文化史上，除了主张全盘西化的欧化派，对守护传统文化之本做出肯定回答的，有顽固派、改良派、维新派以及国粹派等。如果不拘泥于字面上的表述，而是考察文化态度的实质，五四新文化派实则也是弘扬传统文化的拥护者。文化保守主义在近代占据主流文化思潮这一现象，可以理解为国人在心理层面始终维护并坚守近代文化自信精神的最大体现。作为对西学挑战的回应，文化民族主义者不遗余力地强调文化认同的重要性，有志于达成"有以沟通全国人之德慧术智，使之相喻而相发，有以网维全国人之情感爱欲，使其相亲而相扶"①之目的。极端者如顽固派，甚至将接纳西方文化视为一种近代文化生存的疾病，认为学习西方、沿用西学必将威胁到中国传统文化的根本地位。这也给近代文化谱系中的"中体西用"主张提供了最为坚实的文化土壤。与此相应，维新主义也好，激进主义也好，倡导西用、西辅以及中西融合的各类主张，实则也是坚守文化传统精神的另一种补充。

从学术意义来看，对传统文化和中华民族的认同，虽然与特定的时代需求相关，但其超越时代的向度负载着更丰富的文化内涵，对于社会生活的方方面面也产生了积极的影响，引发了许多认知成见和现实成见的消解和再认识过程。对于原有传统文化精神和知识体系的反思、重整和重新评价，多少具有文化启蒙的性质。

首先，在近代民族危机时期，近代学人选择维护并坚定文化自信心理，意在重新唤醒国人对于传统文化价值的敬畏之心，在估量西学对传统文化产生有利及不利影响的基础上，调整转型时期国人的文化价值观及生活方式，使得传统文化能够适应可持续生存的需要。"过分简单地指望从异文化中寻求新模型，是不现实的理想，文化的替代性

---

① 梁启超：《中国之前途，国民之自觉心，本报之天职》，《大中华》1915年第1卷第1期。

模式并不像技术那样可以轻易引进"①，即使鸦片战争的爆发催促中国踏上了近代化进程，但西来中土的各类文化形态和价值观，实际上也无力为此一宏大命题提供标准答案。自西学东渐以来，一种在对抗中吸纳西方文化的现象出现在故步自封的中国大地，虽然始于被动，但同样使得一种维护文化尊严的激情激荡在处于激烈文化变迁中的国人心底，让他们在文化心理的表述上自觉地要求彰显传统文化的主体地位，并通过文化比较积极寻求和确认自己的文化认同。盛行于整个近代八十年的文化保守主义思潮，可以看成是西学东渐以后国人通过重思传统文化的重要性来抗拒激烈变迁引发心理落差的自发反应。近代学人对传统文化进行的阐述、剔选、传承、批判等行为，只有还原到维护文化尊严的文化认同脉络里才能获得充分的理解。例如，五四时期出现的反传统运动，较之以往时期有着更强烈的反孔精神，可是在胡适、陈独秀等人的思想主张背面，也能够看到他们试图通过革新再造中华新文明的迫切之心。在此意义上，新文化运动也被认为是自效仿学习西方以来新型知识分子对传统文化价值的重新建构，其意义是在反向实践层面重新发掘传统文化的时代内容。不论是维护传统文化以确认其民族性特征，还是反传统文化为不合时代要求的传统文化精神招魂复魅，这种重构传统文化形象的新变化都从时代侧面体现出了革新传统文化的价值倾向。

其次，在一种世界历史趋势中，从不同的西方文化面向对中国文化问题进行整体性的审视和创新性的思索，也体现出选择坚定文化自信路径的重要意义。在八十年间，近代学人对西方文化进行了多角度、多层次的介绍、辨析、选择和对话，在一系列翻译、出版、访问、留

---

① 〔美〕马尔库斯、〔美〕费彻尔:《作为文化批评的人类学》，王铭铭等译，三联书店1998年版，第165页。

学等实践中进行了广泛的学习与交流，也问世了许多经验总结性的著作，对优化中国传统文化的重建思路作出了不懈的探索、调整、清理和深化，从而开拓出了有别于闭门造车状态的广阔空间。形形色色的文化思潮、文化态度、文化主张、文化心理等从不同的认知视角指向"中国传统文化向何处去"这一现实问题，竞相掀起了一股继往开来的路径选择热潮。经由近代国人前赴后继的上下求索，这些或成功或失败之实践经验，至少为近代人文思维的形成提供了三条有效途径：一是在引入西学视角的比较视野中，国人对传统文化发展的走向问题进行了从感性认知走向理性分析的"整体观"考察；二是在坚定传统文化民族性特征的基础上，国人对西方工业文明产生的文化危机问题进行了从"推崇"到"反思"的认知体认；三是面对西学冲击，国人在现代"国家"概念的逻辑下，以中华精神为文化旗帜，对中国传统文化进行了既脉延又拓新的理论探究。概而言之，整体观的理性认知逻辑，反思性的思维认知模式以及创新性的文化选择立场，共同构成了近代国人面对近代化进程讲述与构建传统文化的文化姿态，它们建立在维护中国传统文化主体地位和民族特征的基础之上。

在近代化转型中，中国传统文化要做到外不落后于世界思潮，内不悖于民族文化的血脉，创建既保留传统文化特色又吸纳外域文化之长的文化内涵，的确不是一件容易的事情。以现代西方文明的先进成果来激活中国传统文化的活力，又以中国传统文化的优秀精神来丰富和拓展世界文明，成为近代中国文化近代化演进的基本思路。在19世纪末20世纪初各种跌跌撞撞的摸索中，中国传统文化为革新自己做出的种种努力，既产生了痛切的教训，也积累了丰富的经验，因此系统地梳理和总结这些内容，对于新时代重铸民族灵魂这一目标来说具有深刻的应对社会变局的学术意义。

# 三

关于近代文化自信的现实意义，归结而言，维护传统文化作为"本"、"体"的地位并以之作为近代国人文化再认同的方式，可以扩展近代国人进行社会现实批判的参照视野和维度，提供传统文化发展道路选择的多样性参照，并避免盲从性地追随西方文化价值模式或对其前景产生偏执性的盲目乐观。倘若从"开眼看世界"算起，可以说，从社会文化转型开始，寻求以西学补中学的意识，就是近代文化自信路径选择谱系中的重要维度。

为何轰轰烈烈的文化转型运动，偏偏在维护传统文化地位的选择上得到突出的显现呢？倘若我们能够把握"文化认同——文化诊治——文化再审视"之间的学理逻辑联系，那么就可以对这个问题的解答有所了解。

首先，维护并倡导近代文化的自信心、自信精神，并以此作为近代学人的文化使命，可以从突破时空界限的文化借鉴作用中寻求到思想意义。文化的近代转型对传统文化产生的巨大影响，尤其是在选择、维护并致力于复兴传统文化方面的表现，为国人走出文化封闭圈，培养"文化并置"的文化逻辑，提供了一种转换文化认知以及文化身份的契机。同时，研究传统文化抵御"现代性"负面效应的价值意义等，一直在以后视性的视角回顾以前，指向的是传统文化理想时代的确认这一问题，这也给文化复兴的想象奠定了重新回归文化理想的时间维度。而随着跨文化比较视野的出现，重审传统文化价值的纵向时间维度，也顺理成章地转换为横向的空间维度。凭借这些跨地域、跨文化认知所具备的知识结构力量，近代国人可以从固守传统文明无法自救的枷锁中得以解脱。

近代学人的各类文化主张，描绘了文化转型以来西方文化挑战给传统文化带来的巨大影响：近代国人的民族救亡目标和文化复兴梦如何与中西融合的文化模式结合起来？不论是弥补传统文化器物之不足、制度之落后，还是文化价值观之脱节于时代需求，都不再是对传统文化内容的简单否定，或对西方文化的盲目推崇。在转型时期，不同于传统文化的各类文化样态，均成为国人维护和坚守传统文化民族性的现实参照。日本明治维新后疯狂的殖民扩张主义，以及欧战后西方因推崇物质文明至上导致的精神缺失，无疑都为突出传统文化重要性的借鉴意义找到了事实依据，或者说，给否认传统文化价值的某一些文化倾向敲响了警钟。与此形成呼应的是，一方面，西方文化的时间观、历史观确立了以进步和无限发展为前景的价值体系，并随着现代性的确立建立起了自身的合法性。不断前行，是现代性文化的根本特征。然而另一方面，不断扩大的物质文明需求也终将导致人文精神的失落，实际上，越来越多的西方人的确开始反思过度推崇物质文明导致人文精神危机的严峻性。这一认知也渗透到近代中国知识分子的思想中，尤其是接受过西方文化教育熏陶的群体，从新文化派到东方文化派，都从文化主张中透露出突破西方文化价值观局限，引导近代国人恢复传统文化人文精神的意图。从文化传播的意义来看，这种重新强调传统文化重要性的认知转向，对于恢复国人的文化自信心具有顺势而为的积极贡献。

其次，在最严峻的民族文化危机中，呼唤弘扬传统文化的价值，维护传统文化的地位，具有文化医学的诊断与治疗意义。虽然传统文化在转型的近代社会处于困难重重的处境中，但近代学人为传统文化焕发新活力所做出的种种努力，皆在断定传统文化并非没有光明的未来。这种无可更换的信念与认知，也使得他们维护传统文化自信心的行为具有了心理治疗和应对现实的意义——革新传统文化之弊端，弃封建道学，崇近代新学。

尽力探索并挖掘传统文化的魅力，促使近代学人回到文化现场，从文化现实而非文化想象中对其价值进行确定。世界文明的进程已经开始，将"世界性"的命题推到每一种文化面前，比较视野也就自然而然地获得了方法论的意义。当世界作为一种文化视野存在，一方面，近代学人发觉中国传统文化的舞台扩容化了，另一方面，他们也逐渐意识到，率先发展并形成优势的西方物质文明也并非一种完美的文化境界，同样留下了不完整的精神文明缺陷。反倒是突出人文精神的中国传统文化，此时却彰显出独有的重要性：为迷失于物质文明之人类招魂。中西文化交汇势所必然，在此文化现场，近代国人也必须有效地疏通古今、中西、传统与现代之间的关系，更重要的是，需要立足本身的传统文化资源进行更新，并以此作为能够与西方文化进行对话的逻辑起点。回应以上两个时代需求，"中学为体，西学为用"因此成为中国近代以来影响最大、最深、最远的文化交融范式。从"文化诊治"的意义来看，这一范式的选择，对于维护传统文化的魅力与坚守民族性主体地位有着不可埋没的现实价值，体现出双重"治疗"作用：向内作为一种民族与文化认同的心理，获得与西方文化相抗衡的精神支撑；向外又作为一种抵抗物质文明和工具理性霸权的复魅方式，帮助西方文化摆脱沉陷于物欲的弊端。

从魏源至康、梁等，一批近代学人留存下来的丰厚文化著作，已经改变了一般的传统文化史写法，创设了"中体西用"的变革精神，有利于透视近代学人在应对中西文化碰撞中的文化立场和审视方式。将中西视野和传统文化还原这两条富有内在张力的文化逻辑作为并线前行的方法论，突出的正是中国传统文化发展方向的思维转型。对于近代文化而言，在中西文化的交融并进中，西学为中学敞开了一个丰富多彩的新知世界，中学在带有选择性甚至是功利主义色彩的引入西学进程中，落实的是自身传统的发展与创新。从这一点出发，倡导新知与旧学交泰，作为一种超越狭隘文化民族观的文化态度，可以引申出中国传统文化在应对西学挑战中的基本立场和方法——从"西学中源"发展至"中体西用"。从现实来看，近代学人正是以此作为宗旨，来推动中国传统文化的近代转型的。

也就是说，近代学人对西方的认识，是建立在对物质文明与民族特征的双重体察基础之上的。将物质文明从西方文化体系中剥离出来，将其作为一个"西学为用"问题来接受它的工具价值，也从侧面印证了他们致力于维护传统文化主体地位的文化立场。国人认为西方的强大与其物质文明方面先进有关，因为科技文明的确带来了国家富强。西方文化之所以能够在中国大地上节节引入，倚恃的就是国人对这一因果关系的假设。换而言之，近代中国对西方文化的追逐，最初就是从自强求富的目标出发的，但实际上，西方文化绝不仅仅只是器物、政治制度或者文化精神，也不是这几个方面的简单叠加。作为一种从传统衍生出的生活方式的总和，它被分割成部分和片段，逐次按需地进入中国，因此从一开始，就决定了中西文化无法调和双方在认知上的冲突。从某种程度上来说，以"西方——富强"作为认知范式，就必然会造成近代学人关于西方文化在认识上的理论困境。这也导致了中国传统文化近代化进程的独特特点，即，发轫虽借助西方文化，但西方文化在中国大地的扩张却从一开始就主动贴近传统文化的要求，追求与传统文化在内容上与应用层面的接轨。实际上，这即是因国人坚守传统文化的民族性，坚信传统文化不可替代等自信姿态而渗透出来的强大力量。遗憾的是，过于迅猛的转型也给近代国人带来了巨大的文化迷茫心理，或者说，国人心里所充满的文化自信感最终未能匹配他们极力彰显和提升自信力的步伐。政治与文化的脱离，注定了真正的近代文化转型只能成为一曲未终之歌。

再次，近代文化自信的思想意义也可以通过考察文化自信与自信失落、自信失落与文化复兴的内在矛盾来获得。这个矛盾实际上可以转换成一个问题进行表述：与西方文化异质的传统文化重要性的再发现，如何承担起引导近代社会变革或者指引未来文化发展方向的重任？综观八十年来近代思想界关于发展传统文化的讨论，至少申明了三个共识：一是过于自信反将导致自信失落，因"不知通则无应敌制变之术"，反倒在文化竞争中居于被动地位。二是挂稳文化自信的招牌，不一定必须以新替旧，而是可以站在新的视角来洗涤旧伦理，改造旧思想。三是"求变"是架构自信失落与文化复兴的桥梁，也是传统文化走向未来的必要途径。从甲午到辛亥，举国上下尤其是上层及中层阶级大梦初醒，多半认为虽圣人亦不废富强之策，故而倡言变法。因此，可以将"求变"思维视为对近代时期的思想转型的一种逻辑说明。从坚定传统文化中心到"中体西用"主张的提出，再到再造中华文明的复兴思潮兴起，正好完成了文化再审视的演进过程。如果将审视华夏中心主义的思想转向看做是一场思想启蒙，那么如今以再造中华文明为目的的文化复兴思想的提出，也就相当于一场意义更加深远的再启蒙运动了。从这个角度去看待传统文化的更新，就不会胶柱鼓瑟地认为那只是文化自信不再的另一种说法了。

问题在于，以新时代价值为基准的新文明，为什么能给受到华夏中心主义禁锢的近代人提供解脱困境的方向呢？经过近代学人的观点碰撞，从"开眼看世界"到倡导保留"国粹"，形形色色的文化主张均指向中国文化自信的重建途径。固守传统文化立场也好，采西学以补中学也好，中西文化融合也好，都不是全面求变意义上的文化再审视，而是功利主义的文化改良路径。在短短的80年时间内，近代国人的自信、偏执、矛盾、失落、希冀等复杂经历创造了一个世界，这个世界以打开国门的形式和知识分子贡献的改革力量，改变了传统文化的自我中心式感知和思维方式，在与西方文化的沟通对话中，探索出试图解脱困境的方法途径。不管国人的民族主义情绪如何强烈，对话西方已是不可逆的时代潮流，学习西方也已经不是要不要而是如何要的时代问题。为了让传统文化走得更远，使其不致在中西交汇中遭遇全面崩溃的危机，国人再也不能面对西方文化的挑战而无动于衷了。融合了西方文化之长又保留了传统文化民族性的新文明，建立在旧文明基础之上，既有承继又有反思，更有新的补充，最大限度地维护了传统文化的民族自尊，使得传统文化的精髓能够基于爱国主义和民族主义得以延续，并具备了容纳新时代内容的可能性。同时，反传统文化思潮即使受到西方文化的影响较大，提出革新传统的要求更加严苛，但其目的实则与维护传统文化的需求相一致，并且具有滋养传统文化的反哺作用，因此有效地剔选并开发利用传统文化资源去响应社会转型的进程，也是传统文化更新弊端以摆脱困境的一条现实途径。事实上，部分近代学人已经在比较的视野里提出了传统文化并不逊色于西方文化的诸多见解，对于那些匆忙追赶西方步伐而不加辨认的彻底欧化主义者来说，无疑具有一种前瞻性的警醒作用，相应地，也给传统文化留下了保存过去并面向未来的发展空间。新文化运动之后，国人倡导的"求变"意识已经广泛普及到普罗大众，寻找新主义的再启蒙已经启程。马克思主义的到来描绘了另一幅文化反思图景，再次给传统文化带来了走出困境的复兴曙光。关于中、西、马的关系辨认，自此也无可避免地出现于文化复兴的进程之中。

# 四

如此看来，维护传统文化的主体地位，提升民族文化的自信心，并不仅仅是近代中国人的文化使命。辛亥革命后的中国，思想成为社会变迁最重要的推动力，尤其是知识分子的价值观和文化理想的变迁引导了中国社会近代化转型这一历史进程。正确认识近代历史和近代文化，传承并发扬其文化遗产、影响、经验、教训、精神等内容，都是现代化征程不曾停止的主旋律。

不可否认，在近代中国，尽管在中国知识分子的引导下，"中体西用"原则的坚持，最大可能地保存了传统文化作为民族文化主体的主导地位，但显而易见，在西方文化的强势冲击下，传统文化的土壤也在步步退让。在两种文明渐成对抗之势的情形下，带着沉痛的现实教训来坚定维护民族传统文化的文化心理，促使近代文化转型开辟出一条反思性的演进之路：从坚定不移的华夏文化中心转换到认知变革工具、变革制度再到变革价值理念的重要性。对于继续致力于文化复兴的后继者而言，这个反思过程富有启示意义：一是使其认识到提升民族文化自信心是一个不间断的长期过程，二是也使他们意识到始终保持居安思危意识的重要性，即使在社会繁荣时期，国人也应该时刻不忘保持体察危机的心态。

文化是民族复兴的脊梁。弘扬民族优秀传统文化，不仅仅是文化复兴的独立问题，而且是事关国运昌盛的宏大命题。五四运动以后，对于"中国文化向何处去"的回答，中国的马克思主义者又创造性地发展了"文化自为"的概念，提出了"建立中华民族的新文化"（毛泽东）的方案。在当下，它又进入了一个崭新的发展阶段，被提升到国家战略的高度。作为一个时代性命题，维护并弘扬传统文化，建立文化自觉意识，提升文化自信心，已经不再是一个特定时期、特定阶层的特殊任务，而是一个不断更新的文化范畴，其实质是要通过文化反思、文化审视、文化重建而重新开启民族文化生存的大门，应对全球化带来的挑战，最终求得可持续发展。从这一意义来看，近代时期为民族救亡而生成的文化自觉行为，仅仅只是维护文化自尊、提升文化自信的一个起点。在文化复兴的漫长征途中，它仍然是个未完待续的课题。

党的十八大以来，习近平总书记多次提及文化自信的重要意义，指出"文化自信，是更基础、更广泛、更深厚的自信"①，强调"没有高度的文化自信，没有文化的繁荣兴盛，就没有中华民族伟大复兴"②。构成文化自信的"传统文化"，指的就是"中华优秀传统文化"，因此进入新世纪以来，对文化复兴的大力倡导，使得如何提升优秀传统文化的自信成为思想界自觉探讨的理论问题。这与近代以来提出的维护传统文化地位、传承传统文化遗产的文化重建精神一脉相承。在当前的社会和文化语境下，思考"近代有无文化自信"这一命题具有追本溯源的重要意义。中华五千年文明历经了无数的兴衰沉浮，正是保持着那一份对民族文化的自信与坚守，才让我们在漫长的历史发展中始终保持着传统文化的完整性，并勇于吸纳外族优秀文化，不断"积累与开新"。梳理并考察中国近代"文化自信"思想的历史轨迹，既可以为当下"文化自信"概念提供"近代传统"的依据，又可以丰富"文化自信"的内涵，在当下无疑具有重要的理论和现实意义。

---

① 习近平：《在庆祝中国共产党成立95周年大会上的讲话》，2016年7月1日。

② 习近平：《决胜全面建成小康社会　夺取新时代中国特色社会主义伟大胜利——在中国共产党第十九次全国代表大会上的报告》，2017年10月18日。

# 参考文献

## 一、中文著作

包世臣：《包世臣全集》，李星、刘长桂点校，黄山书社1997年。

包天笑：《钏影楼回忆录》，刘幼生点校，山西古籍出版社、山西教育出版社1999年。

蔡元培：《蔡孑民先生言行录》，岳麓书社2016年。

陈炽：《陈炽集》，赵树贵、曾丽雅编，中华书局1997年。

陈世辉、汤余惠：《古文字学概要》，福建人民出版社2017年。

陈独秀：《独秀文存》，安徽人民出版社1987年。

程德培：《光不灭：文学中的孙诒让》，上海人民出版社、上海书店出版社2018年。

邓联健：《委曲求传：早期来华新教传教士汉英翻译史论（1807—1850)》，清华大学出版社2016年。

杜亚泉：《杜亚泉文存》，许纪霖、田建业编，上海教育出版社2003年。

董丛林：《中国近代思潮与文化选讲》，河北人民出版社2012年。

董守义：《第一次近代化运动的倡导者恭亲王奕䜣大传》，辽宁人民出版社1989年。

方汉奇：《中国近代报刊史》，山西人民出版社1981年。

方豪：《中西交通史》，上海人民出版社2015年。

费孝通等：《中华民族多元一体格局》，中央民族学院出版社1989年。

冯桂芬：《校邠庐抗议》，上海书店出版社2002年。

冯天瑜：《中国文化近代转型管窥》，商务印书馆2010年。

冯友兰：《中国现代哲学史》，广东人民出版社1999年。

傅乐诗等：《近代中国思想人物论——保守主义》，周阳山等编，时报文化出版事业有限公司1980年。

高敬：《国学的盛宴》，新世界出版社2016年。

戈公振：《中国报学史》，三联书店1955年。

龚书铎：《中国近代文化概论》，中华书局2002年。

龚自珍：《龚自珍集》，曹志敏注，河南大学出版社2016年。

辜鸿铭：《辜鸿铭文集》，黄兴涛等编，海南出版社1996年。

辜鸿铭：《辜鸿铭讲国学》，吉林人民出版社2009年。

辜鸿铭：《中国人的精神》，北京联合出版公司2013年。

辜鸿铭：《辜鸿铭讲论语》，天津社会科学院出版社2014年。

辜鸿铭：《辜鸿铭：国学要义》，当代世界出版社2017年。

郭万春（主编）：《中华大典·数学典》，山东教育出版社2018年。

郭丽娜：《徐锡麟传》，北京时代华文书局2016年。

郭沫若：《郭沫若散文》，李晓虹选编，内蒙古文化出版社2006年。

杭世骏：《杭世骏集》，蔡锦芳、唐宸点校，浙江古籍出版社2015年。

何启、胡礼垣：《新政真诠——何启、胡礼垣集》，郑大华点校，辽宁人民出版社1994年。

贺昌盛：《国学初萌》，浙江教育出版社2014年。

贺麟：《文化与人生》，上海人民出版社2019年。

胡阿祥：《伟哉斯名："中国"古今称谓研究》，湖北教育出版社2000年。

胡适：《疑古与开新——胡适文选》，俞吾金编选，上海远东出版社1995年。

胡适：《中国的文艺复兴》，湖南人民出版社1998年。

胡适：《胡适全集》，安徽教育出版社2003年。

胡适：《我的歧路》，万卷出版公司2014年。

黄明同等：《康有为早期遗稿述评》，中山大学出版社1988年。

黄兴涛：《文化怪杰辜鸿铭》，中华书局1995年。

黄兴涛：《旷世怪杰——名人笔下的辜鸿铭 辜鸿铭笔下的名人》，东方出版中心1998年。

黄兴涛：《重塑中华——近代中国"中华民族"观念研究》，北京师范大学出版社2017年。

黄遵宪：《人境庐诗草》，文化学社1930年。

黄遵宪：《日本国志》，天津人民出版社2005年。

黄遵宪：《黄遵宪集》，龙扬志编，广东人民出版社2018年。

蒋廷黻：《中国近代史》，岳麓书社1999年。

康有为：《论语注》，中华书局1984年。

康有为：《康有为遗稿：戊戌变法前后》，上海人民出版社1986年。

康有为：《康南海先生遗著汇刊》，蒋贵麟主编，宏业书局有限公司1976年。

康有为：《康有为全集》，姜义华、吴根梁编，上海古籍出版社1987年。

康有为：《变法以致升平——康有为文选》，谢遐龄编选，上海远东出版社1997年。

康有为：《大同书》，汤志钧导读，上海古籍出版社2005年。

康有为：《康有为诗文选》，戴逸主编，巴蜀书社2011年。

康有为：《春秋董氏学》，广西师范大学出版社2016年。

康有为：《新学伪经考》，吉林出版集团股份有限公司2016年。

康有为：《孔子改制考》，吉林出版集团股份有限公司2017年。

康有为：《康有为集》，郑力民编，广东人民出版社2018年。

孔庆茂：《辜鸿铭评传》（第2版），百花洲文艺出版社2010年。

李长莉：《中国近代社会文化变迁录》第1卷，浙江人民出版社1998年。

李大钊：《李大钊全集》，河北教育出版社1999年。

李世涛：《知识分子立场：民族主义与转型期中国的命运》，时代文艺出版社2000年。

李泽厚：《新版中国古代思想史论》，天津社会科学院出版社2008年。

李鸿章：《李鸿章全集》，顾廷龙、戴逸主编，安徽教育出版社2007年。

梁启超：《梁启超选集》，李华兴、吴嘉勋编，上海人民出版社1984年。

梁启超：《饮冰室书话》，周岚、常弘编，时代文艺出版社1998年。

梁启超：《梁启超全集》，北京出版社1999年。

梁启超：《梁启超传记五种》，百花文艺出版社2009年。

梁启超：《梁启超谈儒学》，华中师范大学出版社2010年。

梁启超：《戊戌政变记》（外一种），上海古籍出版社2014年。

梁启超：《新史学》，商务印书馆2014年。

梁启超：《新民说》，商务印书馆2016年。

梁启超：《中国近三百年学术史》（新校本），夏晓虹、陆胤校，商务印书馆2010年。

梁启超：《清代学术概论》，四川人民出版社2018年。

梁启超：《李鸿章传》，吉林人民出版社2018年。

梁启勋、吴其昌：《我的兄长梁启超》，黄山书社2019年。

梁漱溟：《中国文化要义》，上海人民出版社2011年。

梁漱溟：《梁漱溟全集》，山东人民出版社2005年。

梁廷枏：《海国四说》，骆驿、刘骁校点，中华书局1993年。

林则徐：《林则徐集》，中山大学历史系中国近代现代史教研组、研究室编，中华书局1963年。

林则徐：《林则徐书简》，杨国桢编，福建人民出版社1985年。

林则徐：《林则徐全集》，海峡文艺出版社2002年。

刘坤一：《刘坤一集》，陈代湘校点，岳麓书社2018年。

刘琅：《精读章太炎》，鹭江出版社2007年。

刘梦溪：《中国现代学术经典：廖平、蒙文通卷》，河北教育出版社1996年。

刘小枫：《古典学与古今之争》，华夏出版社2016年。

柳诒徵：《中国文化史》，中国大百科全书出版社1998年。

鲁迅：《鲁迅大全集》，李新宇、周海婴主编，长江文艺出版社2011年。

鲁迅：《鲁迅文集·且介亭杂文末编及附集》，华中科技大学出版社2014年。

鲁迅：《朝花夕拾》，江苏凤凰文艺出版社2018年。

罗山：《万国来朝：〈职贡图〉里的中国古代与世界》，北京时代华文书局2019年。

吕振羽：《中国社会史诸问题》，华东人民出版社1954年。

吕思勉：《国学知识大全》，台海出版社2019年。

牟宗三：《生命的学问》，广西师范大学出版社2005年。

钱基博：《钱基博学术论著选》，曹毓英选编，华中师范大学出版社1997年。

钱基博：《大家国学：钱基博》，傅宏星编，天津人民出版社2008年。

钱穆：《中国学术思想史论丛》，台北东大图书公司1980年。

秋瑾：《秋瑾女侠遗集》，王灿芝编，贵州教育出版社2014年。

容闳：《西学东渐记》，徐凤石、恽铁憔译，湖南人民出版社1981年。

尚明：《中国近代人学与文化哲学史》，人民出版社2007年。

何刚德、沈太侔：《话梦集 春明梦录 东华琐录》，柯愈春、郑丙纯点校，北京古籍出版社1995年。

司马朝军：《国故新证》，武汉大学版社2010年。

司马云杰：《文化社会学》，山东人民出版社1987年。

孙宝瑄：《忘山庐日记》，上海古籍出版社1983年。

孙广德：《普天忠愤集》，文海出版社1974年。

孙中山：《孙总理讲演集》，国民革命军中央军事政治学校政治部印1926年。

孙中山：《孙文全集》，黄彦选编，广东人民出版社2006年。

孙中山：《孙中山文粹》，张磊主编，广东人民出版社2009年。

孙中山：《三民主义》，九州出版社2012年。

谭训聪：《我的祖父谭嗣同》，黄山书社2019年。

谭嗣同：《仁学》，吴海兰评注，华夏出版社2002年。

谭嗣同：《谭嗣同集》，岳麓书社2012年。

唐利群：《辜鸿铭：东西之中》，辽宁人民出版社2015年。

汪林茂：《晚清文化史》，安徽文艺出版社2016年。

汪晖：《现代中国思想的兴起》，生活·读书·新知三联书店2004年。

王东杰：《历史·声音·学问：近代中国文化的脉延与异变》，东方出版社2018年。

王汎森：《中国近代思想与学术的系谱》，上海三联书店2018年。

王夫之：《船山遗书》，北京出版社1999年。

王国维：《王国维经典》，当代世界出版社2018年。

王介南：《近代中外文化交流史》，山西人民出版社2009年。

王启原：《曾国藩日记类钞》，安徽人民出版社2013年。

王人博：《中国的近代性（1840—1919)》，广西师范大学出版社2015年。

王仁俊：《格致古微》，光绪王氏家刻本。

王韬：《王韬日记》，方行、汤志钧整理，中华书局1987年。

王韬：《瀛堧杂志》，上海古籍出版社1989年。

王韬：《弢园文录外编》，上海书店出版社2002年。

王先明：《近代新学——中国传统学术文化的嬗变与重构》，商务印书馆2005年。

王之春：《王之春集》，赵春晨等校点，岳麓书社2010年。

韦政通：《现代中国思想家第七辑·胡适》，巨人出版社1978年。

魏源：《海国图志》，岳麓书社1998年。

魏源：《魏源集》，中华书局2009年。

吴小鸥：《文化拯救——近现代名人与教科书》，商务印书馆2015年。

谢清高：《海录校释》，杨炳南笔录，安京校释，商务印书馆2016年。

熊月之：《冯桂芬评传》，南京大学出版社2004年。

熊月之、张敏：《上海通史》（第6卷晚清文化），上海人民出版社1999年。

徐光启：《徐光启集》，王重民辑校，上海古籍出版社1984年。

徐继畬：《瀛寰志略》，上海书店出版社2001年。

许志英、倪婷婷：《五四：人的文学》，南京大学出版社1992年。

薛福成：《出使英法义比四国日记》，商务印书馆2016年。

薛福成：《筹洋刍议——薛福成集》，徐素华选注，辽宁人民出版社1994年。

姚莹：《康輶纪行　东槎纪略》，施培毅、徐寿凯点校，黄山书社1990年。

严复：《论世变之亟——严复集》，胡伟希选注，辽宁人民出版社1994年。

严复：《严复集》，王栻主编，中华书局1986年。

章士钊：《章士钊全集》，文汇出版社2000年。

章炳麟：《章太炎的白话文》，辽宁教育出版社2003年。

章炳麟：《章太炎全集·演讲集》，章念驰编订，上海人民出版社2015年。

章炳麟：《章太炎全集·太炎文录初编》，徐复点校，上海人民出版社2014年。

张思齐：《八股文总论八种》，武汉大学出版社2009年。

张百熙：《张百熙集》，谭承耕、李龙如点校，岳麓书社2008年。

张君劢：《当代新儒学八大家集·张君劢集》，黄克剑、吴小龙编，群言出版社1993年。

张謇：《张謇日记》，李明勋、尤世玮主编，上海辞书出版社2017年。

张之洞：《劝学篇　輶轩语》，孙甲智点校，中国盲文出版社2014年。

张之洞：《张之洞全集》（第12册），苑书义等主编，河北人民出版社1998年。

周作人：《知堂回想录》（中），江苏人民出版社2018年。

周武：《中国遗书精选》，华东师范大学出版社1994年。

周月峰：《新青年通信集》，福建教育出版社2016年。

曾国藩：《曾国藩全集》，郭翠柏等整理，岳麓书社1994年。

曾国藩：《曾国藩文粹》，朱东安选注，辽宁人民出版社2019年。

郑大华：《中国近代思想脉络中的民族主义》，社会科学文献出版社2018年。

郑观应：《郑观应集》，夏东元编，上海人民出版社1982年。

郑观应：《盛世危言》，曹冈主编，内蒙古人民出版社2016年。

郑师渠：《晚清国粹派文化思想研究》，北京师范大学出版社2014年。

左宗棠：《左宗棠全集》，刘泱泱等点校，岳麓书社2014年。

## 二、中文译著（文）

〔英〕阿诺尔德·汤因比：《历史研究》，曹未风译，上海人民出版社1997年。

〔英〕阿诺尔德·汤因比、〔日〕池田大作：《选择生命——汤因比与池田大作对谈录》，冯峰等译，商务印书馆2017年。

〔英〕艾约瑟等：《西学启蒙两种》，钟叔河等主编，岳麓书社2017年。

〔美〕道格拉斯·诺思、〔美〕罗伯斯·托马斯：《西方世界的兴起》，历以平、蔡磊译，华夏出版社2014年。

〔美〕杜威：《习惯与思想——杜威在福州青年会讲演》，《教育公报》1921年第8卷第10期。

〔美〕费正清、〔美〕刘广京：《剑桥中国晚清史（1800—1911年）》，中国社会科学院历史研究所编译室编译，中国社会科学出版社1993年。

〔美〕费正清、〔美〕邓嗣禹：《冲击与回应：从历史文献看近代中国》，陈少卿译，民主与建设出版社2019年。

〔美〕费正清：《美国与中国》（第4版），张理京译，世界知识出版社2019年。

〔意〕高一志：《童幼教育今注》，〔法〕梅谦立编注，谭杰校，商务印书馆2017年。

〔英〕赫伯特·斯宾塞：《群学肄言》，严复译，北京时代华文书局2014年。

〔英〕赫胥黎、〔英〕约翰·穆勒：《天演论　论自由》，严复译，江西教育出版社2018年。

〔瑞士〕卡尔·荣格：《寻找灵魂的现代人》，方红译，中国人民大学出版社2017年。

〔美〕兰比尔·沃拉：《中国：前现代化的阵痛——1800年至今的历史回顾》，廖七一等译，辽宁人民出版社1989年。

〔意〕利玛窦、〔比〕金尼阁：《利玛窦中国札记》（上），何高济等译，商务印书馆2017年。

〔美〕林乐知：《中国振兴之新纪元》，范祎述，《万国公报》1905年第201期。

〔美〕林毓生：《中国意识的危机——"五四"时期激烈的反传统主义》，穆善培译，贵州人民出版社1988年。

〔美〕露丝·本尼迪克特：《文化模式》，王炜译，生活·读书·新知三联书店1988年。

〔英〕罗素：《中国人到自由之路——罗素离京末次讲演》，《东方杂志》1921年第18卷第13期。

〔美〕马尔库斯、〔美〕费彻尔：《作为文化批评的人类学》，王铭铭等译，三联书店1998年。

〔德〕马克思、〔德〕恩格斯：《马克思恩格斯选集》，人民出版社1995年。

〔法〕孟德斯鸠：《法意》，严复译，北京时代华文书局2014年。

〔美〕塞缪尔·亨廷顿：《文明的冲突与世界秩序的重建》（修订版），周淇译，新华出版社2010年。

〔日〕实藤惠秀：《中国人留学日本史》，谭汝谦、林启彦译，生活·读书·新知三联书店1983年。

〔美〕唐纳德·普雷齐奥西：《艺术史的艺术：批评读本》，易英等译，上海人民出版社2016年。

〔以色列〕耶尔·塔米尔：《自由主义的民族主义》，陶东风译，上海译文出版社2005年。

〔英〕约翰·斯顿：《联合中西各国保存国粹提倡精神文明意见书》，杨锦森译，《东方杂志》1913年第9卷第12期。

## 三、文献汇编

《丛书集成续编》，上海书店出版社2014年。

《大清高宗纯皇帝实录》，新文丰出版公司1978年。

《大清十朝圣训》，赵之恒标点，北京燕山出版社1998年。

《清实录·德宗景皇帝实录》，中华书局1987年。

《皇朝经世文编》，光绪十三年印。

《皇朝经世文续编》，光绪十四年印。

《清朝文献通考》，张廷玉编，浙江古籍出版社1988年影印。

《续修四库全书》，上海古籍出版社1996年。

《四库未收书辑刊》，北京出版社2000年。

蔡尚思：《中国现代思想史资料简编》，浙江人民出版社1982年。

陈思和、王德威：《史料与阐释·辜鸿铭专辑》（2012卷合刊本），复旦大学出版社2014年。

陈元晖：《戊戌时期教育》，上海教育出版社2007年。

丁文江、赵丰田：《梁启超年谱长编》，上海人民出版社2009年。

高时良、黄仁贤：《洋务运动时期教育》，上海教育出版社2007年。

广东文史研究馆：《三元里人民抗英斗争史料》，中华书局1978年。

洪钧：《历代状元文章汇编》，中国致公出版社2015年。

近代史资料编译室：《鸦片战争时期思想史资料选辑》，中华书局1963年。

黎难秋：《中国科学翻译史料》，中国科学技术大学出版社1996年。

李书源：《筹办夷务始末》（同治朝），中华书局2008年。

李天纲：《万国公报文选》，生活·读书·新知三联书店1998年。

卢毓英等：《北洋海军官兵回忆辑录》，孙建军校注，山东画报出版社2017年。

罗耀九：《严复年谱新编》，鹭江出版社2004年。

缪荃孙：《近代中国史料丛刊》，沈云龙主编，台湾文海出版社1985年影印版。

齐思和等：《中国近代史资料丛刊·鸦片战争》，中国史学会主编，上海人民出版社1957年。

齐思和等：《中国近代史资料丛刊·第二次鸦片战争》，中国史学会主编，上海人民出版社1978年。

乔治忠、朱洪斌：《增订中国史学史资料编年》（清代卷），商务印书馆2013年。

清华大学历史系：《戊戌变法文献资料系日》，上海书店出版社1998年。

施立业：《姚莹年谱》，黄山书社2004年。

苏舆：《翼教丛编》，上海书店出版社2002年。

孙应祥：《严复年谱》，福建人民出版社2003年。

王重民等：《中国近代史资料丛刊·太平天国》，中国史学会主编，上海人民出版社2000年。

王炜：《〈清实录〉科举史料汇编》，武汉大学出版社2009年。

王扬宗：《近代科学在中国的传播——文献与史料选编》，山东教育出版社2009年。

吴剑杰：《张之洞年谱长编》，上海交通大学出版社2009年。

夏东元：《郑观应年谱长编》，上海交通大学出版社2009年。

夏新华、胡旭晟：《近代中国宪政历程：史料荟萃》，中国政法大学出版社2004年。

薛绥之、张俊才：《林纾研究资料》，知识产权出版社2010年。

姚贤镐：《中国近代对外贸易史资料（1840—1895）》，中华书局1962年。

严昌洪：《辛亥革命史事长编》，武汉出版社2011年。

杨家骆：《戊戌变法文献汇编》，鼎文书局1973年。

尹飞舟：《湖南维新运动史料》，岳麓书社2013年。

章伯锋、顾亚：《近代稗海》第13辑，四川人民出版社1988年。

中共中央马克思、恩格斯、列宁、斯大林著作编译局研究室：《五四时期期刊介绍》，生活·读书·新知三联书店1978年。

中国科学院近代史研究所史料编辑室：《洋务运动》，上海人民出版社1961年。

中国第一历史档案馆：《康熙起居注》，中华书局1984年。

中国第一历史档案馆：《鸦片战争档案史料》（第1册），上海人民出版社1987年。

中国第一历史档案馆：《鸦片战争档案史料》（第2册，第7册），天津古籍出版社1992年。

朱维铮：《中国现代思想史资料简编》，浙江人民出版社1982年。

朱有瓛、高时良：《中国近代学制史料》，华东师范大学出版社1987—1993年。

庄建平：《近代史资料文库》，上海书店出版社2009年。

## 四、报刊论文

伧父（杜亚泉）：《中华民国之前途》，《东方杂志》1912年第8卷第10期。

伧父（杜亚泉）：《精神救国论》，《东方杂志》1912年第10卷第2期。

伧父（杜亚泉）：《接续主义》，《东方杂志》1914年第11卷第1期。

伧父（杜亚泉）：《论思想战》，《东方杂志》1915年第12卷第3期.

伧父（杜亚泉）：《战争与文学》，《东方杂志》1915年第12卷第5期。

伧父（杜亚泉）：《再论新旧思想之冲突》，《东方杂志》1916年第13卷第4期。

伧父（杜亚泉）：《静的文明与动的文明》，《东方杂志》1916年第13卷第10期。

伧父（杜亚泉）：《战后东西文明之调和》，《东方杂志》1917年第14卷第4期。

伧父（杜亚泉）：《推测中国社会将来之变迁》，《东方杂志》1918年第15卷第1期。

伧父（杜亚泉）：《迷乱之现代人心》，《东方杂志》1918年第15卷第4期。

伧父（杜亚泉）：《大战终结后国人之觉悟如何》，《东方杂志》1919年第16卷第1期。

常士闾：《从隆君到重群——以清末维新派思想为例》，《河北师范大学学报》2012年第1期。

陈独秀：《东西民族根本思想之差异》，《青年杂志》1915年第1卷第4期。

陈独秀：《吾人最后之觉悟》，《新青年》1916年第1卷第6期。

陈独秀：《我之爱国主义》，《新青年》1916年第2卷第2期。

陈独秀：《文学革命论》，《新青年》1917年第2卷第6期。

陈独秀：《旧思想与国体问题——在北京神州学会讲演》，《新青年》1917年第3卷第3期。

陈独秀：《我们究竟应当不应当爱国》，《每周评论》1919年第25期。

陈独秀：《新文化运动是什么》，《新青年》1920年第7卷第5期。

陈来：《中国近代文化思想的回顾与前瞻》，《天津社会科学》1989年第5期。

陈明：《保国、保种与保教:近代文化问题与当代思想分野》，《学海》2008年05期。

陈嘉蔼：《新》，《新潮》1919年第1卷第1期。

陈嘉异：《东方文化与吾人之大任》，《东方杂志》1921年第18卷第1期。

邓实：《通论四：帝国主义》，《政艺通报》1902年第5期。

邓实：《国学保存会小集叙》，《国粹学报》1905年第1卷第1期。

邓实：《古学复兴论》，《国粹学报》1905年第1卷第9期。

邓实：《拟设国粹学堂启》，《国粹学报》1907年第3卷第1期。

《东日报》：《泰西近世文明述略》，《湖南演说通俗报》1903年第7期。

丁伟志：《晚清国粹主义述论》，《近代史研究》1995年第2期。

冯天瑜：《从元典的忧患意识到近代救亡思潮》，《历史研究》1994年第2期。

飞生：《国魂篇》，《浙江潮》（东京）1903年第1期。

高劳（杜亚泉）：《论中国之社会心理》，《东方杂志》1912年第9卷第9期。

高劳（杜亚泉）：《现代文明之弱点》，《东方杂志》1912年第9卷第11期。

高劳（杜亚泉）：《国民今后之道德》，《东方杂志》1913年第10卷第5期。

高劳（杜亚泉）：《世界人之世界主义》，《东方杂志》1917年第14卷第12期。

公展：《予之孔教观》，《墨海》1913年第1期。

国粹学报馆：《国粹学报发刊辞》，《国粹学报》1905年第1卷第1期。

韩琛：《再造文明与复古革命——世界史上的"五四"》，《山东师范大学学报》2019年第6期。

韩轶：《中国近代民族国家建构及其宪政启示》，《南京大学法律评论》2017年秋季卷。

何晓明：《近代中国文化民族主义与文化保守主义的关系》，《新视野》2007年第4期。

贺麟：《儒家思想的新开展》，《思想与时代》1941年第1期。

胡朴安：《二十年学术与政治之关系》，《东方杂志》1924年第21卷第1期。

胡适：《新思潮的意义》，《新青年》1919年第7卷第1期。

胡适：《我们对于西洋近代文明的态度》，《东方杂志》1926年第23卷第

17 期。

胡适：《统一的路》，《独立评论》1932 年第 28 期。

胡适：《个人自由与社会进步——再谈五四运动》，《独立评论》1935 年第 150 期。

胡适、陈独秀：《论〈新青年〉之主张·答易宗夔》，《新青年》1918 年第 5 卷第 4 期。

胡适：《〈国学季刊〉发刊宣言》，《北京大学日刊》1923 年 3 月 12 日。

黄纯熙：《国粹保存主义》，《政艺通报》1902 年第 22 期。

黄节：《国粹学报叙》，《国粹学报》1905 年第 1 卷第 1 期。

黄节：《黄史·总叙》，《国粹学报》1905 年第 1 卷第 1 期。

黄人：《清文汇叙》，《南社》1914 年第 11 期。

黄开国：《康有为思想发展的三阶段》，《河北师范大学学报》2020 年第 4 期。

季羡林：《东学西渐与东化——为〈东方论坛〉"东学西渐"栏目而作》，《东方论坛》2004 年第 5 期。

焦润明：《论中国近代民族主义》，《社会科学辑刊》1996 年第 4 期。

焦润明：《中华民族传统精神及其在近代的弘扬与发展》，《安徽史学》1997 年第 4 期。

姜义华：《我国近代型知识分子群体简论》，《近代史研究》1987 年第 1 期。

蒋梦麟：《新旧与调和》，《解放与创造》1919 年第 1 卷第 5 期。

蒋梦麟：《何谓新思想》，《东方杂志》1920 年第 17 卷第 2 期。

君实：《新欧洲文明思潮之归趋及基础》，《东方杂志》1919 年第 16 卷第 5 期。

康有为：《上海强学会后序》，《强学报》1895 年第 1 期。

康有为：《上海强学会章程》，《强学报》1895 年第 1 期。

康有为：《两粤广仁善堂圣学会缘起》，《时务报》1897 年第 30 期。

康有为：《孟子微》，《新民丛报》1904 年汇编卷。

康有为：《孔教会序》，《不忍》1913 年第 1 期。

康有为：《中国学会报题词》，《不忍》1913年第1卷第2期。

康有为：《礼运注序》，《宗圣汇志》1913年第1卷第5期。

康有为：《中国颠危误在全法欧美而尽弃国粹说》，《不忍》1913年第6期。

亢小玉、姚远：《杜亚泉先生年谱（1912—1933）》，《西北大学学报》（自然科学版）2008年第6期。

蓝公武：《辟近日复古之谬》，《大中华杂志》1915年第1卷第1期。

李大钊：《新的！旧的！》，《新青年》1918年第4卷第5期。

李道振：《辜鸿铭与东学西渐》，《福建师范大学学报》1996年第2期。

李素芳：《简述〈校邠庐抗议〉签议集》，《清代档案与清宫文化——第九届清宫史研讨会论文集》，中国档案出版社2010年。

李维武：《〈新青年〉视野中的孔子、孔教与儒家纲常》，《社会科学战线》2015年第9期。

李欣然：《主客之形：一种看待中西对抗的持续视角——兼论近代"制夷"思路的转变》，《学术月刊》2017年第6期。

良丞：《好古》，《新世纪》1907年第24期。

梁启超：《论不变法之害·变法通义一》，《时务报》1896年第2期。

梁启超：《〈蒙学报〉〈演义报〉合叙》，《时务报》1897年第44卷。

梁启超：《中国史叙论·时代之区分》，《清议报全编》1898年第二集。

梁启超：《新民说·释新民之义》，《新民丛报》汇编1900年第1期。

梁启超：《新民说·论新民为今日中国第一急务》，《新民丛报》汇编1900年第1期。

梁启超：《历史上中国民族之观察》，《新民丛报》1905年第3卷第17期。

梁启超：《中国道德之大原》，《庸言》1912年第1卷第2期。

梁启超：《异哉所谓国体问题者》，《东方杂志》1912年第12卷第10期。

梁启超：《中国之前途，国民之自觉心，本报之天职》，《大中华》1915年第1卷第1期。

梁启超：《亡友夏穗卿先生》，《东方杂志》1924年第21卷第9期。

刘胜梅：《近代中国文化民族主义的兴起及其思想基础》，《原道》2015年第28辑。

刘师培：《论孔子无改制之事》，《国粹学报》1906年第2卷第11期。

柳诒徵：《论中国近世之病源》，《学衡》1922年第3期。

鲁迅：《狂人日记》，《新青年》1919年第6卷第6期。

鲁迅：《我之节烈观》，《新青年》1919年第6卷第6期。

马君武：《唯物论二巨子之学说（底得娄、拉梅特里）》，《大陆报》1903年第2期。

马克锋：《中西会通与近代文化》，《近代史研究》1990年第4期。

毛子水：《国故和科学的精神》，《新潮》1919年第1卷第5期。

南溪赘叟：《救时策》，《万国公报》1895年第75期。

欧阳军喜：《五四新文化运动与儒学：误解及其他》，《历史研究》1999年第3期。

欧阳翥：《救亡图存声中国民应有之民族觉悟》，《国风》（南京）1936年第8卷第8期。

皮嘉佑：《醒世歌》，《湘报》1898年第27期。

钱智修：《消极道德论》，《东方杂志》1913年第10卷第4期。

钱智修：《功利主义与学术》，《东方杂志》1918年第15卷第6期。

秦进才：《〈劝学篇〉与"中体西用"思想的传播》，《河北师范大学学报》2014年第3期。

秋桐：《孔教》，《甲寅》1914年第1卷第1期。

裘廷梁：《论白话为维新之本》，《北京新闻汇报》1901年8月卷。

屈维它：《东方文化与世界革命》，《新青年》1923年第1期。

全汉昇：《清末的"西学源出中国"说》，《岭南学报》1935年第2期。

三爱：《说国家》，《安徽俗话报》1904年第5期。

邵福平：《论新旧道德与文艺》，《学衡》1922年第7期。

守常（李大钊）：《新旧思想之激战》，《每周评论》1919年第12期。

孙家鼐：《议复开办京师大学堂折》，《利济学堂报》1897年第8期。

孙恒：《中国与西洋文明》，《留美学生季报》1914年第4期。

汤黎：《革命与学术：〈国粹学报〉的救国理念》，《华中国学》2017年春之卷。

唐俟（鲁迅）：《随感录五四》，《新青年》1919年第6卷第3期。

唐俟（鲁迅）：《不满》，《新青年》1919年第6卷第6期。

唐文明：《儒教文明的危机意识与保守主题的展开》，《清华大学学报》2017年第2期。

田雷：《梁启超"国性"论探析——以〈大中华〉发刊词为例》，《北京印刷学院学报》2012年第3期。

田倩君：《"中国"与"华夏"称谓之寻原》，台湾《大陆杂志》1966年第1期。

铁儿（胡适）：《白话（三）："苟且"》，《竞业旬报》1908年第36期。

汪叔潜：《新旧问题》，《新青年》1915年第1卷第1期。

王仁俊：《试办苏学会简明章程》，《实学报》1897年1—14期。

王涛：《明治维新是一场突变吗？——兼谈洋务运动的失败》，《兰州学刊》2018年第6期。

王先明：《近代"新学"形成的历史轨迹与时代特征》，《天津社会科学》2002年第1期。

危兆盖、冯天瑜、李喜所、郑大华：《辩证审视中国传统思想的近代转型》，《广东社会科学》2009年第6期。

吴贯因：《说国性》，《大中华杂志》1915年第1卷第3期。

吴宓：《〈学衡〉杂志简章》，《学衡》1922年第1期。

吴宓：《论新文化运动》，《学衡》1922年第4期。

吴虞：《家族制度为专制主义之根据论》，《新青年》1917年第2卷第6期。

吴虞：《吃人与礼教》，《新青年》1919年第6卷第6期。

萧公弼：《大战争后之新文明》，《学生》1916年第3卷第10期。

许守微：《论国粹无阻于欧化》，《国粹学报》1905年第1卷第7期。

许之衡：《读〈国粹学报〉感言》，《政艺通报》1902年第4期。

薛玉琴、刘正伟：《国教运动与近代话语转向》，《中国社会科学》2020年第5期。

颜德如：《革命的多重变奏：杜亚泉对辛亥革命的思考》，《贵州社会科学》2019年第6期。

严复：《辟韩》，《时务报》1897年第23期。

严复：《论世变之亟》，《国闻报汇编》1903年上卷。

严复：《救亡决论》，《国闻报汇编》1903年上卷。

严复：《西学通门径功用说》，《国闻报汇编》1903年上卷。

杨念群：《"辜鸿铭现象"的起源与阐释：虚拟的想象抑或历史的真实》，《浙江社会科学》2001年第2期。

杨思信：《近代文化民族主义论略》，《青海师范大学学报》2002年第2期。

杨思信：《东方文化派的中国文化观及其特色》，《兰州铁道学院学报》2002年第5期。

佚名：《说国民》，《国民报》1901年第1卷第2期。

佚名：《民族精神论》，《江苏》（东京）1903年第7期，1904年第8期。

佚名：《中国魂》，《国民日日报汇编》1904年第1期。

佚名：《国教评》，《东方杂志》1914年第10卷第7期。

隐青：《民族精神》，《东方杂志》1919年第16卷第12期。

俞祖华：《略论近代中国的民族反省》，《北京师范大学学报》2007年第1期。

远生：《新旧思想之冲突》，《东方杂志》1916年第13卷第2期。

曾平：《"整理国故"与"再造文明"的不同路径——从民国时期"整理国故"运动考察当时学界的不同文化理念及其冲突》，《中华文化论坛》2007年第3期。

赵春晨：《论戊戌时期康有为的"创教""保教"主张》，《汕头大学学报》1989年第3期。

张纯明：《民族自信心的复兴》，《大公报》1936年12月13日。

张继煦：《叙论》，《湖北学生界》1903年第1期。

张杰克：《文化自信生成于中国近代哲学视域》，《中国社会科学报》2017年7月25日。

张吕坤：《章太炎国粹主义发微》，《中国图书评论》2020年第4期。

张明悟：《"西学中源"说论证方式的历史考察》，《自然辩证法通讯》2018年第6期。

张越：《近代以来对中华民族精神的提倡、弘扬与研究》，《史学理论与史学史学刊》2010年卷。

章绛：《诸子学略说》，《国粹学报》1906年第2卷第4期。

章行严（章士钊）：《新时代之青年》，《东方杂志》1919年第11号。

章太炎：《中华民国解》，《民报》1902年第15期。

章太炎：《建立宗教论》，《民报》1906年第6期。

章太炎：《救学弊论》，《铎报》1924年第2期。

郑大华：《论"东方文化派"》，《社会科学战线》1993年第4期。

郑大华：《中国近代民族主义的来源、演变及其他》，《史学月刊》2006年第6期。

郑大华：《论中国近代民族主义的理论建构及其过程》，《华东师范大学学报》2010年第5期。

郑师渠：《近代中国的文化民族主义》，《历史研究》1995年第5期。

仲伟民：《全球史视野：对晚清时局的一种新解读》，《探索与争鸣》2020年第2期。

周传儒：《史学大师梁启超与王国维》，《社会科学战线》1981年第1期。